飲食店の企画プロデュース

資料作成と設計チェックリスト

立地調査、事業計画から
店舗デザイン、メニュー開発まで
レストランプロデュース
資料づくりの手引書

竹谷 稔宏　著

目次

第1章 飲食店の店づくりに携わる専門家の仕事の種類と飲食店とは何かを知る

1. 飲食店に関わる専門家の種類を理解する ……………………………006
2. 飲食店づくりに関わるデザイナー・専門家の仕事依頼の起点と相関性 008
3. 新しい時代に求められるデザイナー・専門家の資質と姿勢とは何か …009
4. 飲食店づくりのための基礎知識を理解する/飲食店とは何か ……………010

第2章 飲食店づくりのための要素を理解する

1 飲食店の企画づくりの基本と知識を学ぶ ……………………………020

2 企画書の基本的構成とは何か ……………………………………………022

1) 外食市場と業界を把握する ……………………………………………023
2) 業態コンセプトを想定する/進め方と手順 …………………………024
3) 立地・物件調査方法と実践 ……………………………………………025
4) 事業計画の作り方と基礎知識 …………………………………………029
5) 厨房計画の基礎知識を理解する/オペレーションと作業動線計画の基本 …………042
6) 平面計画の進め方を理解する/ゾーニングの基本と理論・飲食店とデザインの関係性 …112
7) 商品開発とメニューコンセプト ………………………………………119
8) 広告宣伝と販売促進 ……………………………………………………122
9) ユニフォーム選定方法と手順 …………………………………………124
10) 飲食店のブランディングの確立/飲食店のブランディングと認知力を上げる ……125
11) 全体スケジュール作成と作業工程の把握……………………………127

第3章 企画書のまとめ方と資料づくりのポイントを理解する

1. プレゼンテーションは企画書の資料づくりで決まる/表紙は興味を持たせるスタートである。 …………………………130
2. 企画書作成の基本とポイント ……………………………………………131
3. 出店計画の目的/概要をまとめる/短く簡潔にわかりやすく …………134
4. プランニング全体のチャート/業態構成する要素……………………134
5. 外食市場分析・市場動向/消費者動向のデータ資料はビジュアルイメージが意思決定を左右する ……………………135
6. 消費者動向分析 ……………………………………………………………136
7. 業態分析/業種・業態の選定と位置づけを把握する……………………137

8　立地調査分析/立地選定と商圏競合店調査と資料づくりポイント………138
9　業態基本コンセプト/業態(特性)の想定は図表と箇条書きでわかりやすく …140
10　商品コンセプト・メニュー内容/メニューコラージュ作成手順…………140
11　商品メニューリスト作成/ 商品メニューリストイメージをリスト化する
　　前菜・主軸メニュー、サイドメニューの種類別にリスト化することが大切 …142
12　店舗コンセプト/内装イメージコラージュの作成方法…………………142
13　平面計画の作成/全体平面図には飲食店のストーリーがある……………144
14　厨房計画・厨房機器リスト/
　　厨房計画はメニュー調理工程と適合していること　……………………144
15　内装デザインパース作成方法の進め方とポイント　……………………146
16　ユニフォームは歩く広告塔であること/ユニフォームの選定方法………147
17　店舗ロゴデザイン/店名は店の顔である…………………………………148
18　販売促進計画と内容を明確化する　………………………………………149
19　事業計画/投資資金内訳・月間売上予測・年間収支計画・返済計画……150
20　開店スケジュール計画と表現方法 …………………………………………151

第3章-2 企画書の実例を見る……………………………………152

第4章　インテリアコーディネーター・デザイナー・設計コンサルタント・レストランプロデューサーとして独立するための方法

パターン1　インテリアデザイナー・コーディネーターの場合/デザイン事務所で
　　　　　実践業務を取得する。経験を積み上げ独立するケース………………170
パターン2　住宅メーカーで経験を積み上げデザイナーとして独立するケース　………171
パターン3　種々いろいろな専門分野を経験し時間をかけてデザイナーとして独立するケース …171
パターン4　設計コンサルタント事務所で修行して設計コンサルタントとして独立するケース …172
パターン5　フードビジネスコンサルタント事務所で修行し
　　　　　レストランプロデューサーとして独立するケース　……………………172
パターン6　キッチンデザインコンサルタント事務所で修行し
　　　　　キッチンデザイナーとして独立するケース　……………………………173
パターン7　インテリアデザイナー、レストランプロデューサーとして
　　　　　独立を目指す人のための心得 ………………………………………173

■独立するための10の心得と具体的手法と姿勢
　　　　1　あなたが独立するための10の心得………………………………174
　　　　2　独立するための具体的手法と姿勢 ………………………………178

003

はじめに

かつて飲食店の店づくりとは、食空間の舞台装置（内装デザイン）に重点がおかれ、話題を集め多くの顧客に注目を浴びた。しかし時代が変わり、いまではただ単に飲食店を企画開業するのではなく、いかに長く経営を継続するかへと時代のニーズが変化しつつある。いわばこれまでは、飲食店の業態企画に対する様々な情報を掻き集め、比較的簡単に淡々と店づくりが進められていた。その結果、多くの投資をしたものの経営がうまくいかず、閉店を余儀なくされる店や苦戦を強いられている店が数多いという現実がここにある。
つまり近年の飲食店の店づくりでは、企画書の根幹となる業態内容に沿って共有した情報や相互関係が稀薄で、漠然と店づくりに関わる専門家の仕事が曖昧、かつおざなりに進められてしまっていることに大きな問題があることを忘れてはならない。要するに「仏つくって魂いれず」（仏像を作っても、作った者が魂を入れなければ、単なる木や石と同じである）に等しいという現実を十分に理解しておく必要がある。
また、本来飲食店の店づくりとは、店づくりに必要なあらゆる企画情報や理論を積み上げたものでなくてはならないはずだが、いまだに飲食空間にただ奇抜な化粧装飾やデザインを施すことだけに視点が偏っているのが現実である。
しかし本来の店づくりの視点とは、食に対する生活者のニーズや変化をどのように飲食店の生きた業態づくりの基本にして企画書にまとめることがスタートでなければならないことを十分に理解しておくことが必要であり、いかに企画書づくりが店づくりの重要な要素を構成していることを自覚しておかなければならない。
さらに一般的に飲食店の店づくりとは、インテリアデザイナーがすべての仕事を総括しているかのように思えるものの、現実的には様々な専門家（デザイナー、グラフィックデザイナー、フードコーディネーター、キッチンデザイナーなど）と共同して、ようやく一つの店が生まれ完成していることを忘れてはならない。
また、これからの飲食店の店づくりの完成度をもっと上げるためには、その仕事に携わる専門家の知識や仕事に対する実践的な力量や知識レベルの底上げをしなければならず、それなくして時代のニーズに合った理想的な飲食店づくりができなくなってきていることを理解しておくことである。つまり店づくりに携わる専門家のスキルアップやこれから専門家を目指す人のための知識的レベルをもっと上げなければ、決して理想的な店づくりや生活者に支持される企画書を作り上げることができないことを忘れてはならない。
この書は、これから飲食店の店づくりに携わる専門家として一人前になることを目指している人や将来的に独立開業の第一歩を踏み出そうとしている人、またフードコーディネーター、アナリストの資格を目指す人、さらに飲食店を展開する本部施設部や事業開発に携わる人に至るまで（もちろん現在専門家として実践で仕事をしている人のスキルアップにも繋がる）様々な立場の人が読んで参考になるように、特に店づくりに関わる起点となる企画書づくりの実践的知識や資料づくりの進め方、手法、手順など基礎理論に視点をおき、その内容を具体的にわかりやすくまとめたものである。
いわば本書は飲食店のインテリアデザイナー、レストランプロデューサー、フードコーディネーター、飲食企業業態企画室などに関わる人の参考になるように、飲食店の企画・店づくり・メニュー開発・キッチン計画・事業計画作成・立地調査、販売促進に至るまでの総合的な企画書づくりの手引書（具体的な企画書づくりの実例を挙げて分かりやすくイロハから基礎知識を学ぶことができるように）として書き上げたものである。
また将来的に食のスペシャリストとしてフードコーディネーター、フードアナリストなどの資格取得や飲食店の店づくりの専門的知識を積み重ね自己研鑽し各種デザインの専門家として独立を目指すための手助けとなり、必ずや様々な分野で働く人のための基礎知識として豊富な情報や実践を十分に習得するためのマニュアル本になることを信じている。店づくりの仕事に対する自己啓発や将来の独立開業を目指す人にとって、この書が実務書として活用していただけることを願っている。
最後に、本書出版の機会をいただいた株式会社商店建築社村上社長、そして企画から出版に至るまで、お世話いただいた関係スタッフの皆様に深く感謝するとともに、いろいろアドバイスをいただいた方々に心からお礼を申し上げたいと思います。

平成27年10月吉日

竹谷稔宏（たけや・としひろ）

協力スタッフ　棟方綾香
　　　　　　　内田優香

参考文献
飲食店のキッチン計画チェックポイント/商店建築社
新しい飲食店づくりAtoZ/商店建築社
スケッチから学ぶ新しい飲食店づくり/商店建築社

1章 飲食店の店づくりに携わる専門家の仕事の種類と飲食店とは何かを知る

1 飲食店に関わる専門家の種類を理解する

飲食店の店づくりに携わる専門家は、一般的にインテリアデザイナーというイメージが強いものの、現実的に飲食店の店づくりに携わる専門家は多岐の分野に渡っていることであり、その他インテリアコーディネーター、グラフィックデザイナー、パースデザイナー、メニューコーディネーター、キッチンデザイナー、フードビジネスコンサルタントなどのスタッフが仕事に関与していることを理解しておくことである。

一般的に飲食店の店づくりに際しては、インテリアデザイナーとクライアント側の二者が主体となって店づくりの業務が進められていくものの、現実的にはインテリアデザイナーを総合統括として各分野の専門家が実務としてその店づくりに参加していることを忘れてはならない。

つまり飲食店の店づくりとは、ただ単にインテリアデザイナーの知識や技量だけで完成しているのではなく、種々な専門家(表1-1)がその店づくりに参加してようやくひとつの飲食店が完成していくことを理解しておくことである。勿論仕事の内容によっては、インテリアデザイナーとクライアント側で完結してしまう仕事もあるだろうし、種々な専門家が仕事に携わらなければできないプロジェクトも多々あることを理解しておかなければならない。

また飲食店の業態企画開発から店づくりに至るまで総合的に統括するフードコンサルタントがすべての専門家をコントロールするという仕事など、様々な仕事のプロジェクト内容によって専門家のスタッフ構成は異なってくることを忘れてはならない。

では飲食店の店づくりに携わる各専門家の仕事とは、どのような仕事で店づくりに携わりどのような役割をしているのか、どのような仕事であるのかなどその内容を具体的に説明していくことにしよう。

いわば、現在専門家として仕事をしている人には、自分の仕事の幅を広げる再確認とスキルアップに繋がるだろうし、その仕事内容を具体的に理解することは、今後あなたが目指す仕事の方向性を見出す判断基準になればより目指す進むべき道が明確になってくるはずだ。

1) インテリアデザイナー
Interior designer

インテリアデザイナー(interior designer)とは、建物内部や入口などの外部装飾や内部空間構成、家具、照明器具、照明計画など住空間の一部ないし全体の室内演出・デザインや建物全体の構成などを手掛けることを職業にしている人を意味する。

一般的には、住宅、商業施設、飲食店、公共施設に至るまで仕事範囲は幅広く建物全体の構成や配置、家具の色彩的統一、壁紙の柄、配置計画などについてのより快適に過ごす空間づくりを総合的に仕事として行う。

よくインテリアデザイナーは設計デザイナー、設計者など様々な呼び方をされているものの、仕事の内容や役割はほぼ同義であると理解しておけばよいだろう。但しデザイナーの仕事にも得意・不得意という専門分野を持っていることが多く、住宅に特化しているデザイナー、飲食店に特化しているデザイナー、商業施設・公共施設などに特化している人などデザイナーにも得意とする専門分野がある。

特に飲食店の場合には、厨房機器、衛生設備を含む総合的デザイン業務になるため、比較的飲食店の経験や実務実績を持っていないのに簡単に仕事を受注してしまうと、仕事内容が手さぐり状態で総合的にデザイン業務を完結できないこともあるため、しっかりと仕事のジャンルを決定しておくことが理想的であろう。

つまり飲食店に限らず、クライアントがわからないことは、全てデザイナー(若くても先生と呼ばれる不可思議な世界)に種々な相談やコンサルティングを要望されることも少なくないことを理解しておくことである。

2) インテリアコーディネーター
Interior coordinator

インテリアコーディネーターとは、快適な空間を作る仕事を職務としている人を意味する。いわゆるインテリアコーディネーターとは、住宅やオフィス、店舗、レストラン飲食店などのインテリアについて専門知識を生かしたアドバイスを行う幅広いジャンルの仕事であろう。勿論仕事に際しては、クライアントの要望を聞き取り、内装材や家具、照明、小物などの組み合わせ、配色に至るまで快適な空間を作り上げていくことであり、そのためインテリアに対する幅広い知識を持っていることが必須であることを忘れてはならない。

つまり企画するプロジェクトのクライアント側の想定するターゲットのライフスタイルや好みなどをしっかりと聞き出し、そのニーズに適合した企画提案をすることが重要な仕事になることを理解しておくことである。

店づくりに携わる種々な専門家 表1-1

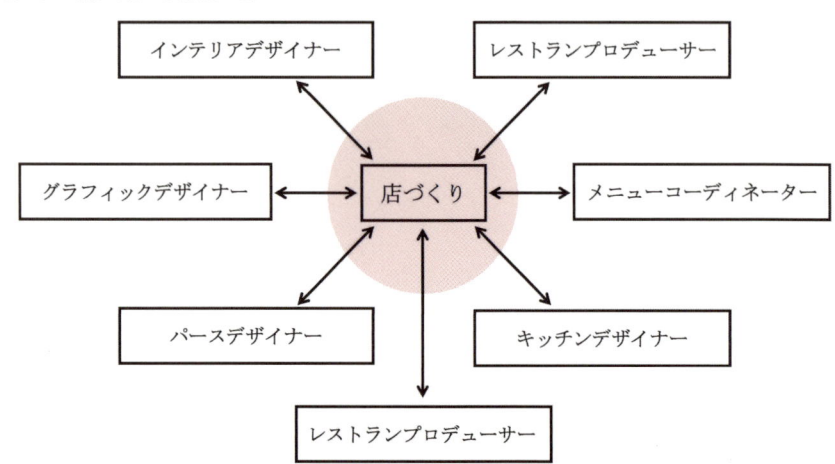

```
        インテリアデザイナー              レストランプロデューサー
                    ↘         ↙
  グラフィックデザイナー  →  店づくり  ←  メニューコーディネーター
                    ↗         ↖
        パースデザイナー                  キッチンデザイナー
                         ↑
                  レストランプロデューサー
```

3) グラフィックデザイナー
Graphic designer

グラフィックデザイナー（graphic designer）とは、グラフィックデザインやグラフィック・アートの領域にあって画像、タイポグラフィ（活版による印刷術、デザインにおいて活字の書体や、字配りなどの構成および表現）、モーション・グラフィックス（従来のグラフィックデザインに、動きや音を加えたもの）などを組み合わせてデザイン作品を制作するなどの仕事を職務としている人を意味する。

つまりパンフレットや広告のような出版・印刷される媒体、あるいは電子的な媒体のためのグラフィックを主に作成することが多く、アートディレクター、エディトリアルデザイナー（雑誌、カタログ、各種マニュアル本などの書籍をデザイン的に美しく、かつ読みやすいように編集するデザインを職業とする者）、写真家などを兼ねることもあるものの、組版、イラストレーション、ユーザインターフェース（ユーザに対する情報の表示様式やユーザのデータ入力方式を規定すること）、ウェブデザインなども担当する場合があるが、種々のロゴ作成やパンフレット作成、壁デザインなどグラフィック・アート的要素が強い仕事であると理解しておくことであろう。

4) パースデザイナー
Perspective designer

パースデザイナーとは、建築物の完成予想図を描くことを職務としている人を意味する。
パースとは、公共施設や商業施設、飲食店、住宅や集合住宅などの建築物の外観、室内イメージ、また周辺環境などを取り入れた建築物の完成予想図のイメージをスケッチ画像あるいは3Dコンピューターでイメージを画像化する仕事である。

近年の傾向としては、ほとんどがパソコンで描かれCGを利用したリアルな3次元的パースが多く活用されていたものの、最近では従来の手書きやCGと手書きを組み合わせた動きがあるパースの需要も多くなってきている。

特にパースの役割は、プレゼンテーションにおけるクライアントへの印象を大きく変えてしまう威力を持っているため、よりクライアントへアピールするパースを作成できることこそパースデザイナーの力量を問われるところである。

またパースデザイナーになるためには、パースデザイナー養成学校など建築図面作成、専門知識や技術をしっかりと習得することの勉強期間と実務経験を積み上げるまでがデザイナーとして必須であり、画像処理ソフトや3Dソフトは使いこなせることが大切であろう。

その他インテリアコーディネーター、インテリアデザイナーの資格を取得することもスタートの起点であり、住宅メーカーや建築設計事務所などに就職をして、パースデザイナーとして活躍するあるいは実力と実績があればフリーランスのパースデザイナーとして独立の夢を実現することも可能であることを理解しておくことだ。

5) メニューコーディネーター／プランナー
Menu coordinator

メニューコーディネーターとはクライアントの要望に合わせてメニュー、料理レシピ、味つくり、料理内容の組み立て提案、食器類選定など飲食店のメニューに関わる仕事を職務としている人を意味する。

特に飲食店のメニュープランニングは経営を左右する重要項目の一つであり、店舗コンセプト・立地・内装・ターゲット・価格帯など、メニューを構成する要素を配慮し、メニューをプランニングする必要があることだ。

またメニューブックのデザインやメニュー説明、キャッチコピーなど、クライアントのニーズに合わせて料理から小物に至るまでトータル的に支援する食のスペシャリストでもある。

さらに仕事内容の幅は多種多様であり、飲食店のメニュー開発や食品メーカーの商品開発、テレビの料理番組や雑誌の料理コーナーなどの演出、レストランのプロデュースなど、食に関わるあらゆる分野を手掛ける人もいる。

一般的にフードコーディネーターになってから経験を積み上げるために食品関連企業や制作プロダクションなどに勤務することも一つの道であろうし、経験を積み実力がつけば、食イベントのプロデュース、食器、テーブルウェアの企画・制作、フードライターとして記事を書くなど、仕事の幅は大きく広がることを理解しておくことだろう。

つまり将来的にフリーランスとして独立し事務所を開設したいという人の姿勢としては、常に創造力とセンスが問われる仕事であり、華やかで且つやりがいのある仕事ではあるものの、常に自己研鑽と実力、実績、実務経験を積み上げることがなければ、独立の一歩には繋がらないことを肝に銘じておくことを忘れてはならない。

6) レストランプロデューサー／フードビジネスコンサルタント
Food business consultant

レストランプロデューサー（フードビジネスコンサルタント）とは店舗の企画コンセプト作りから商品企画、内装デザイン・キッチンデザイン、グラフィックデザイン、販売促進策や運営方法、教育、開店指導などに至るまで飲食に関わる専門家をプロジェクト統括しプロデュースする仕事を職務としている人の意味である。

一般的には、いくつかの複数の専門分野を実務的に遂行できるスキルを持っていることが多く、例えば、企画書作成、内装デザインの実務を担当し、その他の業務を担当する専門家をプロジェクト内容に合わせて招聘し業務を推進することが常であることだ。

またフードビジネスコンサルタントは、飲食店の各専門的な知識や実務に精通していなければプロジェクトを統括推進することができない仕事であり、常に各種の情報や知識の集積を怠らないことを理解しておくことだろう。

さらにコンサルタント事務所として各専門家を抱えて総合的に全ての業務を一手に受注する場合もあるものの、継続的に仕事を受注していくためには、飲食店の開業セミナーなど活動的にマーケティングを推進する必要があることを忘れてはならない。

7) キッチンデザイナー
Kitchen designer

キッチンデザイナーとは、厨房計画の企画から基本設計、実施設計、竣工に至るまでクライアントの立場になって業務を請け負う仕事を職務とする人の意味である。

キッチンデザイナーの仕事とは、厨房計画の機能性や効率性を追求するとともに、飲食店のビジネスの成立のあり方をキッチン側の視点でクライアントにアドバイスや補佐をすることであり、クライアント側の立場になって厨房相見積もりを実施、見積査定、厨房会社の選定に開業前の竣工引き渡しに至るまで厨房に関わる範囲の全てのサポートをすることである。いわばクライアントの代役を担う役割と理解することがよいだろう。

勿論キッチンデザイナーとしてプロになるためには、飲食店の現場の理解、内装図面、設備図面、設計に関わる全てに精通していなければ、なかなか自立できないことが現実であろうし、飲食店の企画を進めるスタッフとしてなくてはならない存在であることを忘れてはならない（但し現実的には、そのキッチンデザイナーの役割を成しているのは厨房会社の厨房設計部署であるものの、飲食店の企画に適した理想的な厨房計画を創造できていないことも事実であることを理解しておかなければならない）。

つまりキッチンデザイナーとして独立を目指している人は、空いたスペースに厨房機器を配置する知識を学ぶのではなく、飲食店の業種・業態に合わせた実践的で且つ効率的な厨房計画を提案できることが理想的であることを忘れてはならない。そのためには、飲食店の店づくりの総合的知識や理解力が必須であることを自覚しておくことであろう。

2　飲食店づくりに関わるデザイナー・専門家の仕事依頼の起点と相関性

一般的に飲食店の店づくりに携わる専門家の業務の種類は、多種多様に分かれているとともに、専門家への依頼もクライアントニーズによって直接依頼、あるいはプロジェクトなど専門家同士の仕事の関係性は殊の外強く、プロジェクト内容によっては統括するインテリアデザイナー、レストランプロデューサー/フードビジネスコンサルタントの下に表1-2(ADEFGH)の専門家でプロジェクト構成配置されるということも少なくないことを理解しておかなければならない。

勿論専門家の仕事内容は多種多様にプロの仕事があるようにその成果精度も高く、ある時は専門家同士が協力して飲食店づくりに携わることも多く、大きなプロジェクトになればなるほど、クライアントの依頼先はABCの専門家に集約されることがほとんどであろう。

また業務内容によっては、ADEFGHのデザイナーにクライアントが直接的に仕事の依頼をしてくることも多々あることであり、その業務内容を理解し依頼を受けることが一般的である。

しかしAインテリアデザイナーが飲食店の総合的店づくりの依頼を受けた場合には、プロジェクトとしてEFGHなどの専門家を統括し業務を進めていくことも多々あることを理解しておくことだ。

さらに専門家の仕事は、飲食店の店づくりにおいては相関関係にあり相互協力し、店づくりの一躍を担うということが多いことを忘れてはならない。しかしデザイナー、専門家としての独自性や専門性を持つことはとても大切なことであるものの、飲食店とは何かということの存在意義や繁盛するための店づくりのポイントはどこにあるのかなど、常に知識集積、自己研鑽やスキルアップなど店づくりに携わる専門家同士が力を合わせてよりよい店づくりを進めていくことこそもっとも重要なポイントである。

またプロジェクト内容によっては、仕事の依頼先を決定するためのコンペティション(設計やデザインの競技を意味する)をする場合など、仕事が決定する前段階で仕事のスキルや力量が問われることも多々ある業界であることを理解しておかなければならない。

特に商業施設の企画については、Bの会社にすべて業務を依頼してしまうこともあり、その場合にはよほどのことがない限り、自社で各専門スタッフを抱えていることが多いので、DEFの専門家に協力を仰ぐことがないこともあることを理解しておかなければならない。

さらにこの業界は飲食店に携わる専門家の事務所や個人で活躍している人も多く、むしろその分野で著名且つ精度の高い仕事や実績を残してきたものにこそ、仕事の依頼が多いことは言うまでもない。

また飲食店の店づくりに携わるデザイナー、専門家は、飲食店のことについてはその内容を十分に理解していることが理想的であり(業務範囲は飲食店に限られず)、常にあらゆる情報や知識集積する努力をしていくことが大切であろう。

さらに飲食店の店づくりには、様々な専門家が携わることを配慮すれば、相互の仕事関係や内容を尊重しつつ、理想的な仕事ができるように業務調整することを忘れてはならない。つまりこれまでのインテリアデザイナーのように空間にデザインを装飾するというだけの仕事の手法では、時代のニーズに対応することができないことを肝に銘じておくことであり、飲食店の店づくりの理想的なカタチを模索し、常に時代が求める実践的なオペレーションのサポートの役割をすることが店づくりに関わるデザイナー、専門家の仕事であることを忘れてはならない。

飲食店に関わるデザイナー・専門家の仕事依頼の起点/フローチャート　表1-2

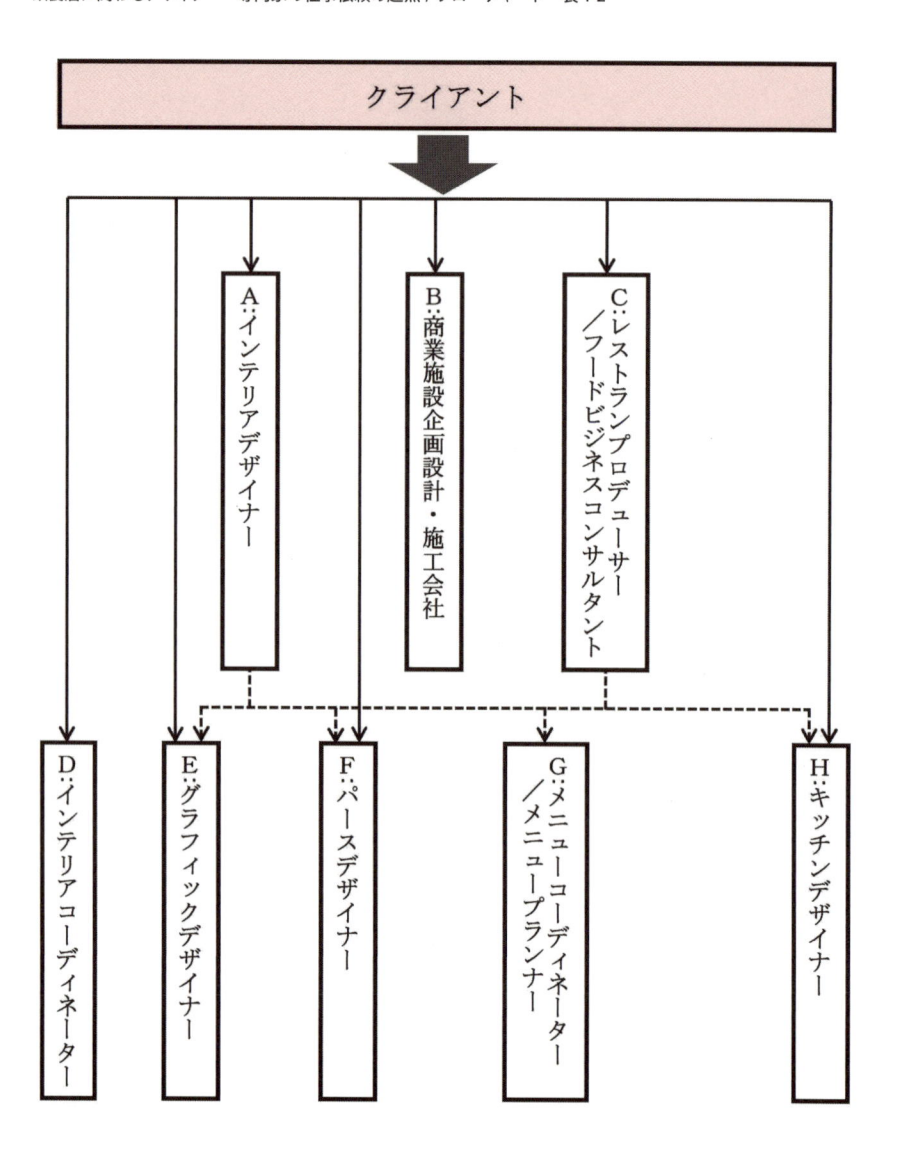

```
                           クライアント
        ┌──────────────┬──────────────┐
        ▼              ▼              ▼
   A:インテリア    B:商業施設企画   C:レストランプロデューサー
    デザイナー     設計・施工会社   /フードビジネスコンサルタント
        │              │              │
   ┌────┼────┬─────┬────┼────┐
   ▼    ▼    ▼     ▼    ▼    ▼
  D:      E:       F:      G:          H:
 インテリア グラフィック パース  メニューコーディネーター キッチン
 コーディ  デザイナー  デザイナー /メニュープランナー    デザイナー
 ネーター
```

008

3 新しい時代に求められるデザイナー・専門家の資質と姿勢とは何か

一般的に飲食店の店づくりに携わるデザイナーや各専門家の仕事へのスタンスは、あくまでも自分の仕事の範囲はここまでであるという固定概念を持っていることが多く、クライアントにとっては融通が利かないというこだわりが、むしろ仕事の進捗を邪魔することもしばしばであることだ。

しかしあくまでも自分の分野の仕事範囲を超えた業務はやらない、あるいは飲食店の業界や情報すらほとんど理解していない人や事務所が種々のデザイン(仕事)をしている場合には、本来の飲食店の店づくりに必要な情報が欠落していることが多い。今後は飲食店そのものの在り方や内容を十分に理解し、それぞれの分野の専門家としてのスキルを上げていくことが求められ、飲食店の店づくりに携わるデザイナーや専門家に不可欠な最低限の知識の集積や情報収集をしておくことが大切である。特に飲食店の店づくりに特化した仕事となると、飲食店づくりの種々な経験も多く、信頼できる実績がある事務所に仕事が集まることは致し方ないことであろうとも、自己研鑽や経験を積み上げ業界にデビューしてくる人や事務所も多く、いかに独自の仕事の精度を高めていかなければ、生き残っていけない厳しい業界であることも理解しておくことである。

またよく飲食店のデザイナーの仕事は、あまりにも空間デザインに視点が偏り、ともすると自己満足且つ機能性を配慮していない計画が多いことあるいはもっと店づくりに関わる各専門家は、各専門家の仕事内容を相互に尊重しつつ業務調整をしながら業務を進めるべきであると言われていることを自覚し業務内容のあり方を改善是正していかなければならない。

さらにいかにデザイナー、専門家の個性が強く、よい仕事(デザイン)をすればなんでもよいというものではなく、飲食店の場合には、空間に装飾デザインをすることだけではなく、そこにはゲストがひと時を過ごすための「ストーリー」がなければならないことを忘れてはならない。

また現実的には、現場のオペレーションが円滑に稼働し開店した後も継続的に経営が成立することが、デザイナーの店づくりに求められる役割であることを十分に理解しておくことである。

つまりゲストをその飲食店に集客するという意味では、ゲストにとっては心地よい空間であることは言うまでもないが、特に飲食店という特殊性(人が人を介して料理提供やサービスを行うこと)を持っている業務においては、飲食店の経営のあり方や総合的知識や業界情報を常に収集し、よりよい店づくりの一躍を担える努力をしていくことがこれからの時代に求められるデザイナーや専門家の姿勢でなければならない。

これまでのように「他人の仕事には我関せず」、という固定概念は捨て、もっとクライアントやその店に訪れるゲストに喜んでもらえる高い精度の飲食店づくりを目指していくことが大切であることを忘れてはならない。

いわば、飲食店の店づくりに携わる専門家、デザイナーの姿勢とは、「飲食店とは何か」、「どのようなビジネスであるのか」、「どのような事業収支で成立しているのか」など飲食業の基礎知識から業界情報に至るまで食に関わる情報を細部まで知識として習得理解しておくことが、飲食店の店づくりや企画書作成に際しても重要になってくるだろうし、これからの時代の店づくりの業務を進める上では理想的な姿勢であることを自覚しておかなければならない。

4　飲食店づくりのための基礎知識を理解する / 飲食店とは何か

1) サービスの本質とは何かを理解する/定型サービスからの脱却

サービス業とは小売、フードサービスその他大きな枠の中では種々の業種業態が存在する。しかしそこでのサービスの根本とは生活者(客)にサービスをしてその対価として金銭をいただくということは同じである。そこで売る商品や形態は異なろうとも、その提供されるサービスの質はそれぞれのビジネスにおいて高いレベルで確立されるべきものであろう。

◆ホスピタリティ(サービス)とは付加価値商品である

しかし昨今の世の中や生活者の傾向を見ると、ただ単に商品や料理、その他サービスを対価として交換するだけではビジネスとして成り立たなくなってきた。

勿論、生活者は対価として十分にお値打ちを感じるものに対してはすぐに反応してくれるものの、ただ単に安いだけではあまり反応しない時代になっていることを自覚しなければならない。

また昔であれば、小売も商品が安く便利であれば、ほどほど売れたものであるが、小売業界においてもただ単に商品を並べていれば売れるという時代はすでに終わってしまったことである。その現実にまだ売り手側が気づいていないことが現実であろうし、生活者の嗜好やライフスタイルは時代の変遷とともに徐々に変化してくることを十分に理解しておくことである。

さらにこれからの時代の生活者に求められるサービスとは、適正価格でより付加価値の高いもの、つまり商品、サービスに「こだわり」を持っているかどうかで店の良し悪しは決まってくるものである。

またそのこだわりにも種々の物事(無形的、有形的要素)があるはずであり、その付加価値をいかに生活者に提案できるかが大きなポイントになってくる。

むしろこれからの時代に大切なことは、人と人の関係における繋がりをどのようにサービスという心を通して交流をもつかということを忘れてはならない。

この顧客満足(表1-3)の追及とは、美味しい料理、お値打ち感に付加価値商品(ホスピタリティ「心配り」「気配り」「目配りの実践」)を具体的なサービスのカタチにして提供することに他ならない。

つまり生活者が飲食店に求めていることは、無形・有形を問わず、ひと時の楽しい食事環境を提供してくれることであることを忘れてはならない。

顧客満足度を上げる仕組み　表1-3

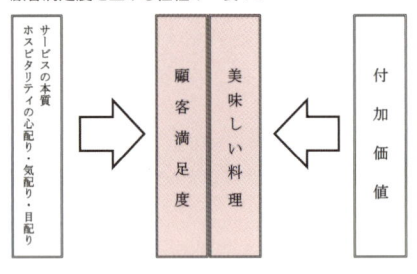

サービスの本質 ホスピタリティの心配り・気配り・目配り → 顧客満足度 ← 付加価値 美味しい料理

◆サービスの本質とは真心を伝えること

特に飲食店において人と人の関係を大切にしなければ、固定客を集客し維持することはできないといわれている。それどころか個人の生活者に対してどのようなサービスをすれば喜んでもらえるかなど具体的に研究することが不可欠であるだろう。つまりサービスはどのように生活者に接すればどのように感じてもらえるのかなど、生活者の心理状態や心の持ち方を科学する時代である。

またチェーン店のお決まりの定型サービスは企業側の都合で実行しているものであり、もっとその上の高いサービスレベルへステップアップしなければならない。現在のサービスは、レストランという業態が生活者に浸透していなかった時代のサービススタイルであり、客はどんどん自分のライフスタイルに合った店を選択する時代に入っている。それにもかかわらず何故に全般的に定型マニュアルから抜け出せないか理解できないことである。

勿論、定型サービスの基礎なしにそれ以上のサービスができないことは当然のことである。決してマニュアルを否定しているのではなく、基礎マニュアルの実践なしにそれ以上の高いマニュアルを実行することはできない。もっと基礎マニュアルの上のクラスのサービス教育を具体的にすべきであることだ。その説明が具体的でなければ、アルバイト、パートはなかなか理解できないし、まず教育側のスキルアップを図ることであろう。サービス教育とは、サービスをやって見せて、再びやらせてみせるという基本教育をすることであることを理解しておくことである。

またサービスの本質(表1-4)とは小売、飲食店、その他の業態にかかわらず、いかに生活者の時代の変化やニーズに対応したサービスができるかが重要なポイントになることを忘れてはならない。

つまりサービスの本質とは「あなたの真心を顧客に伝えること」であり、カタチだけのサービスではもはや生活者は感動しない。そこに心からの真のサービス、真心がありその心を伝えられてこそ、本当のサービスの本質に近づけることを理解しなければならない。

サービスの基本　表1-4

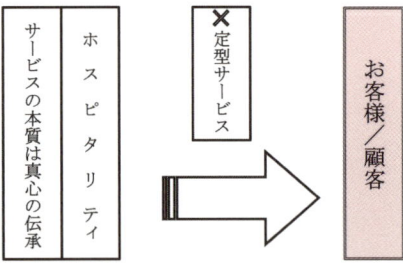

サービスの本質は真心の伝承 ホスピタリティ ✕ 定型サービス → お客様/顧客

2) 飲食店の付加価値とは何か/生活者のライフスタイルに適合した店こそ繁盛する

一般に飲食店を利用する生活者にとっての付加価値とは何か、ということを具体的に客の立場として検討していかなければ、これからの時代の生活者のニーズや嗜好にあった企画開発や新しいビジネスを提案することはできない。

◆客に足を運ばせる魅力とは何か

わざわざ高いお金を支払って店に足を運んでく

繁盛店の来店心理　表1-5

```
                  客に足を運ばせる魅力
                          ↕
  お          ┌─────────┐      料理のおいしさ
  も    ⇒    │  飲食店  │  ⇐   価　　　格
  て          └─────────┘      居心地のよい空間
  な
  し
  の
  心
```

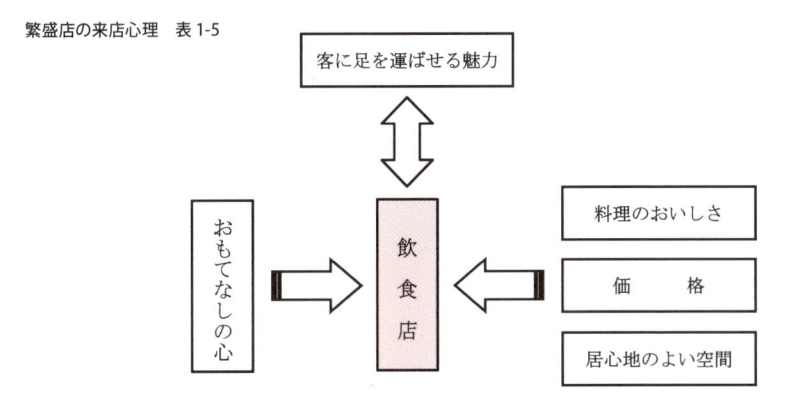

れることは、何かその店に魅力や必要性がなければ来店はしないものである。つまり生活者は、自分の店に何を求めて来店してくれるのかなど、具体的に生活者に求められていることを自覚しその内容を理解しておくことだろう。勿論、飲食店は来店してくる客に料理「料理の美味しさ」を提供してその対価として料金を頂くというビジネスである。まず、いかに客にとって美味しい料理、こだわり、個性などの要素をきちんと料理に反映することが大切である。特に昨今の傾向としては、料理の味や価格に対して生活者は厳しくなってきているし、ただ単に料理の価格が安いだけでは客を引き寄せることはできなくなってきていることや客にとってその料理は美味しくなくサービスも悪いという判断を持てば、その店へは再び来店することはないという厳しい時代であろう。

なぜならば、街に飲食店は星の数ほどひしめき合っており、ひと昔前のようにその店に行かなければ、その料理を食べられないというものがなければ、わざわざ足を運ぶ必要がなくなってきている。

つまり飲食店として「料理の美味しさ」「価格」「居心地のよい空間」などオリジナリティーある付加価値を提供することこそ生活者を再び来店させるための魅力づくりであることを理解しておかなければならない。

◆「おもてなしの心」こそ、飲食店の付加価値である

「おもてなしの心」とは、そこに「気配り」「目配り」「心配り」の最低三つの要素を付加したサービスのことであり、それが付加価値である。「いらっしゃいませ」「ありがとうございます」とは最低限の言葉であって挨拶のようなものである。そこに心をいれたサービスがなければ、これからの時代の生活者のニーズや嗜好に適合していかないことを理解しなければならない。

また飲食店に求められているものは、「料理の美味しさ」は当然のこととして、総合的に優れた付加価値を持っているか、その店はきっちりと「おもてなしの心」を持っているかが良い店であるか否かの判断の基準であることを忘れてはならない。その総合力が備わっている店こそ、飲食店として繁盛店（表1-5）になることを改めて理解するべきであろう。

つまり飲食店とは生活者のためにあることをしっかりと認識しなければ、変わりつつある時代から取り残されてしまうことを肝に銘じておかなければならない。もはやただ単に料理を提供する時代は終わっている。むしろそこに対価としての高い付加価値を提案することが飲食店としての使命であることを忘れてはならない。

3) 飲食店の利益構造は一定ではない/繁盛店を生み出す経営のポイント

◆飲食店の基本的経営数値の大きな要素は2つであり、一般的にはF（フード）＋L（人件費）コストのバランスがビジネスの成立を左右すること「F＋L＝60%-65%以内」

一般的に飲食店の経営数値管理には、これまで人件費率＋原価率の合計は60%〜65%（フード原価率30% 人件費35%以内）で抑えるというのが成功を勝ちとるための暗黙の鉄則であった。というよりも飲食店経営とは、賃借料、光熱費、その他細部の経営数値の積み上げで構成されるため、その全体項目内容の中でその占める割合の比率が大きいのが、人件費と食材原価に集約されることにその理由がある。

しかし近年では、その飲食店経営の一般常識や概念の考え方を大きく打ち破り繁盛している店も増加しつつあり（まさにこれまでの成功法の人件費と原価率のバランスの発想を変えたこと）、むしろ高原価率（業界に新しい切り口）で付加価値を高めて多くの客を集客するという、低迷する飲食業界に一石を投じ新しい経営思想で新風を巻き起こす繁盛店を創出している企業もある。

また飲食店の経営数値を構成する項目内容とは、いかに各数値構成比率を変えようが、最終合計は100%になることであり、収支と支出のバランス（損益分岐点）を下回れば赤字になり継続経営ができないということになる。しかし飲食店経営とは、人件費率と原価率が高ければ高いほど経営は赤字になるリスクが大きくなるという当たり前の原理が根本にあることを忘れてはならない。

さらに一般的に常識的に考えれば、原価率を高くすれば、利益を出すことが難しくなることは常であり、その原価率の数値コントロールを他の項目で調整しなければ経営は成り立たないという原理は変わるものではない。

またその新しいフォーマット（利益構造）で果たして経営を継続することができるかが、繁盛店づくりあるいは飲食店の活性化につながるポイントになるものの、その思想がすべての業種・業態に当てはまることではないことを理解しておくことである。

例えば、フード原価を上げれば、そこに来店するゲストは喜ぶだろうし、付加価値が高ければ高いほど繁盛店を生み出すポイントの一つの武器になることは明白であろう。

さらに原価率を45%にする場合には、人件費を通常より効率を上げて人件費率を下げ、例えば20%以下にするオペレーションシステムを開発すること、あるいは一般的に賃借料は売上の6%から10%以内といわれているが立地選定で売上の5%以下（賃借料の安い立地を選ぶ）にするなど、ともかく経営数値の新しい経営構造（表1-6）を生み出すことが繁盛店を生み出すポイントになることを忘れてはならない。

また一般的には、個人経営であれば厳しい経営数値であろうとも継続していくというハングリー精神は維持されるものの、その経営母体が企業になると、経営数値をコントロールしても、労働条件や給与については、一般的な条件以上の待遇を目指すというスキルやモチベーションがなければ、ハングリー精神を継続していくことはできない。

つまり飲食店の経営の固定概念を打ち破ったところに、新しい飲食店経営のフォーマットを生み出すカギがあろうとも、そのフォーマットが不完全なものでは、その経営は長続きしないことを忘れてはならない。常に時代は変化しているだろうし、飲食店の経営の仕組みづくりを新しい視点で見つめ直すことも、新しい飲食店経営のフォーマット（利益構造）を生み出す大きなポイントに繋がることを理解しておかなければならない。

利益構造の仕組み　表1-6

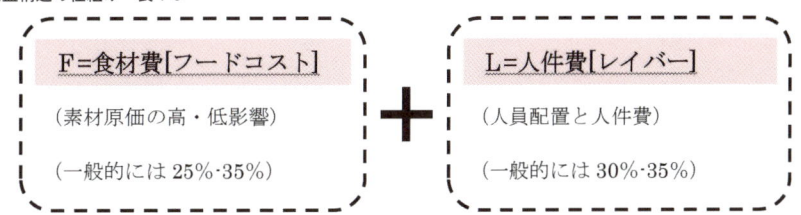

F＝食材費[フードコスト]
（素材原価の高・低影響）
（一般的には25%-35%）

＋

L＝人件費[レイバー]
（人員配置と人件費）
（一般的には30%-35%）

4) インテリア・キッチンデザイナー、専門家として知っておきたい事業収支計画の基礎知識

◆飲食店経営におけるデザイナーの役割を知る

飲食店を企画する上で例えば、キッチンデザイナーの大きな役割は、いかに企画する店が繁盛するための効率的且つ機能的な厨房計画を創造できるかにあることは周知の通りであろう。しかし近年の社会的景気後退や飲食業界の売上不振など飲食店を経営する企業あるいは個人側の立場は、いかに限られた予算で最大の効果を発揮できるかに焦点が集まってきている。

またいかに投資効果を上げるかにビジネスの成否を決定する要素があることだ。その投資内訳の中に順位をつけることはできないものの、その中で真っ先に厨房予算を削減することはよく対象になるところだろう。しかしそれが悪いことではないものの、むやみに必要な厨房機器や機能を削ってまで厨房予算を抑えることは決して行ってはならないことを忘れてはならない(厨房予算を削減したために繁忙時に料理がスムーズに提供できないという支障をきたすことになる)。それはあくまでも苦肉の策の最終的な手法である。

さらにその時代の変化とともにデザイナーに求められる役割は、ただ単に内装デザインや厨房デザインすればよいというものではなく、いかにその飲食店が繁盛する、あるいは経営継続するための店づくりのローコスト化やいかに投資総額を低下させるかのアドバイスや指導などコンサルティング的な知識が必要になってきていることだ。

勿論その内容は厨房に関わらず、店づくりというものをいかに低価格でよい空間作りができるかに集中することは言うまでもないものの、これまでのようにただ単にクライアント側と打ち合わせた厨房配置やデザインや空間づくりをすれば、その役割はほぼ完結するというものではなくなってきたことを理解しておかなければならない。

また当然のことにデザイナーの中には、飲食店の経営数値に強い人もいれば弱い人もいるだろうし、またほとんど数値に関しては店づくりの業務範囲以外には興味を示さないというデザイナーも多々いることであろう。

しかしこれからの時代のデザイナーの役割としては、他人の業務範囲には興味を示さないという姿勢では、決してクライアントが求めるデザイナーの役割を担っていけないことを自覚しておくことである。

ましてやこれからデザイナーとして経験を積み重ね一人前のデザイナーを目指している人にとっては、飲食店の店づくりに関わる情報や範囲は多岐に渡っていることを忘れてはならない。

さらにかたくなに「私はインテリアデザイナーあるいはキッチンデザイナーであってコンサルタントではない」という著名なデザイナーでない限り、自分の分野の仕事以外のことは一切の仕事はやらないという時代ではないことを理解しておくことだろう。特に厨房とは飲食店の心臓部であるものの、飲食店を成功させるための一躍を担っていることを忘れてはならない。

またキッチンやインテリアデザイナーの世界は(前述しているように)、デザイナーという名刺を差し出せば経験が浅いデザイナーでも先生といわれる不可思議な業界でもあり、その環境に決しておぼれてはならない。あくまでも建築業界に関わる業者はそれが礼儀であり、あくまでも挨拶の一環であると理解しておくことだろう。

さらにデザイナーとしてどの業務範囲まで飲食店の経営的な知識を持っていなければならないかという決まりは何もない。むしろ店づくりに関わることであれば知識が豊富なことが大切であろうし、実践経験が多いほど仕事への信頼は厚いものになることを理解しておかなければならない。

またこれからの店づくりに携わる専門家やデザイナーの役割や内容とは、全体投資に対してどのぐらいの売上を達成しなければ、飲食ビジネスとして成立しないとか、経営的に必要な最低売上(損益分岐点)はどのぐらい必要であるのかなど全体の飲食店としての成立に関わる投資対効果数値(表1-7)まで理解しておくことが理想的であろう。

さらに計画している飲食店は何人で運営できるのかなど人件費はどのぐらいかかるのかなど基本的な情報は知識として理解しておく必要がある。

特にフロアーや厨房で働くスタッフの人数を理解し平面・厨房計画に臨まなければ、チグハグな計画になってしまうばかりか、全体計画によってはスタッフも多く必要になり、むしろ後々予想よりも人件費が多くかかるという問題点になることを忘れてはならない。

また全体の客席数の配置などは売上に関わる部分であり、ただ単に空いたスペースに席を並べてしまえばよいというものではないだろうし、客席が多ければ繁忙時の料理提供スピードやキッチンシステムを検討し平面計画に臨まなければならない。

さらに飲食店の経営はどのような構成要素で成立しているのかという現実を数値で理解できる範囲の知識を持っていることが理想的であろうし、特に全体投資としての店づくりに対する各予算(厨房予算)が投資採算にどのように関係しているのかなど将来的には経営的知識として事業収支など具体的に理解しておくことは必須条件になってくるだろう。

また具体的な経営用語や数値の意味については、ゆくゆく知識として理解しておけばよいことであり、平面・厨房計画の効率性や計画の説明はクライアントが納得できるように、さすがというイメージを持ってもらうことが信頼をより強いものにすることに繋がることを忘れてはならない。

つまりデザイナーは経営コンサルタントではないためそれ以上の助言や指導はあくまでも経験値から生み出されるものでなければならないことであり、むしろ余計で曖昧な助言は自分の知識や経験の墓穴を掘る危険性もあることを理解しておかなければならない。

5)メニューと調理方法による必要機器選定の基礎知識/調理方法や工程によって調理機器は変化する

飲食店のメニュー内容を理解することやキッチンの調理機器の知識を得ることなど、デザイナーにとっては、さほど必要のないことだと思っている人が多いことである。しかし本来フードサービスの計画に臨むに際しては、飲食店に関わる知識としてメニューや厨房機器の関係性を理解して業務に臨むのとしないのでは、その完成する飲食店の精度は大きく変わってくることを理解しておかなければならない。

またデザイナーにとっては、キッチンの調理機器の細部に至るまでの豊富な知識は必要がないものの、時代の変遷によって調理機器の技術革新や進化しているという業界情報への興味を持っておくことは大切なことだろう。

特に平面ゾーニング計画を進めるにあたっては、ダイニングに対してどのぐらいの厨房スペースを確保しておけばよいのかなどキッチンの基本的な内容を理解していれば無理な客席と厨房のスペース配分計画をしなくなることを理解

事業計画と投資効果バランス　表1-7

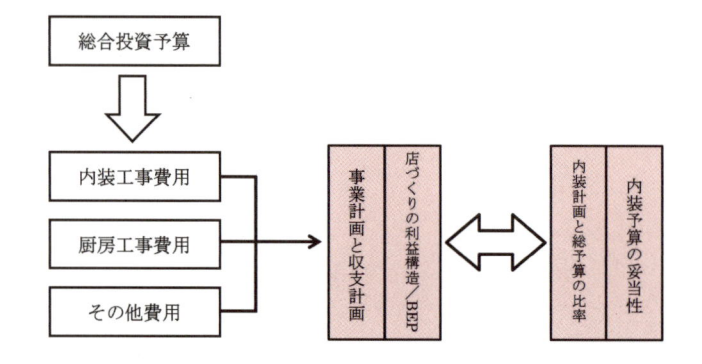

しておくことである。
さらにあまりキッチンの存在を重要視しないデザイナーの場合には、自分の業務範囲であるダイニング計画や内装イメージを先に進めてしまい、余ったスペースに厨房機器を配置してほしいと厨房業者に業務を投げてしまうことが、多くのインテリアザイナーの業務の進め方だが、それはおかしな仕事の進め方であることを自覚しておかなければならない。
またメニュー内容の骨子が決定すれば、どのような調理機器を中心にキッチンの配置が構成されるかなど(あまりキッチンの調理機器の内容がわからないデザイナーでも)、おおよその厨房スペースがどれだけ必要であるのかなどその基本的な知識は最低限理解し習得しておくことであろう。
さらにそのためには、メニューに対する細部の調理機器の内容を理解することが理想的であるものの、その厨房機器の具体的内容を理解しなければ、ゾーニング計画を進めることができないというものではなく、客席と厨房の存在を意識しながら業務を進めることが理想的な平面計画の進め方であることを忘れてはならない。
特にメニューと厨房機器の調理用途の関係性を理解するためには、表1-8の内容を十分に理解することである。またその厨房機器と調理用途の関係の基本とは、大きく分けるとまず調理方法の内容を理解することであり、「焼く」、「煮る」、「揚げる」、「蒸す」、「ソテーする」ことなどが主軸の調理方法になることを理解しておくことである。
またその調理方法に合わせて焼くための調理機器(炭、ガス、電気などを熱源とした)に分かれることが多く、例えば、煮る場合はガスレンジに鍋や寸胴を(火やIH調理機器にかけて)使用し調理する。さらに揚げる場合は、一般的にはフライヤーを使用することが常であろう。
蒸す場合にも業態によっても異なるが、専用蒸し器か一つの調理機器で多機能の調理ができるスチームコンベクションなどがあり、多くの料理を調理する大型店やビュッフェスタイルをとる業態には効率的な調理機器であろう。
またソテーする場合には、ガスレンジ(ストーブ)を利用することがほとんどである。
デザイナーとして企画している飲食店のメニューや調理機器の知識を理解していることは、よりデザイナーとしての本来の理想的業務の進め方ができるばかりでなく、ハードとソフトのバランスのよい飲食店の店づくりの完成に繋げることが大変重要になることを忘れてはならない。
勿論キッチンの調理機器の選定や決定は厨房業者と施主側の打ち合わせによって決定されるべきものであるが、デザイナーとして後々「こんな小さいスペースではキッチンは納まりませんよ」という施主側からのクレームを受けることはほとんどなくなるだろう。

しかし飲食店の店づくりに際しては、厨房計画は重要であるとはいっても、客席が十分に配置できないのに厨房が大きくなっても理想的な飲食店ではないように、常に客席と厨房のスペースのバランス調整が重要になってくることを忘れてはならない。
また飲食店の全体スペースが小さくなれば、厨房スペースは理想的な寸法を無視したごく狭い厨房になることも多々あるだろうし、企画する飲食店の計画のバランスを調整し理想的な店づくりに繋げることが重要になることだ。
つまりデザイナーとしては、フードサービスの設計業務に携わることが多ければ、種々な情報(厨房機器と調理用途など)を広く知識として理解するように心がけて業務に臨むことこそ、飲食店のデザイナーに求められる資質や姿勢であることを忘れてはならない。
いわば、「メニュー内容を理解することはデザイナーにとっては、その料理にどのようなデザインの味付けをするかの空間装飾的な隠し味であること」を理解しておくことが大切である。

6) 内装デザインは料理を美味しくするための隠し味である/デザインとメニューの関係性

◆**飲食店の店舗設計/メニュープランニングの基本を知る**

デザイナーにとっては、フードサービスのメニューにどのような料理内容が提供されるか云々については、さして興味がない事柄であり、ただ単に情報として内装デザインの要素をイメージ化するための題材にしかすぎない。
しかし本来であれば、飲食店を設計するデザイナーとしての役割は、その概略内容や情報だけでは不十分であり、もっとデザインに関わるアドバイザーとしての意見と計画に参加するべきであろう。勿論そのためには、現実の業務としてフードサービスのメニュープランニングがどのように進められるかなど、その具体的な進行内容や全体のコンセプトとの関わりを理解把握しておくことが大切になる。
また一般的にフードサービスのメニュープランニングの基本は、まずフードサービスの業種・業態(業種=どんな料理を提供する店、業態=どのようにその料理を提供するのか)を具体化してから、メニューの具体的な計画に臨んでいくという段階を踏むことが常である。
さらに業態によっては、その店のメニューの主軸になる料理工程や調理をその店のデモンストレーションとして位置づける(特にオープンキッチンの演出に多い)場合もあり、そのメニューの具体的な料理内容や調理工程を知ることは大変重要な意味を持つことを理解しておかなければならない。
また業種・業態によっては、店の大きさや客席数によってもメニュー数を絞るなど、どのぐらいのメニュー数になっているのかなどデザイナーのゾーニング計画業務に関わる部分は殊の外少なくないことである(メニューの調理内容や調理機器の増減で厨房スペースの広さの確保は左右される)。
特にメニュープランニングは、業態によっても料理数や品種は大きく変わってくるものであり、料理数が増加すれば、おのずとキッチンスペースが広く必要になる可能性もあることを理解しておくべきだろう。
しかし基本的には、メニュー数と客席数、キッチンの大きさはそれぞれに機能や効率性など経営効率と関わる部分が多く、相互にバランスがとれていなければ、うまく店の運営ができないことも重要な要素のひとつである。
例えば、一般的に客席数が多くキッチンスペースが小さくメニュー数が多い店は、決まって繁忙時には料理をスムーズに提供できないという問題になることが多く、店が完成し開店

厨房機器と調理用途　表1-8

| 機器名称 | 中小規模飲食店の調理方法と機器 ||||||| 機器内容と用途 |
機器	揚げる	焼く	煮る	蒸す	茹でる	炒める	冷却	洗う	
フライヤー	○								素材を油で揚げて調理するための専用機器
圧力フライヤー	○								素材を油の中に密封し蒸気で圧力をかけて揚げる
グリドル		○		○		○			フライパンを専用化した機器、器具使用で多用途
サラマンダー		○							上火式の焼物器、主に料理の上に焦げ目をつける
上・下式焼物器		○							焼き鳥屋、居酒屋などの素材を焼くための専用機器
ガスレンジ	○	○	○	○	○	○			調理用途に合わせて道具を変えることで調理多様化
圧力釜			○	○	○				調理時間を圧力をかけて短縮化、ラーメンのダシ取りに利用
スチーマー				○					蒸気で調理する専用機器、素材内容で温度時間設定可
ゆで麺機					○				麺類を茹で上げるための専用機器
スチコン	○	○	○	○					焼く、蒸す、煮る、茹でるなど多種多様の調理可能
コールド(冷蔵)							○		食材類を10℃以内で保冷するための機器／クッキング
コールド(冷凍)							○		食材類を-20℃以上で保冷するための機器／クッキング
リーチイン冷凍庫							○		食材類を-20℃以上で保冷／クッキング・ストック
リーチイン冷蔵庫							○		食材類を10℃以内で保冷／クッキング・ストック
氷温庫							○		食材類を氷結点0℃前後で保存／魚介類・肉類に適している
恒温恒湿庫							○		食材を氷結点手前2℃から5℃、湿度90%を維持・保冷
オーブン		○							食材全体を熱で包み、料理や食品を調理する機器
洗浄機								○	水圧で汚れを洗浄するための専用機器
シンク								○	食材の仕込み、食器類洗浄など用途は多様
製氷機							○		氷を製造する専用機、食材・飲み物の冷却に使用

した後々、改修し直すなどというチグハグな店も多くあることを理解しておかなければならない。

またデザイナーとしては、メニュープランニング業務は密接に関係する部分も多く、そのメニュー内容や数などのように進められていくのか、全体の内装デザインをイメージ化する上でも、最終決定されるまでにその内容をデザイナーとして理解しておくことが重要になる。つまり内装デザインとはその店で提供される「料理をより美味しくするための隠し味」であることを自覚し、デザイナーとしての役割を担っていくことを忘れてはならない。

中食の市場規模　表1-10

惣菜(中食)市場規模推移

注1:小売金額ベース　　　　　　　　　　　　　　　　（矢野経済研究所推計）

7) 外食産業の現状と内容

外食産業は1997年の30兆円をピークに毎年のように統計的には低下の一途を辿り、2013年の現在では24兆円市場であるといわれていることをまず理解しておくことだ（表1-9）。飲食店の店舗数で表現すると、全国的には約44万店の大きな産業であり、その他の産業と比較しても自動車産業16兆円、スーパー・百貨店16兆円などとの差は大きく、いかに大きな産業であるのかは周知の通りであろう。

しかし飲食業界の売上や店舗数の増加は、もっぱらチェーン企業の上位寡占状態の結果であり、いわゆる大手飲食企業が業界全体売上増加の一翼を担っていることも現実であることを忘れてはならない。つまり外食業界を別の視点で見れば、個人店も多く零細企業の集合と飲食業界の総合力でマーケットを構成しているという一面を持っていることを理解しなければならない。

またいわゆる産業という名で呼ばれているものの、実質的には生業稼業の数が多いのが現実であり、業界全体の問題としては、相変わらず個人店・生業家業の数に支えられていることは否めない事実であることを忘れてはならない。

つまり今後も個々企業や中小企業が常に自己研鑽を怠らず、成長しようとする「スキルやモチベーション」がなければ、益々外食マーケットが減少していくことを認識しておくことだろう。というよりも食に対する生活者の利用動機や業態を選択する視点が様々なライフスタイルによって変化してくることを理解しておかなければならない。

8) 外食市場における中食市場の変遷と将来性

惣菜（中食）とは、店内では食べずに家庭や職場などに持ち帰って食べる調理済み食品、すなわち和風惣菜、洋風惣菜、中華惣菜、米飯（弁当など）、給食弁当、調理パン、ファストフード、調理麺などのことであり、惣菜専門店、コンビニエンスストア、量販店、百貨店、給食弁当業（事業所弁当給食および在宅配食サービス）、ファストフード店等で供給されるものを対象としている商品や調理品であると理解しておけばよいだろう。特に注目すべきは、近年外食市場の売上低下に対して中食は上昇傾向にあることを理解しておくことである。

また2012年度の惣菜（中食）市場規模（表1-10）は前年度比100.6%の約8兆2,000億円と堅調推移しているなど、近年の国内景況感悪化の影響を受け、一時期低迷したものの、2010年度以降は堅調に推移していることが分かる。

特に次々と新商品を打ち出しているコンビニエンスストアが好調であり、外食市場の売上を食うカタチでその侵食状況は目覚ましものがあるといえるだろう。

しかし百貨店のデパート地下惣菜の売上は低迷しコンビニエンスストアや量販店などで販売される惣菜の品質が向上したため、商品の差別化が困難になっていることが伸び悩みの一因と考えられているようだ。

つまり惣菜（中食）市場は今後も安定的な推移を予測すると（少子高齢化の影響を受けるものの）、単身・共働き世帯は増加し、家庭で調理する機会が全般的に減少、惣菜（中食）の利用頻度は高まるだろうし、2013年度の市場規模は前年度比100.6%の約8兆2,800億円、2014年度は同100.5%の約8兆3,200億円と安定成長が予測されていることを理解しておくことである。

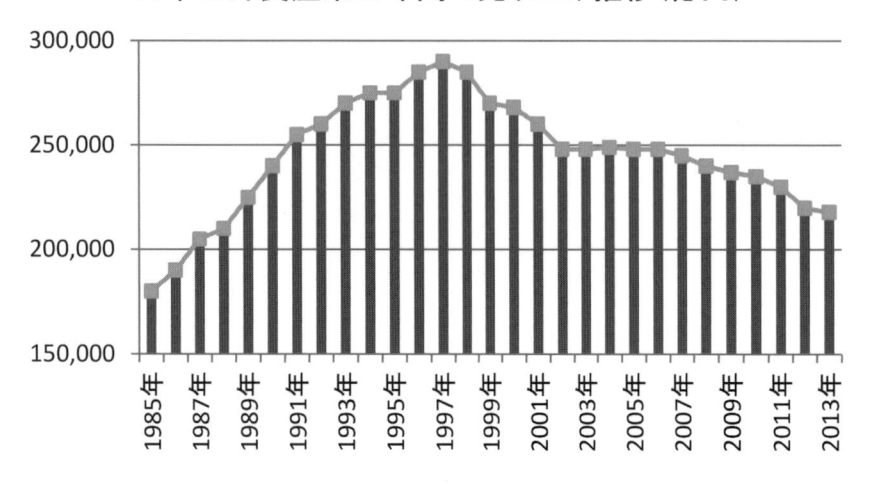

9) 外食産業の課題と問題点/魅力づくのポイント

飲食業とは、「商品力」と「サービス/ホスピタリティ力」と「雰囲気」と「価格」によるソフトとハードのバランスやレベル差で繁盛の成否が左右されてしまうことが多く、また常に人を介して成立するビジネスだけに、大手企業の飲食であってもすべて成功するという確証はどこにもないという難しさが、飲食店ビジネスの現実であることを理解しておくことである。

外食産業の現状と売上推移　表1-9

日本の外食産業20年間の売り上げ推移（億円）

また今後は年々少子高齢化が進み人材不足やサービスレベルの低下などは、業界全体としての大きな課題になってくることは事実であろうし、特に飲食業界の場合は、現場の労働力に依存していることの現実(額に汗して努力すること)が、飲食店の売上を支えていることを忘れてはならない(将来的には労働力確保が難しくなってくることは明白な現実になることだ)。

さらに大きな課題は、今後の方向性として労働力の確保や人材育成プランの将来的展望の道筋を切り開いておかなければ立ち行かなくなることを理解しておかなければならない。

また特に企業が新しく発信する業種・業態の企画、業態作りには、常に時代や生活者のライフスタイルの変化を観察し、年々変化する流行り、動向を分析し業態企画作りに臨むことが大切であることを自覚しなければならない。

さらにその店が利用する生活者に支持されなければ、繁盛店を生み出すことはできないという現実を忘れてはならないだろうし、決してその現実から目を背けてはならない。

俗に近年の飲食店のオピニオンリーダーは「女性客」と言っても過言ではなく、幅広い年齢に合わせた数々の新しい飲食店の前に長蛇の列をつくるという現状はもう当たり前の光景になってきている動向に目を向けることが大切であろう。

またあの飲食店(業態)はあくまでも一時的な流行であり、1年もすれば衰退するという勝手な視点で店を見るのではなく、何故に女性客は店の前に長蛇の列をつくり、長い時間待ってでも、その店を利用したいのかという心理や動機、料理の味、サービス内容など様々な視点でその内容を分析することが大切であることを忘れてはならない。

さらにこの現象は新しさ物珍しさであり、あくまでも「我々には関係ない業態だ」と決めつけてしまうことが根本的にマーケットの読み方を見誤っていることもしばしばあることを理解しておくことである。

特に飲食企業の悪い風潮は、新しい業態企画作りに際して、ろくに業態を様々な角度から分析もせずに、トップ、ダウンという単なる企業側の自己満足で業態づくりに終始してしまうことや、やみくもに新業態を発信しがちであるとの問題点を自覚しなければならない。

つまり今後の飲食店の魅力づくりの上で大切(表1-11)なことは、「女性客に支持される店づくりをすること」、「店のこだわり」、「オリジナリティー」、「低価格高付加価値」などいわゆるハードとQCS＋V(クオリティー・コスト・ホスピタリティサービス＋付加価値)のソフトの絶妙なバランスがとれている店こそ、生活者が求めている飲食店の姿であることを忘れてはならない。

いわば、魅力ある飲食店の基本とは、ただ単に料理が突出して美味しい店ではなく(専門店であればそれでもよいものの)、他店と比較して料理の味、サービスの質、高い付加価値がある、生活者のライフスタイルに適合している、サービス、ホスピタリティの質が高いなど飲食店としての総合的評価が高く、全体的にバランスがとれていて且つオリジナリティーの優位性を持っている飲食店こそ、飲食店の魅力づくりのポイントであることを理解しておかなければならない。

10) 外食企業の基本を見失った戦略には勝算はない/企業変革こそ、生き残るためのカギである

外食業界に関わらず、消費増税の影響は生活者の支出や買え控えなど少なからずとも影響を及ぼしていることである。しかし外食に対する生活者の支出や財布の紐が固くなっていることは、いまに始まったことではなく、むしろ生活者に支持されている外食と支持されない外食のメリハリがはっきりとしてきたことであろう。つまり繁盛している店と生活者から支持されない店の内容がはっきりとしてきたことである。

またこの現状において既存的改革や戦略を組み立てる前に大切なことは、いかに生活者が支持する店の繁盛店の現実を分析し何故に支持されているのか、何が生活者を集客するポイントになっていることを具体的に理解しなければその打開策を見出すことはできない。

よく「木を見て森を見ず」という諺があるように、まさに現在の外食企業のほとんどがこの厳しい現状にあり、まず目先の売上確保や集客を伸ばす戦略に終始していることに大きな問題があることだろう。

さらに目先のことだけに気を取られていると、外食全体の動向や将来的なあるべき外食企業の在り方が理解できなくなるものであり、俗にいう先行きが見えない企業体質に陥ることを忘れてはならない。

また自分の企業は、売上や集客が落ちない対策や戦略を打ってきているという自己満足に納得していること、あるいはマーケットに対して常に販売促進など刺激しているというだけで満足していることでは、厳しい現実を乗り越えることはできないだろう。

さらにいくら小手先の努力をしてもいつの間にか売り上げは前年対比を割り、客数も減少しているという現実から決して目を背けてはならない。

まさにこのような場当たり的な体質の企業が多く、もう先が見えず暗中模索の企業方針や方向性を見失った結末が売上不振や企業衰退をもたらしていることを理解しておくことである。

またこの外食企業の経営の悪循環という呪縛から抜け出すためには、企業体質の見直しや企業としての在り方、また何のために企業存続をさせているのかなど根本的な原点回帰をすることであろうし、すでに企業体質の原点を見直す時期にきていることを自覚しなければならない。

さらに外食企業の使命とは、生活者に食を通して楽しさや豊かさを提供するビジネスでなければならない。料理へのこだわり、ゲストを楽しくさせるサービス提供、この店に行きたいという動機を刺激する魅力を常に磨き上げていかなければならないことである。

また外食企業の経営の基本を見失っては、生活者に支持される店づくりにはならないことを実感することであり、店の衰退減少や客離れという現実から逃避してはならない。

むしろその生活者に支持されない原因、売上減少を具体的に分析、解析し、新たな企業変革をすることが、この厳しい衰退から抜け出すためのポイントになることをいち早く自覚することだろう。

つまり今後消費税は確実に10%を超えるようになってくるという方針は決定していることであり、外食業にかかわらず全てのビジネスの支出低下、消費鈍化という現象を引き起こす頭の痛い種々の問題は次々発生し後を絶たないことを理解しておくことである。

いわば、時代は社会的現状に合わせて常に変化してくるものであり、生活者の志向やニーズも同様に変化してくることである。その変化に企業としていかに対応できなければ、売上低下、客数減少を余儀なくされることを自覚し、将来を見据えた企業変革をしていくことが、生き残るポイントであることを忘れてはならない。

飲食店の魅力づくり構図　表1-11

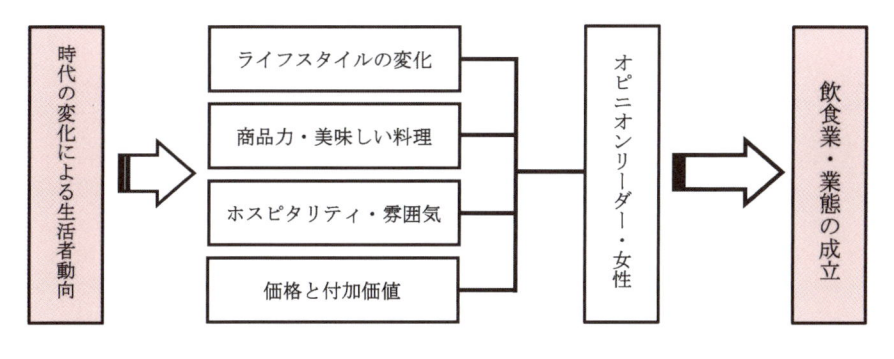

時代の変化による生活者動向 → ライフスタイルの変化／商品力・美味しい料理／ホスピタリティ・雰囲気／価格と付加価値 → オピニオンリーダー・女性 → 飲食業・業態の成立

11) 消費税・食材高騰の対応に喘ぐ外食業界の岐路/何に視点を持つべきか

昨今の経済状況は「アベノミクス」という名の景気再生という催眠術にかかっているように、あたかも今後経済は回復傾向にあるという錯覚に陥る人も多いことだろう。

その一方では、それはただ単にその場凌ぎの形だけの景気回復であり、予断を許さないという冷ややかな分析をする評論家や企業など様々な意見も飛び交うなど依然として将来は不透明にあることは変わらない現実であろう(アベノミクスとは公共事業、大胆な金融緩和、成長戦略の三つを「三本の矢」として次々に実行することで、日本経済の足を引っ張る「デフレ」から脱出し、経済成長につなげていく計画のこと)。

また特に外食業界の場合には、消費増税や世界的気象変動による食材類の不作など手放しで喜べない題材は多く存在することを自覚しておくことである。

それでなくとも外食に対する生活者の支出はまだ厳しいものがあり、余暇に費やす支出額は少しずつ増加傾向にあるものの、外食そのものに対する支出は依然として厳しい状況が続いている。

さらに外食業界の業種・業態の対前年比を分析するに、100%を超えている業態は、カフェ、ファストフード、レストランの一部企業であり、居酒屋業態は相変わらず客数減少、売上低下の呪縛から抜け出すことができないのが現実である。むしろ前年対比で業界の推移を評価することは適切ではないかもしれない。なぜならば、これまでも前年対比売上の100%を切ってきている現実を配慮すれば、前年比売上を超えたからといって企業の活性化という評価に繋がらないことを自覚しておかなければならない(前年の売り上げが悪ければその売り上げが基準になる)。

12) 外食業界は何に視点を持つべきか/活性化の視点を持つ

景気回復という言葉に踊らされて、これまで数々の辛酸や岐路に立たされてきた外食業界が目指さなければならないことは、個々の店の具体的活性化手法をどのように実践させることができるかに視点を持つべきであろう。

また業種・業態によって具体的活性化手法は異なってくるように、生活者のライフスタイルや食に対する人気傾向、流行など様々な視点から業態を見直すことが大切なポイントになることを忘れてはならない。

さらにこれまで何度となく述べてきているように、生活者が飲食店に求めていることは、提供する料理内容やサービスによって変化しようとも、その利用動機やニーズの本質は大きく変わるものではないだろうし、生活者を自分の店に集客する方法を具体的に書き出してみることが大切であろう。

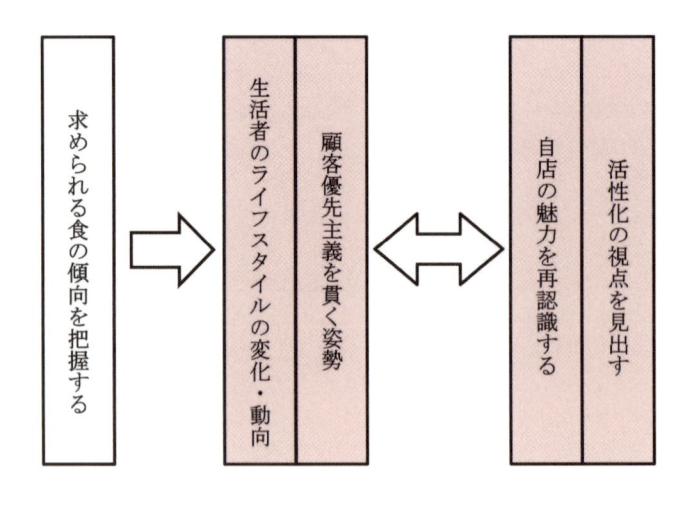

またリノベーションとは、物事は常に一方向から見ていたのでは見えない部分があるように、様々な視点から「自店の業態の魅力とは何か」などを改めてその内容を分析し直すことから活性化の糸口を探ることが大切である。

さらに飲食店というビジネスは、生活者に支持されれば繁盛する店に仕上がるが、支持されなければ「ソッポを向かれる」といって厳しいビジネスであることは周知のことだろう。もはやバブル期のように、店を開店すれば、繁盛するという時代はとうの昔の話であり、繁盛するあるいは活性化させるための視点は、常に生活者のライフスタイルや食に対する流行、女性客が好む飲食環境など業態のコンセプト作りは複雑化してきていることは言うまでもない。

つまりこれまでの一辺倒な業態コンセプトの羅列の店づくりでは、結果として企画通りに生活者は反応してくれるかなどその内容を具体的に検討しなければ、ただの「絵に描いた餅」であり自己満足で終わってしまうことを忘れてはならない。

いわば、今後外食企業が真剣に向き合わなければならないことは、「顧客優先主義」「生活者のライフスタイルの把握」「求められる食の傾向」など生活者の外食に対する動向を徹底的に分析し、新しい業態開発や既存店の活性化の糸口を探すことこそ、暗中模索、舵のない走行という呪縛から早期に脱するための一歩に繋がることを忘れてはならない。

13) 変化する生活者ニーズに外食企業はどのように対応すべきか

いまや外食企業は先行きが見えない時代へと突入しているばかりか、社会景気の衰退や未曾有の震災など生活者の生活そのものを脅かす状況が後を絶たない。

また外食業界もこの影響を受け客数減少、売上不振など再生へ向けての戦略や戦術展開が急がれているものの、急速な景気回復には繋がっていないことが現実であろう。もはや単なる小手先の戦略や手法では顧客を集めることができない時代に入っているという現実を自覚しなければならない。

さらに今こそ企業の思想やこだわりが問われるといってもよいだろうし、勿論業種業態によってもその内容が異なるように、各企業戦略を具体的に模索、再検証する必要があることは確かであろう。

しかし目先だけの料理の低価格化戦略は集客には即効性はあるものの、客数増加は一時的であり長く効果が続かないはず、むしろ安売りを継続すればするほど商品価値を低下させることになり、長いスパンで考えると理想的な戦略とはいえないことを忘れてはならない。

今後の企業の戦略のあり方や方向性を分析検討すれば、例えば以下の項目通りであろう(箇条書きにする)。

1・時代の変化や生活者のニーズやライフスタイルを読み取ること

2・生活者は食に対して何を求めているかを検証すること

3・業種業態で繁盛している店の理由を分析すること

4・企業側マーケティングは止め生活者側の視点に立った戦略を構築すること

5・料理に対するこだわり、安全性、細部情報を開示すること

6・他社との差別化を明確化すること

7・付加価値に対する認識を明確に持つこと

8・安直な思想で業態を発信しないこと

など細部に渡って企業戦略を見直すことが大切になることを理解しなければならない。

つまり今の外食業界に共通する戦略は低価格化による集客に視点が偏ったものであり将来的な発展性が欠落していることを自覚しなければならない。

また現状はあくまでも即効性のある戦略に終始していることであり、本来であれば、もっと長いスパンで企業のあり方を再認識すること

表1-12

求められる食の傾向を把握する → 生活者のライフスタイルの変化・動向 | 顧客優先主義を貫く姿勢 ↔ 自店の魅力を再認識する | 活性化の視点を見出す

が求められなければならないだろう。
いまや当たり前のことを普通に継続しても顧客は集客できないことを認識すべきであろうし、むしろ時代の変化に合わせて企業のあり方を再構築することで新たな企業の進むべき方向性を見出さなければならない。
さらに常に生活者のニーズや嗜好を深く読み取る努力や求められる外食のあり方を模索することが、これからの外食企業になくてはならない思想になることを自覚しておくことである。
もし進む方向性が見えないのであれば、全ての仕組みや環境を一度ぶち壊してしまえばよいことだろうし、つまらぬ固定概念や組織の仕組みに縛られていては、新しい戦略や戦術を生み出すことはできない。真の企業改革を目指すならば、原点に回帰することこそ、新たな思想や進むべき方向性が見えてくるに違いない。

14) 外食業界の集客を高める新しい方向性／女性の視点でコンセプトをまとめる

外食業界は売上低迷、客数減少など企業としての存続をかけた戦略を次々と打ち出しているものの、いまやニッチもサッチも進むことのできない低迷という名の長いトンネルに迷い込んでしまったかのように、出口が探し出せない状況に陥っている。
特にここ数年の企業成長を検証しても注目できる企業は数えるほどで全体的に企業の元気のなさが目立っていることだろう。
むしろ今日の時代の状況を分析すると、外食消費は低下しているものの、行列を出すまでに生活者から支持されている店が存在していることを理解しなければならない。つまり何故に生活者に支持されているのかの理由には支持される戦略があることを具体的に分析する必要がある。
また支持され繁盛している飲食店は業種業態によってその内容は異なっているものの、店には少なからずとも繁盛する共通点があることを認識しておかなければならない。その共通点を大きく分けると、低価格高付加価値型、中価格高付加価値型、男女別、年齢別など見えてくるキーワードは絞られてくるだろう。
そのキーワードにさらに付加されるポイントは「こだわり」、「オリジナル性」、「料理の美味しさ」など、これまでの利便性よりも付加価値の在り方に絞られていることを忘れてはならない。
特に近年に共通するポイントとして女性に視点を絞ったコンセプトが繁盛店を産み出す原動力に繋がっていることを理解しておくことである。
さらに何故に女性なのかは、食に対する味覚、付加価値、健康志向、こだわりなどいずれをとっても男性に比べ厳しい視点を持っていることや気に入った店にはリピーターとして固定客になる確率が高いことが、集客のための戦略

として「女性の口を狙え」という言葉さえも誕生していることを忘れてはならない。
しかしやみくもに女性をターゲットとしたコンセプトを打ち出せば、全ての飲食店が繁盛店になると言うものではなく、そこには女性客を集客するための綿密な分析や情報収集などの検証や調査があってこそ、繁盛店に繋がる一歩が踏み出せることを理解しなければならない。
また男性客を主軸におく飲食店が女性客を取り込みたいといって単に女性に合わせた料理を訴求しても女性客は増加しない理由と同様なことである。その場合には根本的に業態としてのスタイルの見直しをするなど、単純に女性客を集客することは難しいことを理解しておくことである。
つまり女性客にコンセプトを合わせた繁盛店を創造するためには、ターゲットとする女性の年齢層、ライフスタイル、立地、店づくりに至るまで細部の分析や料理へのこだわりは必須条件になることを忘れてはならない。極端に言えば、いまや女性客に支持されない飲食店は繁盛店にはならないことを肝に銘じておくことである。

15) 社会的景気動向に左右される飲食ビジネスの脆弱さ

近年の外食業界の動向は、１９９７年の30兆円を頂点として年々売上規模は減少しつつある。この大きな要因は、社会的景気後退、サラリーマンの給料の減少、年俸固定、賞与カットや生活者のライスタイルの変化に大きくビジネスの成否が左右されることが多くなってきていることだ。
いわば飲食店のビジネスフォーマット（利益構成）とは実に単純であり、成否は食材原価、人件費、売上のバランスで決定してしまうことであり、そのバランスとは、損益分岐点を越えることができれば経営存続できるが、売上が下回れば赤字になり衰退や撤退を余儀なくされることであろう。
また特に近年のように社会的景気後退、不景気要因は、飲食店の継続的経営に大きく影響を及ぼすことになり、客数減少、売上低下は即経営存続の危険信号点滅に繋がることである。

つまり飲食店の利益構造そのものが曖昧要素（材料、人件費、美味しい料理、集客力、人気全体、投資など）のバランスによって成立するあるいは成立しないというビジネスの仕組みに問題があることだろう。飲食店は水商売というように、曖昧且つ抽象的な要素項目の組み立ての良し悪しによって飲食店の盛衰が大きく左右されることに他ならない。
いわば、飲食店の企画づくりの際には（内装デザイン業務を進める前に）、飲食店そのもののビジネスの在り方や存在意義を十分に理解し計画に臨むことが大切になることを理解しておくことである。

16) 企業の海外戦略／アジア圏への進出

大手外食企業は、新しい市場を求めて続々と欧米やアジア圏に進出を模索していることである。しかしまずこの進出には業種・業態によっては成功も撤退など大きなリスクを伴うことを理解しておかなければならない。
また今後の企業戦略としては（日本市場だけに終始せずに）、海外展開にも積極的に取り組み方向性を模索し活路を見出していく必要があるだろう。つまり海外進出とは、欧米への進出ではなく、アジア圏（バンコク、ベトナム、インドネシア、フィリピン、カンボジアといった東南アジア市場などこれから発展性のある国）へ進出するということが、企業としての大きな展開の方向性があることだ。
しかし注意しなければならないことは、欧米・アジア圏の進出にかかわらず、食文化や習慣の違いなど、その内容の十分な事前調査なしには（軽々しく先行企業の成功にあやかろうと）、進出に突っ走ることは危険性が高いことであり、事前にアジア圏への進出（表1-13）を果たしている成功企業の詳細分析を徹底的にすることが大切である。
さらにその成功事例を自社の飲食店や業態に移行して向き不向きの総合評価や業態調整をしなければ、たやすく成功という成果をあげることは難しいことを理解しておかなければならない（そうそうに柳の下にドジョウはいない

海外進出の構図　表1-13

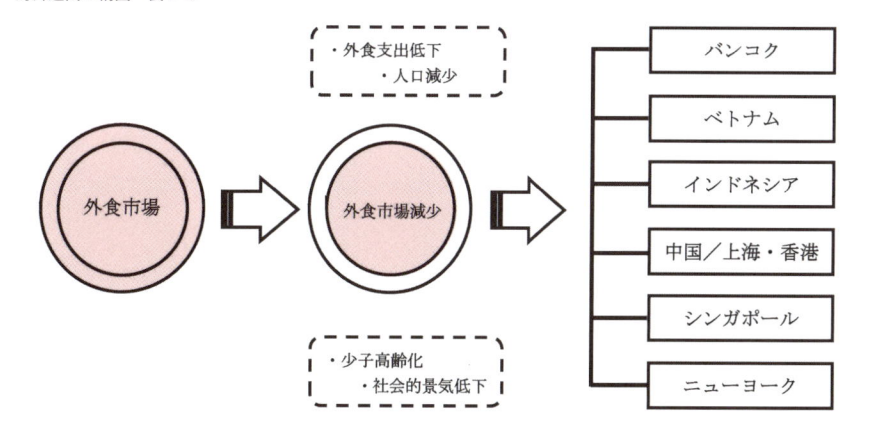

もの)。むしろ慎重に行動してちょうど良いバランスになると思っていた方が賢明であろう。
また日本の和食が、世界の無形文化遺産に登録されたことは、伝統的な食文化に対して世界的評価を受けたものの、あくまでも和食割烹という伝統料理であり、ただ単に和食という料理を一括りにすることはできないことであり、現に若者の和食離れや和食の継承をどのように考えるのかなどまだまだ課題は大きいことを忘れてはならない。
しかしこの文化遺産に登録されたことを配慮すれば、むしろ海外進出は和食文化で現地の文化との融合と調整を図り進出する絶好のチャンスなのかもしれない。
それはあくまでも認知が高い日本和食文化(割烹)というカテゴリーに限定されることを理解しておくことである。
そうはいうものの、現実に寿司文化は世界的に広がっているように、ただ単に割烹というカテゴリーに左右されず、和食料理そのものに世界の熱い視線が集まっていることも現実であり、海外へ訪問すると、回転寿司店では奇妙な寿司が寿司レーンを回っていることも事実であり、和食という料理文化が世界的に認知されつつあることも、外食企業が海外に活路を見出すためのひとつの道であることを自覚しておかなければならない。
つまり日本の将来的な現実は少子高齢化、人口減少を配慮すれば、既存店の売上減少や客数減は現実的な問題であり、継続的成長を望むのであれば、その市場を海外に向けていくことは企業にとって必須条件であろう。

17) 外食業の破壊的イノベーションの必要性/固定概念を打ち破る

飲食業界は、社会的景気後退や様々な影響を受け年々全体売上は降下の一途を辿っている。勿論各企業は、その対応策として様々な戦略を立て活性化の道を模索し手さぐりの状態で先行きの見えない長い暗いトンネルを通過しようとしているものの、なかなか活性化の道を見出すことができないことが現状であろう。
またもっとドラスティックな戦略や企業改革を余儀なくされている現状を素直に受け止め破壊的イノベーションへと舵を切り換えることが飲食業界で優位性を持ち生き残る道であることを認識していかなければならない。
この破壊的イノベーションとは、イノベーションモデルの一つであり、確立された技術やビジネスモデルによって形成された既存市場の秩序を乱し、業界構造を劇的に変化させてしまうことであり、「ハーバード・ビジネススクールのクレイトン・M・クリステンセン」が提唱したものである。
さらにその思想を今後の外食業界に置き換えてみると、様々な新しいイノベーション手法が見えてくるだろう。つまりこのイノベーション手法を企業に取り入れる姿勢として理解しておかなければならないことは何か。それは、これまでの業界の固定概念や慣習に左右されてしまっては、新しい発想やイノベーションを進めることはできないことを理解しなければならない。むしろ「固定概念を無にすること」から物事をスタートするという姿勢ですべての改革に取り組むことを忘れてはならない。
例えば、これまでの成功や確立されたフードビジネスモデルを模倣し、その技術レベルを劇的に変化させて、新しいフォーマット(利益構造)を生み出すことも一つのイノベーション手法である。
しかしこのイノベーション手法とは、むしろ飲食店という「人を介してサービスするスタイル」はさほど大きく変わるものではないだろうし、ソフトを大きくイノベーションすることはホスピタリティの質やレベルを上げる努力を怠らないことだろう。
では飲食業の場合どこにそのイノベーションの視点をおけばよいのかは、まず1.食材流通コストの削減(原価率低下)、新しい仕入れ、劇的な流通ルートを確立すること、2.料理プロセス(調理を機器依存すること)、3.店づくりそのもののコストダウンやローコスト手法をいかに活用するかなど、いわゆるこれまでの常識や慣習にとらわれないところに、新しいイノベーションの姿を見出すことができることを理解しなければならない。
またとかく新しい発想やカタチに対しては否定する人の方が多く、何のシミュレーションもせずに、「それは無理である」「これまでの慣習にない」「誰が担当するのか」など、ともかく反対するスタッフが多くなることは覚悟しなければならないだろう。
むしろ業界以外の参考手法を焼き直し、飲食業界に新しい活路を見出す手法をドラスティックに導入することこそイノベーションの一歩に繋がる可能性は大きいかもしれない。
例えば、近年コンビニエンスストアで低価格且つ美味しいコーヒー、ドーナツなどを販売し生活者の消費行動を大きく変えた(飲食業界のコーヒー市場を奪い取る)ことや本格的なメニュー開発を武器に専門店の市場を奪いとる手法は、まさに劇的イノベーションの生きた実例であることを理解しておかなければならない。
また外食業が再び成長するためには、生活者のライフスタイルに合わせて種々の角度からドラスティックな劇的変革を進めることこそ、イノベーションのよい題材になることを忘れてはならない。
つまりこれから企業として破壊的イノベーション思想(表1-14)を導入する場合には、ともかくこれまでの固定概念や習慣を破壊し、新しいフードビジネスのイノベーションに取り組む姿勢を持つことや綿密にフードビジネスのフォーマットを見つめ直し、予想もできない切り口で新しい飲食店づくりにチャレンジすることが新しい独自路線を見出すヒントに繋がることを忘れてはならない。

破壊的イノベーション 表1-14

固定概念からの脱却 → 生活者のライフスタイルへの適合 成功事例の模索と変革の視点をもつ → 新しいビジネスフォーマットの創出 → 破壊的イノベーションの実現

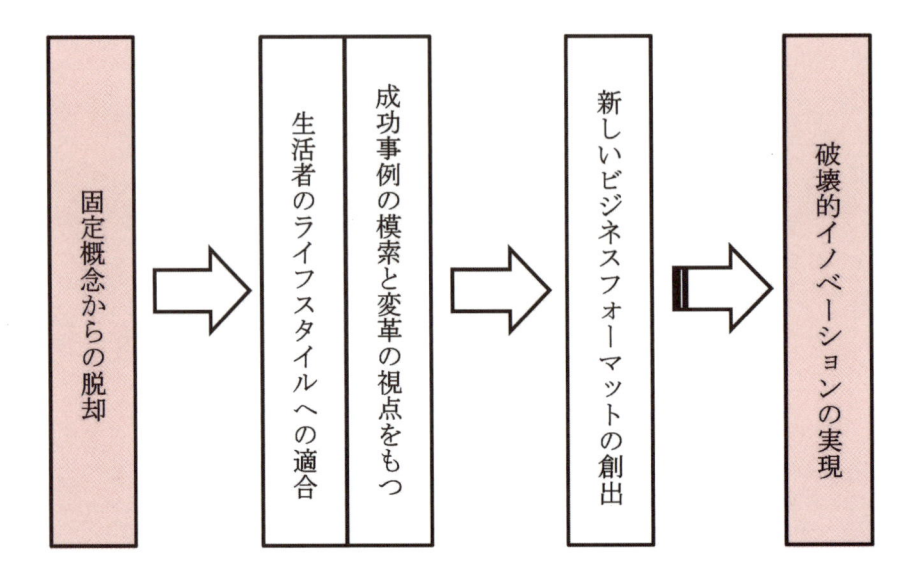

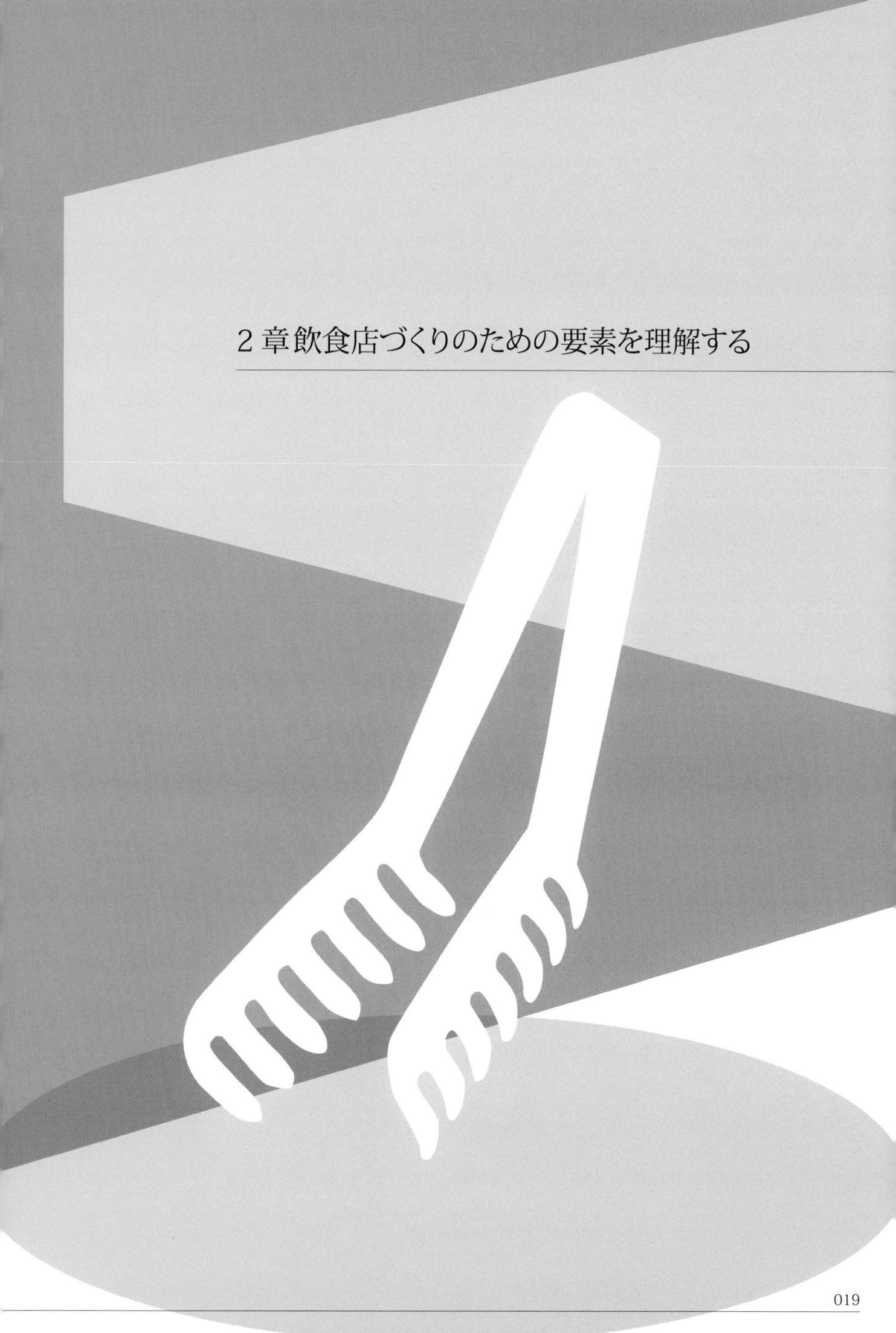

2章 飲食店づくりのための要素を理解する

1. 飲食店の企画づくりの基本と知識を学ぶ

本来飲食店の店づくりに携わる専門家であれば、飲食店の店づくりの基本的概念や知識を持っていなければ実務家として理想的なアイデアを創出することは難しいことであろう。しかし現実的に専門家に特化した仕事をしていると、殊の外直接業務に関わらないことは知識として習得しにくいことが多く、単に断続的な業務の一翼を担うという役割に終始することが常であろう(仕事の姿勢や役割を否定するものではない)。

しかし今後の飲食店の店づくりに携わる専門家のスキルやレベルとしては、飲食店の企画から開業に至るまでの全ての業務内容を知ってその一翼を担うという姿勢を持つことこそ、これからの専門家に求められる技量や態度であり、飲食店の店づくりの全貌を理解し把握しておくことが理想的であることを忘れてはならない。

勿論、専門家として店づくりの一翼を担う仕事で生計を立てている以上、直接仕事に関係のない情報収集に無駄な知識や時間を費やしても、生活の糧にはならないことはもっともである。直接クライアント側に会うこともなく、例えば実務として飲食店のロゴやネーミングのアイデアを創出するグラフィックデザイナーの仕事としては、成果物の提案で仕事が完結してしまうことに問題があるわけではない。

しかし専門家の仕事の姿勢とは、「木を見て森を見ず」という諺があるように、プロとして飲食店の店づくりの全貌を細部まで理解し、専門分野の一翼を担うことと、その部分的な仕事に終始することでは、仕事内容の思い入れや完成度は、仕事の全貌を理解していることのほうが、もっと理想的な仕事ができることは確かであろう。

また飲食店とはただ単に料理を提供しその対価としてお金を頂くという理屈では簡単なビジネスであるかのように思えるものの、その店づくりには、種々の情報や知識や理論を結集して一つの店が完成する。その経緯や経過(プロセス)があることを理解しておくことが重要であることを忘れてはならない。

今後飲食店の店づくりに携わる専門家を目指し、総合的に飲食店の店づくりの理論を理解し知識を習得していくためには、飲食店の基礎知識や様々な専門知識を習得することが大切である。飲食店の店づくりの全容(基本コンセプトの想定手順/項目内容1.業種・業態の想定をすること2.業態のサービススタイルを決定する/サービスシステムを計画する3.主軸メニュー内容と品数想定をすること4.客層・年齢層のターゲットを決定すること5. 客単価想定と回転率の関係(朝・昼・夜) 6.営業時間はどのように設定すべきか検討すること7.立地と業態の関係性を理解すること8.内装・厨房デザインコンセプトを決定すること9.収支事業計画想定をすること)を十分に理解する努力が、自己啓蒙や仕事のスキルアップに繋がることを自覚しておくことであろう。つまり店づくりに携わる専門家として豊富な知識やスキルを持っていることは決して仕事の邪魔になるものではなく、むしろ仕事の幅を広げていく大きなチャンスととらえ臨むことが大切であることを忘れてはならない。

1) 飲食店の業種・業態とは何か/飲食店の企画づくりの基本を理解する

飲食店の店づくりに関わる専門家にとっては、飲食業とは理論的にどのようなビジネスであるのかなど、その全体内容を十分に把握しておくことが大切であろう。

特に企画書づくりに臨むにあたっては、飲食業界情報、業態コンセプト想定、企画書作成方法の基本、立地・物件調査方法、事業計画書作成手順方法、平面・厨房計画の基本、商品開発方法、広告宣伝と販売促進計画、その他に至るまで、全体的な構成内容の理解を深めておくことが重要になる。

◆業種・業態の意味を理解する

一般的に飲食店の企画づくりでは、業種・業態という言葉がよく使用されることは周知の通りである。いわば「業種」とは、そこで何の料理(メニュー)を販売しているのかを明確化する意味で使用される言葉であり、例えば、カフェ、ラーメン、ハンバーガー、寿司などの名称を区分する意味である。

またラーメン屋、レストラン、居酒屋など全てその店の名称で呼ぶことが常であるが、その飲食店で提供される料理の種類で区分することを「業種」と呼ぶと理解しておけばよいだろう。

さらにその一方では、料理の提供方法や価格、サービススタイル、客層、立地、その他の要素でカテゴリー分けすることを「業態」と呼ぶ。つまり具体的には、例えば、「今夜は居酒屋で食事をしよう」「レストランで食事をしよう」など生活者のライフスタイルに合わせて店を選ぶことが常であるが、ただ単に業態としてのとらえ方で店を区分することが難しくなってきていることも事実であり、料理の提供方法や店の雰囲気、価格帯など、あるいは店そのものが二つの業態で複合化しているなど、ますます業態としての区分も業種同様に曖昧になってきていることが事実であることを忘れてはならない。

◆業種・業態設定は企画づくりの基本

飲食店の企画をする上では、業種・業態の言葉を使用し、業態内容を具体化し、その飲食店の企画やコンセプト内容を表現しなければ、何の店を企画しているのかが曖昧になってしまうことである。

また飲食店の企画づくりの手法は、業種よりも業態内容を具体化することに比重をおき内容を詰めていくことが大切であり、昨今では業態そのものの発想も複雑化、複合化してきていることも理解しておく必要があろう。

さらに飲食店の企画作りとは、サービス、提供方法、価格、客層、立地など生活者のライフスタイルに合わせて業態を企画することを、もっと経営者側が理解しておくことである。

つまり生活者が飲食店を選択する動機は、あくまで生活者のライフスタイルによって選択されており、さらに料理の美味しさなどを店を選択する上での優先順位としていることを忘れてはならない。

そういう意味では、業態的発想を店づくりの基本データとして集めることや、具体的にどのような店にするかを検討する上では「業態発想を基準にコンセプトを練り上げていくこと」

が店づくりの基本であることを理解しておくことであろう。

いわば、どんな飲食店であろうとも、新しく企画開発する上では業種・業態の基本的な発想を組み込んだコンセプトを綿密に練り上げなければ、ビジネスとしての成功確率は低くなることを忘れてはならない。

2) 業態 (サービススタイル) の分類

一般的に飲食店のサービススタイルとは(表2-1)のように大きく4タイプに分けることができる。つまり飲食店を企画する上では、まず基本的に業種・業態を想定する際に、サービススタイルも併せて検討し計画に臨まなければ理想的な平面計画にならないことを忘れてはならない。

また業態とは(前述しているように)、料理提供方法やサービスのスタイルによって分類されるように、飲食店のシステム内容(注文から料理を受け渡しに至るまで)を具体化しなければ、種々の配置計画や調理システム、サービススタイルが決定できないことを理解しておくことである。

さらに店づくりに際しては、まず平面計画の打ち合わせに視点が集まることが多く、勿論その前にクライアントの店づくりに対する要望や情報の聞き取りをしなければ、その要望に沿う理想的な平面計画を提案することはできないことになる。

つまりサービススタイルによって飲食店の厨房や客席、レジの配置など、ゾーニング計画が大きく変化してくることを忘れてはならない。

サービススタイル　表2-1

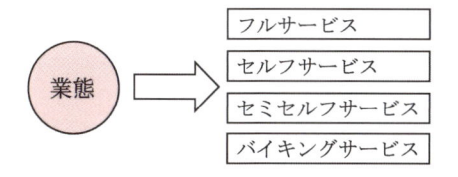

業態 → フルサービス／セルフサービス／セミセルフサービス／バイキングサービス

3) 飲食店の繁盛店づくり成功の是非を左右するものは業態企画である。いかに時代に適合した業態企画を創出するか

流行歌手や漫才師のように、飲食店でも新しい業態が生まれてはいつのまにか姿を消してしまうという現象は、現在も大きく変わらない現実である。特に昨今の外食業界の不況は、益々その状況に拍車をかけるごとく、種々の業態企画開発が生まれては実験段階で姿を消してしまうことであろう。今後の店づくりの姿勢として、業態企画をしっかり計画しなければ、継続した飲食店づくりができないことを自覚しておかなければならない。

◆物事は種々の角度から見る感覚を身につけること

まず流行る店のキーワードを探すことは、現実に流行っている飲食店の業態の仕組みや内容を実際に肌で感じることだろう。そこで提供される料理内容、価格やサービス、店の雰囲気など流行る店にはどこかに客を集める共通した付加価値が存在しているものであり、その要素とは何であるのかを具体的にひとつひとつ情報を集めまとめることが大切である。

また、店づくりに携わる専門家が、企業あるいは個人の目指す業態づくりに、その中から探り出した繁盛のキーワードをいかに具体化し企画として提案することが重要になる。例えば、その業態要素をコピーする、あるいはその内容をもっとアレンジするなど業態コンセプトを焼き直すことによって新たなリノベーションができるだろう。

勿論、誰に対してその業態を訴求するかなど、具体的にマーケティングがしっかりしていなければ、そこに足を運ぶ客の顔を想像することはできない。

さらに新業態を企画する上で大切なことは、投資効果や採算性の試算が曖昧な飲食店は、ほとんどといってよいほど失敗することを忘れてはならない(それでは何の意味も持たないことであり、ビジネスとして成功させることは非常に難しいこと)。

いわば繁盛するビジネスフォーマット(商売の利益構造)とは、実はいろいろなところに転がっているものであり、そのキーワードを探す視点や能力があるかないかで新しい業態企画を打ち出せるかが決まることを理解しておかなければならない(常に種々の角度から物事を見る癖を感覚的に身につけることが大切)。

またその魅力やキーワードは、料理の味であることもあるだろうし、サービスの良さや店の雰囲気であるかもしれない。その見つけ出すべきキーワードをどのように飲食店づくりに生かすことができるかが、インテリアデザイナー、ビジネスコンサルタント、フードコーディネーターなどの、業態企画づくりの知識や技量に関わってくることを自覚しておくことである。

つまりこれからの飲食店の店づくりとは、時代

表2-2

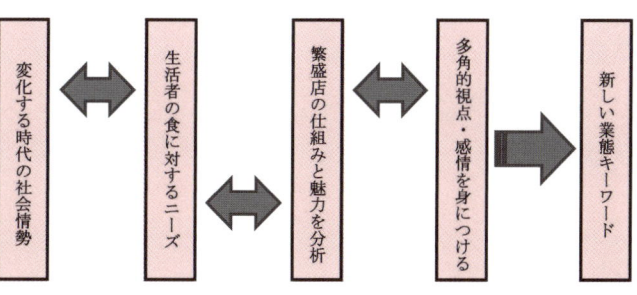

変化する時代の社会情勢 ⇔ 生活者の食に対するニーズ ⇔ 繁盛店の仕組みと魅力を分析 → 多角的視点・感情を身につける → 新しい業態キーワード

の情勢はどのように変化しているのか、また生活者は食に対して何を求めているのかなど、常にアンテナを張り巡らし情報を集めることが新業態企画(表2-2)のキーワードを探し出す視点に繋がることを忘れてはならない。

◆これからの時代のニーズと業態キーワードを探る

これからの時代のニーズに適合した飲食店の企画づくりには、業態計画をキーワードとして探すことが大切である。勿論外食市場に新しい業態を創出することは並大抵(いくら新しい業態であるとはいっても)のことではない。

一般的には海外の業態のコピーやすでに陳腐化してしまった業態を現代に合わせて再生(業態コンセプトのリノベーション)するなど、ともかく時代の要求する生活者ニーズ(表2-3)に合

時代の要求する生活者ニーズ　表2-3

生活者のライフスタイル ⇔ オーガニック・ヘルシー／ロハス・スローライフ／価格破壊／中食・個食化／健康志向／少子高齢化／低価格高付加価値 ⇔ 業態創出

わせた業態企画に臨むことこそ、その新しいキーワードを探しだす起点になることを忘れてはならない。

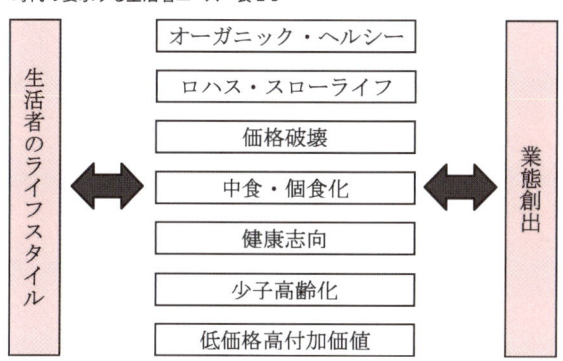

そのためには、まず街に出かけ種々のフードビジネスを見て歩くことが大切である。現在成功し繁盛している店はどのような業種・業態であるのか、また高級店でありながら3ヶ月先まで予約がとれないほど繁盛している店など、何故にその業態は繁盛しているのかという視点で物事を分析することである。またいかに生活者に支持される店づくりを確立し業態化することや固定概念に囚われない種々の角度から業態の可能性を探る視点を持つことが大切である。

つまり全ての業種・業態を分解することによって新しいキーワードは生まれてくるのであり、例えば「中食・個食化」「オーガニック・ヘルシー」「ロハス・スローライフ」「マクロビオティック」「健康志向」「価格破壊」「低価格高付加価値」など、まさにこれからの時代に適合した成功キーワードの一例であり、そのキーワードをどの方向性で業態企画を練り上げていけるかが大きな要素になるだろうし、流行る店には共通する客を引き寄せる仕組みや魅力があることを理解しておくことだろう。

2　企画書の基本的構成とは何か

飲食店の企画づくりの基本は、企画書をどのようにまとめるという基本構成を理解しておくことであり、構成は大きく3つ(表2-4)の分類に分かれている。勿論文書には起承転結があるように、企画書のまとめ方も同様に企画書の始動、展開、結論というプロセスで資料をまとめていくことが大切であることを忘れてはならない。

またその企画書はクライアントを十分に納得させるものであり、想定していない質問が出ないことが完成度の高い企画書であることを理解しておくことである。

さらにプロジェクト内容によっては、厳密な企画書ではなく簡単な企画案作成という依頼もあるため(企画書のページ数は少なくとも)、企画書の骨子を要約した内容で提案書は構成されていなければならない。

また企画書をまとめていく基本構成を理解したならば、具体的に飲食店の業態を構成している要素内容を具体的に理解し、且つ知識集約していかなければ、企画書としてまとめることはできない。

以下の表2-5は業態の骨格をまとめる大きな構成要素の枠であり、業態とは有形要素と無形要素から派生しており、その内容を業態企画としてまとめ、さらに飲食店の企画として具体的に精度を上げていくことが基本であることを理解しておかなければならない。さらに業態コアを確立するためには、各構成要素と項目内容を具体的に理解し、ひとつの企画書としてまとめていくための基本知識であり、業態づくりの根幹を理解するための起点であるといわれていることを忘れてはならない。

つまり飲食店の企画書とは、業態作りのイロハを理解しない限り、クライアントを説得するための精度の高い企画書を作ることができないことを理解しておくことである。

◆業態コアの構成要素と項目内容の因果関係を理解する

飲食店の業態づくりとは(表2-5)、1.外食市場と業界を把握する　2.業態コンセプトを想定する　3.立地・物件調査方法と実践　4.事業計画の作り方と基礎知識　5.厨房計画の基礎知識を理解する、オペレーション計画と作業動線計画の基本　6.平面計画の進め方を理解する、ゾーニングの基本と理論、飲食店とデザインの関係性　7.商品計画とメニューコンセプト　8.広告宣伝と販売促進　9.ユニフォームの選定方法と手順　10.飲食店のブランディングの確立　11.全体スケジュール作成と作業工程の把握、などの項目内容を十分に理解しその内容を集約してこそ、飲食店の業態コアとして確立できるものであり、いかに項目内容を学習しその内容を具体的に理解できるかが企画書づくりのスタートであろう。

また各項目内容とはすべて業態づくりの核を構成する要素であり、その内容を具体的に把握し知識として習得していくことが、業態を確立する基礎となることを理解しておくことである。

さらに各項目と業態コアには密接な相関関係があり、様々な項目要素が絡みあって業態を構成しているため、各項目要素の一つでも欠けると理想的な業態づくりができないことを十分に理解しておかなければならない。

では、飲食店の店づくりの根幹である業態コア(表2-5)を構成する1から11までの項目は、どのように業態を創出するための要素となっているのかなど、その内容を具体的に知識として習得するとともに、企画書をまとめていくための重要なポイントであり、その内容を十分に学ぶことが大切である。

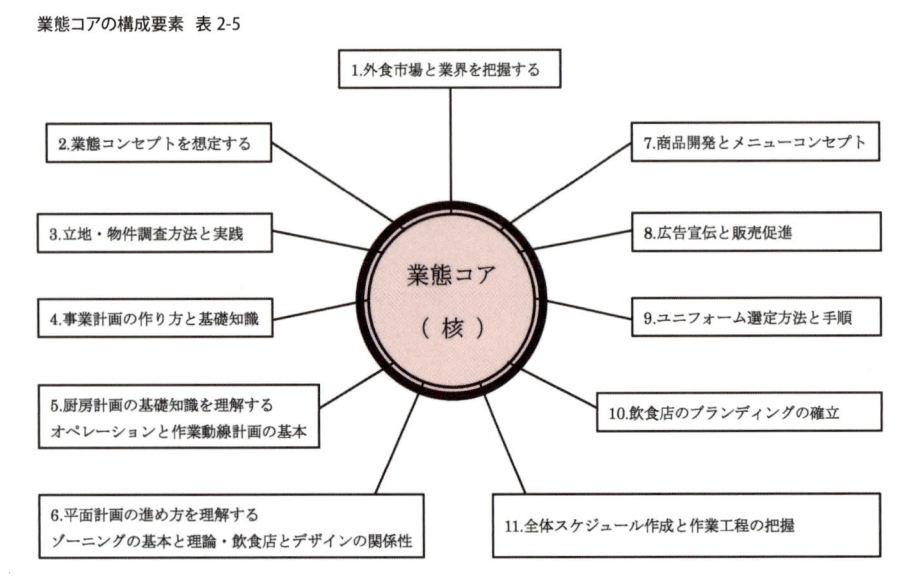

表2-4

- 業態企画の基本構成をまとめる
- 業態構成要素の理解（有形・無形）
- 飲食店企画書の具体的作成手法

業態コアの構成要素　表2-5

業態コア（核）
1. 外食市場と業界を把握する
2. 業態コンセプトを想定する
3. 立地・物件調査方法と実践
4. 事業計画の作り方と基礎知識
5. 厨房計画の基礎知識を理解する　オペレーションと作業動線計画の基本
6. 平面計画の進め方を理解する　ゾーニングの基本と理論・飲食店とデザインの関係性
7. 商品開発とメニューコンセプト
8. 広告宣伝と販売促進
9. ユニフォーム選定方法と手順
10. 飲食店のブランディングの確立
11. 全体スケジュール作成と作業工程の把握

1) 外食市場と業界を把握する

(1) 外食市場の売上推移

第1章でも触れたが表2-6は、過去日本の外食産業の売上の推移をグラフにしたものであり、1997年の約30兆円を頂点とし年々売上が降下していることが理解できるだろう。推測では2014年の売上は約23兆円といわれているように売上推移は鈍化傾向にあるなど、まずは外食市場や売上推移の現状を理解しておくことが大切である。

またその衰退の大きな要因は、社会的景気後退や少子高齢化など景気がデフレスパイラル(一度不利な状況に陥ると、そのハンディキャップによりますます不利な状況へと突き進んでしまうという負の状態「連鎖=スパイラル」が起こるという現象のこと)に突入してしまっていることや社会的景気状況とともに、生活者のライフスタイルも連動して大きく変化してきていることである。

しかし外食市場は全体的に売上低下傾向にあるものの、全ての業種・業態が衰退しているのではなく、和食、回転寿司、喫茶カフェ、中食などはむしろ市場規模売上を伸ばしているという現実があることも忘れてはならない。勿論企画書をまとめる際には、外食市場の現状や動向を把握しなければならない。市場規模が小さくなっていく方向に対してその企画する業態の市場動向は今後どのように推移していくのかなど、図表、データ資料としてまとめておくことが理想的であろう。

(2) 生活者の外食に対する意識変化

近年の生活者の動向としては、社会的景気後退や消費税引き上げにより外食への消費支出は低下傾向にあることは言うまでもない。まさに消費の形態が変わってきたことは歴然とした事実であることを忘れてはならない。特にあまりモノを買わなくなった理由としては、「金を持っていない」「雇用の不安定」「最低限必要なものしか買わない」「将来的生活不安」などが大きな要因にの一つであろう。

また生活者は価格と価値のバランスを重要視する傾向が強く、必要なモノと必要でないモノの線引きを明確化することになってきていることが現状である。

これは若年層だけにとどまらず、多くの生活者の心の中で消費基準が変化してきている表われであることに他ならない。

さらに市場には、生活者の価値観や趣味嗜好の多様化を満たすための商品が溢れている。時代による生活者のライフスタイルの変化によって企画段階で期待したほど商品が売れず、モノ創りが難しい時代になってきていることも現実であろう。

昼食に対する生活者の利用頻度(表2-7)を表にしたものであり、上位36％は月1-3回、2位22％が週1-3回など以下利用率は少なくなっていることが理解できる。最近では、自宅から弁当を持参し少しでも食費支出を下げる生活者が多く、特に女性客(年齢層によって異なる)の昼食に対する支出や利用頻度は低下傾向にあることを理解しておくことである。

またディナーを利用する頻度と外食費支出(表2-8)は昼よりも高く、高齢化するほど外食に掛ける支出は高くなる傾向にあるものの、1000円から2000円未満と2000円から3000円未満が幅広く、20代-70代の年齢層に集中していることが理解できる。

さらに利用動機は(男女別に異なるものの)、女性の場合には友人や女子会などで外食を利用することが多く、男性の場合には、同僚や上司との食事、取引先との食事が多く、特に家族団欒の時間を楽しむ機会に外食を利用することが多いことを忘れてはならない。

特に目立つのは、男性の場合には外食=家族団欒の時間と捉えることが多く、外食需要の主軸になる利用動機になりつつあることを理解しておくことである。

また、いまや女性客が外食のオピニオンリーダーであるといわれている。女性層の外食利用機会や動機は、「美味しいものを食べたい」「時々家事を休みたい/家事労働の限界」「家族団欒のひと時を持ちたい」「友人と食事をする」など圧倒的に美味しいものを食べたいことや家事を休みたいという動機が一番高い理由になっていることを理解しておかなければならない。

さらにディナーにどんな飲食店を利用するかというと、回転寿司、居酒屋、ビアレストラン、ファミリーレストラン、焼肉・韓国料理店、和食レストラン、中華料理店、イタリア料理店などの需要が高く(表2-9)、女性はおしゃれなイタリアン、男性は居酒屋、中華料理店など、質よりも量という傾向にあるようだ。

また最近の傾向としては、バイキングスタイルのイタリアン、中華、和食などの種々な業態が多く、リーズナブルで且つ料理が美味しい店に人気が集まっていることを忘れてはならない。

日本の外食産業20年間の売上推移(億円) 表2-6

外食(ディナー)に支出する1人当たりの予算(参考資料) 表2-8

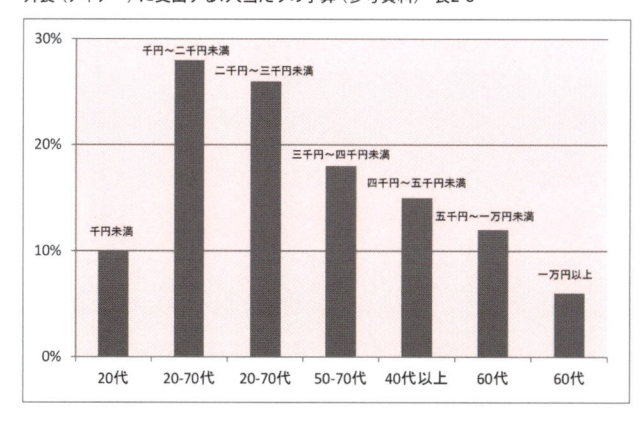

外食に支出する利用頻度 表2-7

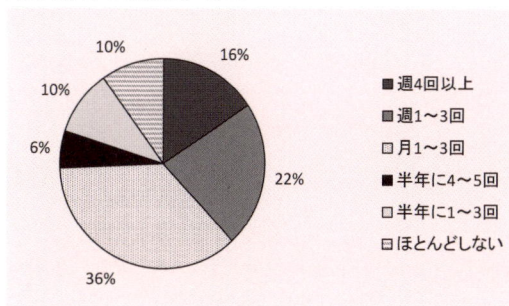

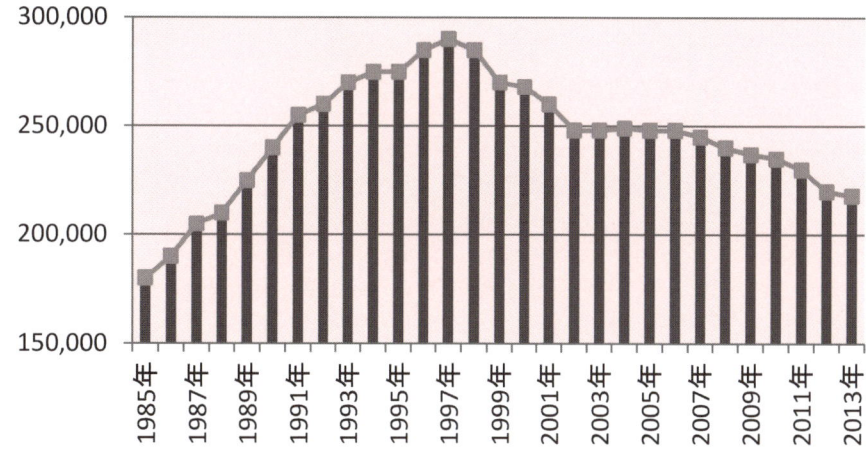

利用率順位 表2-9

外食利用が多い飲食店
1. 回転寿司
2. 居酒屋・ビアレストラン
3. ファミリーレストラン
4. 焼肉店・韓国料理店
5. 和食料理店
6. 中華料理店
7. イタリア料理店

(3)食のマーケティングとは何か

◆食マーケティング基礎知識を学ぶ／「マーケティングの意味とは」

まず生活者が外食しようと思う時に考えることは、何を食べたいか、また誰と行くのか、どんな店に行きたいのかであろう。このことはすでに外食産業に携わっている人、将来的に飲食店の開業を志す人などマーケティングということを知ることにより来店する生活者のニーズを知る手がかりとなる。

いわゆる「マーケティング（marketing）」とは、企業や非営利組織が行うあらゆる活動のうち、「生活者が真に求める料理やサービスを作り、その情報を届け、生活者がその商品・料理を効果的に得られるようにする活動」の全てを表す概念である。

また一般的な企業活動では、料理・商品・サービスそのものの企画・開発・設計やブランディングから、市場調査・分析、価格設定、広告・宣伝・広報、販売促進、流通マーチャンダイジング、店舗・施設の設計・設置、（いわゆる）営業、集客、接客、客の情報管理等に至るまで広い範囲においてマーケティングミックスの活動が行われている。

つまり企業活動の場合には、対顧客視点での活動が行われない製造ライン、研究、経理、人事などの部門は、マーケティング活動とはやや遠い位置づけになることを理解しておくことである。

一般的にビジネスの現場やマスメディアにおいては、広告・宣伝、集客や販促活動のみをマーケティングと捉える傾向が強いが、マーケティングの定義とは（様々に変遷してきているが）、商品・料理またはサービスを購入するポテンシャルのある顧客候補に対して、情報提供（情報収集）などマーケティング・コミュニケーション活動で相互学習状態を形成して購買に繋げることであることを忘れてはならない。

また具体的に外食に対する生活者の支出への意識変化（表2-8）を知ることは、まさに顧客情報を理解するということに他ならない。

いわば、コミュニケーションのステップアップにて顧客を固定化し顧客価値を高め、再来店や顧客集客を促進するなど、企業活動の拡大再生産（あるいは維持）を図るための一連の行為であり、「心理学、数学、社会学、経済学、その他など様々な知識の上から成り立つ高度なスキルであること」を理解しておかなければならない。

◆飲食のマーケティング手法とは何か／立地と顧客の相関関係を理解する

飲食店のマーケティングにはベースマーケティング（顧客の位置情報を連動させて地域的に最適な情報を配信するマーケティング手法のこと）とソフトマーケティング（人間の心の基本を再認識すること。「買いたい」「欲しい」というわくわくな感情になるポイントなど感情を揺さぶること）の2つのカテゴリーがあり、この2つを合わせることによって総合的な情報のもとに一つの飲食店づくりが進められていくことを理解しておかなければならない。

またこのベースマーケティングとは、立地の選択、ターゲットとなる顧客層の選定など店の基礎となるものを知ることや、企画する飲食店がその立地に適合しているのか、あるいは飲食店がターゲットとする生活者（顧客）が多く存在する環境にあるのかなど、種々の角度から立地を分析解析することである。

さらにソフトマーケティングとは、外装、内装、料理、サービス、空間演出など、店の訴求するこだわりや雰囲気を決定付ける要素を知ることであり、生活者を集客するための重要なポイント（感性を揺さぶること）を把握しておくことが大切である。

また飲食店を開業する場合には、まず何をすればよいのか（種々な考え方があるものの）、基本的には店のコンセプトを決定し、それに合った場所（立地）とターゲット（顧客層）を決めることこそ、飲食店をつくる上での重要なポイントになることを忘れてはならない。

さらに企画する飲食店のコンセプトが、ターゲットとする生活者（顧客）が存在しない立地に開業しても、よほど美味しい高付加価値のある料理を提供しなければ流行の店にはならない。いわばコンセプトとターゲットとする客層とのギャップが生じるものであれば、マーケティングとしては成立しないことを理解しておくことだろう。

つまりこのように立地と顧客層は非常に深い相関関係（表2-10）を持っているので、立地を選定した後は、そこに多く存在している顧客層の情報や潜在需要を把握し、その中でもメインターゲットが多く存在する通りに面した立地を選定することが、飲食店としての成否を決定する重要なカギになることを忘れてはならない。

「立地と顧客には大きな相関関係があることを理解すること」

顧客と立地の相関関係　表2-10

| 外装、内装、料理、サービス空間演出の基本 | ⇔ | 立地選定・飲食店高付加価値 | ⇔ | 生活者／顧客層ゲットライフスタイル |

2）業態コンセプトを想定する／進め方と手順

(1)業種・業態の想定

飲食店の業態コンセプトの想定をするためには、まずどのように飲食店づくりをするか、あるいは具体的に業種・業態を明確化することからスタートすることが常であり、飲食店の完成形のイメージを描き、コンセプト項目内容を具体化していくことが大切であろう。また業種・業態の計画は、飲食店のイメージや具体的な料理内容の方向性を決定する一歩であるし、例えば、業種は和食料理、洋食料理、中華料理、ハンバーガー、ステーキ、パンケーキなどその他多々あるように、その中のどの分野を選定するかを決定することが、基本コンセプトを想定する一歩になることを理解しておかなければならない。

勿論、業種は何でもよいというクライアントは少なく、プロジェクト始動段階のクライアントとの打ち合わせ（その飲食店のあらゆる情報内容の聞き取りを行う）に臨む際には、その飲食店の方向性や完成イメージを十分に理解しておくことが大切であろう。

つまり業種・業態の設定計画を具体化する際には、飲食業界の選定する業種・業態の位置づけや今後の将来性を理解し、設定業務を進めることが大切であることを忘れてはならない。

(2)業態のサービススタイルを決定する／サービスシステムを計画する

業種の選定が決定すれば、次に業態としての具体的内容を計画していくことになる。業態とは（前述しているように）どのようにサービスするか、あるいは料理提供するシステムの形態などを具体的に計画していくことである。また業種同様に業態のスタイルはいくつかの選択肢があるように、例えば、フルサービススタイル、セルフサービススタイル、セミセルフサービススタイル、カフェテリアスタイル、バイキングスタイル、その他そのサービスシステム内容を具体化していくことであり、その計画は平面図や厨房計画に反映していかなければ、全体的に効率的なオペレーション計画に繋がらないことを理解しておくことである。

つまり、よく内装・キッチンデザイナーが業種・業態内容の情報をろくにクライアントから聞き取らず、すぐたたき台として平面計画や厨房計画をバラバラに提案することは、正しい飲食店づくりの手法としては、現実に即していない計画を提案となることが多く、不完全であると言わざるをえない。クライアントの飲食店に対する事前情報を十分に聞き取り、並行設計（内装平面計画と厨房計画を同時に進める手法）の進め方をすることが理想的であることを忘れてはならない。

(3) 主軸メニュー内容と品数想定をする

業種・業態の方向性が決定すれば、その飲食店の主軸メニュー内容やこだわり、他店との差別化を具体的に検討していくことが大切である。基本的には主軸メニューが顧客集客するための武器になるだろうし、いわばメニュー内容の良し悪しによっては、飲食店のビジネスの盛衰も左右されることを忘れてはならない。

また業種が決定した段階で、例えばシーフード類を主軸メニューとする場合には、次にサイドメニュー、前菜類、デザート、ドリンク類などを計画していくことが一般的であり、調理法や具体的な料理のイメージを想定していくことが重要になる。

つまりメニュー計画で検討しておきたいことは、競合店対策やオリジナリティーを武器にメニュー計画ができるかが大切であり、飲食店の魅力づくりにおいてもメニュー内容が大きく関係してくることを忘れてはならない。

(4) 客層・年齢層のターゲットを決定する

一般的に飲食店の主ターゲット層を決定する場合には、業種・業態、主軸メニューに合わせて男女比率あるいは年齢層など想定していくことが大切である。勿論ランチとディナーでは客層が異なる場合もあるし、女性客にターゲットを絞ってメニュー開発をするのか、あるいは男性客をターゲットとするのかなど、具体的に飲食店の主軸客層の計画をしていくことが理想的であることを理解しておくことである。

また近年の消費者動向をみると、飲食店の口コミや話題店を発信するのは、圧倒的に女性客であり、女性客を意識したメニュー企画や業態開発が多くなっていることを十分に配慮しておくことである。

つまり飲食店にとって利用する客層とは、業態コンセプトによって異なるものであり、メニュー開発はターゲット層と適合していなければ、想定通りの客層を集客することはできないことを忘れてはならない。

(5) 客単価想定と回転率の関係(朝・昼・夜)

飲食店の1日の売上を想定する際には、朝、昼、夜の客単価と客席回転率を想定し、売上想定をすることが常であろう。つまり1日の売上は「平均客単価×客席数×満席率×客席回転率」で売上想定ができるわけである。勿論、平日・土日祭日の売上は(業種・業態や立地によって)大きく異なってくるため、平日と土日祭日の売上合計で1ケ月の売上を想定することである。また定休日を取る場合には、定休日の日数の売上を差し引いた売上が、想定売上になることを理解しておかなければならない。

さらに客席回転率(客席数が何回転したかの数値)とは、モーニングタイム、ランチタイム、ディナータイムに、どれだけの来店客数があるのかなど計算するための想定であり、一般的には、業種・業態内容や客席数の席数によっても大きく回転率は異なってくることを理解しておくことである。

つまり客席回転率は、すべての客席数が来店客で埋まることがないため(カウンターのみの店は満席率100%になるものの)、満席率(約80%から85%)を客席数に掛けて、本来の客席回転率の算出想定をすることが大切であることを忘れてはならない。

(6) 営業時間はどのように設定すべきか

飲食店の営業時間の設定は(業種・業態によっても異なるが)、モーニングタイム、ランチタイム、ディナータイムに多くの客を集客するという計画が常であり、AM7時からPM24時までの間で営業時間を設定することが多く、居酒屋、バーなど夕方から朝5時までという設定の業態もあることを理解しておくことである。勿論競合店が多く隣接している立地の場合には、時間設定を競合店に合わせる、あるいは少し開店を早めるなど、飲食店の売上計画によって営業時間を設定することが大切であろう。

(7) 立地と業態の関係性を理解する

業種・業態が決定すれば、その企画する飲食店の候補立地の選定がスタートであろう。特に立地選定と飲食店の業種・業態とは大きく関係してくるため、立地選定を誤れば、いくら良い飲食店の企画であろうとも、経営が軌道にうまく乗らない、あるいは集客するまでに時間を要するなど、飲食店の成否を大きく左右する要素の一つであることを理解しておかなければならない。

勿論立地の良い場所は賃借料も高く、競合店の数も多くなるが、飲食店の経営をする上では成功する確率は高くなるものの、法外な賃借料の好立地を選定することは、なかなかできない現実があろう。

つまり賃借料が安く物件条件がよいという選択方法もあろうが、メインターゲットがその立地周辺に回遊していない、また潜在需要がないという立地を選定しても、飲食店としては成立しないことを忘れてはならない。

(8) 内装・厨房デザインコンセプト

内装デザインコンセプト計画を検討する際には、業種・業態のサービススタイルやイメージが基本になるだろうし、例えば、和食料理を提供する空間に洋食のイメージデザインを計画することはないように、飲食店で提供される料理やスタイル、キッチン演出(クローズキッチンあるいはオープンキッチン)などに合わせて全体の内装デザインコンセプトを計画することが常であろう。

よく飲食店の内装デザインの魅力はとても重要であるものの、現実的には売上貢献度は売上の約10%～15%といわれているように、あまりにもデザイン装飾に奇を衒うことや個性的な空間づくりの必要性はないことであり、あくまでも来店する客に合わせて提供される料理を楽しめる空間、食への好奇心を高める空間など、飲食店の空間デザインとは、ビジネスとして継続経営するための一翼を担っていることを忘れてはならない。

(9) 事業計画の想定

飲食店を企画する際、一番クライアントが興味を示すことは飲食店の業態、内装デザイン計画も重要ではあるものの、最終的には経営としてどのぐらいの投資をし、どのぐらいの利益を上げることができるかに視点が集まることは致し方のないことであろう。また飲食店を企画する上では、ビジネスの存続経営が第一目標になるだろうし、いくら素晴らしい店づくりをしても事業採算が合わなければ、撤退を余儀なくされることがしばしばであることを理解しておくことである。

つまり基本コンセプトでは、経営数値(売上想定、原価率、人件費率、営業利益、経常利益、損益分岐点)は、具体的にどのような経営数値になるのかなど、各項目の適正数値や理想的数値を想定することが、飲食店事業をスタートするための最低条件でもあることを忘れてはならない。

表 2-11

基本コンセプトの想定手順／項目内容
1) 業種・業態の想定
2) 業態のサービススタイルを決定するサービスシステムを計画する
3) 主軸メニュー内容と品数想定をする
4) 客層・年齢層のターゲットを決定する
5) 客単価想定と回転率の関係(朝・昼・夜)
6) 営業時間はどのように設定すべきか
7) 立地と業態の関係性を理解する
8) 内装・厨房デザインコンセプト
9) 収支事業計画の想定

3) 立地・物件調査方法と実践

(1) 立地と商圏の関係を理解する/立地環境で飲食店の繁盛が左右される

一般的に立地(location)とは、場所や位置という意味であり、多くは交通機関や繁華街、商業施設との兼ね合いなど、生活者が活動をしやすい環境か、その良し悪しで判断されることが一般的であろう(表現例としては「駅から徒歩5分の好立地の物件」)。

また立地という意味の場合、ロケーションというカタカナ語で表現されることも多く、生活する場所、商売をする場所、飲食をする場所

など、それぞれの用途に合わせて好条件であるか否かの立地評価をすることもある。

さらに立地という概念は学術的な考察にも関係することであり、厳密には人間の何らかの社会的、経済的、文化的、活動をする物理的な場所という意味であるとともに、経済学や人文地理学の重要な研究テーマであることも理解しておくことであろう。

特に飲食店の場合には、立地の良し悪しで売上が左右されるというほどに、店づくりにおいては重要な要素の一つであり、立地と生活者動向の関係は、飲食店の経営の盛衰に密接に大きく影響を及ぼすポイントになることを忘れてはならない。

また商圏（しょうけん）とは、一般的には、ある商業施設が影響を及ぼす地理的な範囲をいうことが多く、例えば、商圏は半径1キロ、2キロ、3キロ以上（基本的には約10分から15分以内）などを対象とすることが多い。さらに商圏の中心から周縁部までの距離を商圏距離といい、その施設を利用しているか否かにかかわらず商圏内の全人口を商圏人口と表現することがほとんどであろう。

さらに商圏調査とは、商圏立地の店舗成立性検証が基本的な目的となり、商圏内需要のポテンシャル、商圏プロフィール、そして競合状況などの要素を目的に応じて調査・情報収集をしなければならない。

つまりこの表2-12の調査分析と商圏立地の成立性のチャートは、大きく競合状況を把握、商圏特性、業種・業態のポテンシャルの把握などをそれぞれ細分化して情報を収集し、商圏調査分析する方法であり、選定立地を評価する上では大きなポイントとなることを忘れてはならない。

(2) 基本利用商圏の認識と重要性

一般的に基本利用商圏とは、来店する生活者がもっとも利用する想定範囲を呼び、約10分から15分以内（徒歩・車利用など）に来店できる範囲を基本利用商圏（表2-13）と位置付けていることが多く、対象立地からどこまでが基本利用商圏になるか具体的に地図にその範囲を円で囲い、その商圏内に含まれる商業施設、公共施設、オフィスビルなどその他設定している立地の対象客層や年齢、男女別の情報を収集しておくことが大切になる。

つまりこの基本的考え方は都心部型に適合するものであり、郊外型とはその基本商圏や条件設定が異なることを理解しておかなければならない。

表2-13（参考指標）

立地	平均時間	速度	基本利用商圏
都心型	10分-15分	40m-80m／分速	500-1000m
郊外型	10分-15分	10km-20km	2000-3500m

(3) 商圏立地調査のための具体的手順と進め方

候補立地の基本利用商圏や見込商圏を把握しても、それはあくまでも情報データ上のことであり、具体的に候補立地の調査をしなければならない。

さらに基本的な商圏調査の手順や手法は、候補立地に何回も足を運ぶことであり、調査員の視覚、聴覚、味覚を使い、生きた調査をすることが大切であることを理解しておくことだろう。

よく立地調査もろくにせずに調査スタッフのこれまでの経験や勘で立地の良し悪しを決定し、出店を決めてしまうというケースが多々あるにしても、あくまでもデータは開店するための事前の資料づくりでなければならない。

さらに現実的には、その店を開店してみなければ、本来の集客状況や現実は誰にも分らないことが現実であるにしても、立地を調査評価するための資料をまとめておくことが必要最低限の基本であることを理解しておくことである。

また商圏調査もせずに候補立地を決定してしまうという曖昧な決断は決してしてはならないことであり、飲食店を企画する上では、基本理論に沿った商圏調査をすることが大切であることを忘れてはならない。

さらに商圏調査は立地調査シート（表2-14）の資料を使用して様々な項目内容を調査していくことが一般的であり、その調査結果は総合評価としてレポートにまとめることが理想的である。

また立地調査とは、その候補立地の良し悪しを決定する参考資料になることは間違いのないことであり、企画する飲食店に適合しているか否かの判断材料として利用することが重要であることを忘れてはならない。

この表2-14の商圏立地調査シートは、紙面の左側に候補店名、その他家賃、市場性、施設の集客力（テナントの場合）、競合性、視認性、入りやすさ、集客力などを記入し、その右側にその評価をメモとして記入するように構成されていることである。

さらに基本的には、その立地調査シートの内容は様々あるにしても、その立地調査の目的や評価の視点は大きく変わるものではなく、企画する飲食店に合わせて立地の総合評価をすることが大切であることを忘れてはならない。

勿論、調査シートの評価が立地を決定する最終資料ではなく、立地を決定する前に何度も現場に足を運び、生きた情報を収集し立地の良し悪しを検討することが大切であり（調査資料はあくまでも参考資料である）、立地を選定するためには種々な条件や立地内容を十分に検討して決定することを理解しておくことである。

また立地調査の資料は、売上を想定するための一つの要素になるだろうし、具体的に一日の朝、昼、夜の来店客数を計画する場合には、設定立地の条件が来店数や集客データに大きく関わってくることを理解しておくことである。

つまり特に立地の良し悪しと賃借料の高低の評価は、そこで企画する飲食店の業態によっても大きく評価が異なってくることを忘れてはならない。

商圏調査分析と商圏立地の成立性　表2-12

```
                    商圏立地の成立性・検証
         ┌───────────┬──────────┬──────────┐
    競合状況を把握    商圏特性を知る      業種のポテンシャル把握
    ┌──┬──┬──┬──┐         ┌──┬──┬──┬──┐
  商  自  自  商        自  需  消  商
  圏  店  店  圏        店  要  費  圏
  内 （最 の        売  余  潜  サ
  競  系 進 プ        上  力  在  イ
  合  列 化 ロ        を  を  力  ズ
  店  店 の フ        予  把  を  を
  特） 方 ィ        想  握  図  知
  性  実 向 ー        す      る  る
  を  態 性 ル        る
  知  を を 把
  る  把 探 握
      握 る
         └───────────┴──────────┘
                    商圏調査・分析
```

商圏立地調査シート　表 2-14

XXXX年XX月XX日（　）　XX:XX

店舗名			
住所			
店舗概要			
駐車スペース			
家賃	安いか又は高くても費用対効果が見込めるか	坪単価	
		月額	
		評価：	
市場性	出店立地、周辺にターゲット顧客が多く存在しているか、ターゲット顧客は今後増加する可能性があるか	評価：	
施設の集客力	施設自体の集客力はあるのか	評価：	
競合性	周辺に競合となる店舗はあるのか（今後の出店可能性を含む）相乗効果が見込めるか	評価：	
視認性	遠方からでも、その店舗を確認できるか	評価：	
入りやすさ	徒歩や車での来店者が入りやすい形状であるか又は、そのための工夫があるか	評価：	
集客力	単独出店しても集客力の高い（遠方からも来店が見込める）店舗であるか	評価：	
総合		総評価：	

ある。

また、ただ単に競合店調査がレポートを作成するための調査であれば、その調査内容はさほど店づくりに生かされないのであり、何のために調査を行うかを明確化しておくことが大切であろう。その競合店の結果(表 2-15)で立地設定の是非を検討することも重要なポイントになることを忘れてはならない。

さらにもっと大切なことは、競合する店が繁盛している場合には、種々の繁盛するポイントが数々あるものであり、いかにその内容を具体的に理解し、その内容を分析する手法が競合店調査(表 2-16【次ページ】)の大きな目的であることを理解しておくことである。

また競合店の数も1店ではなく複数になる場合もあるだろうし、競合店であろうとも繁盛店から学ぶことは、多々あるという調査視点で物事を見る眼を養うことこそ、よりよい店づくりの一歩に繋がることを忘れてはならない。

この表 2-16 競合店調査票はその一例であり、調査の視点は、あくまで自店と比較して勝るものがあるか、あるいは強い競合店になるのかなど、具体的に項目別に評価していくことである。

さらに調査の視点は、飲食店の QSC(クオリティー・サービス・クレンリネス) などの項目で評価することが常であり、特に料理の味レベルや人気メニューの有無など、その競合店に顧客を集客するヒットメニューがあることは、非常に注意を要することになるだろうし、その店の優位的オリジナリティーなどを分析評価することが大切であろう。

つまり客層や年齢層、繁忙時の時間帯などの集客状況など、自店の売上に影響する力量がどれだけあるのかなどの項目を具体的に評価しておくことを忘れてはならない。

(4)競合店調査の目的と調査ポイント

◆競合店調査の目的と意義

競合店調査をする目的は、客観的に自店と競合店との違いを知り、自店が勝てるオリジナリティを創出していくことであり、いかに優位性を持つことができるかを検討することである。そのためには、自店がその商圏内で「何を武器にした店になりたいか」などを明確にしておくことである。

また一般的に「競合店調査」＝「価格調査」という視点に興味が偏ることが多い。しかし価格ばかりにとらわれていると、本来の目的を見失ってしまう。また何故に競合店調査を行うかの意義とは、設定する立地で地域一番店を目指すこと、継続的繁盛経営ができるように、事前に店づくり企画に具体的内容を反映することが大切であることを忘れてはならない。

さらに競合店の調査をすることによって開店後にどのぐらい競合影響を及ぼす要素があるかなど、簡易売上計画をする際には、売上予測にその競合影響数値を反映しておくことで

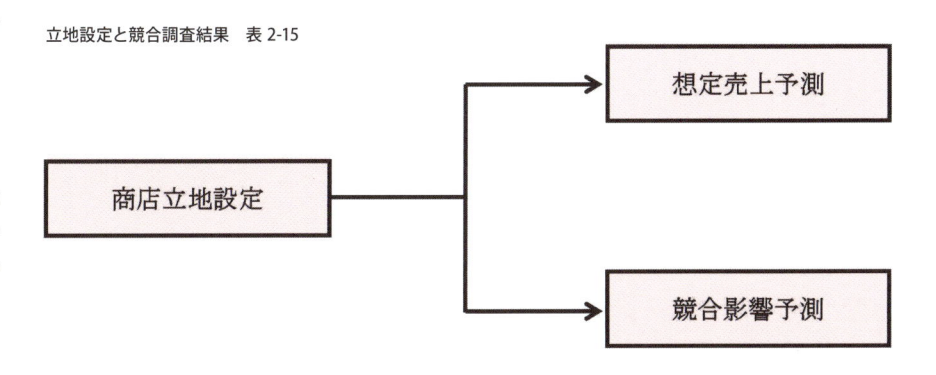

立地設定と競合調査結果　表 2-15

```
                        ┌─→ 想定売上予測
商店立地設定 ──────────┤
                        └─→ 競合影響予測
```

027

競合店調査　表2-16

競合店調査票	
競合店調査のチェックポイント	内容／所感
1.競合店をみる前に自店の強み、テーマを明確にして視察する	
2.店舗全体のイメージから商品メニューへと、マクロからミクロへとみること	
①全体的に店内を見渡すこと／視界調査	
②店内の雰囲気づくり、BGM、照明、家具類、床、天井デザイン	
③店づくりと全体ゾーニング、レイアウトの確認	
④料理の提供時間	
⑤商品メニュー内容と訴求方法(メニューリスト、料理提案配置、POP)	
⑥接客、サービス、笑顔などのホスピタリティー	
3.視察のポイント	
①よい点と問題点をチェックすること	
②参考になる良いことはチェックしておくこと	
③お客様の立場で全てをみる	
④お客様の動き、注文料理内容、サービスの質	
⑤客層・男女比率	
⑥客単価・価格帯	
⑦繁忙時とアイドル時のサービスレベル	
⑧料理の味レベル／温度・質・ボリューム・美味しい・まずい	
⑨送迎の挨拶、サービスの基本はできているか	
①特筆すべき参考になったことをメモしておくこと	
②調査スタッフ同士で意見を交換する	
③競合店調査を総合的に評価すること	

(5)立地と賃借料の関係性とは何か／業種・業態によって価値は変化する

一般的に立地と賃料の関係は、良い物件ほど賃借料が上昇していくことが多く、繁華街や駅前、商業ビル、飲食モールなど、多くの顧客が回遊している立地や人通りが多い物件が、飲食店の商売をする上では良いとされていることである。

しかし飲食店の業態によっては、ターゲット層やコンセプトの内容で、必ずしも全てよい立地であるとはいえないことを理解しておかなければならない。

また候補物件前の人通りが多く、ターゲット層になる人が通行しているといっても、ただ単にその道が駅と駅を繋ぐ素通りする通路であれば、その立地は決して良い立地であるとはいえない。

さらに良い立地は賃借料が高いものの、あくまでもその立地でどんな飲食店を企画するかなど、その内容で大きくその立地評価は変わってしまうこともあり、周辺に飲食店が存在しない、あるいは間口が狭く物件内容が鰻の寝床であるなど、全ての飲食店にとって良い立地ではないことを認識しておくことである。

またよい立地であろうとも坪賃料が10万円を超えるような物件の場合には、投資対効果を十分に検討しなければ、おいそれと決定もできないだろうし、十分に事業計画のシミュレーションをした上で立地選定することが大切であることを忘れてはならない。

さらに立地と賃借料の関係は、商業ビルによっては、賃借条件、保証金など1階路面店よりも2階、3階など上層階に行くほど安くなることもあり、飲食店に限らず店づくりの条件としては、1階に位置していないとビジネスとして成立しない業態もあることを理解しておくことである。

特に1階に立地設定をしたいという要望が大きい理由は、顧客を店に導入しやすいという利点があることが多く、ハンバーガーショップやコーヒースタンド(カフェ)にとっては好立地という評価になる。

また誰が見てもこの立地は最高な立地であるという意見は、いかなる業種・業態でも成立するという好立地であり、その場合の物件賃料や賃借条件は高くなることが常であることはいうまでもない。

いわば立地と賃借料の関係性とは、好立地であればあるほど、賃借料や条件が高額になるという原理がある。しかしいかなる業種・業態においてもその立地は好立地であるとは限らないという一面を持っていることを忘れてはならない。

特に飲食店の立地として評価する場合には、好立地であれば多くの人が回遊していることは集客する機会が増加する利点になるが、その飲食店の業種・業態によっては適切ではなく不適切という評価にもなることもあり、一概に好立地で賃借料が高い物件が全て好立地ではないことを理解しておくことである。

つまり立地の良し悪しとは、人が多く集まる駅や商業施設など、人が多く回遊する場所や立地を好立地であるという表現をすることが多いものの、その飲食店のターゲットとする客層でなければ、いくら多くの人が回遊していようとも、業態によってはその良し悪しの評価は変化してくることを認識しておかなければならない。

(6)物件調査の重要性とチェックポイント(平面計画と設備条件の把握は設備投資を左右する)

一般的に飲食店を計画する前段階の一歩は、設計条件の確認であるといわれている。何故に設計条件の確認をしなければならないかということは、後々業務を効率的且つ理想的に進めるためのポイントであることを理解しておかなければならない。

また設計条件の確認とは、物件調査あるいは設備調査といわれていることが多く、具体的に平面計画に臨む前にその内容を把握しておかなければならない重要な部分である。

さらにこの設備条件の把握とは、平面計画を進めるための基礎になる生きた情報が詰まった現場の設備、あるいはすべての実際の寸法を実測することであり、物件調査(表2-17)や情報をもとに実測した寸法が物件範囲(物件区画)、すなわちその実測した寸法がいわゆる全体の図面(平面、展開、天井伏せなど)の基本になるのである。

ほとんどの場合にはビルテナントや一戸建てにかかわらず、物件契約の前段階で、図面上の設備把握と現場に出向いての物件調査を行うことが常であり、竣工図面と現場状況を突き合わせて現場状況や情報を収集することが基本であることを理解しておかなければならない。

物件調査をしなければならない理由は、しばしば竣工図面と現場の状況が変わったままで竣工図面が修正されず、図書として保管されている場合も多いからである。さらに物件調査をせずに平面計画の打ち合わせをする場合もよくあるが、その計画には物件設備与件が想定されていないため、現実にキッチンやトイレなどの施設計画ができるか曖昧な部分が多いことを理解しておくことである。

つまり竣工図面にない部分に現実的には、配管スペースや電気設備などがあるなど、現場の状況によってその現実は様々であることが多々あり、竣工図面をすべて現実として理解することはとても危険性が多いことを理解しておく必要があろう。

特にデザイナーとして経験が浅い設計者の場合には、まず図面に向き合う前に幾たびか現場に足を運ぶことが、現実と計画の誤差や曖昧な部分を無くすための基本であることを忘れてはならない。

近年の飲食業界の店づくりに対する投資コストは、景気後退や客数減少などの影響を受け、

あらゆる部分で経費圧縮をする傾向にあり、店づくりに関わる投資に対しても例外ではないことを理解しておくことである。

むしろいかに投資を抑えてよいデザインをするかがデザイナーに求められることが多く、いかに低コストで客にとっての「いごこちのよい空間」を計画することが依頼の主流になっていることが現実であろう。投資削減を店づくりで実現させることには限界は多々あるものの、今後はローコストで店づくりやデザイン計画をすることが一般化しつつあることを自覚しておかなければならない。

勿論その内容も業種・業態によって異なるが、客単価が低ければ低いほど、低投資で店づくりをするためには、具体的にどのように計画するかという視点を絞って設計に臨まない限り、店づくりのローコスト化を実現することは難しい。

また特に物件条件によって利用できる設備や施設内容はすべて活用するという視点をもって計画に臨まなければ、投資コストを下げることは難しいだろう。既存設備を有効に利用するためには、例えば、設備が集中するエリアにキッチンを配置するなど、設備にかかるコストを少しでも削減することが大きなポイントになることを理解しておくことである。

さらに計画する飲食店のコンセプトを逸脱してしまうことは飲食ビジネスそのものの経営存続に影響を与えるものであり、何が何でも既存設備を利用することにより、投資を下げることができるということと、飲食店の成功率を低下させる削減は、「ローコスト化」という意味とは異なることを理解しておくことである。

また物件の平面図に種々の与件や飲食の機能、サービスに至るまですべての要素を想定して計画に臨まなければ、後々正式に図面化した後に再び修正しなければならないことがしばしばであることを忘れてはならない。

さらにデザイナーといわれる人は経験が浅い深いにかかわらず、キッチン、その他施設に付帯する設備に関わる知識が欠如していることが多く（業務の流れ上、設備設計については設備専門の設計業者へ業務を委託するため）、特に飲食店を多く設計するデザイナーとしてはキッチンや給排気設備に対する最低限の知識は把握しておくことが理想であろう。なぜならば、飲食店における設備にかかる投資は、物件の条件にもよるが全体の約40%～60%と大きな比重を占めるため、設備業者の言いなりでは、いくらローコスト化への努力をしても限界があることを理解しておくことである。

この表2-17は設計業務を進める前段階の物件調査項目である。企画する飲食店のコンセプトやそこで提供される料理に対する厨房機能や設備想定など、排気設備や給水・ガス・防水設備・衛生設備など、その他完成した飲食店には目に見えない部分に投資コストが多くかかることが常であり、対象となる物件条件がどのようになっているか否かで初期投資が大きく左右されることを忘れてはならない。

またただ単に物件の調査項目を全部埋め込むことが調査の本質ではなく、この物件で想定している店づくりをする場合には、設備に問題はないか、想定した以外の予算がかかってしまうかなど、店を計画するための店づくりや投資採算に至るまでもが調査の判断材料になることを理解しておくことだろう。

特に想定した予算を大きく膨らませてしまう要素としては、例えば、明らかに電気容量が不足しているため電気の増量をしなければならない（ビルにない場合にはテナント側で増量するための電気設備を負担しなければならない、想定約200万円）。排気設備として排気するための容量が不足している場合には、テナント側で排気ダクトをビルの屋上まで設備を上げなければならない（ダクトの立ち上げ長さや条件によって異なるものの、想定約100万円）。また物件周辺が住宅地の場合には臭気のクレーム対象になる可能性やトラブルを予想しなければならない（臭気フィルター設置費想定約100万円）。想定した以外の投資がかかる場合には、クライアント側と密にその内容を相談する必要があることを認識しておくことである。

さらに物件立地が良ければ、想定外の投資が発生しても、物件契約をして店づくりに着手したいというクライアントもいるだろうが、想定外の予算が多くかかる場合には、その物件はあきらめるなど、すべてクライアントに報告しなければならない。

つまりただ単に店づくりの障害になる設備内容をクリアすれば、店づくりができるという判断は、デザイナー（設計者）のみが判断するのではなく、その結論はあくまでもクライアント側の意思に左右されるものと理解しておくことである。勝手な判断は後々クライアント側とのトラブルを誘発するものであり、必ずすべての報告事項は議事録としてクライアント側に提出することを忘れてはならない。

物件調査のチェック　表2-17

物件調査項目とチェックリスト

物件調査リスト例			
1 住所／所在地			
2 構造・規模	造	階建	階部分
3 占有面積	階（　　坪）	階（　　坪）	合計（　　坪）
4 地下の有無	有・無	防水　必要・不要	
5 防火地域	準防火地域	指定なし	その他
6 用途地域	商業・近隣商業	住居・第二種住専	その他
7 築年数	（　　　年）		
8 解体の必要状況	有	無	
設備情報			
1 ガス	都市ガス	LPG	
種類	熱量		
接続配管径			
2 給水	現在の給水	有（　　）無	
入水・高架水槽		有（　　）無	
3 雑排水	現在の排水管	有　　　無	
径		（　　）無	
浄化槽	必要・不要	既存（　　人槽）	単独・合併処理
4 電気	現在の容量	1P100V　　kw	3P200V　　kw
		1P200V　　kw	
増量の必要性		有（　　）無	
5 空調・給排気	既存空調機　有	（使用可・不可）無	
方式	（空・水）冷	ダクト・天井埋込	吊り・壁・床置き

4) 事業計画の作り方と基礎知識

(1) 飲食店の基本的経営用語と内容を理解する計画/事業計画書作成手順と方法/経営数値の理解を深める

事業計画書とは、その事業の内容、取扱商品、収支予算などを記したビジネスプラン書である。簡単に言えば、具体的にどのような事業をしたいかの説明をまとめた資料である。

また基本的に事業計画書は、事業を起こすために事前作成するものであり、事業計画をシミュレーションして、事業を進めて良いのか否かを判断する資料であることを理解しておくこ

但し、国民生活金融公庫、その他金融機関からの支援を受ける場合には（開業資金を借り入れる場合）、事業計画書の提出が必ず求められることを認識しておくことであり、事業を始める人の仕事の経験経歴や事業計画書などをもとに融資の審査が行われることになる。
つまり会社の事業として飲食店の開業を企画する場合には、必ず事業計画書としてまとめる必要があることを忘れてはならない。

(2) 投資計画作成/飲食店開業/開業にかかる項目と費用(投資内訳を理解すること)

2-1) 開業にかかる項目内容と費用を理解する

飲食店を開業するためには、まず物件を確保するための保証金、仲介手数料、賃借料など、計画を実行する段階で発生する費用を理解することが大切である。

また保証金や賃借料は物件の立地条件や階数によっても異なってくるものであり、仲介手数料は不動産業者側に支払う不動産独特の物件賃貸時に発生する手数料であると理解しておけばよいだろう（保証金は1ヶ月の賃借料の5ヶ月分から20ヶ月分まで物件条件によって異なってくる）。

保証金とは物件を借りるためのビルオーナー側に預ける資金であり、1年ごとの償却はあるものの、撤退する場合にはテナント側に返却される資金である。

またデザイナーに設計を依頼するための設計料、その他飲食店のコンサルタントに依頼すれば、コンサルタント料も経費としてみておかなければならない。

一般的にデザイナーやコンサルタントに仕事を依頼する場合には、飲食店の物件の大きさや指導内容に合わせて事前に見積書の提出があるため、さほど複雑な明細ではないものの、費用回収の対象となる項目であり、事業収支に計上されることを理解しておかなければならない。

また施工費は開業費に占める割合としては大きい部分であるが、大きく分けると内装工事費、衛生設備工事費、看板工事費、厨房工事費、家具費、照明機器費、レジ機器、保険申請費、電話・BGM、開店費用（販売促進募集広告費、食器備品、グラフィック、運転資金、前家賃、商品在庫）などが開業時にかかる費用であり、各項目の合計が開業にかかる経費合計であることを認識しておくことである。

勿論、飲食店の店づくりに携わる専門家としては、事業計画や投資対効果に至るまで全ての内容を理解しなければ仕事ができないということではないものの、これからの飲食店の店づくりに携わる専門家の姿勢としては、クライアント側の視点に立てる経営知識や情報データを持っていることが理想的であろう。

また全ての事業計画の数字の意味を理解できなくとも、飲食店の経営構造の基本となる原価率、人件費率など数値の示す意味や内容を理解していることは重要なポイントであることを自覚しておくことである。

特に飲食店のデザイナー(設計者)の立場になると、内装デザインの総金額や予算調整をしなければならないことを配慮すれば、当初の事業計画の上で内装工事費の予算に合わせて、デザインをまとめることも重要な仕事の一つであるし、全体の総投資を調整することもデザイナーの仕事の役割になりつつあることを忘れてはならない。

またインテリアデザイナーの仕事の役割を担う専門家としては、仕事の一環として事業計画の内容や意味を理解することは当然のことであろうし、「事業計画はよく分からない」、「投資効率などには興味はない」というものでは一人前の専門家になることはできないことを理解しておくことである。

少なくとも企画する飲食店の月商売上はどのぐらいの売上が必要であり、いくらの売上を達成しなければ採算がとれないかなど、飲食店の利益構造の仕組みを理解しておくことが大切である。むしろ今後のインテリアデザイナーの役割としては、飲食店を成立させるための一躍を担う仕事であるという姿勢をもって、自己研鑽やスキルアップに力を注ぐことを忘れてはならない。

つまり飲食店の店づくりに携わる専門家の役割やニーズは、時代とともに大きく変化しているのであり、店づくりに関わることで知らないことや自分の仕事の範疇でないことに「全て我関せず」という姿勢では、これからの時代の専門家の仕事としては通用しないことを自覚しておかなければならない。

2-2) 一般的飲食店の開業時の経費項目と投資計画一覧 (表 2-18)

以下開業時にかかる経費項目とおおよその投資金額の事例を箇条書きに挙げておこう。

1 保証金／物件契約時にビルオーナー側へ預けるお金のことで、一般的には年10%償却が多いこと

2 仲介手数料／物件契約時に不動産業者へ支払う賃料の1ヶ月分ないし2ヶ月分の手数料のこと

3 内装設計料／飲食店の場合には内装設計料という範囲は、ファサードから内装デザイン、客席配置、開業時までの店づくりに関わる全ての業務を担当すること(設計坪単価は約5万から約9万で物件内容やデザイン内容によって異なる)

4 内装工事／内装造作工事にかかる費用の範囲総合計金額のこと(坪約60万から約90万)

5 衛生設備工事／空調など造作工事以外の店づくりに関わる工事のこと、内装と一緒にする場合も多い(内装工事に含まれることが多い)

6 厨房設備／厨房機器と設置工事までの全ての工事金額の合計総額のこと(例坪単価約40万から約90万)

7 看板工事／内装工事に含む場合もあるが、直接看板業者に依頼する場合には別途工事として料金を出すこと(例約100万から200万 正面看板、袖看板、置き看板)

8 家具工事／椅子、テーブルなど物件の坪数や配置計画する客席数によって予算は変化すること(例30坪から40坪で約200万から250万)

9 照明器具／一般的には内装工事に含まれていることが多く、照明器具のみを分離する場合もある(坪約2万から3万)

10 レジ／レジの機能によって約5万から約200万まで、飲食店での経営管理方法によって予算は変化する(POSレジと一般レジでは機能金額が異なる)

11 保険申請／営業許可、火災保険など開業時に際して最低限の申請内容にかかる経費

12 電話・BGM／電話開設、店内に音楽を流すのであればBGMの配線工事、初期費用

13 販促費／チラシ製作、配布、記念品など開業時の告知費用(例約50万から80万)

14 募集広告／社員、アルバイトを募集するための広告費用50万から100万

15 食器備品／キッチンで使用する食器、備品のこと(約100万から200万)／客席数によって異なる

事例/投資計画一覧 表 2-18　50坪・スケルトン物件／契約年数5年（千円）

項目	内容	予算金額	項目	内容	予算金額
物件取得費	保証金	7,500	店舗費用	販促費	1,000
	仲介手数料			募集広告費	800
	小計	7,500		食器備品	2,000
企画設計料	企画指導料	1,000		グラフィック	500
	内装設計料	3,500		花・植栽	200
	小計	4,500		サンプル	300
内装工事費	内装設備工事費	45,000		金庫・事務	200
	看板工事費	1,000		その他備品	200
	小計	46,000		小計	5,200
什器関連工事	厨房機器	12,000	運転資金	前家賃	1,500
	家具工事	1,500		予備資金(総投資の10%)	7,000
	レジPOS	2,000			
	小計	15,500		小計	8,500
電話・BGM	回線工事一式	150			
	音響設備	500			
	小計	650			
合計①		74,150	合計②		13,700
			投資合計(①+②)		87,850

返済計画事例 表 2-19　　　　　　　　　　　　　　　　　　　　　　　　　　　　　　（単位：万円）

借入総額（5,000万）＝ A ／ 金利 2% ／ 年返済金額（1,000万）＝ a				
	借入残高 B	支払利息 C	返済金額 D
初年度 I	A−a＝BI 5,000−1,000＝4,000	A×2%＝CI 100	a＋CI＝DI 1,000＋100＝1,100
2年度 II	BI−a＝BII 4,000−1,000＝3,000	B×2%＝CII 80	a＋CII＝DII 1,000＋80＝1,080
3年度 III	BII−a＝BIII 3,000−1,000＝2,000	BII×2%＝CIII 60	a＋CIII＝DIII 1,000＋60＝1,060
4年度 IV	BIII−a＝BIV 2,000−1,000＝1,000	BIII×2%＝CIV 40	a＋CIV＝DIV 1,000＋40＝1,040
5年度 V	BIV−a＝BV 1,000−1,000＝0	BIV×2%＝CV 20	a＋CV＝DV 1,000＋20＝1,020

※年の支払利息は借入残高に金利2%をかけて計算。（実践の計算方式とは異なる）

16 グラフィック／内装の壁に装飾として絵を描く、あるいは装飾をする費用のこと（内装デザインの内容によって費用は異なる、50万から約100万）

17 運転資金／飲食店を開業する場合には、賃料の前家賃、食材類の購入費、開業準備に関わる雑費、つり銭など、開業時にかかる費用として運転予備資金は総投資額の約10%を準備しておくことが理想的である。

この表2-18は50坪のスケルトン物件の総投資額を想定した参考事例である。

あくまでもこの各項目の予算は業種・業態によっても異なってくるものであり、すべての項目想定額が適合されるものではないことを理解しておくことである。

また予算想定で曖昧になる項目は、内装設備工事や厨房工事の想定額で、全体の総投資額は異なってくるだろうし、坪単価は業種・業態の変化に対応した予算想定をすることが大切になるため、特に注意を要する部分であることを忘れてはならない。

2-3) 資金調達方法

資金調達（financing）とは、企業、個人、組織などが外部から事業に必要な資金を調達することである。

資金調達についてはいくつかの方法があり、自己資金（自己資金、家族親戚などからの借入金）、銀行、信用金庫、民間金融機関等の融資借入、日本政策金融公庫、中小企業金融公庫、商工組合中央金庫などからの資金調達の方法がある。

またそれぞれの金融機関によって審査基準が異なるが、一般的によく利用される代表的金融機関は日本政策金融公庫であろう。

基本的に総資金調達は、最低でも総投資額の1/3以上は準備しておくことが理想的である。

また資金調達には、一定の条件を満たしていなければ、融資対象にならないことを忘れてはならない。

以下に注意点を記しておこう。

1 保証人・担保

保証人・担保の有無によって融資額が変化してくること

2 申請必要資料
1) 物件の賃貸契約書
2) 物件の図面、平面図、立面図、展開図など簡易的な図面資料
3) 事業計画書（事業目的、メニュー、投資額、自己資金の額）
4) 面談
事業計画の具体的な説明をしなければならないため、内容説明を十分にできるようにしておくこと
5) 融資決定と実行
融資金額が調達資金に達していない場合には、その他の金融機関に申請し不足分を補う必要があること

※資金調達借入金 5000万
※金利 2%
※返済期間 5年

以上の項目内容についての資料審査や面談があり、個人的な経営者としての姿勢や事業計画の現実性などが大きく査定基準になることを理解しておくことである。

2-4) 返済計画

返済計画とは、金融機関などから借り入れた金額を毎年返済するための返済計画、返済年数に合わせて返済金額を想定したものである（表2-19）。

基本的には、企画する飲食店の売上想定によるものの、無理のない返済年数を計画することが大切である（一般的には5年）。

この表2-19は、借入総額を5000万と想定し5年返済で計画したものであり、毎年の返済金額は借入額5000万÷5年＝1000万になる。以下、各年度の試算公式にしたがって返済計画の作成方法と内容を理解しておくことである。

2-5) 収支計画

売上利益とは、一定期間における商品の販売総売上金額でありその売上を達成するためにはどのぐらいの経費をかけていくらの利益を上げるかを示すものである（表2-20）。

事例／月額収支計画 表 2-20　　　（単位：円）

	項目	金額	比率（%）
収入	売上高	6,000,000	100
支出	固定費	1,860,000	31
	変動費	3,780,000	63
	合計	5,640,000	94
利益	営業利益	360,000	6

2-6) 支出計画

売上を上げるためには、種々な支出（費用、経費など）がかかり、大きく2つに分けることができる。運営する上においては、直接かかる費用の一つめは食材原価であり、二つ目は間接的にかかる販売費、一般管理費などである。

2-7) 売上計画

売上高とは一定期間の商品、サービスの販売総額のことであり、売上想定方法は以下の通りである。

売上想定は、営業業時間 AM8:00〜AM11:00/PM11:00〜14:00/PM14:00〜PM23:00の時間帯ごとに売上計画することが理想的であり、時間帯ごとの総合計が1日の売上高になる。

※月間売上高は1日売上高×25日あるいは

事例／売上計画 表 2-21　　　　　　　　　　　　　　　　　　　　　　　　　　　　　※満席率は85%とする。

時間帯		最低売上	標準売上	最高売上
モーニング	客席回転数	1.3	1.8	2.5
	客席数	53		
	客単価	¥680		
	売上高①	¥39,824	¥55,141	¥76,585
ランチ	客席回転数	1.8	2.3	2.8
	客席数	53		
	客単価	¥1,200		
	売上高②	¥97,308	¥124,338	¥151,368
ディナー	客席回転数	2.5	2.8	3
	客席数	53		
	客単価	¥2,500		
	売上高③	¥281,563	¥315,350	¥337,875
合計（①+②+③）		¥418,695	¥494,829	¥565,828
月間売上（30日）		¥12,560,850	¥14,844,870	¥16,974,840

30日営業で想定すること
売上想定＝客単価×客席数×満席率(約85%)×客席回転率(表2-21【前ページ】)
事例はカフェレストランの日商売上試算計画で、35坪/53席 満席率(約85%)と想定。但し業種・業態によって異なる。

以下経営用語内容の意味を知識として理解しておくこと。

■売上原価率
売上高に占める売上原価の比率のこと。売上原価率が低いほど、原価を低く抑えて商品を売上げていることを表すので、この数字を低く抑えるほど、利益を確保しやすくなっている。

■客単価
客一人当たりの飲食金額の平均単価のこと。
客単価＝(総売上高÷総客数)。

■販売費
料理・商品販売に関連して発生する費用であり、販売員の給料、広告費、荷造発送費、配達費、保管費などのことを呼ぶ。

■営業利益率
一定期間における売上高と営業利益との割合であり売上高営業利益率ともいう。

■水道光熱費
飲食店を営業するために使用する水道代、ガス代、電気代、灯油代等の費用のことであり、業種・業態によっても数値は異なるものの、売上の約3%から7%の費用を想定しておけばよいだろう。

■賃借料
飲食店の物件を借りるための賃借料のことであり、1ヶ月あたりの賃借料で表現することが多く、売り上げに対して約10%以内に納まることが理想的である。立地が良くても売上に対する賃借料が10%を超える場合には、経営数値としては高い数値であると理解しておくことである。

■標準原価率
標準原価とは、メニュー作成時に卓上で仕入れ値や歩留まり人件費で算出した数値であり、あらかじめ基準として設定しておく原価をいう。標準原価とは、実際に発生した原価を判断する基準として活用する。
標準原価率の算出方法
(1)販売した商品個別の数量×標準原価(計画原価)を出すこと
(2)上記の計算をすべての商品で行うこと
(3)そしてすべての合計金額をだすこと
(4)それを当月の売上高で割り100をかける
(5)標準原価率の算出
標準原価率＝商品個別の｛(販売数量×標準原価)／当月売上高｝
をすべての商品について合計したもの×100

■実際原価率
「実際原価率」の算出方法
(1)前月の棚卸額と当月の仕入れ額を足すこと
(2)次に上記の金額から当月の棚卸金額を引くこと(使用量が出る)
(3)それを当月の売上高で割り100をかける
※「標準原価率」と「実際原価率」の差異は0.5%以内が理想的

実際原価率の算出

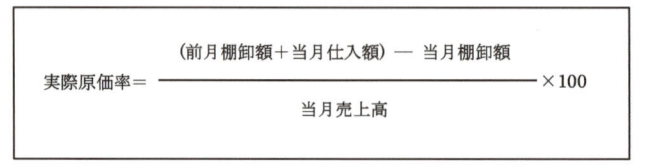

$$実際原価率 = \frac{(前月棚卸額＋当月仕入額)－当月棚卸額}{当月売上高} \times 100$$

■在庫管理
在庫量や在庫額、在庫日数を適正に管理すること(在庫管理のためには棚卸しも正確に行うことが重要)。過剰在庫、その逆の品切れがあると、廃棄ロスや販売機会のロスが生じるため、適正在庫の把握は重要。

■経常利益
売上高から、売上原価、販売費および一般管理費、営業外収益、営業外損益を引いたものである。業績の指標として重要視すべき数値である。

■借入金利
借入金利とは、「ローン金利」や「融資利率」とも呼ばれ、借り入れた元金に対する支払利息の割合のことをいう。

■減価償却費
土地を除く有形固定資産は、使用や時の経過によって年々その価値を減じ、ついには廃棄されるに至る。この価値減少部分に相当する取得原価を、営業上の費用に計上する手続を「減価償却」といい、その手続によって計上される費用のことを「減価償却費」という。

■キャッシュフロー
キャッシュ・フロー(cash flow＝現金流量)とは、現金の流れを意味し、主に企業活動によって実際に得られた収入から外部への支出を差し引いて手元に残る資金の流れのことをいう。

■固定費
営業する際に必ずかかる費用のこと。人件費、不動産賃借料、水道光熱費、通信費、減価償却費、などの費用が固定費に当たる。

■変動費
変動費とは、一定の生産能力や販売能力の元で、生産量や販売量に応じて(比例して)変動する費用のこと。

表2-22は売上高から支出(固定費と変動費)を引き利益がどれだけ出たのかを把握するための資料であり、その項目内容を理解しておくことが大切である。

2-8) 損益計算書 P/L(ピーエル)
Profit(プロフィット) & Loss(ロス)

損益計算書とは、会社の売上などの「収益」から「費用」などを差し引いて、今期(通常は1年)会社が得た利益を示す。会社が商品やサービスの提供を行って、相手からお金などを受け取ると収益となる。収益をあげるためには、社員の給料や事務用品、仕入れなど、さまざまな費用がかかっている。
また収益から費用を引いたものが、「利益」＝「儲け」で、結果がマイナスになれば「損失」となる。さらに利益を上げるための費用は本業で売上げたのか副業(その他)営業外収益で上げたのか理解できる(表2-23)。
表2-23は、飲食店の損益計算書の事例であり、科目ごとの内容は計算式によって算出されたものであり、各項目科目の算出の方法を理解しておくことが大切である。
また売上高に対する比率％の数値内容の把握や理解は、損益計画書を評価する上において重要な数値であり、特に売上原価、人件費率、営業利益、当期純利益など飲食店の成否を決定する大きな指標であり、その内容を十分に把握しておくことである。

■損益分岐点
損益分岐点とは売上高と費用の関係におい

事例/固定費・変動費項目　35坪飲食店月間支出計画　表2-22

	項目	金額(円)	
	売上	8,000,000	100%
固定費	賃借料	592,000	7.4%
	人件費(社員)	1,000,000	12.5%
	減価償却費　施工費28,000,000/償却	38,889	5年
	返済金(金利込)　10,000,000 借入/返済	166,667	5年返済
	固定費合計	1,797,556	22.5%
変動費	原材料費	2,800,000	35%
	人件費(AP)	1,704,000	21.3%
	水道光熱費・経費	1,240,000	15.5
	変動費合計	5,744,000	71.8%
	費用合計	7,541,556	94.3%
	利益	458,444	5.7%

事例/飲食店の損益計算書 表 2-23　単位：千円

	科目	金額	%
A	売上高	8,000	100
B	売上原価	2,800	35
C	売上総利益　　　　　[A−B]	5,200	65
D	販売費及び一般管理費	4,480	56
E	営業利益　　　　　　[C−D]	720	9
F	営業外収益	224	2.8
G	営業外費用	144	1.8
H	経営利益　　　　　[E+F−G]	800	10
I	特別利益	80	1
J	特別損失	264	3.3
K	税引前当期純利益　　[H+I−J]	616	7.7
L	法人税等	128	1.6
M	法人税等調整費	160	2
N	当期純利益　　　　　[K−L+M]	648	8.1

て、収支がトントンで利益がゼロとなる売上高（損益分岐点売上高）をいう（表 2-24）。また利益とは売上高から変動費を差引いた限界利益からさらに固定費を差引いた残りである。つまりその残りがゼロになる場合の売上高と変動費、固定費の関係。さらにこの限界利益は、売上高から変動費を差引いたものである。

損益分岐点 表 2-24

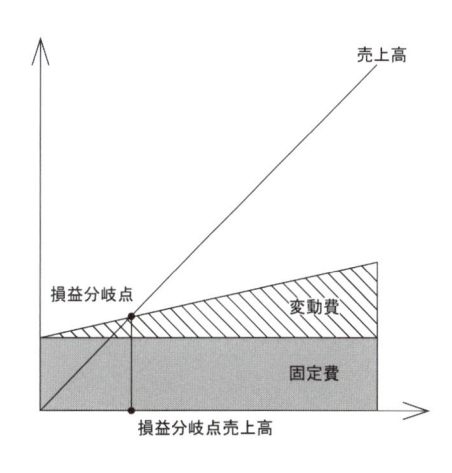

■損益分岐点売上高の算出
「損益分岐点」とは売上が総費用(変動費+固定費)と同じになる値の事で、英語ではBEP(ブレーク・イーブン・ポイント)と表記し、引き分けという意味の言葉を用いて損も得もないことを指す。

損益分岐点を算出するためには、まず各経費を売り上げに関係なく発生する「固定費」と売上に比例して発生する「変動費」に分ける。この変動費を基に「変動比率」(変動費÷売上高)を出し、売上を100%としてこれを差し引くと「限界利益率」が算出される。更に固定費を限界利益率で割ったものが「損益分岐点」である。

ここで算出した損益分岐点が低いほど売上が伸びたときの利益高が高く、よって赤字額も少なくなる。

■限界利益率
表 2-25 は固定費、売上高に関係なく固定であり、売上高に比例するのは利益だけである。限界利益率は一定であるため、売上高が増えるとそれにつれて利益も増えることになる。つまり限界利益率は、売上が1単位増えることで利益がどれだけ増えるかという割合を表しているのである。また限界利益には固定費と利益が含まれており、売上に対する限界利益の割合を「限界利益率」という。算出公式は限界利益率＝限界利益（固定費＋利益）÷売上高　である。

限界利益率 表 2-25

033

(3)事業計画書作成方法

3-1) 出店総投資一覧表、売上・人件費試算表、事業計画書、借入返済計画

以下、企画書の実例を挙げて具体的な事業計画のまとめ方や計算方法などを解説していくことにしよう。

※表計算ソフトにて、関数を用いた自動計算を使用する。

■：表紙（事例）表 2-26

■ 出店総投資一覧表（事例）表 2-27

3-2) 表 2-27 に合わせて、以下に投資内訳一覧の項目ごとの具体的な予算想定の記入方法を説明する

1　費用発生内容と項目

まず出店にかかる費用を内容ごとに分類した表を作成する。

【手順1-①】 下記を参考に各項目の内容を記入し、それぞれの事業計画予算、項目ごとの小計、全体の合計を算出。

物件取得費 … 敷金・保証金（¥10,790,000）、仲介手数料、礼金

企画設計料 … 企画指導料（¥800,000）、**内装設計料**（¥3,800,000）、**厨房設計料**（¥1,800,000）但し、物件内容・業務内容によって異なる。

内装設備工事 … 内装工事（¥30,000,000）※1坪あたり60万～90万円程度で予算を設定、設備工事（¥33,000,000）※1坪あたり30万～60万円程度で予算を設定、看板工事（¥1,000,000）(内装工事に含む場合もある。)

什器関連工事 … 厨房機器（¥15,000,000）※1坪あたり80万～110万円程度で予算を設定、家具工事（¥2,500,000）、照明機器（¥1,726,000）※1坪あたり2万～5万円程度で予算を設定(但し内装工事に含む場合もある)、レジ（¥1,000,000）

保険・申請 … 店舗保険、保健所申請（¥16,000）

電話・BGM … 回線工事・回線費（¥50,000）、TEL機・FAX機（¥100,000）、有線加入料、音響機器

開店費用 … 販促費（¥500,000）、募集広告（¥500,000）、食器・備品（¥2,500,000）、グラフィック（¥300,000）※1坪あたり～1万円程度で予算を設定、花・植木（¥200,000）、サンプル、金庫・その他什器（¥100,000）

運転資金 … 前家賃（¥2,158,000）、商品在庫、生活費/予備経費（¥10,000,000）

【手順1-②】 費用ごとの支払方法を現金、あるいはリースで記入。

2　物件概要

次に店舗物件の情報をまとめる。

【手順2-①】 下記の各項目に数値を記入。※千円以下を省略して記入。

・所在地（東京）
・坪数（86.3坪）
・建物間口（18.0m）
・開口間口（17.2m）
・保証金※（¥10,790,000）
・賃料※（¥2,158,000）
・共益費（¥15,000）
・契約年数（5年）
・償却（10%）

※保証金、賃料は＜費用発生内容と項目＞の敷金・保証金、前家賃から数値を引用。

3　投資・調達内訳

出店費用の調達方法を想定する。

【手順3-①】 投資内訳の項目として＜費用発生内容と項目＞から下記の事業計画予算小計を引用し、その合計を算出。

・物件取得費（¥10,790,000）
・企画設計料（¥6,400,000）
・内装設備工事（¥64,000,000）
・什器関連工事（¥20,226,000）
・保険・申請（¥16,000）
・電話・BGM（¥150,000）
・開店費用関係※（¥16,258,000）

※開店費用関係＝開店費用小計¥4,100,000＋運転資金小計¥12,158,000

投資内訳合計（¥117,840,000）＝ 物件取得費（¥10,790,000）＋ 企画設計料（¥6,400,000）＋ 内装設備工事（¥64,000,000）

＋什器関連工事（¥20,226,000）＋保険・申請（¥16,000）＋電話・BGM（¥150,000）＋開店費用関係（¥16,258,000）

【手順3-②】調達内訳に自己資金（¥50,000,000）を記入。

【手順3-③】同じく調達内訳に、＜費用発生内容と項目＞から支払方法をリースにした項目の金額合計（¥1,100,000）を記入。

【手順3-④】①で算出した投資内訳の合計から自己資金、リースの数値を引いた金額を借入金融機関として記入。

借入金融機関（¥66,740,000）＝ 投資内訳合計（¥117,840,000）−（自己資金（¥50,000,000）＋ リース（¥1,100,000））

【手順3-⑤】調達内訳の合計を算出。

調達内訳（¥117,840,000）＝ 自己資金（¥50,000,000）＋ 借入金融機関（¥66,740,000）＋ リース（¥1,100,000）（＝投資内訳（¥117,840,000））

ー確認事項ー
・＜費用発生内容と項目＞、＜投資・調達内訳＞投資内訳、調達内訳の各合計が一致すること。

3-3) 人件費の想定方法はフロアーと厨房でそれぞれ何人が働くのか、繁忙時とアイドル時の全体のスタッフ配置人数を想定する

飲食店の平面・厨房設計をする際に検討しておかなければならないことは、企画する飲食店のフロアーと厨房スタッフをそれぞれ何人で稼働させるのかである。事前にスタッフの人員や繁忙時の必要人員を計画しておくことが大切になる。

また、一般的に飲食店の規模が大きく客席数も増加すればするほど、客席数と厨房機能を配慮してスタッフ人員計画も検討しなければ、繁忙時とアイドル時のスタッフ対応が効率的に運営できないことを忘れてはならない。

さらに飲食店の業種・業態によっては、客席数が多くとも厨房で働くスタッフの人員を効率的に少人数で稼働（調理機器に依存することで）させることは難しいことでないものの、厨房機器に機能性や効率性を求めるため、投資が増えるなど、投資対効果という問題も生じてくることを理解しておくことである。

また一般的には、飲食店の平面・厨房設計をする際には、まず具体的に厨房で働く人員は何人であるのか、客席数に対して何人のフロアースタッフでサービスを行うのかなど、クライアント側からの情報を得ておくことが常であり、繁忙時とアイドル時の全体のスタッフ人員も把握し平面・厨房計画に臨むことが理想的であろう。

また飲食店の業種・業態によっては、従業員数を最低限に抑えた人員計画が必要な業態もあるだろうし、厨房で働くスタッフ人員も飲食店の企画内容によって大きく異なってくること

を理解しておかなければならない。

特に飲食店の場合は、売上に対して人件費を設定する事業計画を検討し、企画設計にリンクさせていく手法をとるため、平面・厨房計画も全体の人件費や売上想定に合わせて全体の人員配置を計画することが大切である。

つまり平面・厨房計画とは、メニュー計画、人員配置、事業計画など、種々な経営情報を十分に把握し計画に臨まなければならないことであり、ただ単に厨房機器を「はめ絵をするごとく」空いたスペースに配置することではないのである。

一般的なスタッフの人員計画方法としては、例えば、客席数÷スタッフ1人当たりのサービス担当客数（16人から20人）＝何人という計算方法でフロアースタッフ人数を想定できることだろうし、また厨房スタッフ要員としては（業種・業態によっても異なるものの）、2人から5人以内の範囲で計画することが基本的な基準と理解しておくことであろう。

■ 売上・人件費試算表（事例）　表2-28

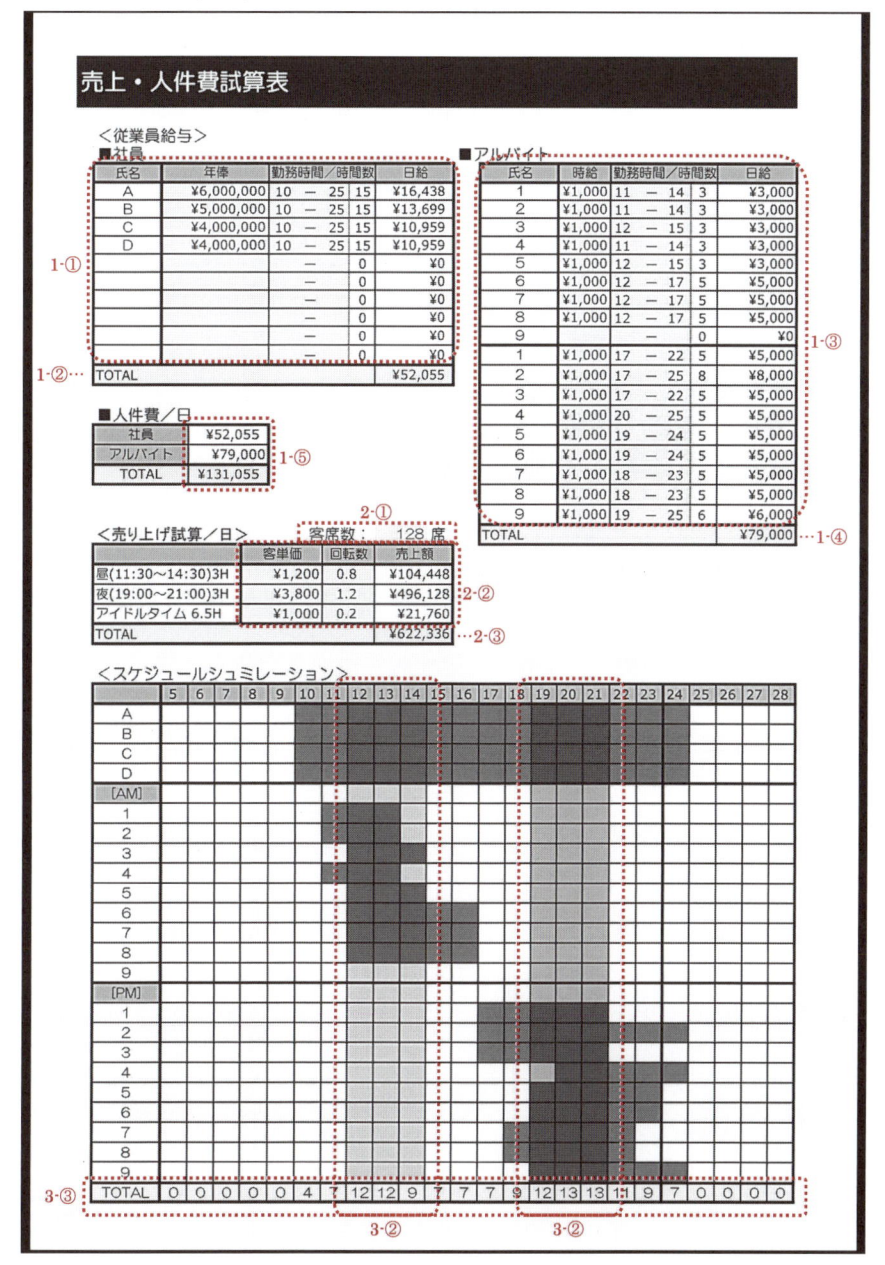

つまり飲食店のオペレーションとして、繁忙時とアイドル時のスタッフ人数は異なることが一般的であり、ともかく比較的少人数で稼働できることが理想的な平面計画であることを忘れてはならない。

3-4) 人件費を想定する。表2-28に合わせて以下に計算式と考え方を記し具体的な計算方法を説明する

特に＜従業員給与＞（表2-28）に合わせて事前に情報を理解しておかなければ、正しい人件費想定はできないことを理解しておくことである。

1　従業員給与

ここでは社員、パート・アルバイトの勤務状況から人件費をシミュレーションしていく。

【手順1-①】社員の氏名、年俸、勤務時間と時間数の想定値をそれぞれ記入し、日給を算

出する。
※従業員の休日、その他人件費については計算上差し引かないものとする。
A　年俸¥6,000,000 / 日給¥16,438
B　年俸¥5,000,000 / 日給¥13,699
C　年俸¥4,000,000 / 日給¥10,959
D　年俸¥4000,000 / 日給¥10,959
※勤務時間を想定する場合、開店前、閉店後にそれぞれ1時間程度で準備、片づけの為の人員を配置。
日給 = 年俸 ÷ 365
【手順1-②】社員全員の日給合計を算出。
(¥52,055)
【手順1-③】アルバイトの氏名、時給、勤務時間と時間数の想定値をそれぞれ記入し、日給を算出。
※勤務時間を想定する場合、開店前、閉店後にそれぞれ1時間程度で準備、片づけの為の人員を配置。
日給 = 時給 (¥1,000) × 時間数
【手順1-④】アルバイト全員の日給を算出。
(¥79,000)
【手順1-⑤】人件費として社員、アルバイトの日給合計をそれぞれ記載し、その合計を算出。
人件費 / 日合計 (¥131,055) = 社員日給合計 (¥52,055) + アルバイト日給合計 (¥79,000)

2　売り上げ試算
来店客数を想定し、売り上げをシミュレーションする。
【手順2-①】客席数を設定。(128席)
【手順2-②】営業時間をピーク時、アイドルタイムなど時間帯ごとに分けて客単価と回転数の想定値を記載し、売上額を算出。※満席率は85%とする。
※満席率…全体の客席数に対し、空席ではない客席数の割合。充填率、客席稼働率ともいう(ここでは85%を想定)。
時間帯例
昼(ランチピーク)【11:30 ～ 14:30　3H】
1人あたり¥1,200　→　0.8回転
夜(ディナーピーク)【19:00 ～ 21:00　3H】
1人あたり¥3,800　→　1.2回転
アイドルタイム【6.5H】　1人あたり¥1,000　→　0.2回転
各時間帯売上額 = 客席数 × 客単価 × 満席率 (85%) × 時間帯ごとの回転数
【手順2-③】各時間帯の売上額を合計し、1日の想定売上を算出。(¥622,336)

3　スケジュールシミュレーション
勤務状況、来店客数のシミュレーションを元にスケジュール表を作成する。
【手順3-①】<従業員給与>から社員、アルバイトの氏名、勤務時間を元に表を作成。
【手順3-②】分かりやすいようピークの時間帯を色づけしておく。
【手順3-③】時間帯ごとに配置した従業員の人数合計を算出。
―確認事項―
・ピーク時間帯の従業員が足りているか。
・アイドルタイムの従業員が多くはないか。
・従業員がバランス良く、途切れることなく配置出来ているか。
・開店準備、閉店後の片づけに当たる人数が適正か。
(事例では開店準備1～3人、閉店後の片づけ2～4人程度に設定。※店の規模による)

3-5) 表 2-29 に合わせて、以下に計算式と考え方を記しておく
※表 2-29 では小数点以下を四捨五入の上計算、千円以下を四捨五入で省略して表記する。

1　物件概要　*出店総投資一覧表(表 2-27)参照
【手順1-①】(表 2-27)<物件概要>を引用し記入。

2　初期投資費用　*出店総投資一覧表(表 2-27)参照
店づくりに必要な投資費用をまとめる。
【手順2-①】(表 2-27)<投資・調達内訳>の投資内訳から下記項目を引用。
・物件取得費 (¥10,790,000)
・企画料 (¥6,400,000)
・内装設備工事 (¥64,000,000)
・什器関連工事 (¥20,226,000)
【手順2-②】合計を算出。
投資総額 (¥101,416,000) = 物件取得費 (¥10,790,000) + 企画料 (¥6,400,000) + 内装設備工事 (¥64,000,000) + 什器関連工事 (¥20,226,000)

3　開店費用　*出店総投資一覧表(表 2-27)参照
開店前にかかる費用をまとめる。
【手順3-①】(表 2-27)<投資・調達内訳>の投資内訳から下記の項目を引用。
・保険・申請 (¥16,000)
・電話・BGM (¥150,000)
【手順3-②】(表 2-27)<費用発生内容と項目>から下記項目の事業計画予算を引用。
・販促費 (¥500,000)
・募集広告 (¥500,000)
・食器・備品 (¥2,500,000)
【手順3-③】(表 2-27)<投資・調達内訳>の開店費用項目小計 (¥4,100,000) から販促費 (¥500,000)、募集広告 (¥500,000)、食器・備品 (¥2,500,000) を引いた値をその他備品として記入。
その他備品 (¥600,000) = 開店費用小計 (¥4,100,000) - (販促費 (¥500,000) + 募集広告 (¥500,000) + 食器・備品 (¥2,500,000))
【手順3-④】(表 2-27)<費用発生内容と項目>の下記項目を引用。
・運転資金項目　小計 (¥12,158,000)
【手順3-⑤】合計を算出。
開店費用合計 (¥16,424,000) = 保険・申請 (¥16,000) + 電話・BGM (¥150,000) + 販促費 (¥500,000) + 募集広告 (¥500,000) + 食器・備品 (¥2,500,000) + その他備品 (¥600,000) + 運転資金 (¥12,158,000)

4　必要資金額計
費用の総額を記載しておく。
【手順4-①】<初期投資費用><開店費用>の合計を算出。
必要資金額計 (¥117,840,000) = 初期投資費用投資額計 (¥101,416,000) + 開店費用合計 (¥16,424,000)

5　資金調達方法　*出店総投資一覧表(表 2-27)参照
【手順5-①】(表 2-27)<投資・調達内訳>の調達内訳から下記項目を引用。
・自己資金 (¥50,000,000)
・借入 (借入 金融機関) (¥66,740,000)
・リース (¥1,100,000)
―確認事項―
・<必要資金額計>、<資金調達方法>と出店総投資一覧表(表 2-27)<投資・調達内訳>の計 (¥117,840,000) が一致すること。

6　事業計画表
店を運営していくにあたり資金の運用目標を想定しておく。
【手順6-①】下記を参考にして事前に4項目 (リース期間、リース料金、借入金利、2年度成長率) の数値を設定する。
リース期間→6年
リース料率→0.0159
借入金利→2%
2年度成長率→2%　※3年目以降は現状維持と仮定する。
【手順6-②】項目内容より、売上高の値5年分を設定する。
[1] %を100%に設定。
[2] 初年度　月額…売上・人件費試算表 (表 2-28) から<売り上げ試算 / 日>の合計 (¥622,336) を引用し、1ヵ月分 (30日と仮定) を算出する。
初年度月額売上高 (¥18,670,080) = 売上高 / 日 (¥622,336) × 30
年額…初年度月額 (¥18,670,080) の 1年 (12カ月) 分を算出。
初年度年額売上高 (¥224,040,960) = 初年度月額売上高 (¥18,670,080) × 12
2年度　月額…初年度月額 (¥18,670,080) の2% (2年度成長率) 増を算出。※小数点以下四捨五入
2年度月額売上高 (¥19,043,482) = 初年度月額売上高 (¥18,670,080) × (1 + 2%(2年度成長率))
年額…2年度月額 (¥19,043,482) の 1年 (12

カ月）分を算出。

2年度年額売上高（¥228,521,784）＝ 2年度月額売上高（¥19,043,482）× 12

[3] 以後、月額は前年度月額を引用、年額は月額× 12カ月を記入。

【手順6-③】 項目内容より、原価 の値5年分を設定。

[1] ％を設定。（ここでは仮に42％とする）

[2] 初年度 月額 … 初年度月額売上高（¥18,670,080）の42％を算出。

初年度月額原価（¥7,841,434）＝ 初年度月額売上高（¥18,670,080）×（42％）

年額… 初年度月額（¥7,841,434）の1年（12カ月）分を算出。

初年度年額原価（¥94,097,208）＝ 初年度月額原価（¥7,841,434）× 12

2年度 月額 … 2年度月額売上高（¥19,043,482）の42％で値を算出。※小数点以下四捨五入

2年度月額原価（¥7,998,262）＝ 2年度月額売上高（¥19,043,482）×（42％）

年額… 2年度月額（¥7,998,262）の1年（12カ月）分を算出。

2年度年額原価（¥95,979,144）＝ 2年度月額原価（¥7,998,262）× 12

[3] 以後、月額は前年度月額を引用、年額は月額× 12カ月を記入。

【手順6-④】 項目内容より、粗利益 の値5年分を設定。

[1] 売上高の割合(100%)から原価の割合(42％)を引いた値で％を設定。

58％（粗利益）＝ 100％（売上高）－ 42％（原価）

[2] 初年度 月額 … 初年度月額売上高（¥18,670,080）の58％で値を算出。

初年度月額粗利益（¥10,828,646）＝ 初年度月額売上高（¥18,670,080）×（58％）

年額 … 初年度月額（¥10,828,646）の1年（12カ月）分を算出。

初年度年額粗利益（¥129,943,752）＝ 初年度月額粗利益（¥11,202,048）× 12

2年度 月額 … 2年度月額売上高（¥19,043,482）の58％で値を算出。※小数点以下四捨五入

2年度月額粗利益（¥11,045,220）＝ 2年度月額売上高（¥19,043,482）×（58％）

年額 … 2年度月額粗利益（¥11,045,220）の1年（12カ月）分を算出。

2年度年額粗利益（¥132,542,640）＝ 2年度月額粗利益（¥11,045,220）× 12

[3] 以後、月額は前年度月額を引用、年額は月額× 12カ月を記入。

【手順6-⑤】 項目内容より、人件費（AP）、人件費 の値5年分を設定。

＊売上・人件費試算表（表2-28）参照

※人件費（AP）→ アルバイト・パート人件費

人件費 → 社員人件費

[1] 初年度 月額 …（表2-28）＜人件費/日＞から社員（¥52,055）、アルバイト（¥79,000）の人件費を引用の上、1カ月分を算出。

初年度月額人件費（AP）（¥2,370,000）＝ アルバイト人件費（¥79,000）× 30

初年度月額人件費（¥1,561,650）＝ 社員人件費（¥52,055）× 30

年額… 初年度月額の1年（12カ月）分を算出。

初年度年額人件費（AP）（¥28,440,000）＝ 初年度月額人件費（AP）（¥2,370,000）× 12

初年度年額人件費（¥18,739,800）＝ 初年度月額人件費（¥1,561,650）× 12

[2] 社員、アルバイトそれぞれの人件費が初年度月額売上高（¥18,670,080）に占める割合を％で記入。

※人件費、人件費(AP)、原価の割合を合計した時、60％程度になることを目安として調整すると良い。

人件費（AP）(12.7%)＝（初年度月額人件費（AP）（¥2,370,000）÷ 初年度月額売上高（¥18,670,080））÷ 0.01

人件費(8.4%)＝（初年度月額人件費（¥1,561,650）÷ 初年度月額売上高（¥18,670,080））÷ 0.01

[3] 2年度 月額 … 2年度月額売上高（¥19,043,482）から各人件費の割合を基に値を算出。

2年度月額人件費（AP）（¥2,418,522）＝ 2年度月額売上高（¥19,043,482）× 人件費（AP）(12.7%)

2年度月額人件費（¥1,599,652）＝ 2年度月

■ 事業計画書（事例）表2-29

額売上高（¥19,043,482）× 人件費（8.4%）
年額 … 2年度月額の1年(12ヵ月)分を算出。
2年度年額人件費（AP）（¥29,022,264）＝2年度月額人件費（AP）（¥2,418,522）× 12
2年度年額人件費（¥19,195,824）＝2年度月額人件費（¥1,599,652）× 12
[4] 以後、月額は前年度月額を引用、年額は月額×12ヵ月を記入。

【手順6-⑥】項目内容より、交通費 の値5年分を設定。
[1] %を設定。（ここでは仮に1.5%とする）
[2] 初年度　月額 … 初年度月額売上高（¥18,670,080）の1.5%を算出。※小数点以下四捨五入
初年度月額交通費（¥280,051）＝初年度月額売上高（¥18,670,080）×（1.5%）
年額 … 初年度月額の1年(12ヵ月)分を算出。
初年度年額交通費（¥3,360,612）＝初年度月額交通費（¥280,051）× 12
2年度　月額 … 2年度月額売上高（¥19,043,482）の1.5%で値を算出。※小数点以下四捨五入
2年度月額交通費（¥285,652）＝2年度月額売上高（¥19,043,482）×（1.5%）
年額 … 2年度月額（¥285,652）の1年（12ヵ月）分を算出。
2年度年額交通費（¥3,427,824）＝2年度月額交通費（¥285,652）× 12
[3] 以後、月額は前年度月額を引用、年額は月額×12ヵ月を記入。

【手順6-⑦】項目内容より、通信費 の値5年分を設定。
[1] %を設定。（ここでは仮に1%とする）
[2] 初年度　月額 … 初年度月額売上高（¥18,670,080）の1%を算出。
初年度月額通信費（¥186,701）＝初年度月額売上高（¥18,670,080）×（1%）
年額 … 初年度月額（¥186,701）の1年（12ヵ月）分を算出。
初年度年額通信費（¥2,240,412）＝初年度月額通信費（¥186,701）× 12
2年度　月額 … 2年度月額売上高（¥19,043,482）の1%で値を算出。
2年度月額通信費（¥190,435）＝2年度月額売上高（¥19,043,482）×（1%）
年額 … 2年度月額（¥190,435）の1年（12ヵ月）分を算出。
2年度年額通信費（¥2,285,220）＝2年度月額通信費（¥190,435）× 12
[3] 以後、月額は前年度月額を引用、年額は月額×12ヵ月を記入。

【手順6-⑧】項目内容より、開店損金 の値5年分を設定。
[1] 初年度月額を記入。
[2] 開店損金が初年度月額売上高（¥18,670,080）に占める割合を%で記入。
開店損金%＝（初年度月額開店損金 ÷ 初年度月額売上高（¥18,670,080））÷ 0.01

[3] 初年度　年額 … 初年度月額の1年（12ヵ月）分を算出。
初年度年額開店損金＝初年度月額開店損金 × 12
2年度　月額 … 初年度月額を引用。
年額 … 2年度月額の1年(12ヵ月)分を算出。
2年度年額開店損金＝2年度月額開店損金 × 12

【手順6-⑨】項目内容より、広告販促費 の値5年分を設定。
[1] %を設定。（ここでは仮に2.7%とする）
[2] 初年度　月額 … 初年度月額売上高（¥18,670,080）の2.7%を算出。※小数点以下四捨五入
初年度月額広告販促費（¥504,092）＝初年度月額売上高（¥18,670,080）×（2.7%）
年額 … 初年度月額（¥504,092）の1年（12ヵ月）分を算出。
初年度年額広告販促費（¥6,049,104）＝初年度月額広告販促費（¥504,092）× 12
2年度　月額 … 2年度月額売上高（¥19,043,482）の2.7%で値を算出。※小数点以下四捨五入
2年度月額広告販促費（¥514,174）＝2年度月額売上高（¥19,043,482）×（2.7%）
年額 … 2年度月額（¥514,174）の1年（12ヵ月）分を算出。
2年度年額広告販促費（¥6,170,088）＝2年度月額広告販促費（¥514,174）× 12
[3] 以後、月額は前年度月額を引用、年額は月額×12ヵ月を記入。

【手順6-⑩】項目内容より、販売費 の値5年分を設定。
[1] 各年度の月額、年額共に交通費、通信費、開店損金、広告販促費の小計を算出。
販売費 ＝ 交通費 ＋ 通信費 ＋ 開店損金 ＋ 広告販促費
[2] 初年度月額販売費（¥970,844）が初年度月額売上高（¥18,670,080）に占める割合を%で記入。
販売費(5.2%)＝（初年度月額販売費（¥970,844）÷ 初年度月額売上高（¥18,670,080））÷ 0.01
[3] 各年度年額 … 各年度月額の1年（12ヵ月）分を算出。

【手順6-⑪】項目内容より、水道光熱費 の値5年分を設定。
[1] %を設定。（ここでは仮に5%とする）
[2] 初年度　月額 … 初年度月額売上高（¥18,670,080）の5%を算出。
初年度月額水道光熱費（¥933,504）＝初年度月額売上高（¥18,670,080）×（5%）
年額 … 初年度月額（¥933,504）の1年（12ヵ月）分を算出。
初年度年額水道光熱費（¥11,202,048）＝初年度月額水道光熱費（¥933,504）× 12

2年度　月額 … 2年度月額売上高（¥19,043,482）の5%で値を算出。※小数点以下四捨五入
2年度月額水道光熱費（¥952,174）＝2年度月額売上高（¥19,043,482）×（5%）
年額 … 2年度月額（¥952,174）の1年（12ヵ月）分を算出。
2年度年額水道光熱費（¥11,426,088）＝2年度月額水道光熱費（¥952,174）× 12
[3] 以後、月額は前年度月額を引用、年額は月額×12ヵ月を記入。

【手順6-⑫】項目内容より、共益費 の値5年分を設定。
[1] 初年度　月額 … ＜物件概要＞から共益費（¥15,000）の数値を引用。
年額 … 初年度月額の1年(12ヵ月)分を算出。
初年度年額共益費（¥180,000）＝初年度月額共益費（¥15,000）× 12
[2] 初年度月額共益費（¥15,000）が初年度月額売上高（¥18,670,080）に占める割合を%で記入。
共益費(0.1%)＝（初年度月額共益費（¥15,000）÷ 初年度月額売上高（¥18,670,080））÷ 0.01
[3] 2年度　月額 … 初年度月額を引用。
年額 … 2年度月額（¥15,000）の1年（12ヵ月）分を算出。
2年度年額共益費（¥180,000）＝2年度月額共益費（¥15,000）× 12
[4] 以後、月額は前年度月額を引用、年額は月額×12ヵ月を記入。

【手順6-⑬】項目内容より、消耗品 の値5年分を設定。
[1] %を設定。（ここでは仮に1.6%とする）
[2] 初年度　月額 … 初年度月額売上高（¥18,670,080）の1.6%を算出。※小数点以下四捨五入
初年度月額消耗品（¥298,721）＝初年度月額売上高（¥18,670,080）×（1.6%）
年額 … 初年度月額（¥298,721）の1年（12ヵ月）分を算出。
初年度年額消耗品（¥3,584,652）＝初年度月額消耗品（¥298,721）× 12
2年度　月額 … 2年度月額売上高（¥19,043,482）の1.6%で値を算出。※小数点以下四捨五入
2年度月額消耗品（¥304,696）＝2年度月額売上高（¥19,043,482）×（1.6%）
年額… 2年度月額（¥304,696）の1年（12ヵ月）分を算出。
2年度年額消耗品（¥3,656,352）＝2年度月額消耗品（¥304,696）× 12
[3] 以後、月額は前年度月額を引用、年額は月額×12ヵ月を記入。

【手順6-⑭】項目内容より、補修修繕 の値5年分を設定。

[1]　%を設定。(ここでは仮に1%とする)
[2]　初年度　月額 … 初年度月額売上高 (¥18,670,080) の1%を算出。
初年度月額補修修繕 (¥186,701) ＝ 初年度月額売上高 (¥18,670,080) × (1%)
年額 … 初年度月額 (¥186,701) の1年 (12ヵ月) 分を算出。
初年度年額補修修繕 (¥2,240,412) ＝ 初年度月額補修修繕 (¥186,701) × 12
2年度　月額 … 2年度月額売上高 (¥19,043,482) の1%で値を算出。
2年度月額補修修繕 (¥190,435) ＝ 2年度月額売上高 (¥19,043,482) × (1%)
年額 … 2年度月額 (¥190,435) の1年 (12ヵ月) 分を算出。
2年度年額補修修繕 (¥2,285,220) ＝ 2年度月額補修修繕 (¥190,435) × 12
[3]　以後、月額は前年度月額を引用、年額は月額× 12ヵ月を記入。

【手順6-⑮】 項目内容より、清掃衛生費 の値5年分を設定。
[1]　%を設定。(ここでは仮に1%とする)
[2]　初年度　月額 … 初年度月額売上高 (¥18,670,080) の1%を算出。
初年度月額清掃衛生費 (¥186,701) ＝ 初年度月額売上高 (¥18,670,080) × (1%)
年額 … 初年度月額 (¥186,701) の1年 (12ヵ月) 分を算出。
初年度年額清掃衛生費 (¥2,240,412) ＝ 初年度月額清掃衛生費 (¥186,701) × 12
2年度　月額 … 2年度月額売上高 (¥19,043,482) の1%で値を算出。
2年度月額清掃衛生費 (¥190,435) ＝ 2年度月額売上高 (¥19,043,482) × (1%)
年額 … 2年度月額 (¥190,435) の1年 (12ヵ月) 分を算出。
2年度年額清掃衛生費 (¥2,285,220) ＝ 2年度月額清掃衛生費 (¥190,435) × 12
[3]　以後、月額は前年度月額を引用、年額は月額× 12ヵ月を記入。

【手順6-⑯】 項目内容より、雑費 の値5年分を設定。
[1]　%を設定。(ここでは仮に2%とする)
[2]　初年度　月額 … 初年度月額売上高 (¥18,670,080) の2%を算出。※小数点以下四捨五入
初年度月額雑費 (¥373,402) ＝ 初年度月額売上高 (¥18,670,080) × (2%)
年額 … 初年度月額 (¥373,402) の1年 (12ヵ月) 分を算出。
初年度年額雑費 (¥4,480,824) ＝ 初年度月額雑費 (¥373,402) × 12
2年度　月額 … 2年度月額売上高 (¥19,043,482) の2%で値を算出。※小数点以下四捨五入
2年度月額雑費 (¥380,870) ＝ 2年度月額売上高 (¥19,043,482) × (2%)

年額 … 2年度月額 (¥380,870) の1年 (12ヵ月) 分を算出。
2年度年額雑費 (¥4,570,440) ＝ 2年度月額雑費 (¥380,870) × 12
[3]　以後、月額は前年度月額を引用、年額は月額× 12ヵ月を記入。

【手順6-⑰】 項目内容より、営業費 の値5年分を設定。
[1]　各年度の月額、年額共に水道光熱費、共益費、消耗品、補修修繕、清掃衛生費、雑費の小計を算出。
営業費 ＝ 水道光熱費 ＋ 共益費 ＋ 消耗品 ＋ 補修修繕 ＋ 清掃衛生費 ＋ 雑費
[2]　初年度月額営業費 (¥1,994,029) が初年度月額売上高 (¥18,670,080) に占める割合を%で記入。
営業費 (10.7%) ＝ (初年度月額営業費 (¥1,994,029) ÷ 初年度月額売上高 (¥18,670,080)) ÷ 0.01

【手順6-⑱】 項目内容より、減価償却費 の値を算出し5年分を記載。
※償却年数を10年とし、ここでは定額法を用いる。(償却年数は事業内容によって5年、8年の場合もある。)
[1]　初年度　月額 … ＜初期投資費用＞から企画料 (¥6,400,000)、内装設備工事 (¥64,000,000)、什器関連工事 (¥20,226,000) の小計を算出し、償却年数10年を月に換算した数値 (12ヵ月× 10 ＝ 120ヵ月) で割った値を記入。
初年度月額減価償却費 (¥755,217) ＝ (企画料 (¥6,400,000) ＋ 内装設備工事 (¥64,000,000) ＋ 什器関連工事 (¥20,226,000)) ÷ 120ヵ月
年額 … 初年度月額 (¥755,217) の1年 (12ヵ月) 分を算出。
初年度年額減価償却費 (¥9,062,604) ＝ 初年度月額減価償却費 (¥762,333) × 12
[2]　初年度月額減価償却費 (¥755,217) が初年度月額売上高 (¥18,670,080) に占める割合を%で記入。
減価償却費 (4.0%) ＝ (初年度月額減価償却費 (¥755,217) ÷ 初年度月額売上高 (¥18,670,080)) ÷ 0.01
[3]　2年度　月額 … 初年度月額を引用。
年額 … 2年度月額の1年 (12ヵ月) 分を算出。
2年度年額減価償却費 (¥9,062,604) ＝ 2年度月額減価償却費 (¥755,217) × 12
[4]　以後、月額は前年度月額を引用、年額は月額× 12ヵ月を記入。

【手順6-⑲】 項目内容より、固定資産税 の値5年分を設定。
[1]　初年度月額固定資産税を記入。
[2]　固定資産税が初年度月額売上高 (¥18,670,080) に占める割合を%で記入。
固定資産税% ＝ (初年度月額固定資産税÷

初年度月額売上高 (¥18,670,080)) ÷ 0.01
[3]　初年度　年額 … 初年度月額の1年 (12ヵ月) 分を算出。
初年度年額固定資産税 ＝ 初年度月額固定資産税 × 12
2年度　月額 … 初年度月額を引用。
年額 … 2年度月額の1年 (12ヵ月) 分を算出。
2年度年額固定資産税 ＝ 2年度月額固定資産税× 12
[4]　以後、月額は前年度月額を引用、年額は月額× 12か月を記入。

【手順6-⑳】 項目内容より、家賃地代 の値5年分を設定。
[1]　初年度　月額 … ＜物件概要＞から賃料 (¥2158,000) の数値を引用。
年額 … 初年度月額 (¥2158,000) の1年 (12ヵ月) 分を算出。
初年度年額家賃地代 (¥25,896,000) ＝ 初年度月額家賃地代 (¥2158,000) × 12
[2]　初年度月額家賃地代 (¥2158,000) が初年度月額売上高 (¥18,670,080) に占める割合を%で記入。
家賃地代 (11.6%) ＝ (初年度月額家賃地代 (¥2158,000) ÷ 初年度月額売上高 (¥18,670,080)) ÷ 0.01
[3]　2年度　月額 … 初年度月額 (¥2158,000) を引用。
年額 … 2年度月額 (¥2158,000) の1年 (12ヵ月) 分を算出。
2年度年額家賃地代 (¥25,896,000) ＝ 2年度月額家賃地代 (¥2158,000) × 12
[4]　以後、月額は前年度月額を引用、年額は月額× 12ヵ月を記入。

【手順6-㉑】 項目内容より、その他施設費 の値5年分を設定。
[1]　初年度月額を記入。
[2]　初年度月額その他施設費が初年度月額売上高 (¥18,670,080) に占める割合を%で記入。
その他施設費% ＝ (初年度月額その他施設費÷ 初年度月額売上高 (¥18,670,080)) ÷ 0.01
[3]　2年度　月額 … 初年度月額を引用。
年額 … 2年度月額の1年 (12ヵ月) 分を算出。
2年度年額その他施設費 ＝ 2年度月額その他施設費× 12
[4]　以後、月額は前年度月額を引用、年額は月額× 12ヵ月を記入。

【手順6-㉒】 項目内容より、施設費 の値5年分を設定。
[1]　各年度の月額、年額共に減価償却費、固定資産税、家賃地代、その他施設費の小計を算出。
施設費 ＝ 減価償却費 ＋ 固定資産税 ＋ 家賃地代 ＋ その他施設費
[2]　初年度月額施設費 (¥2,913,217) が初年

度月額売上高(¥18,670,080)に占める割合を%で記入。
施設費(15.6%) = (初年度月額施設費(¥2,913,217) ÷ 初年度月額売上高(¥18,670,080)) ÷ 0.01
【手順6-㉓】項目内容より、経費合計 の値5年分を設定。
[1] 各年度の月額、年額共に人件費(AP)、人件費、販売費、営業費、施設費の小計を算出。
経費合計 = 人件費(AP) + 人件費 + 販売費 + 営業費 + 施設費
[2] 初年度月額経費合計(¥9,809,740)が初年度月額売上高(¥18,670,080)に占める割合を%で記入。
経費合計(52.5%) = (初年度月額経費合計(¥9,809,740) ÷ 初年度月額売上高(¥18,670,080)) ÷ 0.01
【手順6-㉔】項目内容より、営業利益 の値5年分を設定。
[1] 各年度の月額、年額共に粗利益から経費合計を引いた数値を記入。
営業利益 = 粗利益 - 経費合計
[2] 初年度月額営業利益(¥1,018,906)が初年度月額売上高(¥18,670,080)に占める割合を%で記入。
営業利益(5.5%) = (初年度月額営業利益(¥1,018,906) ÷ 初年度月額売上高(¥18,670,080)) ÷ 0.01
【手順6-㉕】項目内容より、リース料 の値5年分を設定。
[1] 初年度 月額 … <資金調達方法>のリース(¥1,100,000)の数値に、事前に設定したリース料率(0.0159)を掛けた数値を記入。
初年度月額リース料(¥17,490) = リース(¥1,100,000) × (0.0159)リース料率
年額 … 初年度月額(¥17,490)の1年(12ヵ月)分を算出。
初年度年額リース料(¥209,880) = 初年度月額リース料(¥17,490) × 12
[2] 初年度月額リース料(¥17,490)が初年度月額売上高(¥18,670,080)に占める割合を%で記入。
リース料(0.1%) = (初年度月額リース料(¥17,490) ÷ 初年度月額売上高(¥18,670,080)) ÷ 0.01
[3] 2年度 月額 … 初年度月額(¥17,490)を引用。
年額 … 2年度月額(¥17,490)の1年(12ヵ月)分を算出。
2年度年額リース料(¥209,880) = 2年度月額リース料(¥17,490) × 12
[4] 以後、月額は前年度月額を引用、年額は月額×12ヵ月を記入。
【手順6-㉖】項目内容より、借入利息 の値を返済期間分設定する。
[1] <資金調達方法>の借入(¥66,740,000)の数値に事前設定した借入金利(2%)を掛けた値から初年度月額借入利息を算

出。※小数点以下四捨五入
初年度月額借入利息(¥111,233) = (借入(¥66,740,000) × 2%(借入金利)) ÷ 12
[2] 初年度月額借入利息(¥111,233)が初年度月額売上高(¥18,670,080)に占める割合を%で記入。
借入利息(0.6%) = (初年度月額借入利息(¥111,233) ÷ 初年度月額売上高(¥18,670,080)) ÷ 0.01
[3] 初年度 年額 … 初年度月額(¥111,233)の1年(12ヵ月)分を算出。
初年度年額借入利息(¥1,334,796) = 初年度月額借入利息(¥111,233) × 12
2年度 月額… 初年度月額(¥111,233)を引用。
年額 … 2年度月額(¥111,233)の1年(12ヵ月)分を算出。
2年度年額借入利息(¥1,334,796) = 2年度月額借入利息(¥111,233) × 12
[4] 以後、月額は前年度月額を引用、年額は月額×12ヵ月を記入。
【手順6-㉗】項目内容より、経常利益 の値5年分を設定。
[1] 各年度の月額、年額共に営業利益、リース料、借入利息から算出。
経常利益 = 営業利益 - リース料 - 借入利息
[2] 初年度月額経常利益(¥890,183)が初年度月額売上高(¥18,670,080)に占める割合を%で記入。
経常利益(4.8%) = (初年度月額経常利益(¥890,183) ÷ 初年度月額売上高(¥18,670,080)) ÷ 0.01
【手順6-㉘】項目内容より、借入返済 の値5年分を設定。
[1] 初年度 月額 … <資金調達方法>の借入(¥66,740,000)の数値を返済回数(5年分)で割った値を記入。
初年度月額借入返済(¥1,112,333) = 借入(¥66,740,000) ÷ (12ヵ月 × 5)
年額 … 初年度月額(¥1,112,333)の1年(12ヵ月)分を算出。
初年度年額借入返済(¥13,347,996) = 初年度月額借入返済(¥1,112,333) × 12
2年度 月額 … 初年度月額(¥1,112,333)を引用。
年額… 2年度月額(¥1,112,333)の1年(12ヵ月)分を算出。
2年度年額借入返済(¥13,347,996) = 2年度月額借入返済(¥1,112,333) × 12
[2] 以後、月額は初年度月額を引用、年額は月額×12ヵ月を記入。
【手順6-㉙】項目内容より、営業利益率 の値5年分を設定。※2年度まで記載。
[1] 各年度の年額営業利益が年額売上高に占める割合を%で記入。
営業利益率 = (各年度年額営業利益 ÷ 各年度年額売上高) ÷ 0.01
【手順6-㉚】項目内容より、投下資本回収率

の値5年分を設定。
[1] <初期投資費用>から企画料(¥6,400,000)、内装設備工事(¥64,000,000)、什器関連工事(¥20,226,000)の数値の小計を算出。(¥90,626,000)
[2] 初年度年額 … 初年度年額営業利益(¥16,707.696)が1で算出した3項目の小計(¥90,626,000)に占める値を%で記入。
初年度年額投下資本回収率(13%) = (初年度年額営業利益(¥12,226,872) ÷ (企画料(¥6,400,000) + 内装設備工事(¥64,000,000) + 什器関連工事(¥20,226,000))) ÷ 0.01
2年度年額 … 初年度年額営業利益(¥12,226,872)と2年度年額営業利益(¥13,079,496)の小計が1で算出した3項目の小計(¥90,626,000)に占める値を%で記入。
2年度年額投下資本回収率(28%) = ((初年度年額営業利益(¥12,226,872) + 2年度年額営業利益(¥13,079.496)) ÷ (企画料(¥6,400,000) + 内装設備工事(¥64,000,000) + 什器関連工事(¥20,226,000))) ÷ 0.01
[3] 以後も同様に、初年度からのそれまでの年額営業利益の小計が1で算出した3項目の小計(¥90,626,000)に占める値を%で記入していく。
【手順6-㉛】項目内容より、キャッシュフローの値5年分を設定。
[1] 各年度の月額、年額共に経常利益から借入返済を引き、開店損金、減価償却費を加えた値を記入。
キャッシュフロー = 経常利益 - 借入返済 + 開店損金 + 減価償却費

7 BEP(損益分岐点売上高)
損益分岐点売上高を確認しておく。
【手順7-①】事業計画(表2-29)から下記を参考に固定費、変動費にあたる項目の初年度月額をそれぞれ合計。
固定費合計(¥4,603,590) = 人件費(¥1,561,650) + 施設費(¥2,913,217) + リース料金(¥17,490) + 借入利息(¥111,233)
変動費合計(¥13,176,307) = 原価(¥7,841,434) + 人件費(AP)(¥2,370,000) + 販売費(¥970,844) + 営業費(¥1,994,029)
【手順7-②】①で算出した変動費の合計(¥12,802,905)を基に初年度月額売上(¥18,670,080)に占める割合(変動比率)を算出。
変動比率(71%) = 変動費合計(¥13,176,307) ÷ 初年度月額売上高(¥18,670,080)
【手順7-③】固定費の合計(¥4,603,590)から変動比率(71%)を使って損益分岐点売上高を算出。
損益分岐点売上高(¥15,874,448) = 固定費合計(¥4,603,590) ÷ (1 - 変動比率(71%))

3-6) 表 2-30 に合わせて以下に計算方式と考え方を記しておく

投資額を借り入れた場合にはその返済計画を立てる。

1 借入情報

【手順 1- ①】借入投資金額は出店総投資一覧表 (表 2-27) ＜投資・調達内訳＞より、借入 金融機関 (¥66,740,000) の値を引用。

【手順 1- ②】金利は事業計画書 (表 2-29) で定めた借入金利 2％を引用。

【手順 1- ③】返済期間を設定の上記入。(5年)

【手順 1- ④】投資金額を③で定めた返済期間 (5 年) で割った時、一年あたりの返済額を記入。

年返済額 (¥13,348,000) ＝ 投資金額 (¥66,740,000) ÷ 返済期間 (5 年)

【手順 1- ⑤】年返済額から一月あたりの金額を算出。

月返済額 (¥1,112,333) ＝ 年返済額 (¥13,348,000) ÷ 12

2 返済計画表

【手順 2- ①】返済期間分の期首残高を記入。
[1] 初年度 … 未返済のため投資金額 (¥66,740,000) をそのまま記入。
[2] 2 年度以降 … 後に 2- ④で算出される期末残高の前月分を引用。

【手順 2- ②】期首残高の金利分 2％を年金利として記入。

年金利額 ＝ 期首残高 × 2％（金利）
例）1 年度 … 年金利額 ¥1,334,800 ＝ 期首残高 ¥66,740,000 × 金利 2％

【手順 2- ③】返済額には年返済額に年金利額を加えた金額を記入。

返済額 ＝ 年返済額 ＋年金利額
例）1 年度 … 返済額 ¥14,682,800 ＝ 年返済額 ¥13,348,000 ＋年金利 ¥1,334,800

【手順 2- ④】期末残高として期首残高に年金利額を加えた数値から各年の返済額を差し引いた値を算出。（ここで算出した数値が翌年度の期首残高となる。）
※返済期間の最終年度が完済（¥0）になっていることを確認。

期末残高＝（各期首残高 ＋ 年金利額）─ 返済額

例）1 年 度 … 期 末 残 高 ¥53,392,000 ＝ （ 期首残高 ¥66,740,000 ＋ 年金利額 ¥1,334,800）─ 返済額 ¥14,682,800

【手順 2- ⑤】年金利額の 1 年あたりの金額を算出。

月間金利額＝年金利額 ÷ 12
例）1 年度 … 月間金利額 ¥111,233 ＝ 年金利額 ¥1,334,800 ÷ 12

3 支払金利額合計

借入金返済の際に支払った金利の総額を確認する。

【手順 3- ①】 完済までの各年度年金利額を合計する。

例）支払金利額合計 ¥4,004,400 ＝ 1 年度年金利額 ¥1,334,800 ＋ 2 年度年金利額 ¥1,067,840 ＋ 3 年度年金利額 ¥800,880 ＋ 4 年度年金利額 ¥533,920 ＋ 5 年度年金利額 ¥266,960

以上、事業計画書作成方法の事例を具体的な企画書に合わせて計算方式を説明してきたが、これはあくまでも事例であり、すべてがこの事業企画書の形式をとらなければならないものではないものの、少なくとも投資収支計画が分かる資料をまとめておかなければならないことを理解しておくことであろう。

■ 借入返済計画 (事例)　表 2-30

借入返済計画

※投資額に借り入れ金が含まれる場合を想定。

借入投資金額	66,740,000 円	…1-①
金利	2 ％	…1-②
返済期間	5 年	…1-③
年返済額	13,348,000 円	…1-④
月返済額	1,112,333 円	…1-⑤

	1年度	2年度	3年度	4年度	5年度	
期首残高	66,740,000	53,392,000	40,044,000	26,696,000	13,348,000	…2-①
返済額	14,682,800	14,415,840	14,148,880	13,881,920	13,614,960	…2-③
期末残高	53,392,000	40,044,000	26,696,000	13,348,000	0	…2-④
年金利額	1,334,800	1,067,840	800,880	533,920	266,960	…2-②
月間金利額	111,233	88,987	66,740	44,493	22,247	…2-⑤

支払金利額合計	¥4,004,400	…3-①

5) 厨房計画の基礎知識を理解する/オペレーションと作業動線計画の基本

飲食店の店づくりに際して、厨房計画の基礎知識、進め方の基本 (表2-31) やその内容の知識集積をすることは、インテリアデザイナーやコンサルタントなど店づくりに携わる専門家などにとっては必須条件のひとつになりつつある。

また店づくりの平面計画においては、客席と厨房という大きく二つに区分される部分であろうし、客席に関わるデザインや内容だけに仕事が終始してしまうことは、デザイナーとして全体的な計画を理解し把握するためには偏ったものになってしまうことである。

さらに一般的に店づくりはインテリアデザイナーが主軸になり平面図をまとめていく進め方が多く、その視点が客席数や内装デザインを優先して計画に臨むため、厨房は余った場所にスペースを確保 (何の根拠もなく) するという区分をしてしまうことが常である。

しかし飲食店の理想的な客席と厨房のバランスを配慮すれば、客席だけに意識が偏るのではなく、少なくとも厨房計画の進め方や厨房の基礎知識を理解し飲食店の計画に臨むことが、平面計画の精度の良し悪しを大きく左右することを忘れてはならない。

むしろこれからの時代の店づくりに携わるデザイナーや専門家としては、内装計画やデザインに視点をおくだけでなく、厨房計画の基本を十分に理解する努力をすることが、よりよい店づくりをするための理想的なポイントであると理解しておくことである。

この表2-31は、理想的な厨房計画の基本であり、平面計画を進める前にクライアント側との事前打ち合わせや業種・業態までの把握、メニューと厨房の関係、キッチン位置設定、客席施設配置、客席計画と厨房計画のバランス調整、動線確認、最終平面計画の確認などのプロセスを配慮して計画に臨むことが大切であろう。

特に厨房という存在は、インテリアデザイナー、その他の専門家にとっては、非常に分かりにくく、厨房機器に興味がなければ、「ただの鉄の塊」にしか見えない。

ましてやメニューと調理の関係、図面の読み方、厨房オペレーションの基本など覚えなければならない知識や内容は幅広く、理解しにくいことに興味を持つことは非常に難しいことでもある。

また飲食店の店づくりとは、業種・業態によって厨房スタイルやオペレーションシステムが変化してくることや厨房の標準機器寸法を理解しておけば、厨房スペースを計画するに当たっても、ただ単に客席計画を配置し、余ったスペースを厨房に充てるという計画はなくなるだろうし、シミュレーションとして最低限の厨房計画ができるか否かを想定できることは全体計画を進める上では重要な意味を持つことになる。

さらにこれまでは、空いたスペースに厨房会社に厨房計画を依頼して無理矢理に厨房を納めるという進め方が習慣化しているものの、これではクライアント側の要望やメニューと調理機器の配慮がなされてなく、平面計画をやり直すという結果になる。その繰り返しが現実であることを忘れてはならない。

またインテリアデザイナーや店づくりに携わる専門家などが厨房計画の知識や情報集積を行うことによって、飲食店の店づくりの曖昧な厨房区画がなくなることは、飲食店の店づくりにおいては非常に大きな進歩に繋がることを自覚しておくことである。

つまりこれからの飲食店の店づくりに際しては、厨房計画は「自分の仕事範囲ではない」という姿勢ではなく、客席と厨房のバランスをとった平面計画をすることこそ、理想的な店づくりの進め方であることを忘れてはならない。

1)厨房計画の役割を見直す/厨房は飲食店にとって心臓部である

飲食店において厨房計画の基本とは、内装デザインと同等の重要な役割を担っていることは前述した通りである。しかしともすると、ただ単に厨房機器を空いたスペースに配置することが厨房計画であると勘違いしている人も少なくない。

本来厨房計画とは、飲食店の経営をサポートするための重要な脇役であり、機能的且つ効率的に運営するための役割を担っているものでなければならない。ときには厨房計画の良し悪しによっては繁忙時にうまく料理を提供できないなど、飲食店の経営数値まで左右する重要なポイントでもあることを理解しておくことであろう。

また企画する飲食店の業態や料理内容など細部の情報をうまく厨房計画に反映させなければ厨房機器との連携がとれず、チグハグなオペレーションになってしまうことを忘れてはならない。

さらに飲食店の店づくりに際しては、どうしても内装デザインや客席数確保にその興味や視点が集まることは致し方ない部分もあるものの (経営者の立場としては)、飲食店の売上はどのように確保されているのかなど、その理由を考えれば客席数や環境だけではなく、厨房と客席のバランスを事前にしっかり調整しておかなければならないことが理解できるだろう。

一般的に厨房計画とは、内装図面を理解するのと比較して一見簡単に見えることが多く、よく内容が分からないままに厨房が完成してしまうというケースも少なくない。

またその原因は、厨房図面、厨房機器リストや展開図面を見てもあくまで表面的にしか理解できない人が多く、その厨房計画は全体的な調理オペレーションや客席とのやりとりを配慮した計画になっているか否かは (厨房平面からその具体的内容を読みとる力がない限り)、ほとんど理解されていないままに業務が進んでしまうことが常である。

さらに飲食店の企画においては、継続的経営を目指した計画ができなければ、飲食店の店づくりの目的を達成できない。いわば厨房計画とは、飲食店の経営においても内装デザイン同様に重要な位置を占めていることを忘れてはならない。

勿論繁忙時には効率的且つ機能的であり、アイドル時には少ないスタッフで厨房オペレーションができることに視点を集めて厨房計画に臨むことが理想的であろうし、いかに厨房の役割が大切であるのかを十分に認識しておかなければならない (表2-32)。

要するに、いくら素晴らしい内装デザインであっても、平面計画のサービス動線やゲストの動線が交錯してしまい繁忙時に料理を提供しにくいとか、客席数に対して厨房スペースや機

厨房計画の進め方の基本　表2-31

- 物件の設備与件把握及び確認
  ▽
- 業種・業態の具体的内容の把握及び理解
  ▽
- 企画する飲食店情報収集 — メニュー／調理法の把握
  1. メニュー数
  2. 調理法
  3. 主軸料理内容
  ▽
- キッチンエリアは給水・排水・ガス・排気設備などが集中している位置に配置すること
  ▽
- キッチン位置の設定から、レジ、パントリー、トイレ、客席の順で平面計画に挑むこと
  ▽
- 各施設配置と客席エリアのバランス調整をしながら2案以上計画すること
  ▽
- 客動線と従業員動線がスムーズになっているか確認すること
  ▽
- 最終確認として、計画した図面には店のコンセプトに合わせたストーリーがあるか、その内容を具体的に想定してみること

能が不足しているためスムーズに料理が提供できないというものでは、オペレーションは円滑に稼働することができないことを理解しておくことである。
つまり厨房計画とは、ただ単に空いたスペースに厨房機器を配置することではなく、企画する飲食店の料理内容やオペレーションに合わせて円滑に運営できる環境づくりをすることこそ、厨房計画の役割であることを忘れてはならない。「飲食店にとって厨房は心臓部である」ことを常に念頭において厨房計画に臨むことが大切である。

厨房は飲食店の心臓部である　表2-32

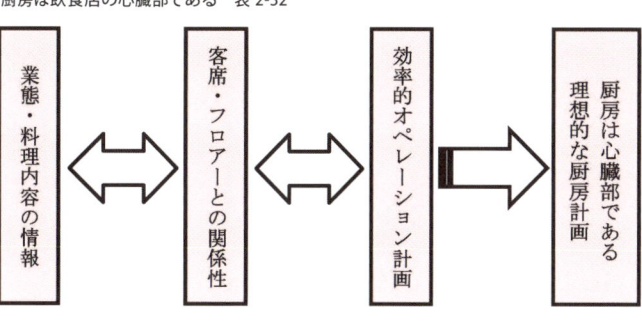

業態・料理内容の情報 ⇔ 客席・フロアーとの関係性 ⇔ 効率的オペレーション計画 ⇒ 厨房は心臓部である理想的な厨房計画

2)平面・厨房計画は並行設計(厨房と客席平面計画を同時)で進める

これまでの飲食店の「設計業務の進め方」は、クライアント側との打ち合わせでデザインに視点が集まることが多く、具体的なキッチン内容や料理の提供方法など業種・業態の理解を設計側が十分にしないまま、図面計画がクライアントと設計側のみで進められてしまうことが多かった。
これもクライアントが実際に店を運営する立場のオーナークライアントであればまだしも、あくまでクライアントはその飲食店に投資するだけであり、現場で働く人は雇用するという場合(店舗運営は従業員に任せてしまうという場合)には、その一人歩きした図面にはそこで働く人の意見や要望が入らないままに、店づくりが進められてしまうというケースが実に多いことを忘れてはならない。
またそこで働く従業員を打ち合わせに参加させて、客席やキッチンとの関係や料理内容など、その具体的内容が図面に反映されていれば、後々大きな問題にはならないが、現場の人の意見が反映されぬままに店づくりが完成してしまうと、現場のトラブルが現実的な問題となることが多い。
ましてやキッチン内部の機器配置や調理機器選定に至るまで現場で働く人の意見を聞かずして、キッチン計画が完成されてしまうと、当然のことに、これでは機器配置が悪く、機器能力など料理そのものを繁忙時にうまく提供することができないという問題や不満が起こる。風船に空気を入れるだけ入れてしまうと、パンと割れてしまうように、積もり積もった思いや不満が噴出してしまい、その現場での意見調整がうまくいかないことや、最悪の場合には現場の工事のやり直しを余儀なくされることもしばしばであることを理解しておかなければならない。

特に飲食店の店づくりの経験が浅いインテリアデザイナーの場合には、クライアント側と客席や内装デザインのみの打ち合わせを密にするものの、キッチンの内容については、付き合いがある厨房業者に図面を描かせてクライアント側へ提案するといった手法がほとんどであり、キッチンの詳細な内容やそこで提供される料理内容に至るまで、業種・業態としての情報も不満足のままに計画に臨んでいることが大きな問題である。
デザイナーは飲食店の店づくりの役割を担う立場とはいえ、経験が少ないデザイナーは片寄った情報しか持っていない。店づくりを担当するデザイナーとして飲食店の業種・業態の勉強をもっとすべきであるし、知識として知らないことは常に勉強し、自分の経験の集積や広い情報を持つための自己研鑽(厨房知識を深める)をしなければならない。
ましてや昨今の飲食業界の経営悪化や不振を配慮した場合には(何度も述べているように)、インテリアデザイナーとしての役割とはただ単に内装デザインを完結すればよいというものではないことを理解しておくことである。
さらに飲食店の店づくりに携わるデザイナー、専門家などの仕事とは、トータルコーディネーターの役割すなわち、コンサルタントに匹敵する知識や情報を持っていなければ、時代に適合した、よりよい企画・計画ができない時代になっていることを自覚しておかなければならない。
また設計経験が浅いデザイナーは、設計企画という実務的な技術レベルを上げることは当然のことであるものの、特に飲食店の店づくりに携わる仕事が多いデザイナーとしては、飲食店そのものの経営的成立要素などに至るまで、その内容を十分に理解するように努力しておくことである。
さらにこれまでの設計業務の進め方では、飲食店の店づくりは内装デザインの知識だけに片寄った図面提案しかできないということを理解しておくことである。
いずれにしても、理想的には、内装計画、厨房計画の両方の視点に立って平面計画を並行して計画を進めることこそが、客席と厨房のバランスを配慮した計画になることを忘れてはならない。
いわば「並行設計業務の進め方」表2-33とは、飲食店の店づくりに臨むに当たって、その企画する飲食店の業種・業態の店づくりの種々の条件から経営的成立に至るまで、全ての基本情報を把握して業務を進める計画手法であることを理解しておくことである。
さらにクライアント側の希望や意見と、そこで提供される料理のキッチン機能内容や各施設構成、企画構成要素の情報(オペレーション、厨房データの確認、事業計画など)を配慮し平面計画に臨むことが並行設計の業務の進め方であり、両方の情報や内容を並行して平面計画を進めることが飲食店の店づくりの理想的な進め方であることを忘れてはならない。
またこの並行設計の進め方をすることこそ、これからの時代に適合した飲食店づくりには欠かせない、総合的にバランスのとれた理想的な進め方であることを理解しておくことである。
これまでのようにまず客席を確保し、余った部分にキッチン配置をしていくというような業務の進め方では、決して生きた飲食店の計画にはならない。
つまり飲食店の場合には(業種・業態によっても異なるように)、ただ単に客席数が多ければそれで良いというものではなく、客席を多く確保しても、そこで提供される料理がスムーズに提供できないようなキッチンスペースや機能では、飲食店としては成立しないことを理解しておかなければならない。

並行設計(客席・厨房)の進め方　表2-33

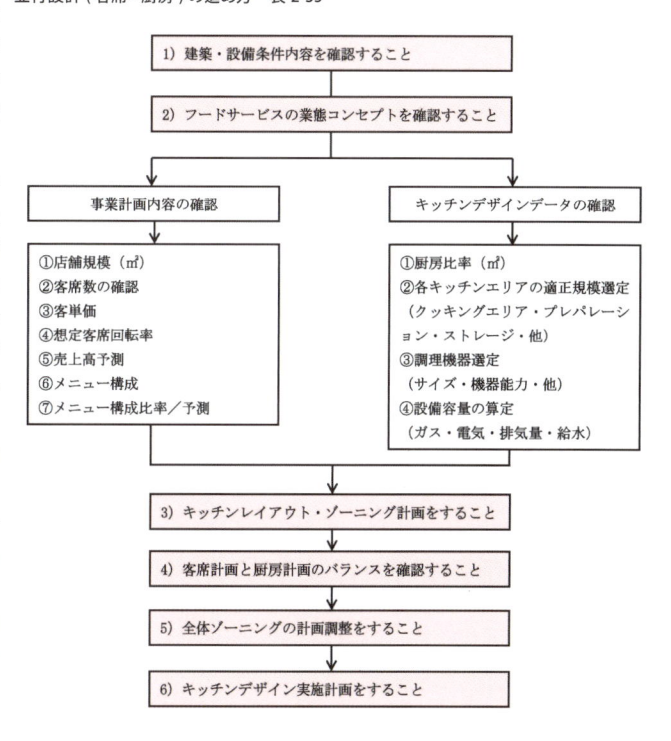

1) 建築・設備条件内容を確認すること
2) フードサービスの業態コンセプトを確認すること

事業計画内容の確認
① 店舗規模(㎡)
② 客席数の確認
③ 客単価
④ 想定客席回転率
⑤ 売上高予測
⑥ メニュー構成
⑦ メニュー構成比率/予測

キッチンデザインデータの確認
① 厨房比率(㎡)
② 各キッチンエリアの適正規模選定(クッキングエリア・プレパレーション・ストレージ・他)
③ 調理機器選定(サイズ・機器能力・他)
④ 設備容量の算定(ガス・電気・排気量・給水)

3) キッチンレイアウト・ゾーニング計画をすること
4) 客席計画と厨房計画のバランスを確認すること
5) 全体ゾーニングの計画調整をすること
6) キッチンデザイン実施計画をすること

また客席数とそこで提供される料理の客単価の積と客席回転が売上想定の参考数値 (客席数×満席率×客単価×客席回転率 = 売上想定) であるものの、全ての業態がその公式で成立できるものではない、ということも忘れてはならないだろう。

むしろ業態によっては客席を多く確保しキッチンを片隅に追いやったために、繁忙時に料理提供ができない、あるいは遅延するなど、むしろ経営的には逆効果になってしまうこともあることを肝に銘じておかなければならない。

また「並行設計業務の進め方」をするためには、まずデザインをするためのクライアント情報のみではその業務方法に着手することができないという問題があり、そこにある全ての情報を収集し、それぞれの情報の相互関係や各施設役割を十分に理解しながら、飲食店の計画に臨むという手順で業務を進めることが重要なポイントになる。

いわば、この並行設計で進めた企画は、これまでのデザイン側のみに片寄った図面内容と比較すると、より飲食店の成立するためのあらゆる要素を配慮した図面として、完成度が高い平面計画に仕上がることを理解しておくことである。

勿論その手法で進めた平面図は、クライアント側の質問や疑問にも即答できるだけの図面内容になっているだろう。しかしそこで提案した飲食店の業種・業態内容を深く理解していなければ、クライアントとの打ち合わせを密に詰めていくような、理想的な平面計画ができないことを忘れてはならない。

特にこれからインテリアデザイナーとして経験を積み重ねて一人前のデザイナーを目指すには、これまでの古臭い業務の進め方から新しい業務の進め方へと意識改革をして、知識を養うことが大切であることを改めて自覚しておくことである。

さらにこれまでの仕事の進め方は、あくまでも慣習によっていつの間にか構築されていったものであり、決して理想的な業務の進め方ではなかったことをまず理解することが大切であろう。

つまり、ともかく誤った慣習や業務の進め方から早く脱却し設計手法を改善しなければ、よりよい飲食店の店づくりには繋がってはいかない。むしろこれからの飲食店の店づくりの設計業務は「並行設計手法」をフル活用することで時代に適合した生きた図面計画になることを理解しておくことであり、これまでの設計業務と「並行設計の進め方」の完成度の違いを、十分に理解しておくことを忘れてはならない。

3) 作業動線を理解した平面計画をする / サービス動線とゲスト動線は交錯しないこと

飲食店の店づくりで大切なことは、繁忙時やアイドル時にかかわらず、オペレーションは常にスムーズに稼働することができるということであり、その煩雑状態を回避する決め手はサービス動線とゲストの動線が交錯しないように計画することである (図 2-1)。

また飲食店の基本計画に際しては、平面図の段階で入口、レジ、客席、パントリー、キッチン、洗浄エリアなど繁忙時のオペレーションを想定し、スムーズな動線計画を確保し理想的な平面計画を進めることであろう。

さらに効率的なオペレーションを確立するためには、サービス動線やゲスト動線など極力相互の動線交錯を少なくすることであり、その内容が図面に反映されていることが大切であり、平面計画を進める際には、その内容を十分に配慮して平面計画に臨むことを忘れてはならない。

図 2-1 のフローパターンは、各ポジションの役

動線フローパターン 図 2-1

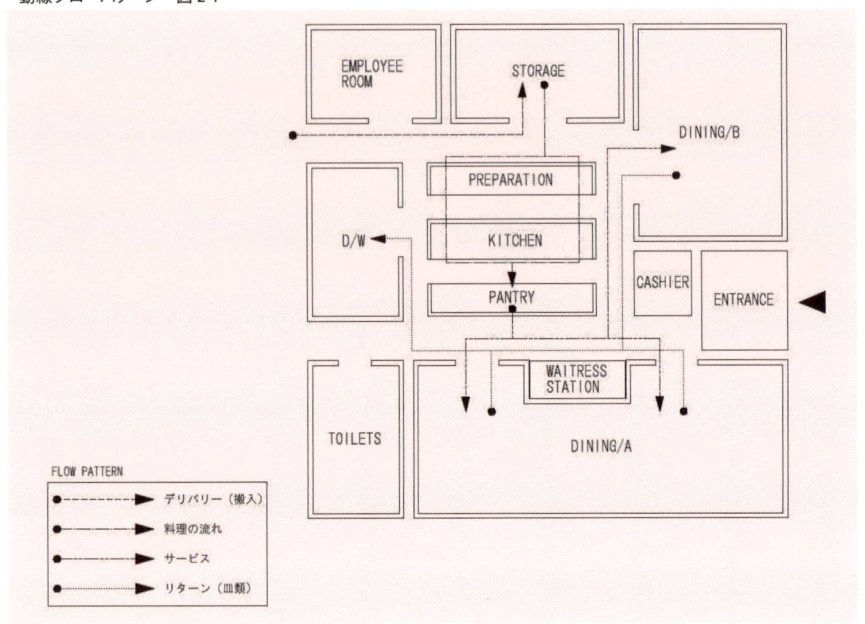

[図：EMPLOYEE ROOM、STORAGE、PREPARATION、KITCHEN、D/W、PANTRY、WAITRESS STATION、CASHIER、ENTRANCE、TOILETS、DINING/A、DINING/B の配置図]

FLOW PATTERN
- - - - - - → デリバリー (搬入)
———→ 料理の流れ
- - - - - → サービス
———→ リターン (皿類)

割やオペレーション内容を配慮し各ゾーニング計画をした理想的な平面計画図の事例であり、以下各施設計画とオペレーションの役割のチェックポイントを説明していこう。

◆デリバリー / 搬入 (ストレージ)

一般的に食材類の搬入口は、厨房に近い位置に裏口として計画することが常であり、搬入時間など日々時間計画されているものの、お客様の入口を使用することは、避けるべきである。あくまでもメイン入口とは客を受け入れる扉であり、メイン入口とは別に計画することが大切である。

◆料理の流れ / 仕込みから調理し客席へサービスする

客席から注文された調理指示は、厨房のディッシュアップ (料理提供する場所) のキッチンプリンターに電送される。その指示に従って調理スタッフは、調理を開始し、注文されたテーブルに対しては同時に提供できるように調理コントロールし、キッチンからパントリーへスムーズに提供できるように計画すること。

◆サービス / 来店したゲストに対するサービス

サービスを仕事の種類で分別すると、1 来店客の案内 2 注文を受ける 3 料理提供 4 水その他来店客がレジ清算し扉を出るまでの店内滞在についてのサービス全般のすべてのこと / ゲストの店内移動トイレ、客席着席、客動線とサービス動線が輻輳しないようにサービス動線の幅寸法、交錯など店内繁忙時を想定し計画すること。

◆リターン / 下膳 (洗浄エリア)

下膳とは、客が帰った後あるいは料理を食べ終わった後の皿類を洗浄エリアあるいは客席内サービスパントリーに下膳することであり、客席からどのような方法で下膳するのかなど繁忙時の状況を想定し、リターン動線を計画しておくことである。

つまり飲食店には客が来店してくる時点から会計清算見送りまでの一連のオペレーションの流れがあり、そこには具体的なスタッフや客の動きや内容を把握した動線計画を配慮した平面計画 (ストーリーがあること) でなければならない。

いわば、デザイナーとして平面計画に臨む際には、各動線の流れ (食材の搬入ルート、料理の流れ、サービス・作業動線、ゲスト動線、返却リターン) フローなど飲食店の効率性や機能性を十分に配慮することが大切であり、特に繁忙時の煩雑状態の回避やアイドル時のスローな時間帯にはスタッフ人員を最小限でオペレーションできるなど、種々なオペレーション内容を配慮した理想的なゾーニング計画をすることが大切であることを忘れてはならない。

4) 事例ファミリーレストランの基本計画を理解する / テーブルサービスのゾーニング計画の基本

飲食店のテーブルサービスの基礎知識や理論

を理解する方法としては、ファミリーレストランの平面計画や厨房計画の内容を理解することが理想的である。

いわば、ファミリーレストランの平面計画には、テーブルサービスの基本が理論的手法によって完成されているため、そのオペレーションシステムや機能は非常に完成度が高く、種々な角度や視点からサービスやオペレーションの効率性を配慮した計画になっていることを忘れてはならない。

またファミリーレストランの平面計画や厨房計画はテーブルサービスレストランの理想的な参考事例であり、その計画の具体的な進め方やプロセスを理解することは、今後の業種・業態の平面・厨房計画の基本になるだろう。そして、その内容を十分に理解し、その厨房計画の基礎知識を学ぶことが大きな意味を持つのである。

まずファミリーレストラン(図2-2)の平面・厨房計画を進める際に注意しておきたいことは、必ず並行設計(客席と厨房計画を同時並行する)の視点で全体計画を検討していくことである。勿論各スタッフの役割やオペレーションの流れを理解し、平面計画に臨むことはいかなる業種・業態においても大きく変わるものではないことを理解しておかなければならない。

特にファミリーレストランのゾーニング計画の基本は、キッチンエリアからどの客席に対しても同距離にあること(料理が冷めないことに配慮)や入口とレジ、パントリーの関係性などそれぞれのポジションの相関関係を重要視しながら計画していることを理解することであろう。

また各施設配置についても、客席フロアーとキッチンエリアの関係を考慮した並行設計をすることが、理想的な平面計画を完成させるための基本であろうし、繁忙時とアイドル時においてもスタッフは限られた人員配置で効率的にオペレーションができることが理想的な計画であることを忘れてはならない。

さらに並行設計の具体的進め方とは、これまでのように客席配置が終了した後に、空いたスペースにキッチンを配置するというものではなく、各施設とキッチンスペース配分のバランスを配慮しながら平面計画を並行して進めていくことである。

デザイナーの立場では、キッチンの機能や知識が不足しているため、入口、フロアー客席、内装イメージに視点が集中しがちになること

図2-2

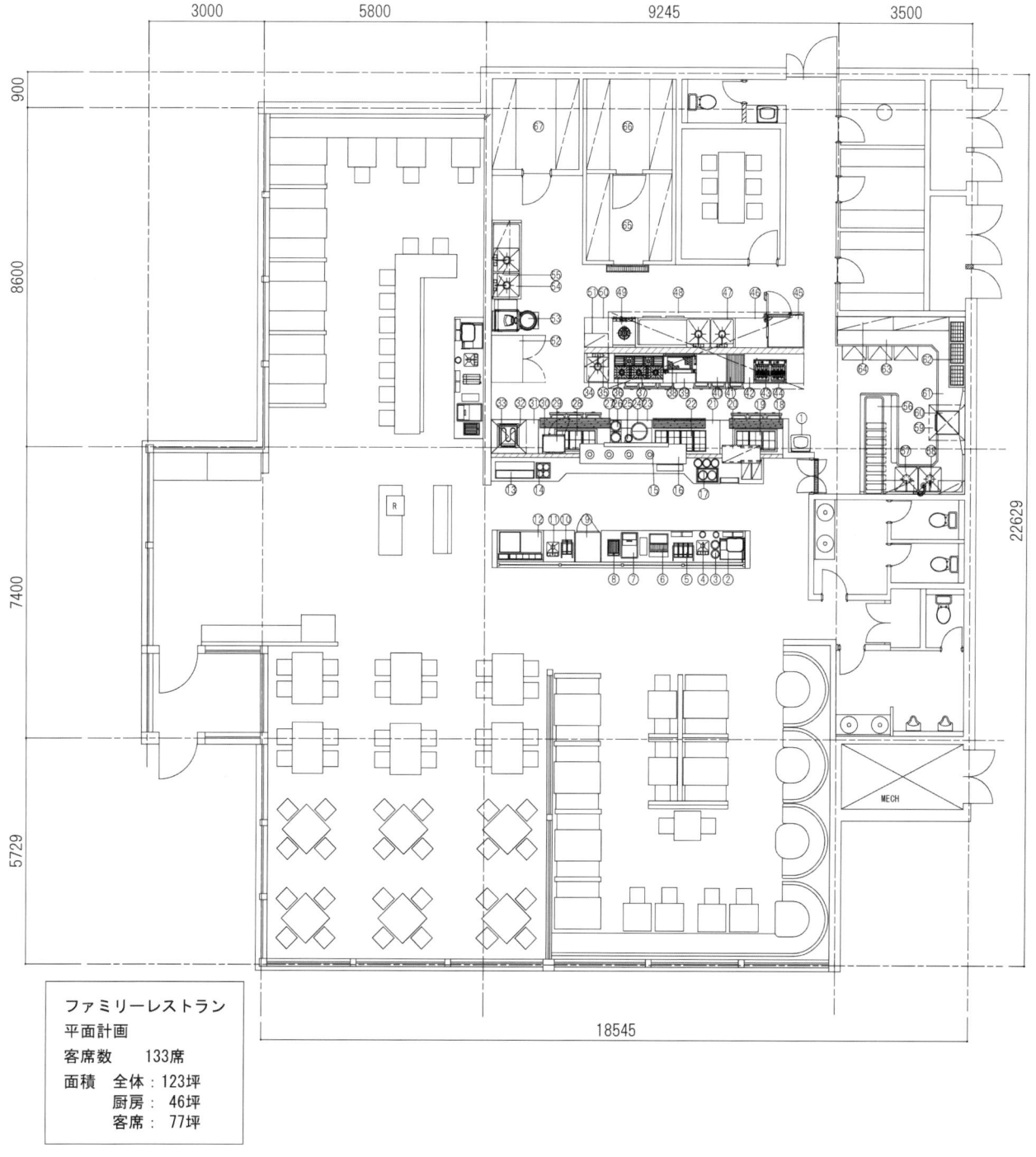

ファミリーレストラン
平面計画
客席数　133席
面積　全体：123坪
　　　厨房：46坪
　　　客席：77坪

は分からないでもないが、飲食店の平面計画の良し悪しは、客席と厨房のバランスが整っていてこそで、円滑なオペレーションを実践できるポイントであることを忘れてはならない。
特に図2-1、2-2、2-3の平面図は、入口、キャッシャー、パントリー、キッチンなど、それぞれの機能や関係性が、仕事の役割や内容を配慮した配置になっていることが理解できるだろう。
またオペレーションのレベルが繁忙時とアイドル時の状況に左右されないように、それぞれの各ポジションと機能が近距離に配置している。繁忙時は各ポジション配置でオペレーションを行い、しかしアイドル時はキャッシャーとパントリーを兼務するなど、店の繁忙時とアイドル時の状況にスタッフの人員を多く左右されないように計画されていることである。
さらに入口にキャッシャーを対面に配置することは、すぐに来店してくる客人数や動向を確認できるように計画されていることを理解しておくことである。つまりテーブルサービスの理想的なシステムとしては(いかなる業種・業態であろうとも)、キッチンの大小や客席数の増減はあるにしても、平面計画の基本的な理論は大きく変わるものではないことを理解しておくことである。
またファミリーレストランの平面計画の意図する内容を十分に理解し、その基本を種々な業種・業態計画に実践的に応用できるようになることこそ、飲食店の理想的な店づくりのスタートであることを肝に銘じておくことである。
つまり平面計画の並行設計の進め方とは(業種・業態が変化してもサービスの基本は変わらない)、すべての業態に適合する計画手法であり、客席数とキッチンスペースの調整は平面図の完成度だけではなく、オペレーションの効率性や機能性に留まらずあくまでも飲食店の業態を構成する要素(事業計画内容、厨房データなど)を配慮したものでなくてはならないことを忘れてはならない。

5)各フロアースタッフの仕事の役割とオペレーション内容項目を理解する

全体的平面計画の進め方とは、客席と厨房のスペースの役割を配慮して計画することが理想的であり、その各施設配置やポジションのオペレーションの役割を理解しなければ、何が理想的な平面計画であるのか、その内容の良し悪しが分からないことである。
また平面計画の良し悪しの評価は、客席配置や形態のバランスが整っていることや、入口のアプローチがしやすいなど、様々な要素を集約して全体計画が完成するものであり、図面として整っていても飲食店の場合には、そこにオペレーションというスタッフが動くサービスの仕組みが図面に反映されていなければ、理想的な平面図とは言えないことを理解しておくことである。
つまり理想的平面図とは、各スタッフの役割やポジショニングを配慮し平面計画が進めら

全体的スタッフの役割とポジショニングの関係 図2-3

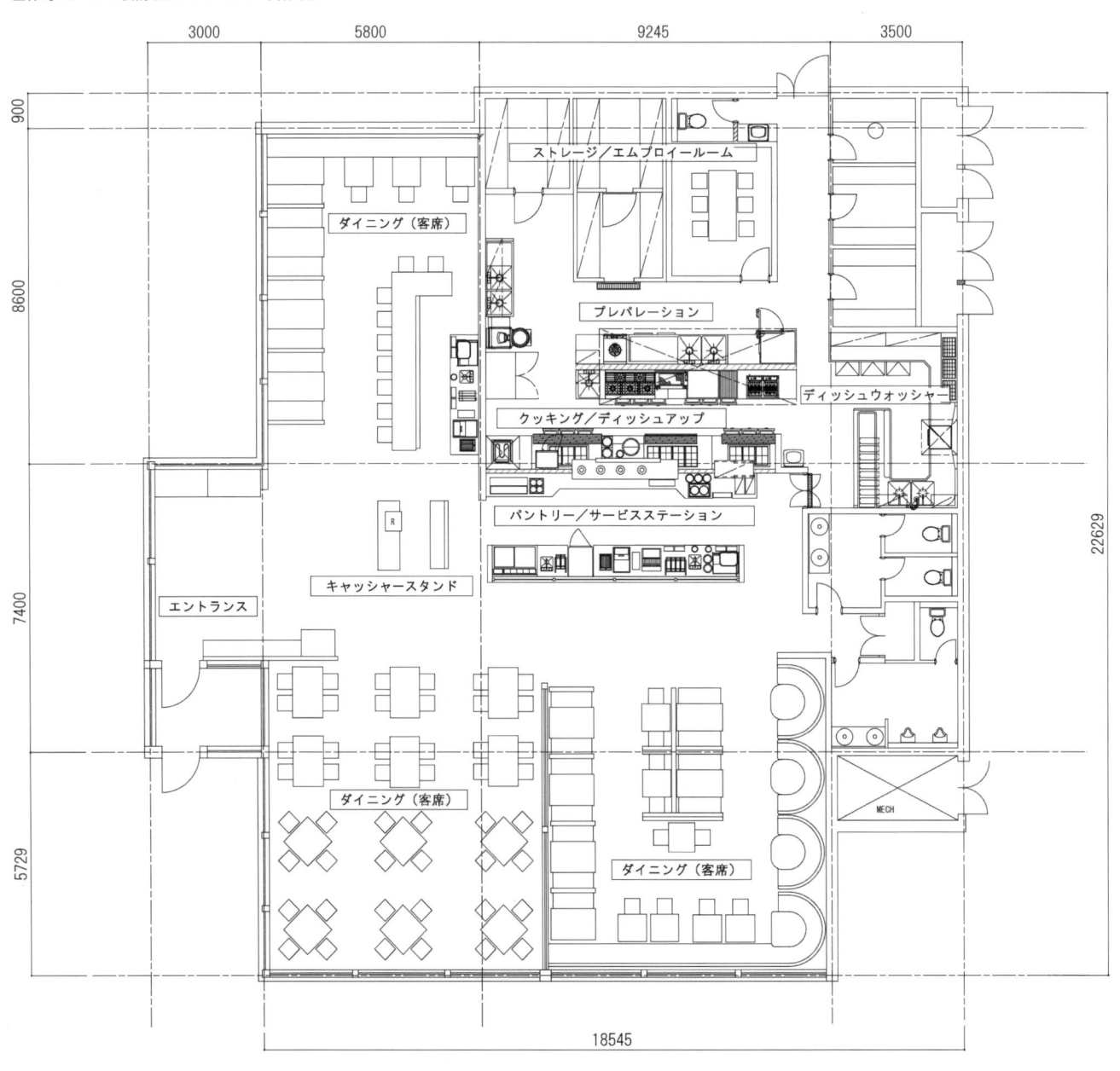

れた図面であり、様々な角度からオペレーション運営のシミュレーションや繁忙時とアイドル時の想定をした効率的な平面計画であることを忘れてはならない。

■各施設計画のチェックポイント (図 2-3)
特に平面計画 (客席・厨房) を進める際には、どのような部分 (施設計画とオペレーションの視点) に配慮しなければならないかなど、その内容を具体的に理解することが大切である。各施設計画を進める上でのチェックポイントを具体的に解説し、常にオペレーションの動きを想定して平面計画に臨むことがいかに大切であるかを忘れてはならない。以下に各施設計画とオペレーションのチェックポイントを説明しておこう。

◆エントランス
1 飲食店を企画する際には、賃貸物件の条件や制約はあるにしても、最初にどの位置に入口を配置するか検討すること
2 入口計画のポイントは、業種・業態によっても変化してくるが、フロアーの担当者がすぐレジにつける位置を決めた上で全体的な客席配置を 配慮して計画すること
3 外部から入口とすぐに認識しやすくアプローチしやすいことが大切であること

◆ダイニング (客席)
1 その店の主客層に合わせた客席構成や配置計画をすること
2 事業計画上、客席数を多く確保しようとすることが常であるが、客席数を必要以上に詰め込むと客席環境が悪くなる。また、キッチンの能力バランスが取れていないと料理遅延に繋がるため十分に配慮しておくこと
3 フロアーサービスは、何人のスタッフで賄うのかなど客席数とスタッフのバランスを配慮しておくこと
4 全体の客席配置とサービスの流れとスタッフの動きを配慮して計画すること

◆キャッシャースタンド
1 来店してくるゲストの動きや内容全体が見渡せる位置に設定すること
2 キャッシャーの役割とは、レジ清算だけではなくゲストを店内に案内するあるいは誘導することであり、入口周辺や 客席全体が見渡せる位置に計画すること
3 キャッシャーのポジショニングは、時間帯によっては担当責任者を配置せずに、フロアー担当が兼務する場合も多く、パントリーとの関係も配慮して計画すること
4 入口、キャッシャースタンド、パントリーなどの関連性を十分に配慮し、アイドル時には少人数でオペレーションができるよう計画すること

◆パントリー / サービスステーション
1 パントリーの位置設定計画のポイントは、客席とキッチンを繋ぐための中間的役割 を担っている部分であり、サービスが途切れないように十分に配慮しておくこと

2 業種・業態によってもサービス内容は異なるものの、テーブルサービスの場合であれば、ゲストが着席してからのサービスは、メニュー提示、注文、料理の提供、追加注文、それ以外に付随するサービス全般になるため、客席とパントリーの間を行き来することが多く、客席とパントリーの距離や配置を配慮し計画に臨むこと
3 パントリーの大きさは、客席数に応じて 2 つに分割するなど客席数やオペレーション内容に合わせて計画すること
4 サービスパントリーの数は、一般的には約 50 席から 80 席以内に対して 1 ケ所の割合で計画すること
5 サービスパントリーの動線としては、左右両方向から客席にサービスできることが理想的であること

◆クッキング / ディッシュアップ
1 クッキングラインの構成で大切なことは、その店ではどのような料理が多く提供されるのか、あるいは調理作業をバックアップする機能として、どのような設備が必要であるのかなどをまとめておくこと
2 注文方法としては、オーダーエントリーとキッチンプリンターを配置するのか、手書き注文シートを使用するのかなどオーダーシステムの内容を計画しておくこと
3 メイン料理に限らず、付け合せとしてガルニ (付け合せ) など作業台やディッシュアップで盛り付けする場合の設備としてフードウォーマー、コールドテーブル、吊り型冷蔵ショーケースなどを計画しておくと便利であること
4 ディッシュアップの台の素材としては、摩耗やキズなどの頻度に耐えられるものを選択すること
5 ディッシュアップ台の高さ寸法としては、比較的低ければ低いほど作業的には効率的であり、一般的には 850 ミリから 1200 ミリ以内で計画すること
6 オーダークリッパー (注文シートを挟んでおくもの) は、棒状と円形のものがあるが、一般的には棒状のものが多く、注文順ごとに左右を決めて注文シートを並べて注文内容の整理をするために必要であること

◆プレパレーションエリア
1 プレパレーションエリアの作業の中心は、食材類を切ったり、洗う、など水を使用した作業も殊の外多く、床への水飛沫や残菜類の落下などに配慮した計画であること
2 ライス類の炊飯、補充作業など繁忙時の状況によっても異なるものの、ライス類のチェンジなどディッシュアップ、パントリーエリアへの供給の配慮をしておくこ と
3 ストレージ (冷蔵庫、冷凍庫、常温食材類の貯蔵) 配置との距離間や相互関連性を配慮した計画にしておくこと

◆ディッシュウォッシャー
1 下膳の広さや奥行きあるいは洗浄機の能力などの設定は、その店の客席数や食器数によって計画すること。繁忙時に一度にどのぐらいの食器類が返却されてくるかなどを配慮しておくこと
2 洗浄エリアの配置は、パントリーとクッキングの位置関係や作業内容を十分に検討した上で計画に臨むこと

◆ストレージ / エンプロイルーム
1 レストランの場合には、食材類の品目や量も多く、貯蔵時にはカートで搬入する場合もあるため、その内容を検討した上で計画すること
2 ガベッジ (ゴミ、食材残菜) ルームは、小さくともキッチン内に計画しておくこと
3 スタッフルームは、そこでの 1 日の生活環境を配慮したスペースあるいは施設内容になっていること
4 更衣室は小さくとも 1 人、2 人の更衣ができるスペースが必要であること
5 簡単な事務作業ができるオフィスを計画すること

など、つまり完成した平面図を見て、そこでの営業時のスタッフのオペレーションを現実のシミュレーションとして想定してみることである。各入口、客席、レジ (キャッシャースタンド)、パントリー、クッキング / ディッシュアップ、プレパレーションエリア、ディッシュウォッシャー、ストレージ、エンプロイエリア (スタッフルーム) などに至るまで、施設配置とオペレーションの連動性や配置の良し悪しを総合的に評価することである。いわば、各施設計画とポジショニングのオペレーション内容との相互関係を十分に理解することこそ、理想的な平面計画を進めるための不可欠なポイントであることを忘れてはならない。

6) 精度を高める厨房計画の基礎知識 / キッチンセクションごとの機能と役割を深める

各施設計画のチェックポイントを理解したならば、次に厨房内で働くセクションごとのスタッフの役割や相互関係性を十分に理解することが、厨房計画の理解をもっと深めるための一歩になるだろう。
これまでのインテリアデザイナー、その他専門家などの仕事の進め方は、あくまで厨房計画についてはまずダイニング計画を済ませて厨房会社に「空いたスペースにキッチンを計画してほしい」という依頼のやり方が常である。またその計画がダイニングとキッチンエリアやサービスの流れなど全体的なストーリーを配慮したものであれば問題がないものの (あくまでもキッチンエリアはデザイナーとしての範囲外という認識が定着している現状においては)、飲食店のコンセプトや内容如何にかかわらず、残念ながらその計画はキッチンの各機能や配置を配慮したものではないところに大きな問題があることを自覚しなければならない。
さらに経験が浅いデザイナーは、キッチン内

容をほとんど理解していないことが多く(内装デザイン以外のことまで理解する時間や興味がないということがほとんどであるにしても)、これから種々の経験を積み重ねて一人前のインテリアデザイナーを目指す志を持っているならば、むしろ最低限の厨房知識として各キッチンセクションの機能や役割など、その内容の理解を深めておくことが、将来的に内装と厨房の知識を理解したバランスのとれた一人前のデザイナーになれるポイントであることを自覚しておくことである。

つまり飲食店の店づくりを担当するインテリアデザイナー、その他店づくりに関わる専門家という仕事は、空間に内装デザインや装飾をすることだけではなく、飲食店の店づくりの心臓部である厨房計画の基本を知ることや物事に対する種々の興味や知識意欲を失ってはならないことを肝に銘じておくことを忘れてはならない。

厨房計画の各キッチン内のセクションの機能と役割をもっと深く知ることにより、厨房計画の基本と理論を理解する早道になるはずだ。以下にその厨房計画の基礎となる各セクション内容(機能と役割)を具体的に説明していこう。

■ディッシュアップ機能と役割

特にキッチンセクションの機能で重要なポイントが料理を提供する(心臓部の主軸である)ディッシュアップセクションである。一般的にはこの部分を「ディッシュアップ」(この料理をキッチン側からダイニングへ料理を出す部分)という名称で呼ぶことが常であり、ここでの役割はキッチンの心臓部の中心を担うセクションであり、ダイニングから注文された料理の全てのメニュー内容がこの位置に配置したキッチンプリンターに出力されることになる。

またこのセクションに立つ人はほとんどの場合はシェフ(料理長)といわれる人であり、その役割は、繁忙時に次々と入ってくる注文(オーダー)を受けてから約10分から15分以内に全てのメニューの調理指示をそれぞれの調理を担当するスタッフへ伝達し、注文が遅延しないようにスムーズに料理を提供できるように調整する役割を担っている。

一般的に飲食店の場合は、このディッシュアップセクションのコントロール如何によっては料理の遅延や沈滞に繋がる重要な部分であり、いかに繁忙時に対しても料理をスピーディーに提供できるかなど、周辺設備機能が十分に配慮されていることは言うまでもないことである。

ここで行われる作業としては、継続的に入ってくる(注文を順番にキッチンプリンターから出力された)オーダーシートをオーダークリッパー(注文をならべておくもの)に並べ、セイムタイムセイムテーブル(同じテーブルの注文を料理内容に関わらず同時に提供すること)のコントロールを行う役割を担っていることや、それぞれの調理機器で調理するスタッフへ調理工程や調理時間に合わせて調理指示調整をすることである(種々な料理を注文されてもできたての状態で提供することが使命であろう)。

特にホテルや老舗和食専門料理店の場合には、料理のコントロールや最終的な味のチェックをするなど業務を専念する場合もあるが、一般の飲食店ではシェフもスタッフの一員としてオペレーションに参加することがほとんどであると理解しておくことだろう。

つまり平面計画に臨む際には、業種・業態の企画やコンセプトに合わせて入口、ダイニングとキッチンの調整を配慮し、ゾーニング計画の際にディッシュアップをどの位置に配置することが、繁忙時にスムーズに客席へ料理を遅延なく提供できるかなど全体構成する上では大変重要な位置を占めていることを理解しておくことである。

また注文の調整ばかりではなく、自ら調理に加わり料理のスピード提供やキッチンの人員効率を上げる役割を担っていることも現実であることを忘れてはならない。

■クッキングセクションの機能と役割

飲食店の場合にはクッキングセクションが「心臓部」そのものであり、業種・業態のメニュー内容や繁忙時の出数に合わせて調理機器配置や調理能力を検討して厨房機器を選定していくことが常であろう。このクッキングセクションはディッシュアップエリアとの関わりや連携が強く、クッキングセクションの機器配置や計画は繁忙時のメニューの主力商品の出数に合わせてディッシュアップに隣接した近い位置から調理機器が並べられていくことが重要である。

またクッキングセクションの調理機器の選定や配置計画は(もちろん業種・業態によって変化してくることは言うまでもないが)、繁忙時にどのような料理をどのように提供するかなど企画する店のコンセプトに合わせて調理機器の配置が変化することはいかなる業態でも変わることのない基本であることを理解しておくことだろう。

つまりクッキングセクションの役割は(店の繁忙時の如何にかかわらず)、いかに安定した料理提供をし続ける仕組みや機能を備えていることが大切であり、スムーズな料理提供をするための機能を持っていなければならないことを忘れてはならない。

例えば、約100席の飲食店であれば(特別な専門料理店でない限り)、クッキングセクションで働くスタッフは約4人から5人が常であり、近年では固定費の削減など効率的経営を目指す企業や個人が多く、これまで以上に効率的且つ円滑なオペレーションが求められることは周知の通りであろう。繁忙時間の長さに関係なく連続してエントリーされる注文に対応して料理を提供し続ける仕組みを持っていることが重要なポイントになることを忘れてはならない。

さらにクッキングセクションの機能の如何によって料理がうまく提供できないあるいは想定以上の人員がかかってしまうなど、いかにクッキングセクションの役割や機能の重要性が十分に理解できるだろう。

つまりインテリアデザイナーが飲食店の計画に臨む際はキッチンエリアの想定まで配慮できていないことがほとんどであり、しかし少なくとも計画を依頼された業態のコンセプトに合わせたキッチン計画の理想的なあり方など、その内容を少しでも理解し、平面計画に取り組む努力をすることがより実践的な生きた平面計画になることを理解しておくことである。

できることであれば、最低限の情報(調理機器の高さ、奥行き、数々の調理機器などの知識など)を持っていることが理想的であり、ただ単にダイニングを計画した余ったスペースにキッチンを配置してほしいという計画の進め方の「ちぐはぐさ」から脱却することを目指すべきであろう。

いわばインテリアデザインの経験が浅ければ浅いほど計画に際して意味不明の点や理解できないことは、先輩デザイナーや厨房業者に聞いて自分の知識にしていくことこそ自分の仕事や知識のレベルアップに繋がることを忘れてはならない。

■サービスセクションの機能と役割

サービスセクションは俗に「パントリー」といわれることも多く、飲食店の機能としては客席とキッチンエリアの間に位置し、相互の作業関係をスムーズに繋ぐ役割をするための重要な部分でもある。

またこのセクションの機能の如何では料理の遅延や客席へのサービスの沈滞を招くことも多く、ほとんどの飲食店の場合には業種・業態に関係なく、その機能の役割を果たしているスペースが存在することを理解しておくことである。

さらにパントリー機能の例としては、飲食店に来店するゲストへのサービスの起点であり、歓迎の挨拶やメニュー、おしぼり、水類などの最初のサービスを行うための設備が集中していることがほとんどであろう。

勿論業種・業態やコンセプトに合わせてその機能や設備内容は変化してくるものの、パントリーのスペースや設備内容はそこでのサービスに合わせて計画されることが常であることを理解しておくことである。

しかし飲食店のサービスの起点はパントリーやキャッシャーを担当するスタッフのいずれかが、水、おしぼり、メニューなどを持ち、ゲストを客席へ誘導するという仕組みをとることがほとんどである。勿論低価格の居酒屋や焼鳥屋など酒類と食事を主に扱う場合には(水などのサービスはないことが多い)、最初にゲストから注文を受けるメニューはドリンク類(酒)がほとんどであろう。

つまりパントリーの位置関係も客席とキッチンの間に配置されることが常であるにしても、そこでのサービススタッフの人員を効率的に配

置するためには、レジ、パントリー、キッチンとの相互の関係を繋ぐための中間ポイントに配置することが理想的であり、繁忙時、アイドルにかかわらず少ない人数でオペレーションができることが重要なポイントであることを忘れてはならない。

よく飲食店には業種・業態によってパントリーがなく（ディッシュアップに料理が出来上がっているにもかかわらず）、料理を出せないという現実を目にすることもしばしばであり、繁忙時にスタッフが右往左往していることもあるなど、この煩雑さの原因は、パントリー機能がなく客席への料理のサービスがスムーズに行えないために料理が沈滞してしまうということを理解しておくことである。

またこの逆にキッチンが小さく繁忙時に客席数に対応できるキッチン設備や能力が不足しているために、料理がなかなか提供できないという飲食店も多々あり、なかなか経営効率が上がらない店も数多くあることを忘れてはならない。

つまり平面計画を進める上での重要なポイントは、ダイニングだけではなくキッチンエリアと関わるセクションが多く、それぞれの関係を理解し相互それぞれの施設が有機的且つ効率的に機能することが大切である。飲食店の計画に臨むにあたっては、少なくとも最低限の全体施設の役割や機能を理解しておくことがよりよい計画を進めるための手順であることを理解しておくことである。

■洗浄セクションの機能と役割

洗浄セクションは飲食店の場合には、ゲストがその店でひとときを過ごすための環境を維持するための脇役であるとともに、業種・業態によっては一気に下がってくる食器類、グラス類など洗浄するための大きな役割を担っていることだ。別名では洗浄機そのものの呼び方でこのエリアを「ディッシュウォッシャー」「ディッシュウォッシュ」という呼び方をする場合もあるため、知識としてその内容を理解しておくことである。

よく図面に「D/W」という記入で表現されているエリアは洗浄エリアの位置を意味するものであり、平面計画に際しても各セクションの相互関係に密接する機能であることを忘れてはならない。

またこのセクションもあまりキッチンの存在が重要視されないように、キッチンエリアの中でもさらに隅に追いやられる機能であり、直接ゲストのサービスに大きく関わらない部分であるために、その扱いも低いレベルにあることも現実である。

さらにこのセクションも飲食店の業種・業態によってもその役割やスペースの確保が大きく異なる部分であり、一般的には客席数の数や繁忙時の状況に合わせて洗浄エリアのスペースや機能は効率的に計画されることが常であろう。

特に小さい飲食店では、ほとんど洗浄エリアの存在も小さく、洗浄機を使用するのではなく手で洗うという店も少なくなく、業種・業態や店の大きさに合わせてその内容が変化してくることを理解しておかなければならない。

基本的にはいくら小さい飲食店でも洗浄機を配置しないという店は少なくなってきているものの、一般的には店の大小に関わらず、洗浄機の配置スペースの確保を忘れてはならない。そもそも洗浄機導入の投資と洗浄を人の手で行うのでは明らかに効率性が悪く、人件費を食器洗浄するということに使うことがむしろ非効率であることを理解しておくことである。

また逆に80席以上の大きさの飲食店であれば、洗浄エリアはその客席数に合わせた食器類の数、シルバー、グラスなどに合わせて洗浄機の機能や能力を設定することであり、基本的には、洗浄作業の際に発する食器類同士がぶつかり合う音など、ダイニングへ流れないように、キッチンエリアの中でも衛生的配慮などの理由により区画されることが常であることを忘れてはならない。

さらに洗浄エリアのスタイルにもいろいろなカタチ（図2-4）があるものの、理想的なカタチは、一人で客席から下膳された食器類を洗浄し、再びクッキングエリアへ戻す仕組みになっているコの字型が理想的であり、L型、ストレート型、リターン型、その他変形スタイルがあるが、洗浄するスタッフの立場や洗浄エリアの衛生的な配慮をすると、スタッフの動きが大きく床が洗浄する水で濡れやすいなど、常に不潔な状態になってしまう場合が多く、あくまで計画段階ではHACCPを配慮（厨房を区画する、洗浄エリアの床レベルを下げるなど）した効率的な配置計画に臨むことが理想的であろう。

■ストレージセクションの機能と役割

一般的に飲食店の場合には（いかなる業種・業態にかかわらず）、ストレージ（倉庫）機能は少なからずとも、どんな形であろうともスペースとして確保していることが常であろう。

またストレージという機能を具体化すると、常温、保冷の大きく二つに分けられるものの、ほとんどの場合には、飲食店の物件の大きさに合わせて基準がないことがほとんどである。特に都心部のように1坪単価の賃料が高い物件の場合には、よほどしっかりとした計画を実践するクライアントあるいはインテリアデザイナーでない限り、常にこのスペースの機能やスペースの大きさは曖昧なままに、スペース設定を計画されていることが常であろう。

つまり厨房計画やその細部のストレージ機能に至るまで、インテリアデザイナーとして介在する必要がないという誤った認識がキッチンスペースそのものを縮小化して客席数を確保する、あるいはフロアースペースを大きく、キッチンバックヤードは小さくしてしまう大きな理由がここにある。

いわば、その厨房計画の知識や機能の認識がなければ、細部まで知るよしもなく、わざわざ理解できない部分までデザイナーが口を挟むよりも、厨房業者とクライアントだけに任せておけばよいという認識から抜け出すことができないことに問題がある。

勿論業種・業態によってストレージはごく小さいスペースで完結してしまう場合もあれば、クッキングエリアに収納できない場合には（食材の配送サイクルによっても異なるが）、バックヤードにストレージスペースを確保しなければ、飲食店として成立することが難しいことに

洗浄スタイルの種類　図2-4

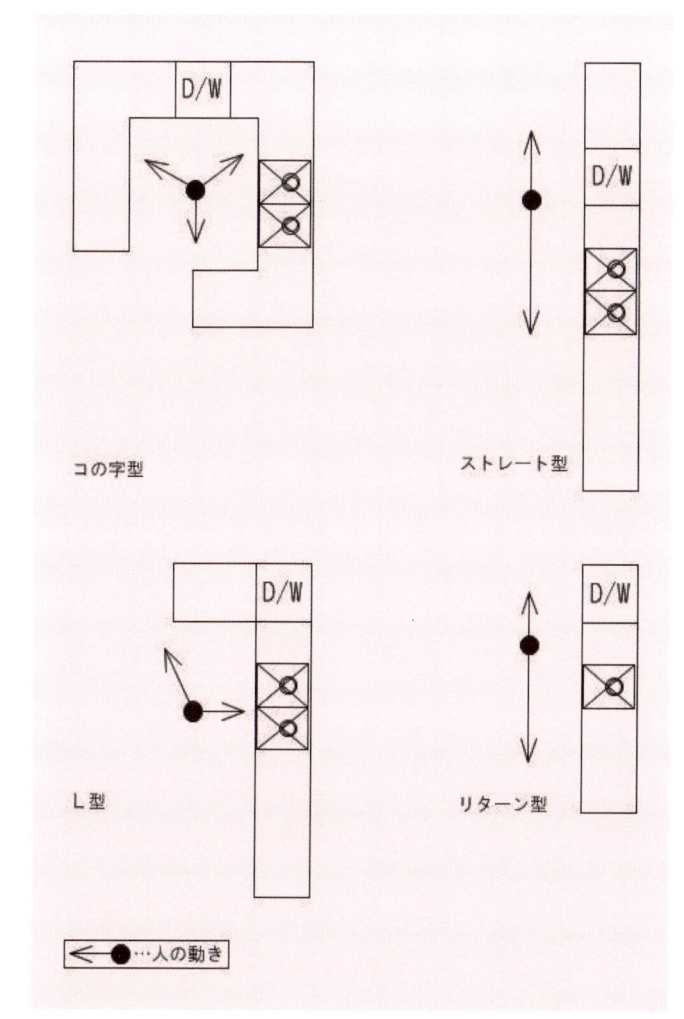

049

なる。
しかしほとんどの飲食店にいえることであるが（キッチンの存在そのものが狭いスペースに追いやられるように）、本来キッチンの機能を補佐するための大きな役割をするはずが、知らない間に平面計画に反映されていないなど、ことのほか「ないがしろ」にされてしまうことが常であろう。

またよく考えると、バックヤードのストレージスペース、事務所などはインテリアデザイナーが率先して計画に臨まなければならないはずが、いつのまにか厨房業者にキッチンスペース、バックヤードに至るまで計画依頼してしまうという悪い風潮が一般化してしまっていることに大きな問題がある。

勿論飲食店の計画に臨む際には（トイレはもちろんのこと）、その他事務所や更衣スペースも最低限計画に反映するデザイナーも多々いるものの（デザイナーとしての役割そのものの範囲の認識がデザイナーごとによって異なるために）、そのレベルもマチマチになってしまうことはすごく嘆かわしいことだと理解しておかなければならない。

つまりインテリアデザイナーとしてストレージスペースの領域まで細部に渡って料理内容や流れを理解しているわけではないため（どうしても曖昧且つ自信のないスペース配分になることは致し方ないことであるものの）、全て厨房業者とクライアントだけに任せるのではなく、一緒にその内容や打ち合わせに参加し、全体のバランスを調整するのもデザイナーとしての役割であることを忘れてはならない。

デザイナーが知らないことや自分の業務範囲以外のことには「我関せず」というものでは、いつまでたっても一人前のデザイナーにはなれない（知識が偏ったまま一人前として扱われているデザイナーは数知れない）ことを肝に命じておくことだろう。

■付帯施設（トイレ・事務所・更衣室）の機能と役割

飲食店である以上付帯設備としてゲストの食事環境に関わる施設や、従業員の1日を過ごす事務所・休憩室など、そこでのストーリーを想定しておけば、おのずとその重要性や役割が理解できる。

特に飲食店の付帯施設のスペースを計画する指針としては、飲食店の客席数、繁忙時のスタッフの人数などトイレの数や更衣室のスペースが左右されてくることを認識しておくことであり、トイレの男女別あるいは数についても業種・業態によって内容が変わってくることである。

また更衣室や事務所についても繁忙時の一度に着替えるスタッフ人数や最低限のスペースは確保しておくことが重要であるし、最悪の場合には事務所や更衣室がなく、スタッフの更衣はトイレで、事務管理は店が暇な時間に客席で作業をするという環境の飲食店も少なくないことである。

しかしこれはあくまでも特例であり、一般的な基本として理解してはいけない。あくまでも与えられた条件で整理できない場合のアイデアを創出するための、最終手段であることを忘れてはならない。

また飲食店の計画に取り組むに際しての基本は、たとえ事務所・更衣室はスペースが一緒になろうとも、最低限のスペースを確保しておくことが常であることを理解しておくことだろう。

さらに物件そのもののスペースが小さい場合には、いかに全体の与件をその平面にうまく配置計画ができるかが本来のデザイナーとしての力量が問われるところである。

特に更衣室や事務所は物件のデットスペースがあれば、うまく活用することがデザイナーとしての腕の見せどころであり数々の経験を積み重ねたデザイナーであるがゆえに、よりよい計画ができるということも多々あることを理解しておくことを忘れてはならない。

つまり厨房計画を検討するに際しては、各厨房のポジショニングの機能や役割を十分に理解し、それぞれの関係性や内容を理解しない限り、厨房計画を進めることができないことであり、まずはファミリーレストランの図2-1、2-2、2-3の平面計画を熟知することが少しでも厨房計画の内容や重要性の理解を深める一歩に繋がることだろう。

またインテリアデザイナーに限らず、飲食店の店づくりに携わる専門家の姿勢としては、厨房計画とは「自分の仕事の範囲ではない」というものではなく、飲食店とは様々な情報や機能が備わってこそ、精度の高い生きた飲食店計画ができることであり、厨房機能や役割の内容や理解する姿勢があれば、後々「チグハグ」な飲食店にはならないことを理解しておくことである。

さらにそこで厨房内のスタッフのオペレーションの動きや作業内容を知ることにより、厨房スペースやパントリーとキッチンの配置関係などその内容や理由を理解できるようになることであり、その内容を十分に理解せずに曖昧のままに計画された平面計画（客席、厨房を含む）は、決して生きた使いやすい図面にはならないことを忘れてはならない。「いわばハードとソフトのバランス情報が整ってこそ、生きた飲食店の完成に繋がる」のである。

7)メニューと厨房機能の関係性を理解する。基本的な料理の流れとキッチンシステムを計画するポイント(表2-34)

厨房計画の基本とは、ただ単に空いたスペースに厨房機器を配置するのではなく、そこで提供されるメニューと厨房機器の関係性を配慮して、繁忙時遅延なく料理を提供できる仕組みづくりであることを理解しておかなければならない。

近年の傾向として種々の形でのフードサービスの企画が提案されているが、料理を調理してゲストに提供するという基本的な考え方は（飲食店である限り）、その本質はさほど変わるものではない。

つまりテーブルサービスあるいは持ち帰りという形態の違いはあるものの、すべて食材仕入れから調理工程を経て料理がゲストへ提供されるという工程をとることが常である。そういった意味では、飲食店がどのような業態であろうとも、表2-34のように全体の流れや調理プロセスや調理セクションの相互関係を配慮して計画を進めることが理想的であることを忘れてはならない。

例えば、フルサービス形態をとるレストランを想定すれば、料理の流れとはまず食材を仕入れることから始まるが、その調達ルートとしては食材業者あるいはセントラルキッチンからの供給が主体となるだろう。

またその食材の内容に合わせながら、大きく分けて冷凍、冷蔵、常温などそれぞれの保温庫に収納されることになるため、バックヤードには、ほとんどストレージ（食品倉庫）機能が計画されることが常である。

次に一時保管された食材は、次の工程として調理する前段階まで加工されることになるだろうし、ここで種々の食材のプレパレーション（仕込み）が進められることになる。

ここでの作業内容を考えても、食材を切る、焼く、煮る、蒸す、下味をつけるなど半加工されたままの状態で搬入されない限り、調理前の処理はすべて厨房で行われることになるので広い作業スペースを確保しておかなければならない。

さらにこの仕込み作業の延長上として検討しておかなければならないことは、炊飯作業である。特に日本のようには、米を扱わないということは、特殊な専門料理店を除いてはあまりなく、米の保管から洗米、炊飯、保温といった一連の流れを配慮しながらプレパレーションエリアの配置計画が検討されなければならない。

このプレパレーション段階では（フードサービスの内容によっては）、その他の施設へ搬送される場合もある。特にホテルのようなバンケットキッチンを持つケースにおいては、その施設内の飲食店に対しての仕込みを請け負う場合も多く、この分野で業務を区分することもあることを理解しておくことである。

また仕込みを終えた食材は、それぞれの用途に合わせて、最終工程として調理セクションに配されることになるが、保管形態は大きく冷蔵庫と保温庫の二つに分けることができるだろう。一般的には、保管する食材は料理のガル二（付け合せ）類が多いものの、フランス料理などのようにレストランの専門性が増すごとに一時保管をあえて避ける場合もある。

またここでの主作業としては、当然のこととして調理の最終工程をつかさどるセクションであるとともに、客席からの注文をそれぞれの

料理に合わせながら調整（レストランの場合にはセイムタイムテーブル、同席のゲストに対しては同時に料理を提供することが常である）する部門でもあるため、繁忙時には作業レベルは非常に煩雑になりがちになることを忘れてはならない。

さらにディッシュアップの中心に立つシェフの指示によってそれ以下のコックは、ハンバーグや魚を焼く、フライヤーに食材を投入するといったスタッフのチームワークとコントロールによって成り立っているセクションであるため、そこで提供されるメニュー内容や出数によって厨房機器の配置が決定されることになる。

一般的な厨房機器の配置計画としては、メニュー構成のなかで出数の高い調理器具を中心として、その他の機器を両側に配していく方法が多く、前後左右のオペレーション関係も十分に配慮していなければ料理がスムーズに提供できないことになるため、それぞれの機器とのバランスがもっとも重要になることを忘れてはならない。

また調理を終えた料理は、パントリー（サービスステーション）を通して客席へ提供されることになる。バイキング、ワゴンサービス、あるいはカフェテリアのようなサービスへ提供する場合には、仕込み段階で最終調理まで行ってしまい、それぞれのセクションへ提供することになる。

このパントリーセクションの重要性は飲食店においてスムーズなサービスを行う上で欠くことのできない部分でありながら、意外と企画段階では重要視されない傾向にあることは残念であり、後々必要に応じて客席内に配している場合も少なくないことを理解しておくことであろう。

つまりいかなるフードサービスにおいても、客席と調理部門を繋ぐ機能がなくては、料理を客席に提供できないことを考えれば、どのような形でもパントリー機能を客席内あるいはディッシュアップ周辺に計画することは当然のことであると考えておくべきである。

さらに料理の流れの終着点はゲストの胃袋の中であることは、疑う余地のないことであるが、そこに残った皿類の処理をどのように考えておくのかは、飲食店を企画する上では無視できない部分であることを忘れてはならない。

一般的には、客席に提供された食器類は、洗浄セクションに運ばれ洗浄された後、再び各セクションに戻されるが、最近のレストランの傾向としては、繁忙時間の効率性を考えてラッシュには洗浄セクションを稼働させずに、食器類のストックを多く持つことで作業効率を上げようとする動きもみられることを理解しておくことである。

しかし基本的には、繁忙時においてはそれでなくとも煩雑になりがちな洗浄エリアであることを考えると、原則的にはこれまでのように繁忙時に洗浄ラインを稼働させることが理想的であることを忘れてはならない。

またいかなる飲食店の厨房計画であっても、食材の仕入から保管、調理提供するという一連のサービスの流れは大きく変わるものではなく、キッチンシステム計画の基本的理論を理解し、メニューと厨房機能の関係性を配慮しキッチンシステム計画を進めていくことが大切であることを理解しておくことであろう。

さらに厨房計画とは、厨房機器の機能や役割とメニューの調理工程を配慮した配置計画になっていなければ、厨房の機能性や効率性を追求することはできないことであり、少なくとも企画する業態の主軸メニューや構成に合わせた機器配置計画をすることが重要になってくる。

つまりその厨房計画の基本とは、繁忙時に合わせて機器配置を進めることが常であり、キッチンオペレーションの総合的視点に立って計画に臨むことが大切である。

いわば、業種・業態の如何にかかわらず、料理の流れとキッチンシステムを計画するポイントは大きく変わるものではなく、基本的理論を配慮して厨房計画に臨むことこそ、理想的且つ効率的な厨房計画を進めるための重要なカギになることを忘れてはならない。

食材搬入からサービスのフローチャート / キッチンシステムの基本　表 2-34

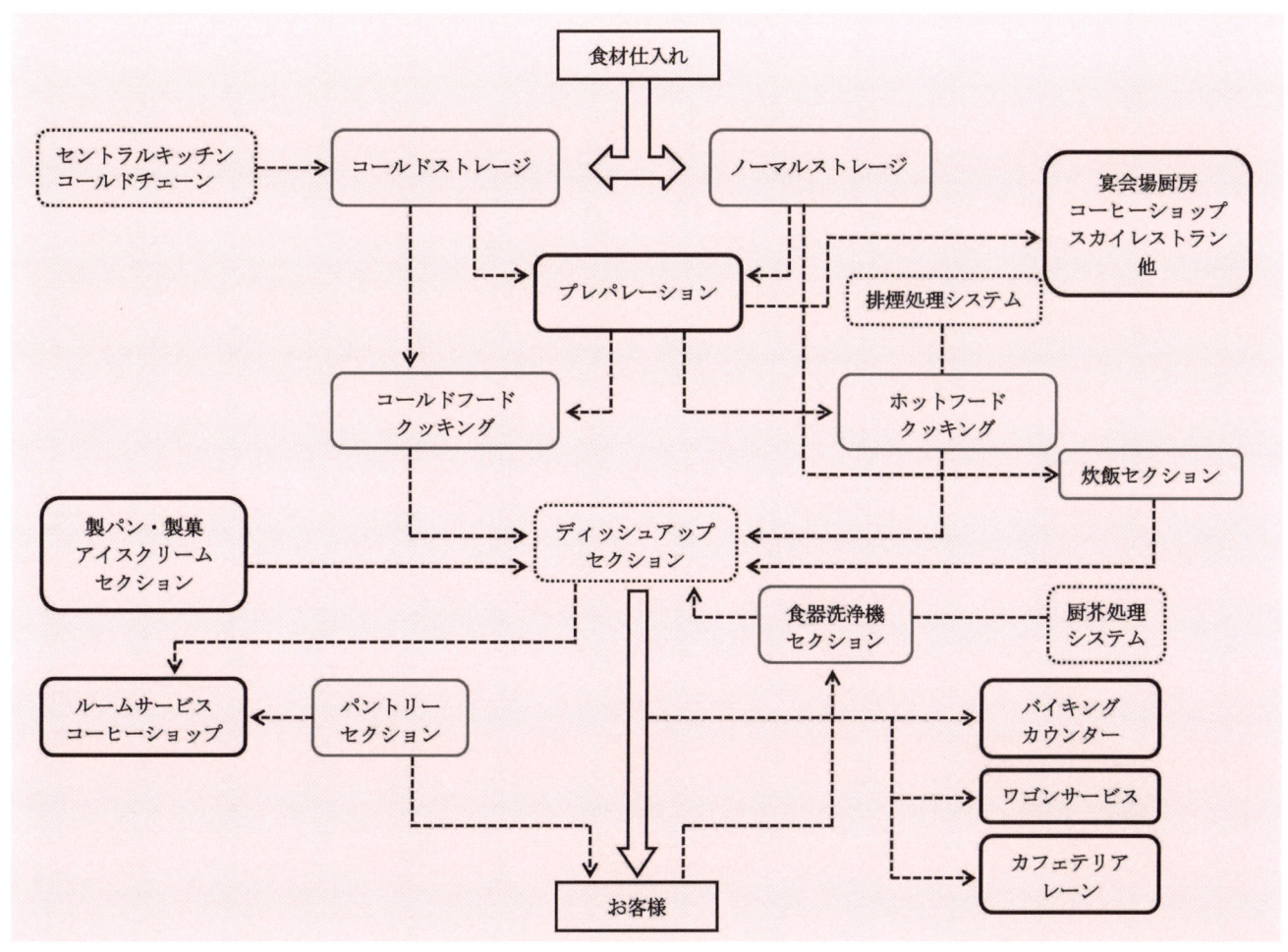

8) キッチンスタイルの基本/厨房スタイルの知識を深める

一般的に飲食店を企画する際には、まず業態に合わせたキッチンスタイルを決定しなければ、具体的な厨房計画を進めることができないことであり、企画する業態に対して効率的なキッチンスタイルを選定することが計画の起点になることを理解しておかなければならない。

またキッチンスタイルの基本には大きく5つのタイプがあるといわれているものの、まず具体的に厨房計画を進める際には、事前にどのようなキッチンスタイルで厨房計画を検討していくかの方向性を決定しなければならない。勿論キッチンスタイルは、業種・業態によっては向き不向きがあるように、全体のサービスとキッチンの関係を配慮しながら計画に臨むことを忘れてはならない。

さらに飲食店には多種多様な業種業態があるように、業態とキッチンシステムが適合する種々なキッチンスタイルがあることを理解しておくことである。

またキッチンスタイルは業態によって変化することが多いものの、キッチンスタイルとタイプ別に業態を想定すると1テーブルサービスレストラン、2ファストフード、セルフカフェ、3中華料理店、ラーメン店、4和食専門店、居酒屋、5コマーシャルカフェテリアなどその他企画する飲食店によって適したキッチンスタイルを選定することが厨房計画のスタートになることを忘れてはならない。

さらに一般的にキッチンスタイルの基本とは、1アメリカン(バックバー)スタイル/熱源を背にして前にディッシュアップテーブルがあり、熱源とディッシュアップを前後に動き料理を調理完成する仕組み。2ヨーロピアンスタイル/熱源をラインの中心に配置しその周りを動き料理の調理指示する仕組み。3中華スタイル/調理機器や調理オペレーションも中華特有の流れの配置をとり、注文に応じて料理の素材を準備するスタッフと調理をする仕組み。4和食スタイル/調理人が異なるキッチン計画になる。また調理内容にあわせて島のように調理ラインを分割(焼き、煮物、刺し場、蒸す、炒めるなど)する仕組み。5カフェテリアシステム/さらに料理や食材を事前に盛り付けておき(サラダ、冷菜、温菜、メイン料理、デザートなど)その冷温ショーケース前のレーンに沿ってゲストに動いてもらいその場で料理を選定しトレーに並べてもらい、最後にレジ清算をしてもらうセルフサービスのキッチンスタイルである。

いわば、この5つの基本のキッチンスタイルが種々な業種・業態の厨房計画の基礎になっているといっても過言ではない(勿論飲食店の企画内容によってキッチンスタイルは変化してくる)。またいかなる飲食店であろうとも各仕事のポジショニングは、仕込みエリア、貯蔵庫、クッキングエリア、ディッシュアップエリア、サービスパントリーなど機能として配置が変化してもその役割や機能は大きく変わるものではないことを忘れてはならない。

つまり飲食店の業種・業態によってキッチンスタイルや計画は微妙に変化してくることが常であり、且つそこで提供される料理内容によってもいくつものキッチンスタイルが存在してくることを理解しておくことである。また飲食店の厨房計画は物件の枠や規制に制約されることもしばしばであり、常に理想的なキッチンスタイルにならない場合も多々あることを認識しておくことである。

特に専門店の企画になればなるほどそのキッチンスタイルは独自の厨房計画に変化することが多く、しかしあくまでも厨房計画の基本的思想から逸脱したキッチンスタイルにならないようにしなければならないことを忘れてはな

ヨーロピアンスタイル事例　図 2-5

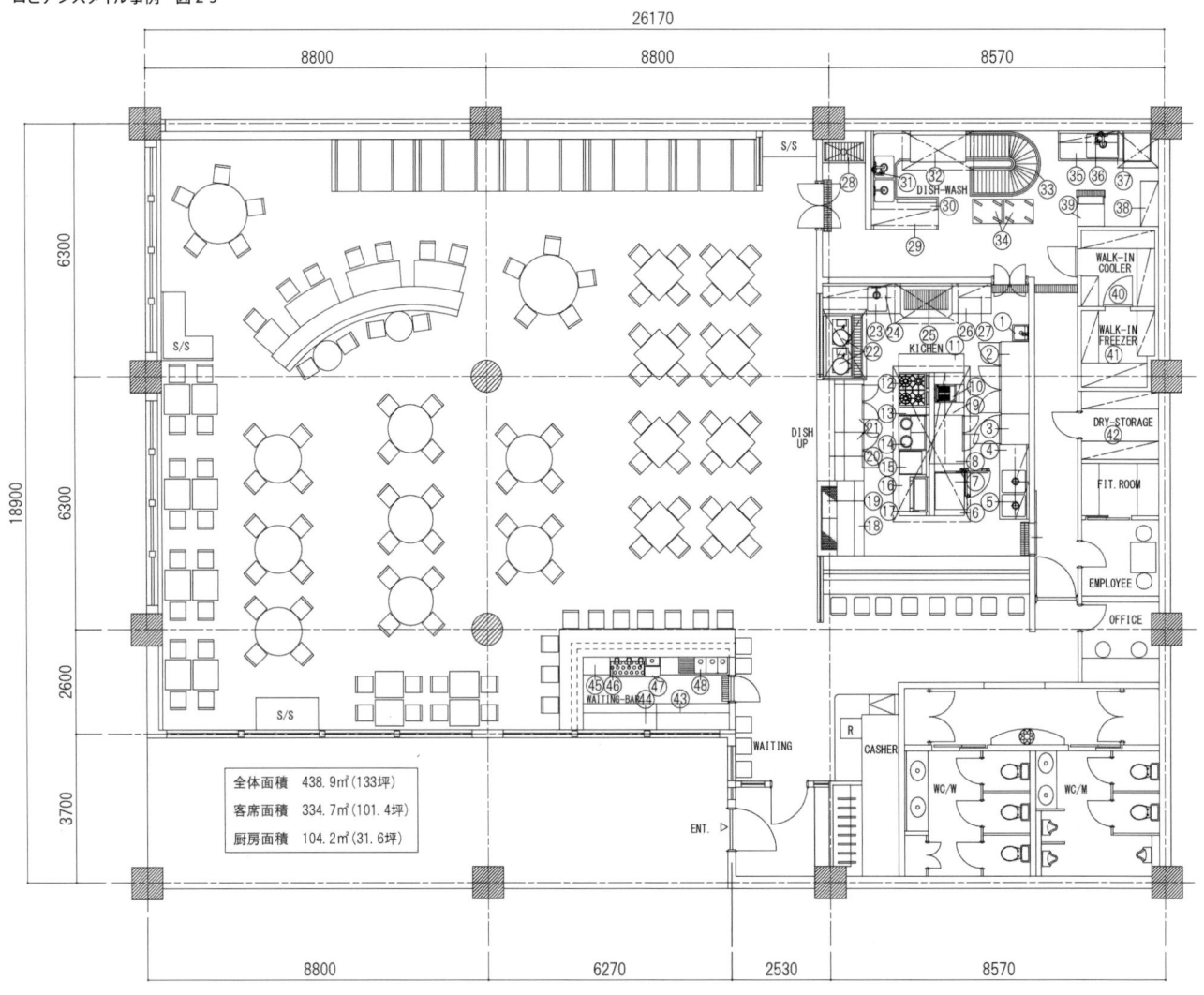

全体面積　438.9㎡ (133坪)
客席面積　334.7㎡ (101.4坪)
厨房面積　104.2㎡ (31.6坪)

らない(但し厨房計画は機能性や効率性を追求することが基本であることは変わらない)。
いわばキッチンスタイルとは業態に適合したスタイルの基本は大きく変わらないものの、主軸料理内容や調理方法によって厨房計画や仕組みが大きく影響されることや、オペレーション計画によってもキッチンスタイルや計画も微妙に変化してくることを理解しておくことである。
またよくインテリアデザイナーの仕事の進め方として、客席配置計画した後に余ったスペースに厨房を計画してくださいという仕事の姿勢はそもそも間違った業務の進め方であり、あくまで理想的には飲食店の業種・業態に合わせてキッチンスタイルや大よそのスペースや配置を想定し全体バランスを配慮し厨房計画に臨むことが大切であることを忘れてはならない。

9) キッチンスタイル別基本計画と業態内容を理解する

飲食店の業種・業態によってキッチンスタイルが変化してくることは十分に理解できたはずであろう。ではそのキッチンスタイルとは飲食店の企画内容によってどのように活用されるのかなど5つのキッチンスタイル別に飲食店の参考事例を挙げて、その飲食店の企画概要、フロアーと動線やその他チェックポイント(スタッフの動きを理解すること、厨房詳細断面/詳細図面を理解し読み取ること、それぞれの客席家具寸法や形態を理解すること)などその詳細内容を具体的に説明していくことにしよう。
またキッチンスタイルの基本を理解することによって種々の業種・業態のキッチンシステムや機能が店づくりに適合しているかが十分に理解できるだろうし、(前述しているように)業種・業態によってキッチンスタイルは変化してくるものの、その基本的思想やキッチンシステムは大きく変わるものではないことが理解できるはずだ。
特に飲食店の店づくりに携わるインテリアデザイナーや専門家など、いかにこの業種・業態とキッチンスタイルやシステムの関係性を十分に理解することが、飲食店の店づくりに際してはとても重要であることを忘れてはならない。以下キッチンスタイルの事例を説明していこう。

1-1 ヨーロピアンスタイル / 事例カジュアルフレンチレストラン

ヨーロピアンスタイルとは、キッチンの熱源を厨房の中心に配置し、その周辺を冷蔵機器やデモストレーション機器で構成されるスタイルをいう。基本的には、ヨーロッパの飲食店のキッチン計画のスタイルは、ほとんどこのスタイルを活用することが多く、日本の場合には、フランス料理店やイタリア料理店の比較的高価格帯の客単価(約5000円～8000円)の飲食店のキッチン計画に利用されることが多いことだろう。
このキッチンオペレーション思想は、料理長が各スタッフに指示した料理の味のチェックや全体的調理タイミングを図り、一品ずつ丁寧に料理を調理していくオペレーションに適合しているためよく利用されることが多く、ほとんどはオーナーシェフの飲食店やコース料理を主軸に料理を提供する飲食店に多く利用されることを理解しておくことである。

イメージパース　図2-6

図2-5はカジュアルフレンチのオープンキッチンのデモンストレーション演出を配慮したキッチン計画であり、客席側より炭火焼きブロイラー、スープケトル、キッチン全体(熱源機器)などその調理機器が演出材として訴求(好奇心、期待感、美味しさ)できるように配置されている計画である。このキッチンの利点としては、料理長がスタッフの行動や調理工程や内容もすべて見通せることであり、ゲストに対して理想的な状態で料理を提供することができることに適していることを理解しておかなければならない。

1-2 フロアーと動線 / スタッフの動きを理解した計画をする

一般的に飲食店のテーブルサービスの場合には、そのサービスのシステムや流れは大きく変わるものではなく、来店したゲストを案内係あるいはレジ担当が客席に案内し、注文を受けて料理を提供するというのが基本的なスタイルである。このカジュアルフレンチの事例では、キッチンエリアをオープンキッチン(開放していること)にしているため、客席側からのライブ感や見え方を配慮し、料理の調理をする工程や動きを演出する計画になっている。
注文を受けた内容はディッシュアップラインに配置されたキッチンプリンターに伝わり(伝票として出力される)その注文伝票内容に合わせて料理を調理し、客席へ料理を提供するというオペレーションの流れをすることである。勿論調理内容は、注文伝票内容に合わせて各調理ラインで調理された料理を再びディッシュアップに集めて客席へ料理をサービスする仕組みは変わるものではなく、繁忙時に合わせて料理が遅延なくスピーディーに提供できるスタッフの動きやサービス動線(図2-7)を配慮して全体計画に臨むことが大切であろう。
またドリンク類については、ドリンクカウンターからすべてのドリンクを提供するオペレーションであり、ドリンクの注文伝票はドリンクカ

図2-5	厨房機器リスト
1	手洗器
2	冷凍冷蔵庫
3	冷蔵庫
4	二槽シンク
5	オーバーシェルフ
6	架台
7	スチームコンベクションオーブン
8	冷蔵コールドテーブル
9	脇台
10	フライヤー
11	ワークテーブル
12	ガスレンジ
13	脇台
14	ヒートトップレンジ
15	グリドル
16	ワークテーブル
17	サラマンダー
18	キャビネットテーブル
19	アイスベッド
20	ディッシュアップテーブル
21	冷蔵コールドテーブル
22	スープケトル
23	シンク付きワークテーブル
24	オーバーシェルフ
25	チャーブロイラー
26	ワークテーブル
27	オーバーシェルフ
28	モップシンク
29	オーバーシェルフ
30	ソイルドテーブル
31	プレリンスユニット
32	ディッシュウォッシャー
33	ラックローディングテーブル
34	カート
35	ソイルドシンク
36	オーバーシェルフ
37	ユーテンシルウォッシャー
38	シェルフ
39	製氷機
40	プレハブ冷蔵庫
41	プレハブ冷凍庫
42	ドライストレージ
43	キャビネット
44	バーキャビネット
45	キャビネット
46	バーユニット
47	ダストシンク
48	ドレンボード付きシンクキャビネット

フロアーと動線　図 2-7

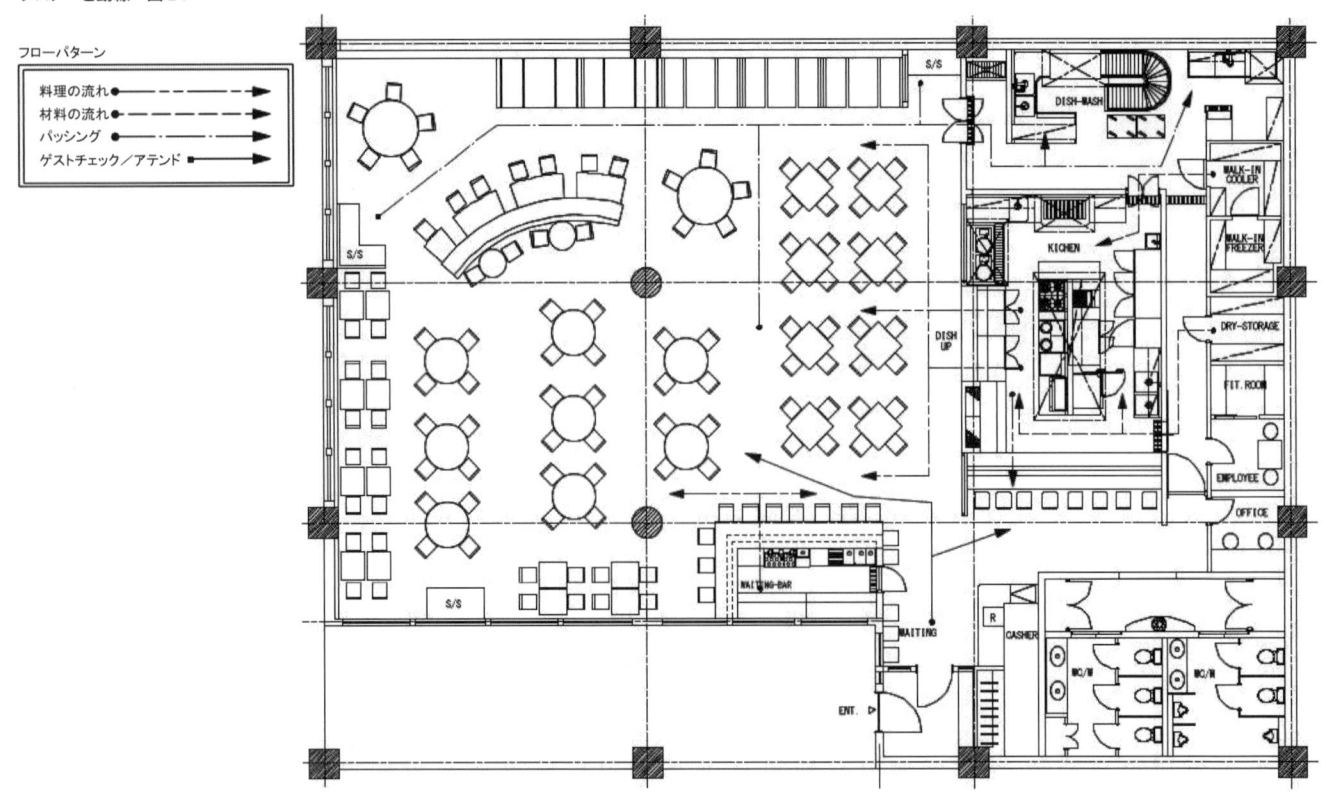

フローパターン
- 料理の流れ ●-----▶
- 材料の流れ ●-----▶
- バッシング ●――――▶
- ゲストチェック／アテンド ●――――▶

厨房詳細図断面　図 2-8

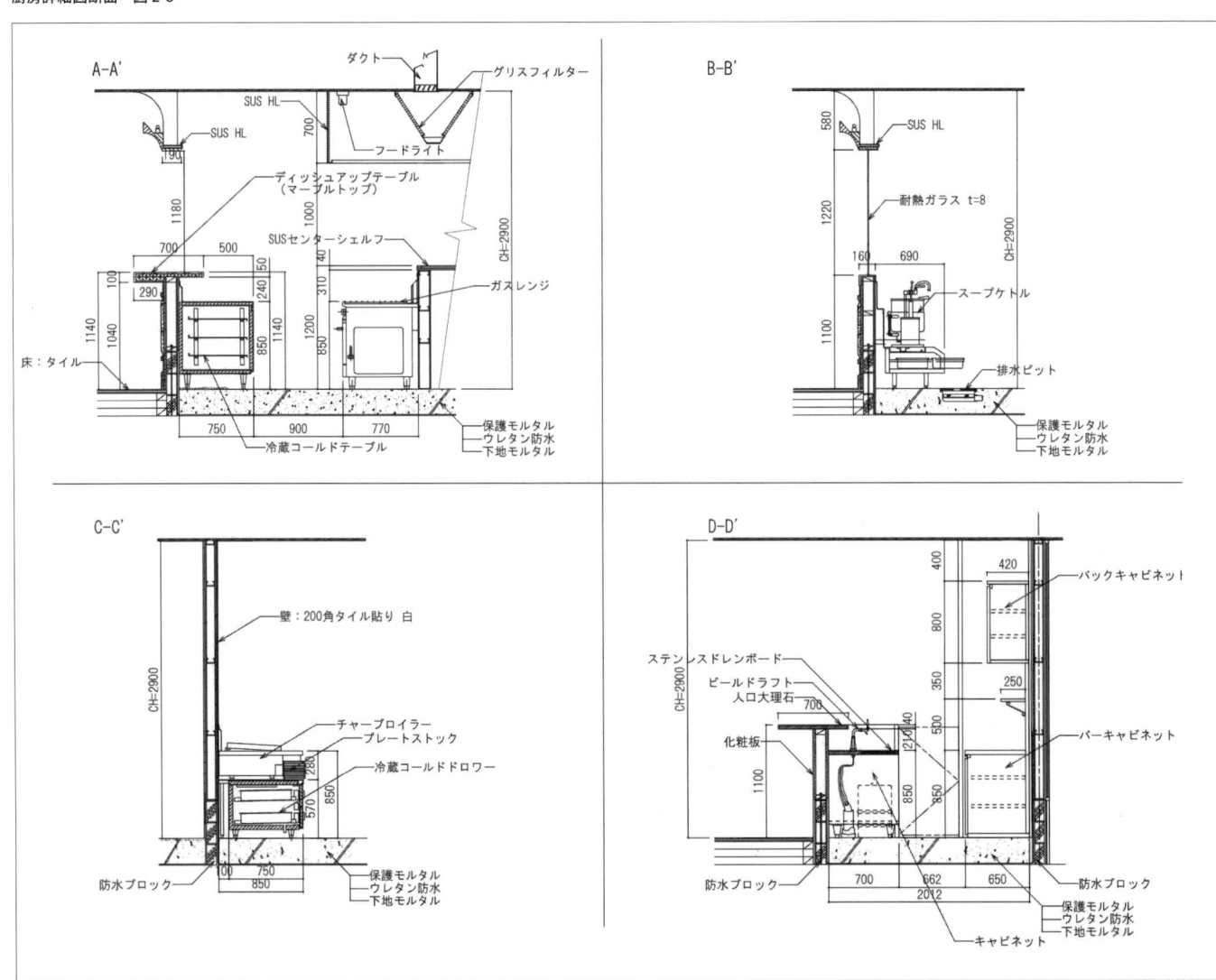

ウンターのキッチンプリンターに出力された伝票内容に合わせて客席へ提供するオペレーションである。

つまりこの飲食店の計画に際して注意しなければならないことは、入口、ドリンクカウンター、キッチンが隣接しているため、繁忙時にスタッフやゲストの動線が煩雑にならないように計画することを忘れてはならない。

1-3 厨房詳細断面 / 詳細図面を理解する

詳細図断面 (図2-8) を読むことは、内装工事やその周辺設備との取り合いを理解することでもあり、その内容を十分に確認しておくことである。A—A'の断面詳細図は、ディッシュアップカウンターと作業台の納まり図であり、ディッシュアップの高さ寸法や作業台の高さなど細部寸法を確認しておくことが大切である。また熱調理機器と排気フードとの関係は、排気フードの高さは、スタッフが調理機器の前に立った場合に頭に当たらない寸法であるかを確認する。さらにB—B' C—C'の図面は熱機器のバックガードと腰壁の高さ寸法との関わりなど調理作業や配置として支障がないことを確認することがポイントである。基本的に熱機器の背後が壁である場合には、タイルあるいはステンレスを壁に貼ることが常であり、ステンレスの厚み(1ミリ以上)の確認やバックガードと排熱が壁に当たる部分は炭化することが多く、ステンレスなど熱に強い素材を選定することが理想的であろう。

またD—D'の断面図は、ドリンクカウンター台と厨房機器の納まりの詳細断面図であり、カウンターの高さと作業台との什器の被り部分や背後の厨房機器との機能内容を十分に理解し確認しておくことが大切である。

つまり厨房の断面詳細図の寸法確認で大切なことは、平面図では読み取れない詳細内容を理解することであり、高さ寸法や奥行きなどオペレーションに支障があれば寸法を改善指示することに意味があることを理解しておくことを忘れてはならない。

1-4 客席家具寸法を理解する

一般的に飲食店の場合には(業種・業態によって客席形状や寸法は微妙に異なるものの)、テーブルの高さや座面の高さ寸法(図2-9)は大きく変わるものではないが、規格品あるいは特注制作家具については、微妙にテーブルの高さと座面の高さ寸法に座った時に違和感が生じる場合もあるため、椅子や家具形状が変化する場合には、細部寸法の確認が必要であることを忘れてはならない。

また4人席のテーブル寸法にも種々の寸法があるように、幅は約1200ミリから1300ミリ、1350ミリや奥行きも750ミリから800ミリなど異なることを理解しておくことである。

さらに4人席の丸テーブルや四角テーブル寸法については800ミリから1000ミリ角、800ミリから1000ミリφの寸法が一般的であるものの、業種・業態によってはその寸法以下の場合もあるため常に家具寸法や細部寸法に至るまで確認することを忘れてはならない。

また、ベンチシート席の場合には、ベンチ席の座の奥行きも500ミリから550ミリが多く、設定人数に合わせてテーブルの幅も1350ミリから1600ミリなど微妙に寸法が異なってくることを理解しておくことが大切である。

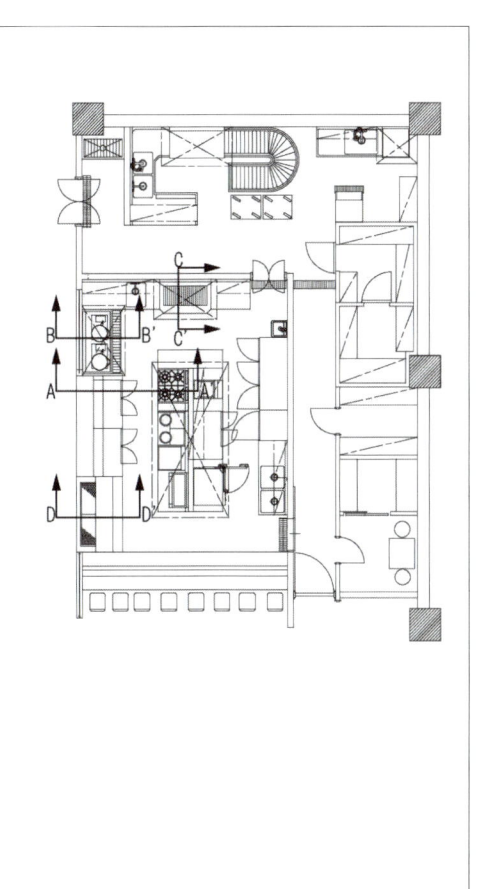

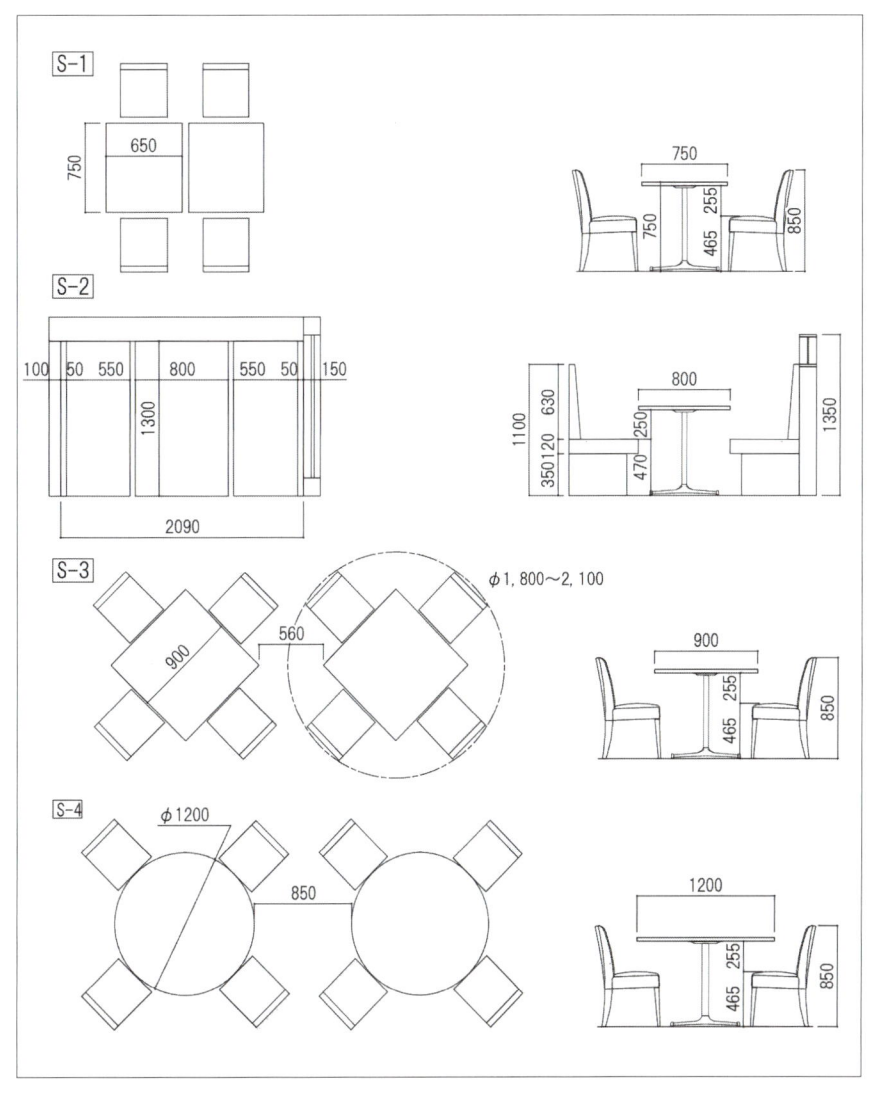

客席家具寸法　図2-9

2-1 アメリカンスタイル (バックバースタイル)/ 事例カジュアルイタリアレストラン

アメリカンキッチンスタイルとは、ディッシュアップラインの背後に熱調理機器を集中させて調理作業を前後で行うオペレーションのキッチン計画をいうことが多く、比較的高い効率性を求める業態に利用されるキッチンスタイルである。

このキッチンスタイルは、アメリカの飲食店に多く利用されていてファミリーレストランのキッチンシステムとして定着化したキッチンスタイルである。

このキッチンスタイルの特徴としては、繁忙時やアイドル時に際してもキッチンスタッフを極端に増員させることなく、キッチンオペレーションを効率的に稼働させることができるため (ファミリーレストランに限らず)、カジュアルスタイルの飲食業態ではよく利用されるキッチンシステムである。この図面事例 (図 2-10) は、カジュアルイタリアレストランのキッチン計画であり、平面計画としては、入口周辺にオープンキッチンでピザコーナーを配置し、デモンストレーションの演出を想定して計画したものである。

またキッチンはオープンキッチンであるため、ディッシュアップエリアの厨房機器や調理工程を客席に向けてアピールすることによって、カジュアルイタリアンレストランへの料理への期待や好奇心を高めるコンセプトを打ち出した計画である。

つまりアメリカンキッチンスタイルは、数多くの業態で利用されているキッチンシステムであり、イタリアンレストラン、和定食屋、居酒屋、フレンチレストラン、ハンバーグレストランなど機能性や効率的オペレーションを追及する場合には、アメリカンキッチンスタイルを利用するこ

アメリカンスタイル事例　図 2-10

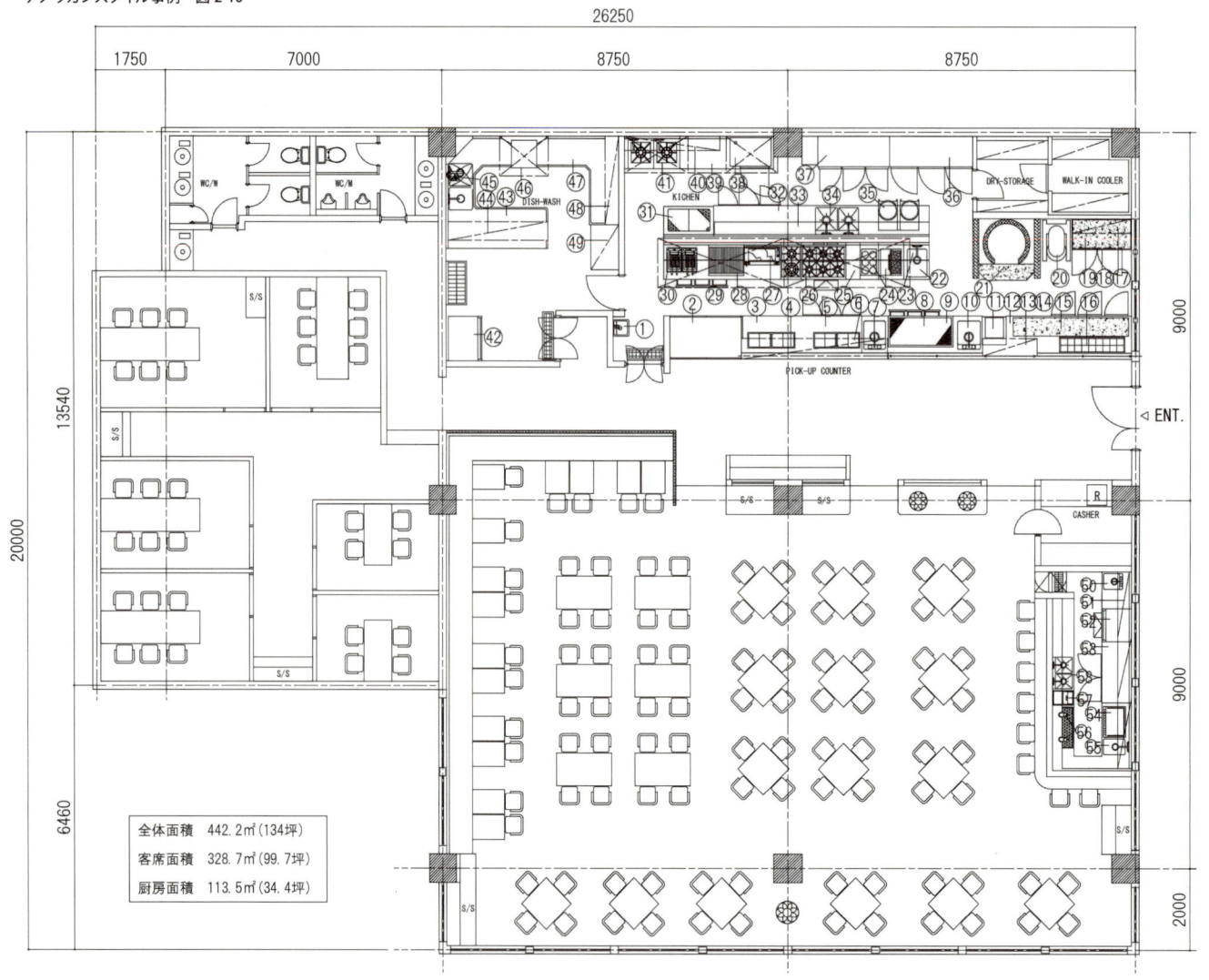

全体面積　442.2㎡ (134坪)
客席面積　328.7㎡ (99.7坪)
厨房面積　113.5㎡ (34.4坪)

とが理想的であることを忘れてはならない。

2-2 フローと動線 / スタッフの動きを理解した計画をする

基本的にテーブルサービスの場合には、ゲストの来店、客席案内をするゲスト動線とサービスするスタッフ動線は(繁忙時に際して)交錯しないように計画することが常であり、全体的な平面計画に際しては、事前に繁忙時とアイドル時のオペレーションの動きや状況のシミュレーションをしておくことが計画を決定するポイントであることを忘れてはならない。

特にスタッフ動線(図2-12)の動きとしては、ディッシュアップ、パントリー、洗浄エリア、客席内を行き来する動きが多く、客席と客席の通路間隔やディッシュアップ(オープンキッチンであるため)前の空き寸法は余裕をもって確保しておくことが大切である。またフロアー内の客席内寸法の幅はメイン通路は800ミリ、席と席の間隔は最低450ミリから500ミリは確保しておくことが理想的であろう。

さらにドリンクカウンターに客席を配置する場合には、ドリンク類をサービスするスペースとカウンター席の背後通路は800ミリ確保しておくことが理想的であり、スタッフのサービス動線や寸法に注意しておくことである。特にサービス動線とゲスト動線が交錯する場合には、一般的には通路幅は800ミリ以上から1000ミリの寸法基準を一例として理解しておくことである。

つまりゲストが飲食店で食事を楽しむ環境づくりには、トイレに行くことやレジで清算することを配慮すると、トイレに行くための動線は分かりやすく動線計画をすることが大切であることを忘れてはならない。

図 2-10 厨房機器リスト

1 手洗器
2 肉熟成庫
3 ホットキャビネット
4 ディッシュアップテーブル
5 冷蔵コールドテーブル
6 コールドフードユニット
7 一槽シンク
8 冷蔵コールドドロワー
9 アイスベッド
10 一槽シンク
11 パスタマシン
12 ホットキャビネット
13 ディッシュアップテーブル
14 冷蔵コールドテーブル
15 マーブルトップ
16 フィリングパンポット
17 オーバーシェルフ
18 テーブル形ホイロ
19 マーブルトップ
20 ミキサー
21 薪釜ピザオーブン
22 一槽シンク
23 パイプシェルフ
24 パスタボイラー
25 脇台
26 ガスオーブンレンジ
27 サラマンダー
28 チャーブロイラー
29 冷蔵コールドドロワー
30 フライヤー
31 チラーシンク
32 冷蔵コールドテーブル
33 センターシェルフ
34 二槽シンク
35 ライスジャー
36 冷凍庫
37 冷蔵庫
38 スチームコンベクションオーブン
39 ワークテーブル
40 オーバーシェルフ
41 ストックポットレンジ
42 製氷機
43 ソイルドテーブル
44 オーバーシェルフ
45 プレリンスシャワー
46 ディッシュウォッシャー
47 クリーンテーブル
48 オーバーシェルフ
49 シェルフ

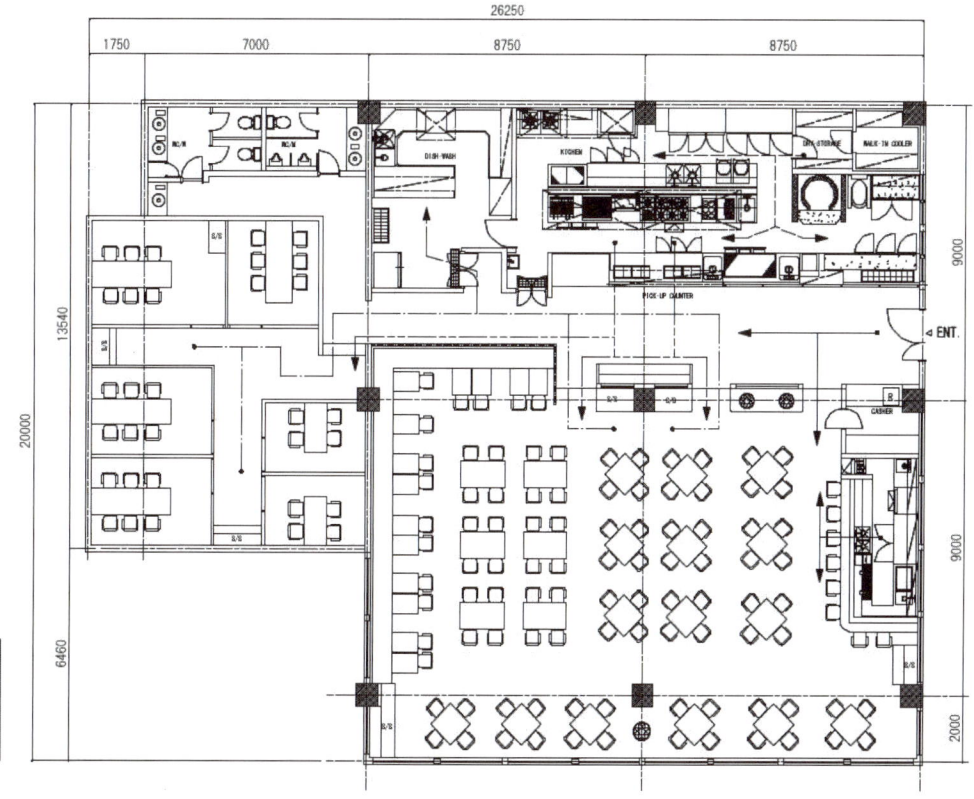

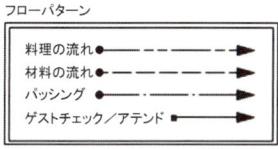

フローパターン

料理の流れ
材料の流れ
バッシング
ゲストチェック/アテンド

イメージパース 図 2-11

フローと動線 図 2-12

057

2-3 厨房詳細断面・詳細図面を理解する

詳細図断面(図2-13)を読むことは、内装工事やその周辺設備との取り合いを理解することでもあり、その内容を十分に確認しておくことである。A—A'の断面詳細図は、デモストレーションアイスベッドの詳細図であり、腰壁とブースディバイダー(パーティションを固定する金物)との納まりを図面化したものであり、アイスベッドの氷の深さや氷の上に演出する素材など、どのように演出するかを配慮しておくことが大切である。

またB—B'の断面図は、ディッシュアップ、クッキングライン、プレパレーションラインの詳細であり、ディッシュアップカウンターと作業台との取り合いや高さ寸法の確認、またクッキングラインと腰壁とプレパレーションラインの取り合いの詳細を図面化したものである。
さらに詳細図面でチェックしなければならないポイントは、キッチンの通路幅、機器奥行き、周辺の機器との高さ寸法まで細部を十分に確認しておくことが大切である。特に熱機器と腰壁のバックガードは排熱が発する排気筒があるため、腰壁の高さや排熱が発する壁の素材を確認しておくことを忘れてはならない。
C—C'の断面図は、ピザを提供するためのディッシュアップとピザ釜の詳細を図面化したものであり、どのようにピザの生地を伸ばしピザ釜に投入し、焼成提供までのオペレーションを理解しておくことが大切である。さらにD—D'の断面図は、肉を熟成するための熟成庫と腰壁の納まりを図面化したものであり、熟成庫に演出且つ熟成中の肉がよく客席から見えるように、棚やハンガーの高さ寸法などの確

厨房詳細断面　図2-13

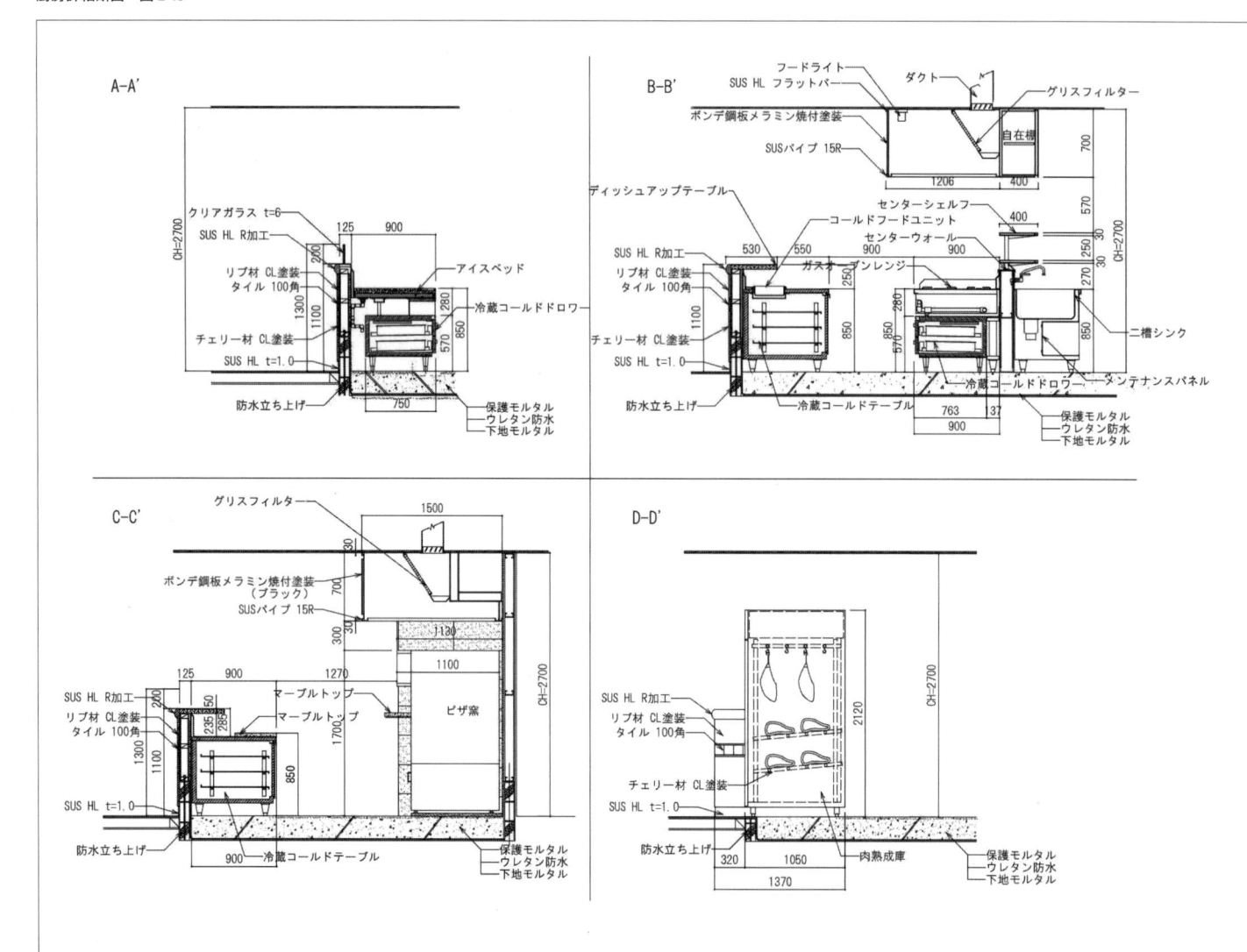

2-4 客席家具寸法を理解する

一般的に客席形態（図2-14）やデザインは、業態イメージに合わせて計画することが多く、テーブル、椅子などの寸法は大きく変化することはない。カジュアルイタリアンレストランという業態企画の場合には、4人席（S—1、S—2）、ベンチシート席（S—3）を配置することが多く、ベンチシート席のテーブルとテーブルの間隔は、基本的には約450ミリ以上500ミリほど空けて配置することが常である。

ベンチシート席の場合には、4人席、2人席に対応できるように、テーブル寸法を1200ミリ、600ミリなどテーブル寸法を分割して計画することが多く、複数のグループ客にも対応できるように計画することが理想的であろう。

またベンチシートの座の奥行きは、背幅を合わせて約480ミリから580ミリ、670ミリの奥行きを確保することが多く、また背幅寸法も50ミリ、100ミリ、150ミリなど背のデザインや高さも様々であることを理解しておくことである。

つまりカウンターテーブルと椅子の関係寸法は、椅子が低くテーブルが高いと居心地が悪い環境になるため、椅子の座面とテーブルトップまでの高さ差異は約280ミリから320ミリの間を基準として計画することが大切であることを忘れてはならない。

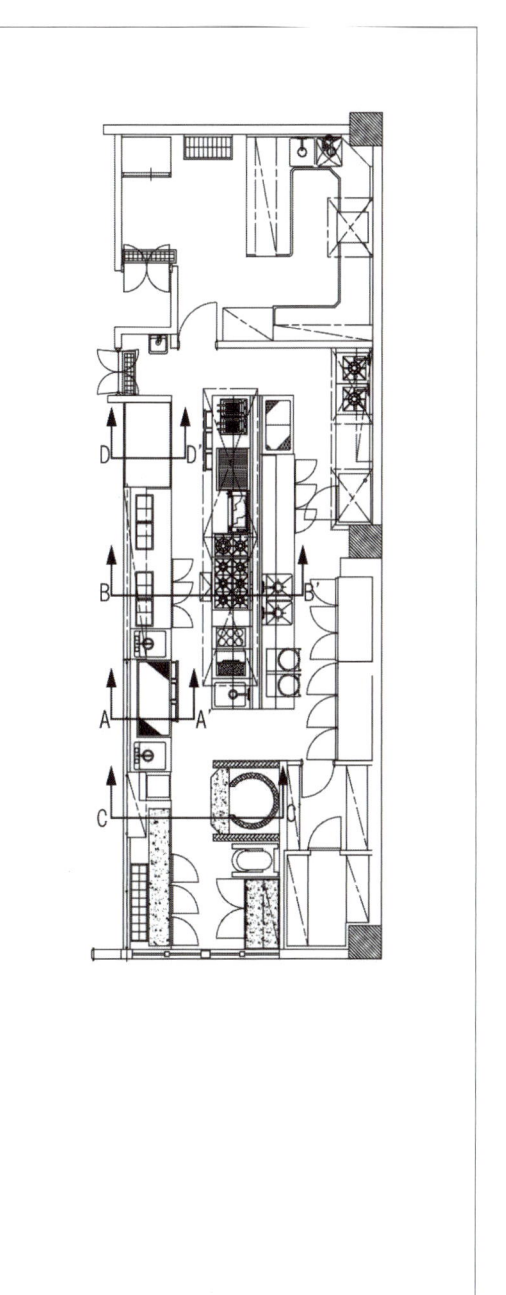

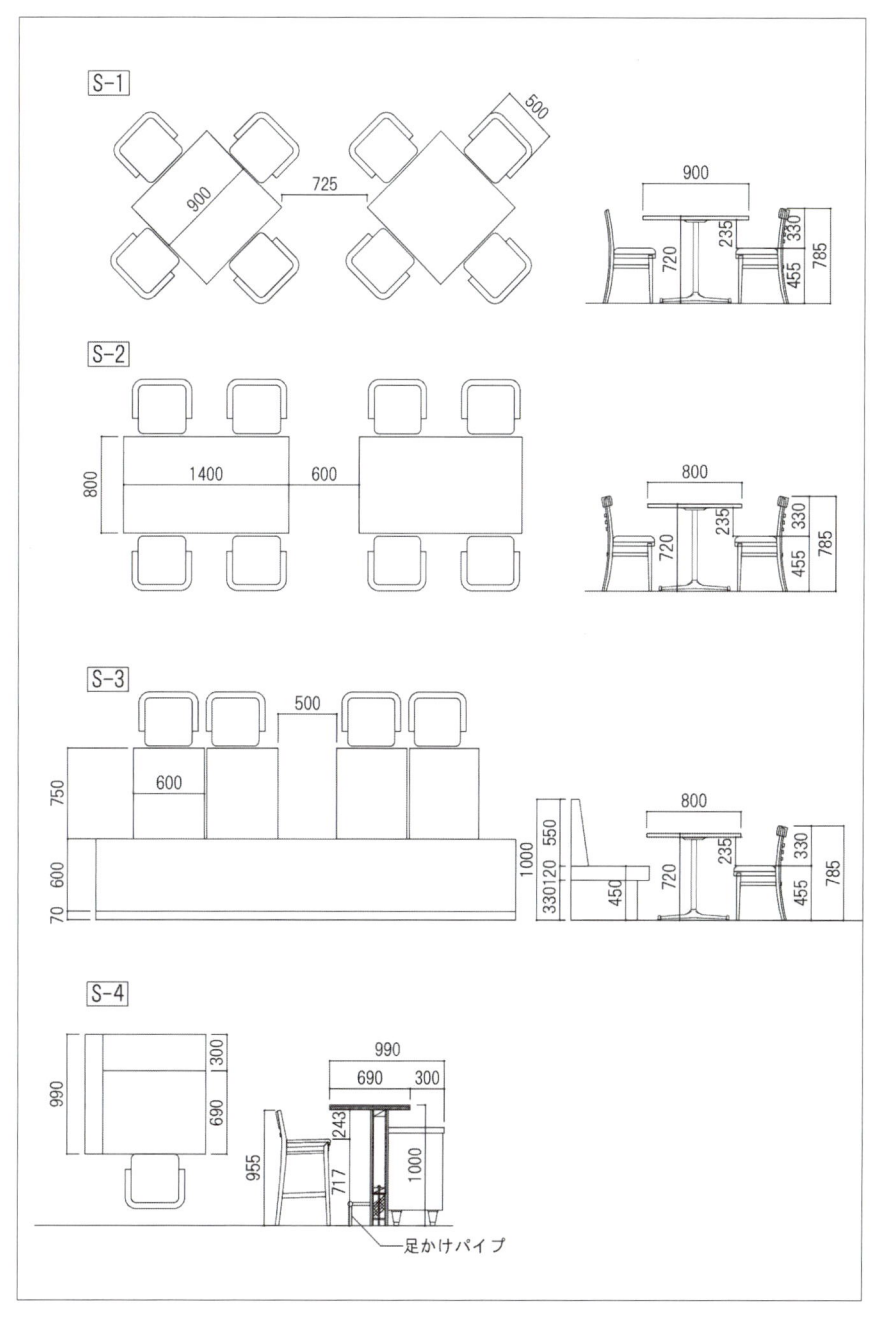

客席家具寸法　図 2-14

3-1 中華スタイル / 事例中華レストラン

中華レストランのキッチンスタイルとは(他の飲食店と比較すると)、調理機器や調理オペレーションも中華特有の流れの配置をとり、注文に応じて料理の素材を準備するスタッフと調理をする調理人が異なるキッチン計画をとっている仕組みが多い。

勿論大型店(図2-15)ではなく中規模店、小規模店の場合には調理人が注文内容に合わせて料理の食材類を準備し、調理を行い料理提供するというオペレーションをとる場合もあるが(中華料理は火の料理という言葉があるように)、料理をスピーディーに提供するためのキッチンスタイルを計画することが常であろう。

また中華料理の基本である炒め用、さらに麺類のスープや麺茹で用、平たいナベをかけられる餃子用、これらの一部またはすべてが組み合わさっているキッチンスタイルが特徴である。さらに火口の組み合わせは実にさまざまで、規格製品のラインナップもあるが、オーダー製作で料理人の好みと厨房の広さ等の制約に対応した中華レンジを計画できることが利点である。

特に一般的なガステーブルとの違いは、丸底の中華ナベにあった形状(丸いナベ受けの部分がマンジュウという仕様になっていること)や、中華レンジ自体に水栓がついており、レンジトップが一段下がっており後方(もしくは前方)に排水溝があり、その場でナベを洗浄することができる実に合理的な仕様になっていることが多い。つまり中華のキッチンスタイルは、中華料理店の独特のキッチンスタイルであると理解しておくことを忘れてはならない。

中華スタイル事例 図 2-15

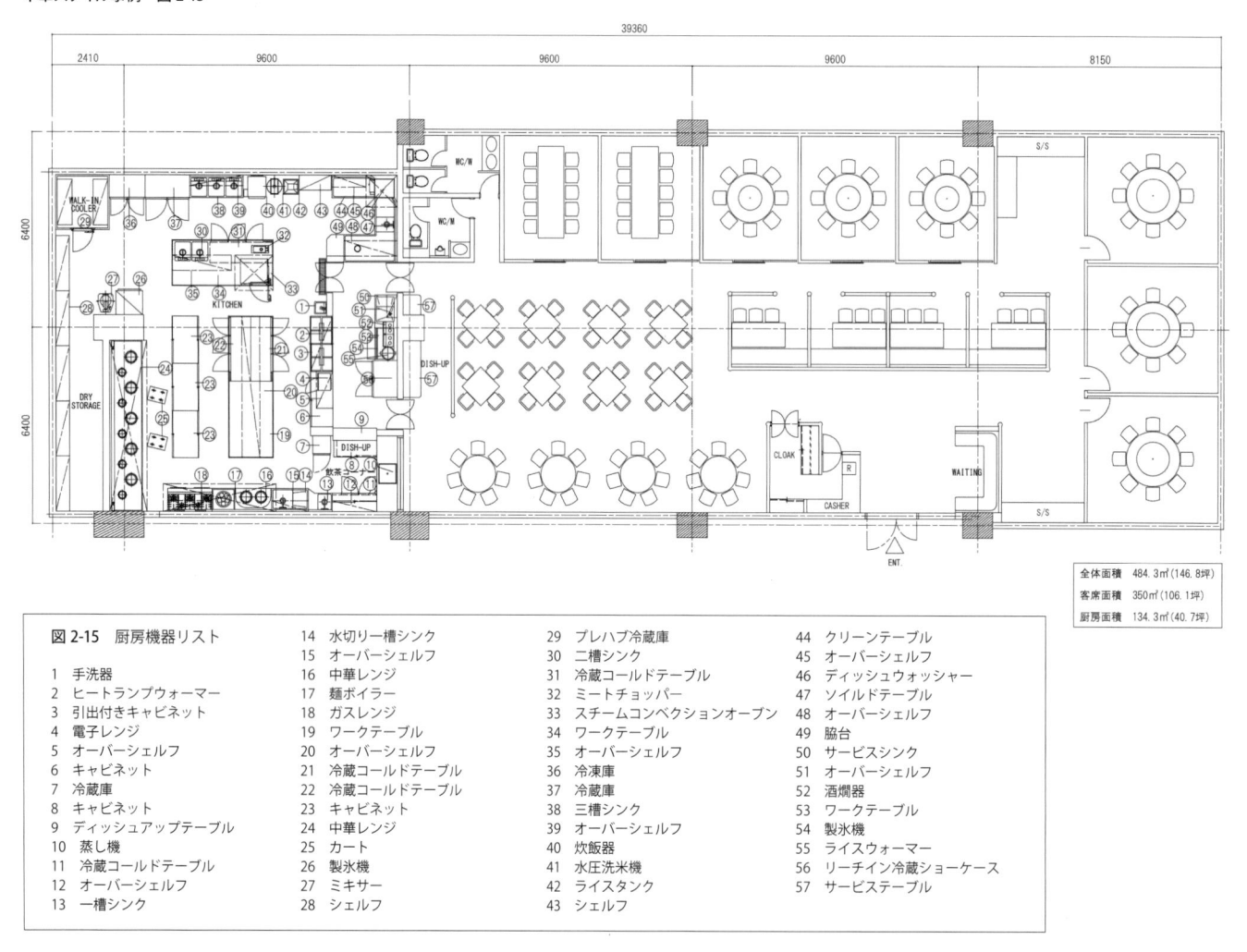

図 2-15 厨房機器リスト			
1 手洗器	14 水切り一槽シンク	29 プレハブ冷蔵庫	44 クリーンテーブル
2 ヒートランプウォーマー	15 オーバーシェルフ	30 二槽シンク	45 オーバーシェルフ
3 引出付きキャビネット	16 中華レンジ	31 冷蔵コールドテーブル	46 ディッシュウォッシャー
4 電子レンジ	17 麺ボイラー	32 ミートチョッパー	47 ソイルドテーブル
5 オーバーシェルフ	18 ガスレンジ	33 スチームコンベクションオーブン	48 オーバーシェルフ
6 キャビネット	19 ワークテーブル	34 ワークテーブル	49 脇台
7 冷蔵庫	20 オーバーシェルフ	35 オーバーシェルフ	50 サービスシンク
8 キャビネット	21 冷蔵コールドテーブル	36 冷凍庫	51 オーバーシェルフ
9 ディッシュアップテーブル	22 冷蔵コールドテーブル	37 冷蔵庫	52 酒燗器
10 蒸し機	23 キャビネット	38 三槽シンク	53 ワークテーブル
11 冷蔵コールドテーブル	24 中華レンジ	39 オーバーシェルフ	54 製氷機
12 オーバーシェルフ	25 カート	40 炊飯器	55 ライスウォーマー
13 一槽シンク	26 製氷機	41 水圧洗米機	56 リーチイン冷蔵ショーケース
	27 ミキサー	42 ライスタンク	57 サービステーブル
	28 シェルフ	43 シェルフ	

全体面積 484.3㎡(146.8坪)
客席面積 350㎡(106.1坪)
厨房面積 134.3㎡(40.7坪)

イメージパース 図2-16

フローと動線 図2-17

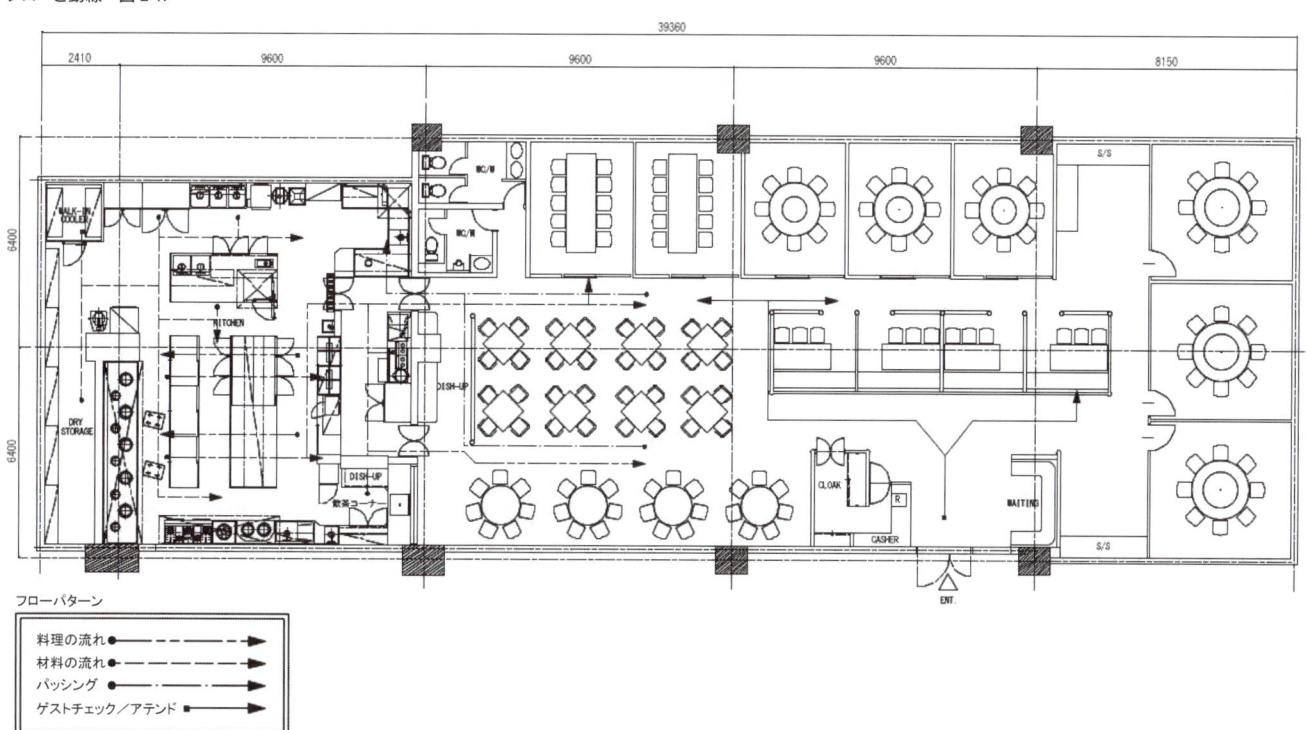

フローパターン
- 料理の流れ
- 材料の流れ
- パッシング
- ゲストチェック／アテンド

3-2 フローと動線／スタッフの動きを理解した計画をする

一般的に飲食店のサービスの基本は、中華レストランに関わらずオペレーションは大きく変わるものではないものの、図2-17のように大型中華料理店の場合には、事前に予約で来店してくることが多く、コースで中華料理を楽しめる(個室、半個室)の部屋が多く部屋の中間にパントリーを配置していることが常であろう。

予約客の場合には、事前に来店人数に合わせて設定した部屋に案内し、来店客が全員集まった時点から料理のスタートになることが多く、基本的には、大皿で各料理を部屋にサービスすることが一般的であり、サービススタッフが全員の料理を取り分けてサービスする場合と、客に自らそれぞれに自由に取り分けてもらう二つに分かれる。

またバンケット部屋以外の一般席を計画している場合には、注文は単品で且つ種々な料理内容の注文がキッチンにキッチンプリンターから出力されるため、サービススタッフはバンケット担当と一般席スタッフの配置を分けることが理想的である。

さらにサービス動線は、一般的あるいはバンケット席に対しても料理はディッシュアップエリアから各テーブルにサービスされることが常であり、一般的エリア以外の個室へのサービス動線は単独で確保することである。

つまりトイレに行く動線としては、繁忙時にサービス動線とゲスト動線が煩雑にならないように計画することが理想的であり、交錯する通路幅は広く確保しておくことが大切であることを忘れてはならない。

061

3-3 厨房詳細断面を理解する

詳細図断面(図2-18)を読むことは、内装工事やその周辺設備との取り合いを理解することでもあり、その内容を十分に確認しておくことである。A－A'の断面図は、熱源ライン、排気フード、作業台の詳細図であり、熱源の中華鍋と壁から取り出したカラン位置の高さやガスレンジのバックガードの高さ、排熱の発する位置の配慮など取り合いを確認しておくことが大切であろう。

またガスレンジトップの手前あるいは奥側に排水ピットを配置することが常であり、オペレーション上、どちらに計画したほうがオペレーション上理想的であるのかなど、料理人の意見を聞き決定することが必要であることを忘れてはならない。

B－B'の断面図は、ディッシュアップセクションの詳細図であり、料理を提供するための台の高さ寸法や出来上がった料理が冷めないようにヒートランプを配慮しているなど、客席までの料理を温かく提供する内容になっている

厨房詳細断面 図2-18

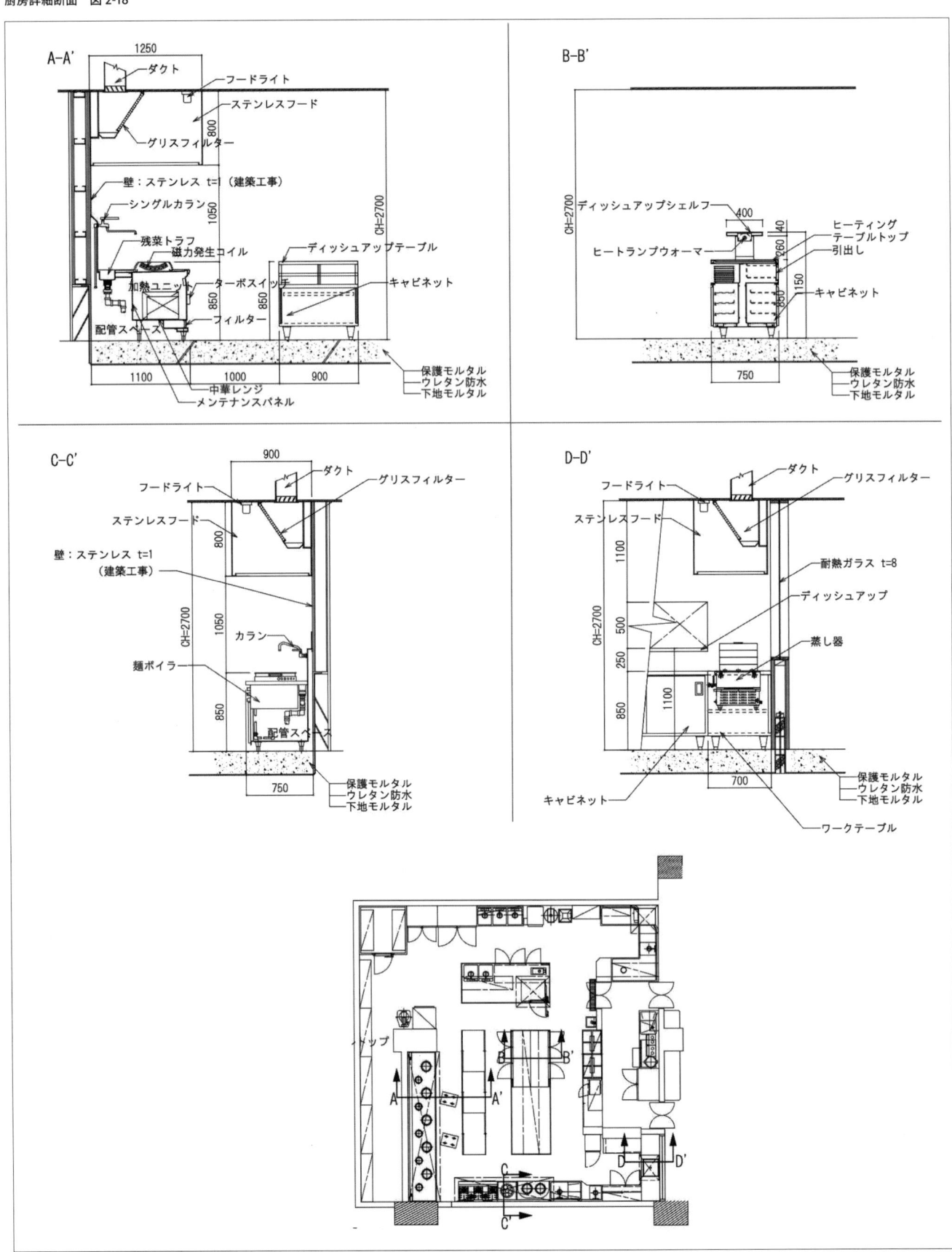

ことを理解しておくことである。
C－C'の断面図は、麺類を調理する調理機器と壁、排気フードとの納まりの詳細図であり、メイン熱源同様に壁からカランを取り出す計画になっているなど、カランの高さ寸法や距離など細部寸法を確認しておくことが大切である。また、D—D'の断面図は、客席から見える演出として蒸し器と透明ガラス、排気フードなどの取り合いの詳細図であり、いかに蒸籠と蒸した蒸気が上がっている演出を訴求する計画になっているかがポイントになることを忘れてはならない。

客席家具寸法　図 2-19

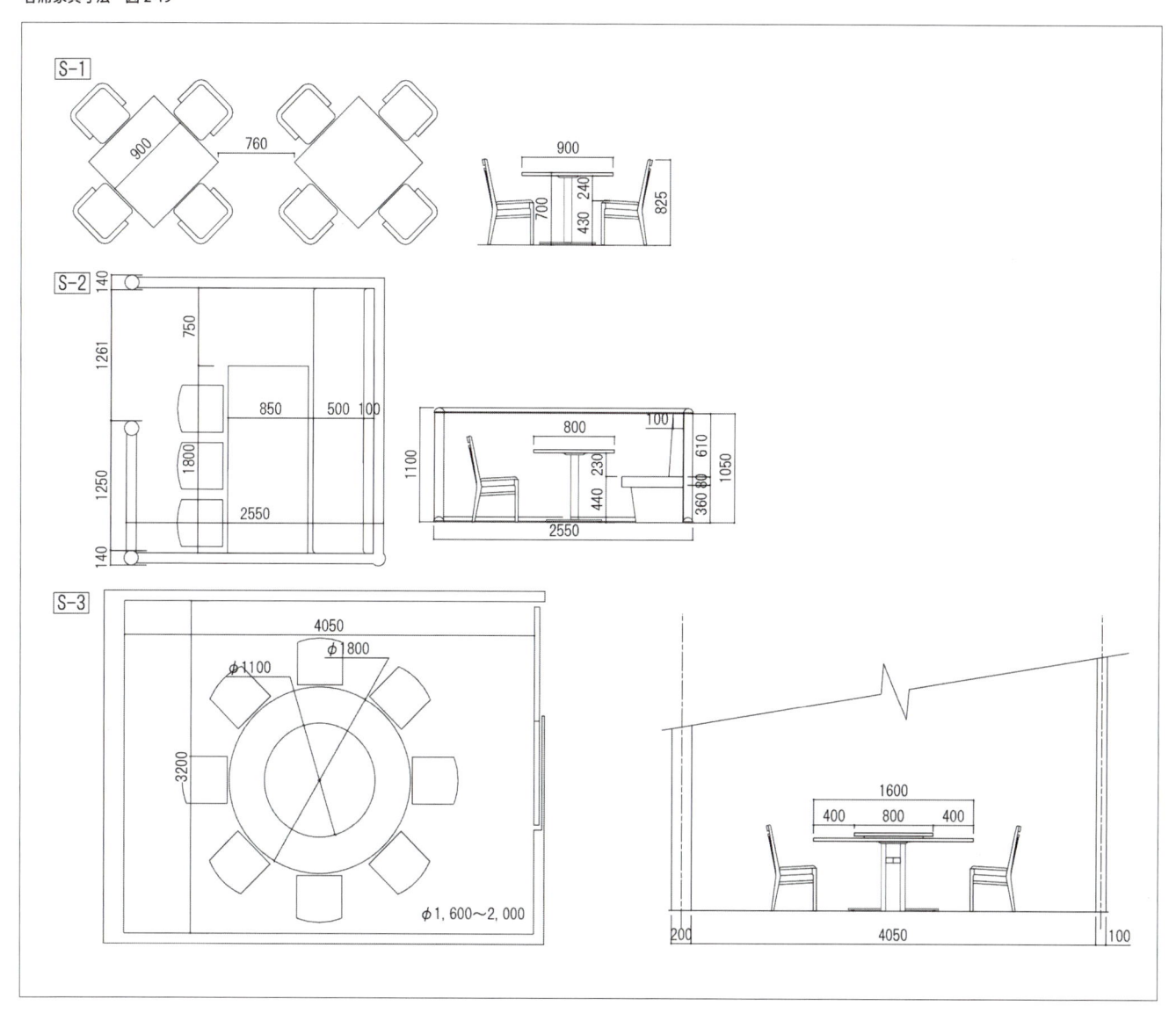

3-4 客席家具寸法を理解する

中華レストランのテーブル (図 2-19) は、一般の飲食店とは異なり食事は円卓で上部テーブルを回しながら料理を楽しむというスタイルになっていることが多く、テーブルの上部にS—3のように回転テーブルを計画する場合には、750ミリから800ミリの回転テーブルを計画することを確認しておくことである。

また中華料理の種類がコース料理、一品料理にかかわらず、サービスはほぼ同じ位置から回転テーブルに運ばれることが多く、料理を取り分ける場合には回転テーブルを回転させて自分の前に料理を回し、そこで料理を小皿に取り分けることを配慮すると、回転テーブルとテーブルの空き寸法 (200ミリから250ミリ) も配慮した計画になっていることが理想的であろう。

その他一般の飲食店同様にテーブル席やベンチシート席を計画 (S—1、S—2) する際には、一品料理を来店客で取り分けて食べるという食の楽しみ方をするため、比較的テーブルの奥行き、大きさは少し大きく計画しておくことが大切である。

つまり特に座面とテーブルの高さ寸法は、いかなる業種・業態であっても大きく寸法が変化するものではなく、座が低くテーブルが高くなると非常に食事がしにくい環境になってしまうため、細部寸法までしっかりと確認しておくことを忘れてはならない。

063

4-1 和食スタイル / 事例和食割烹料理店

和食キッチンスタイルとは、ディッシュアップラインの背後に各ライン（煮物、刺し場、盛り付け台、揚場、焼き場など）、各調理機器やラインを分けて配置するオペレーションのキッチン計画をいうことが多く、比較的高価格帯の割烹料理、和食創作料理などの業態に利用されるキッチンスタイル（図2-20）である。

また和食割烹の場合はコース料理で提供するスタイルが多く、コース料理内容によって料理を提供するキッチンシステムになっていることである。また一般席がある場合には、一品料理を注文に応じて提供するシステムは、コース料理同様に各ラインで調理し客席へ提供される仕組みは一般飲食店同様に変わるものではないことを理解しておくことである。

さらに和食のキッチンスタイルは、各調理ライン（和食の五法 / 生を切る、煮る、焼く、蒸す、揚げる、漬ける、乾かすなど）が分散しているため効率的な業態やスピーディーなサービスを目指す業態には向いておらず、基本的キッチンスタイルは維持するものの、キッチンの効率性を上げるためにキッチン計画を変形あるいは配置計画を効率化することも多々あることを理解しておくことであろう。勿論和食居酒屋や中間価格帯の和食業態では、和食のキッチンスタイルを基本に効率化（一部調理を調理機器に依存する）を目指す計画にする場合もあることを忘れてはならない。

つまり一般的に和食キッチンスタイルは、和食業態のオペレーションの基礎であり、仕込みや料理オペレーションを配慮すると理想的であるものの、比較的キッチンが広く、スタッフ人員も多く必要になるため、あくまでも調理システムや思想を効率的に応用することに視点をおき計画に臨むことを理解しておくことである。

4-2 フローと動線 / スタッフの動きを理解した計画をする

この和食割烹店の場合には、入口で一度ゲストの案内を行うため、ウェイティングスペースやレジカウンターを配置しているため、サービスも案内係がゲストの予約確認をして部屋や客席に案内するシステムを計画していることである。テーブルサービスの飲食店の場合には、ほとんど入口でゲストを客席へ案内するというサービス方式をとることが多く、各客席エリアへのゲスト動線を確保しておくことが理想的であろう。

またこの全体計画（図2-20）の場合には、入口に対してキッチン、パントリーエリアが反対側に配置しているため、ゲスト動線とサービス動線が交錯することが少なく、効率的オペレーションを追及する計画としては不向きではあるものの（業態のサービスやスタイルを配慮すると）、和食割烹の業態内容を配慮すると理想的な計画であることを理解しておくことである。

さらに客席スタイルが個室あるいは一般席の大きく二つに分かれているため、予約客以外は全て一般席に案内されることを配慮すると、ほぼ二方向のサービス動線になっていることである。

ゲストがトイレを利用する場合も（客席内を通過せずに）ゲスト動線を通過して直接行けるように計画されている。繁忙時に際してもサービス動線と交錯せず煩雑にならないように配慮されていることが理想的であることを忘れてはならない。

和食割烹料理店事例　図2-20

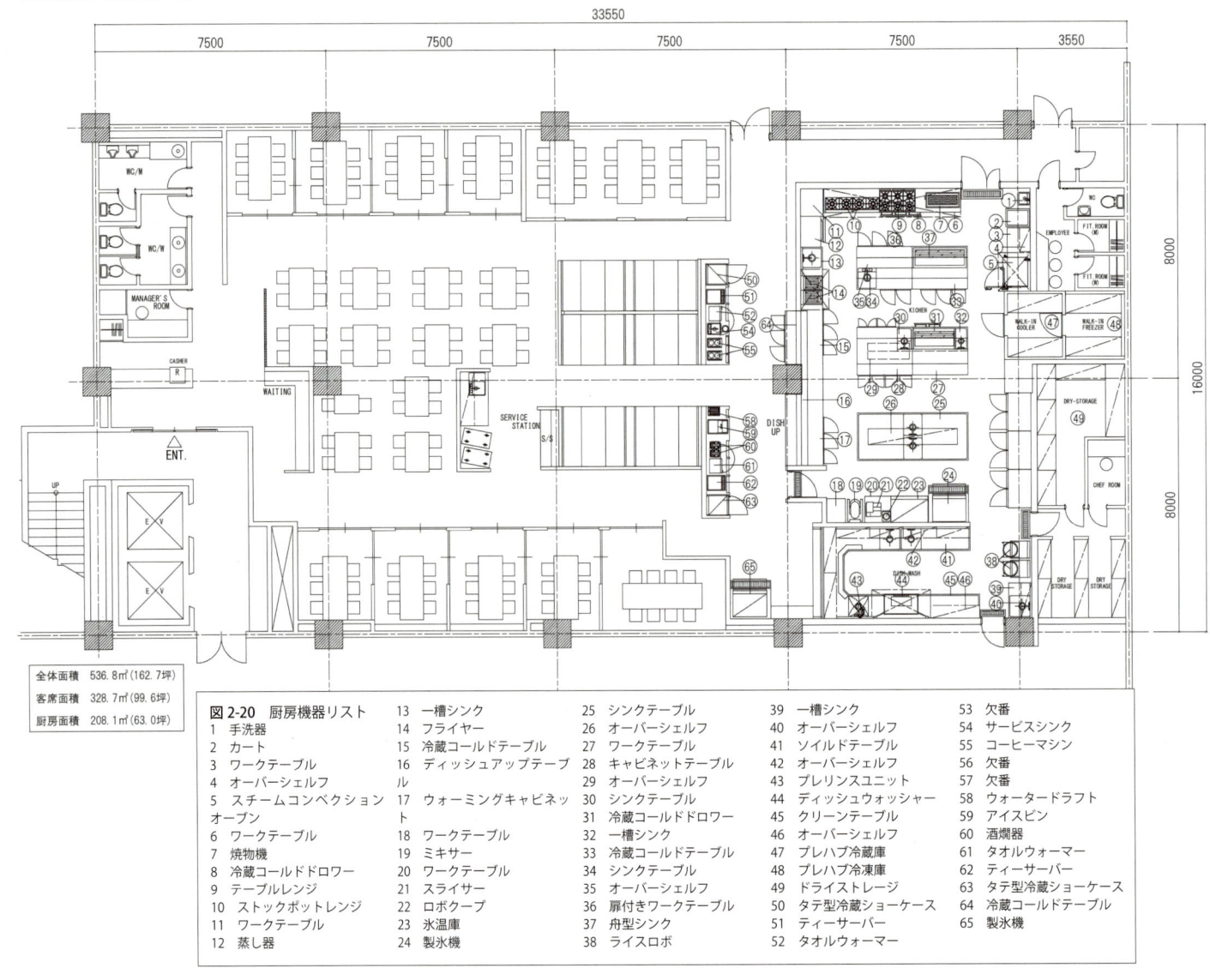

全体面積　536.8㎡（162.7坪）
客席面積　328.7㎡（99.6坪）
厨房面積　208.1㎡（63.0坪）

図2-20　厨房機器リスト

#	名称	#	名称	#	名称	#	名称	#	名称
1	手洗器	14	フライヤー	27	ワークテーブル	40	オーバーシェルフ	53	欠番
2	カート	15	冷蔵コールドテーブル	28	キャビネットテーブル	41	ソイルドテーブル	54	サービスシンク
3	ワークテーブル	16	ディッシュアップテーブル	29	オーバーシェルフ	42	オーバーシェルフ	55	コーヒーマシン
4	オーバーシェルフ	17	ウォーミングキャビネット	30	シンクテーブル	43	プレリンスユニット	56	欠番
5	スチームコンベクションオーブン	18	ワークテーブル	31	冷蔵コールドドロワー	44	ディッシュウォッシャー	57	欠番
6	ワークテーブル	19	ミキサー	32	一槽シンク	45	クリーンテーブル	58	ウォータードラフト
7	焼物機	20	ワークテーブル	33	冷蔵コールドテーブル	46	オーバーシェルフ	59	アイスビン
8	冷蔵コールドドロワー	21	スライサー	34	シンクテーブル	47	プレハブ冷蔵庫	60	酒燗器
9	テーブルレンジ	22	ロボクープ	35	オーバーシェルフ	48	プレハブ冷凍庫	61	タオルウォーマー
10	ストックポットレンジ	23	氷温庫	36	扉付きワークテーブル	49	ドライストレージ	62	ティーサーバー
11	ワークテーブル	24	製氷機	37	舟型シンク	50	タテ型冷蔵ショーケース	63	タテ型冷蔵ショーケース
12	蒸し器	25	シンクテーブル	38	ライスロボ	51	ティーサーバー	64	冷蔵コールドテーブル
13	一槽シンク	26	オーバーシェルフ	39	一槽シンク	52	タオルウォーマー	65	製氷機

フローと動線　図 2-21

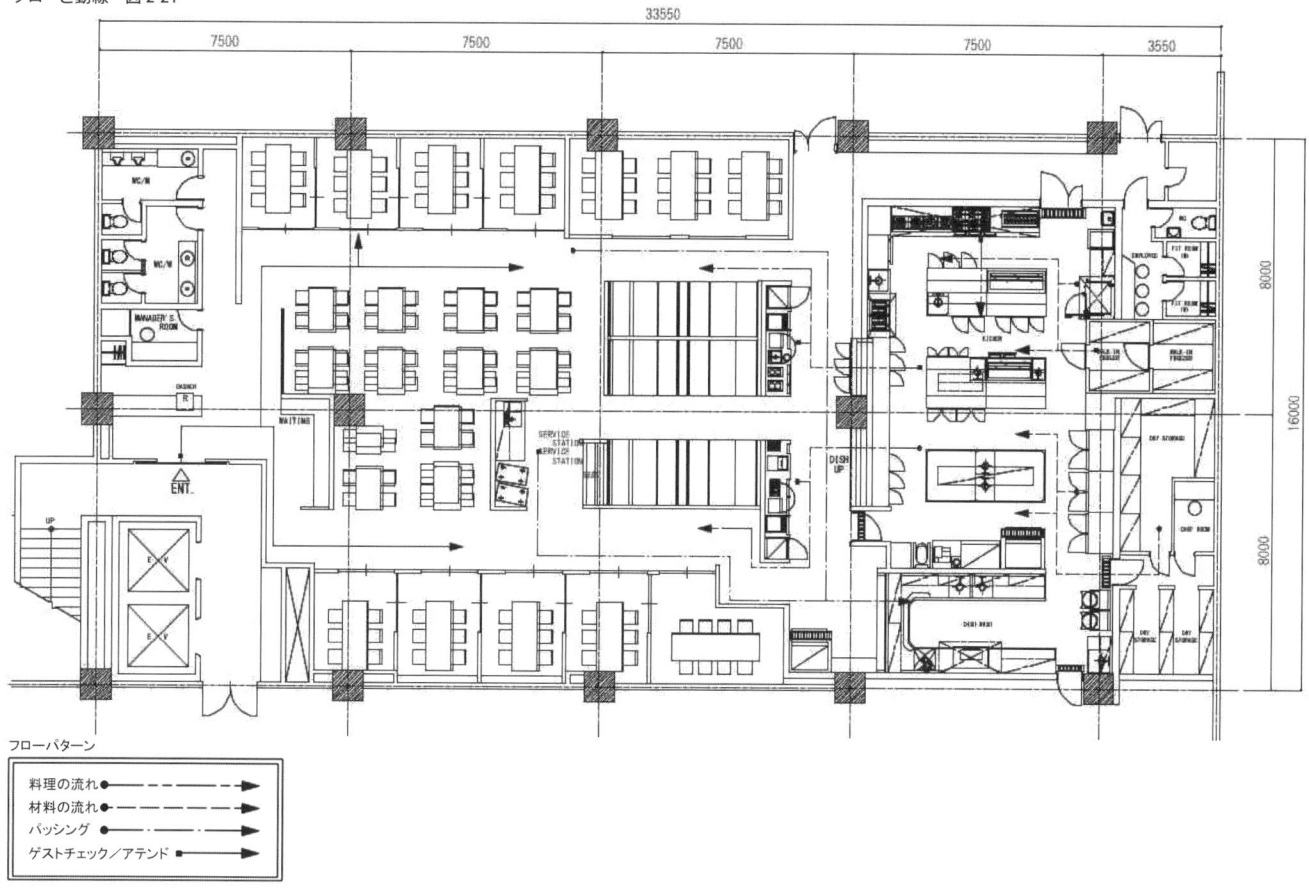

フローパターン

料理の流れ	●────▶
材料の流れ	●─ ─ ─▶
バッシング	●─・─▶
ゲストチェック／アテンド	●・・・▶

イメージパース　図 2-22

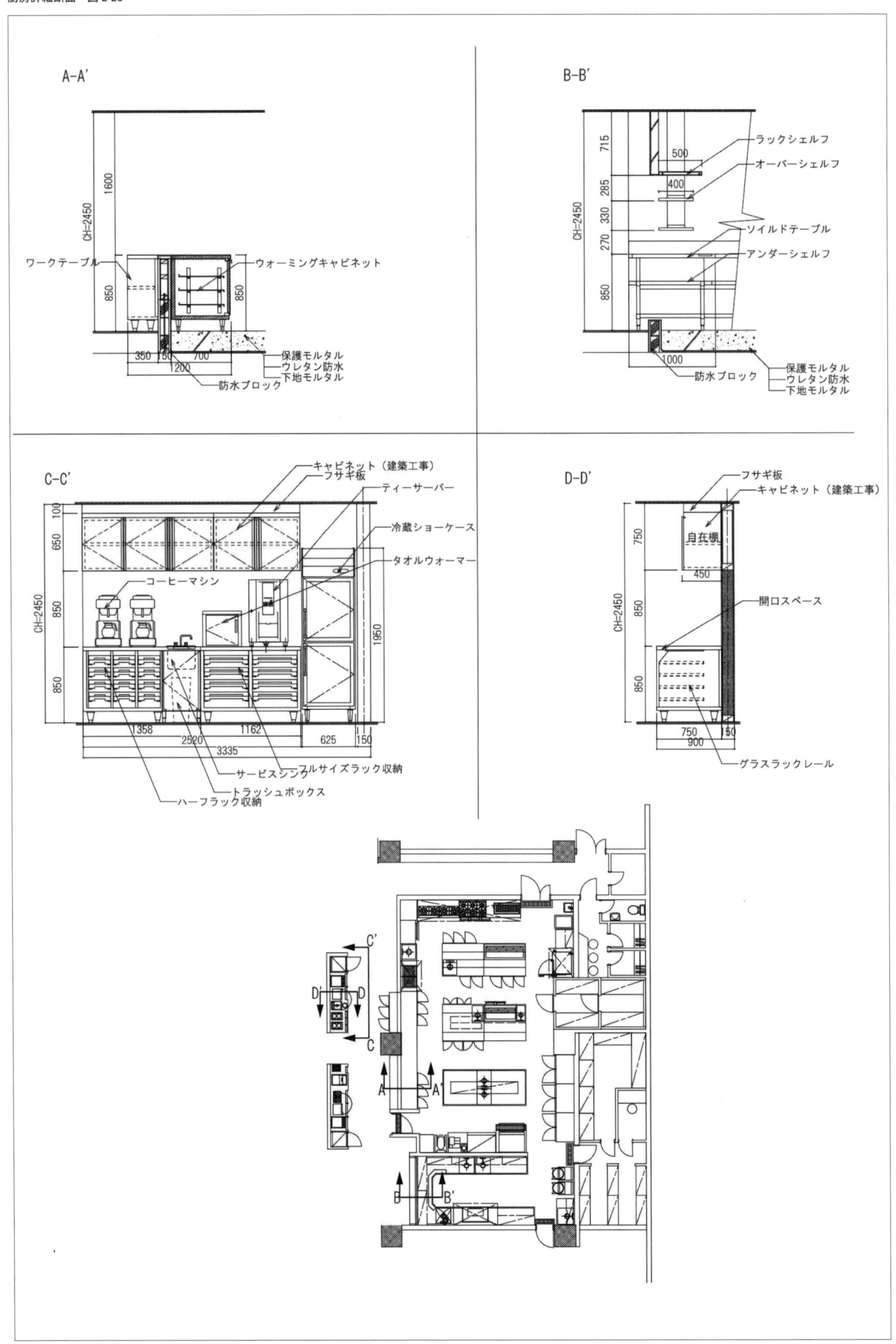

厨房詳細断面　図 2-23

4-3 厨房詳細断面を理解する

詳細図断面（図 2-23）を読むことは、内装工事やその周辺設備との取り合いを理解することでもあり、その内容を十分に確認しておくことである。A—A'の断面図は、ディッシュアップの断面詳細図であり、テーブルの高さや腰壁との納まり内容を確認しておくことである。一般的に和食割烹店のようにコース料理を主メニューにする業態の場合には、同時にコース料理をスタートさせる場合を配慮すると、同一料理をテーブルの上に並べて盛り付けを行うなどオペレーション内容を配慮すると、ディッシュアップの高さは約 850 ミリから 1000 ミリとしてパントリー側のテーブルの高さを同一にして料理のワゴンサービスやセットアップをしやすく計画しておくことが理想的である。

和食割烹料理のコース内容と料理の順番は、①先付前菜 ②椀物吸い物 ③向付刺身 ④鉢魚焼き物 ⑤強肴煮物 ⑥止め肴原則として酢肴（酢の物）、または和え物 ⑦食事ご飯・止め椀（味噌汁）・香の物（漬物） ⑧水菓子果物の順番で提供され、最後のご飯、止め椀、漬物は同時に供されるため、コース料理のスタートは若干異なっても事前準備をしておける料理（半完成料理、仕込み料理など）は冷蔵庫に保冷しておくことが理想的である。

つまり特に注意しておきたい部分は、B—B'の洗浄エリアのソイルドテーブルの断面図であり、洗浄ラインは手洗いと洗浄機使用のラインに分割することが多く（漆ぬりの食器類は手洗いにするため）、客席からの器類の返却はワゴンで戻ってくることが多く、ソイルド前のスペースは広く確保しておくことが理想的であることを理解しておかなければならない。また C—C'の断面図は、ドリンクパントリーラインの展開図の納まりであり、サービスのスタートは、おしぼり、お茶などサービスを配慮した機器配置や計画をしておくことが理想的であることを忘れてはならない。

客席家具寸法　図 2-24

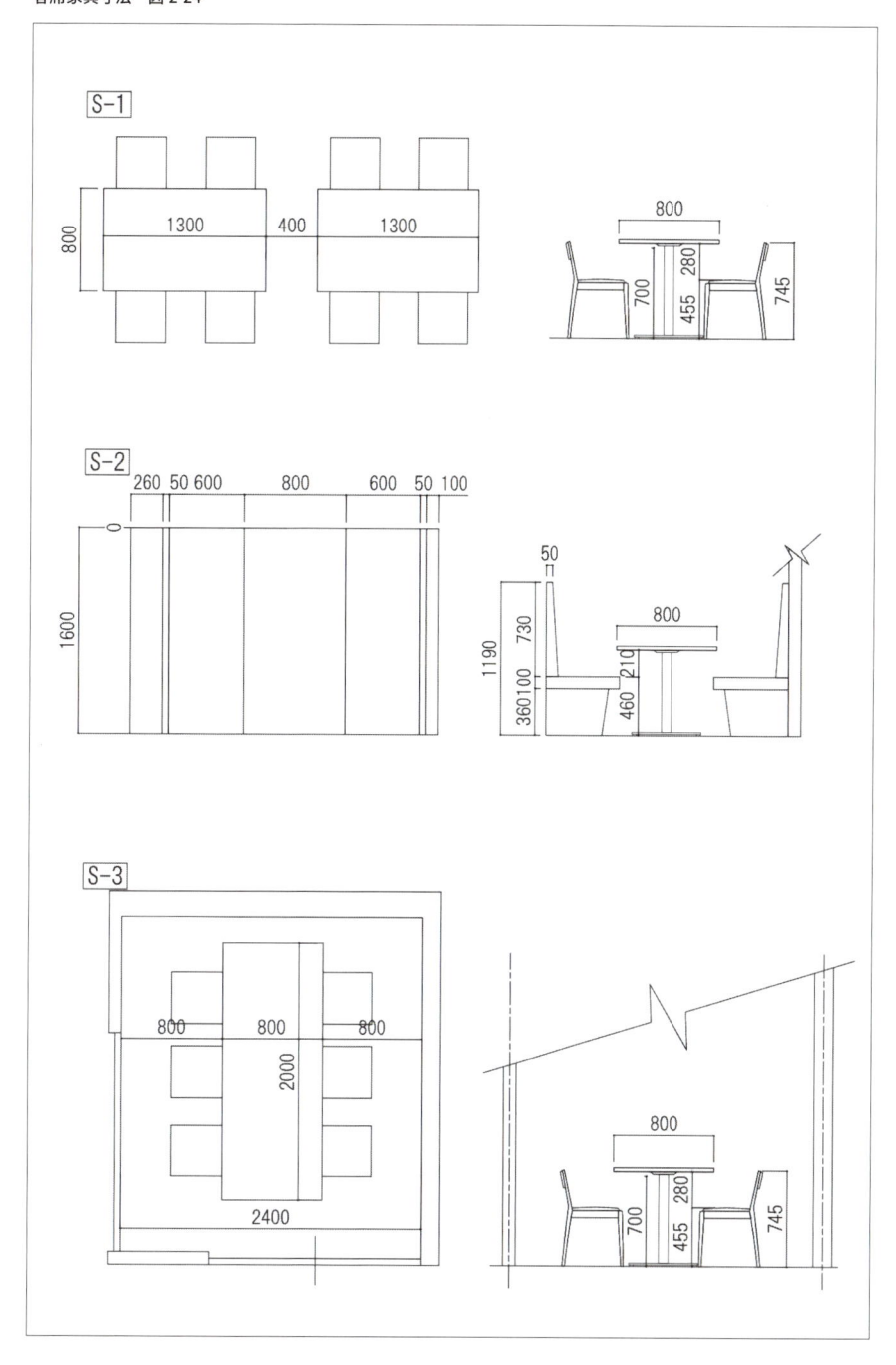

4-4 客席家具寸法を理解する

和食割烹料理店の場合（図 2-24）には、テーブルの幅や奥行きは比較的大きめに寸法を計画することが多く、S—1、S—2、S—3 など 4 人席のテーブルの幅は約 1300 ミリから 1350 ミリ、奥行きは約 800 ミリの寸法を確保しておくことが理想的である。

また勿論椅子やテーブルのデザインは、業態に合わせた和テイストの素材を使用することが多く、座や背の生地に至るまで全体的な内装デザインに合わせてデザインすることが大切であろう。

特に個室計画の際に注意しておきたいことは、テーブルや椅子の大きさはサービススタッフが部屋の中に入り、種々なサービスを行うオペレーションを配慮すると、周辺のサービススペースは約 500 ミリから 600 ミリ以上確保しておくことが理想的である。

また椅子の座面とテーブルトップの差異は、約 280 ミリから 320 ミリ以内を基準に計画することを忘れてはならない。

つまり料理内容（デザート、ドリンク類）やラウンジ形態によっては、テーブルトップが低く座面が低い場合もあるものの、食事を楽しむという環境の椅子、テーブルの場合には、食事をする椅子とテーブルの関係は大切なポイントでもあり、ゆったりと食事や団欒の時間を過ごせる家具寸法にしておくことが大切である。

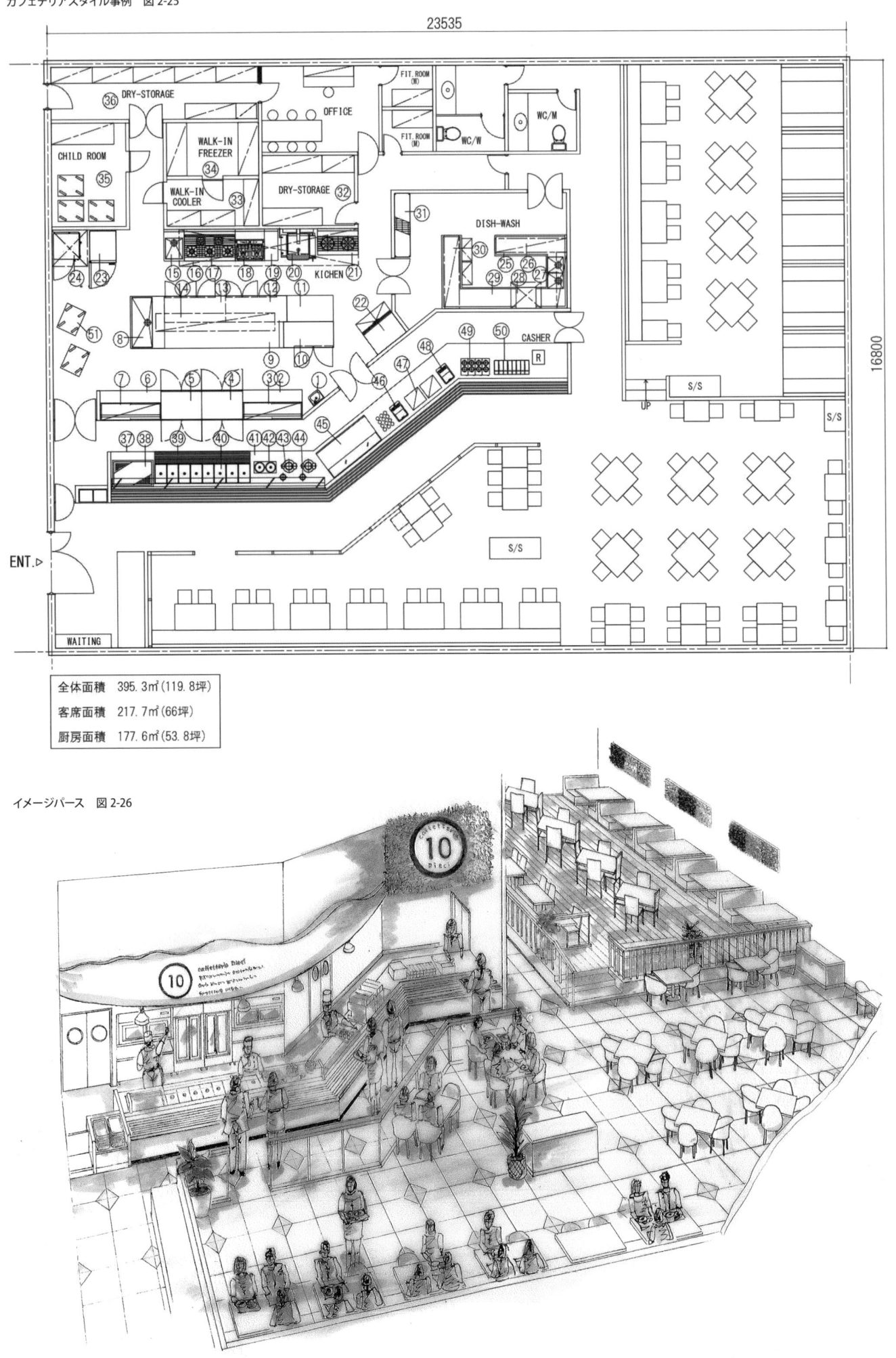

カフェテリアスタイル事例 図 2-25

全体面積　395.3㎡ (119.8坪)
客席面積　217.7㎡ (66坪)
厨房面積　177.6㎡ (53.8坪)

イメージパース 図 2-26

図2-25　厨房機器リスト
1 手洗器
2 ワークテーブル
3 吊型冷蔵ショーケース
4 パススルー冷蔵庫
5 パススルー冷蔵庫
6 ワークテーブル
7 吊型冷蔵ショーケース
8 一槽シンク
9 ワークテーブル
10 冷蔵コールドテーブル
11 ワークテーブル
12 冷蔵コールドテーブル
13 冷蔵コールドテーブル
14 ディッシュアップテーブル
15 一槽シンク
16 冷蔵コールドドロワー
17 ガスレンジ
18 フライヤー
19 脇台
20 圧力ブレージングパン
21 スープレンジ
22 製氷機
23 ブラストチラー
24 スチームコンベクションオーブン
25 ソイルドテーブル
26 オーバーシェルフ
27 オーバーシェルフ
28 ディッシュウォッシャー
29 クリーンテーブル
30 オーバーシェルフ
31 シェルフ
32 ドライストレージ
33 プレハブ冷蔵庫
34 プレハブ冷凍庫
35 プレハブ冷凍庫
36 ドライストレージ
37 ワークテーブル
38 アイスベッド
39 カッティングボード
40 フードウォーマー
41 ワークテーブル
42 スープウォーマー
43 ライスジャー
44 ディッシャウェル
45 冷蔵ショーケース
46 アイスビン
47 ジュースディスペンサー
48 アイスビン
49 コーヒーウォーマー
50 オーガナイザー
51 カート

5-1 カフェテリアスタイル / 事例グリル＆カフェカフェテリア

カフェテリアスタイルとは、あらかじめ調理した料理や盛り付けた料理などをレーンラインに陳列し (サラダ、ホット料理、コールド料理、デザート、ドリンク)、ゲストがトレーのレーンラインに沿ってキッチン側のスタッフに注文あるいは自ら料理を取り盆トレーに並べて最後にレジ精算をし、好みの席で食事を楽しむというサービススタイルをいう。

またカフェテリアスタイルは、スタッフの人件費を削減し効率的なオペレーションをするためのシステムとして利用されることが多く (社員食堂、イタリア料理、中華料理、ピザハウス、ファストフードなど) 一度に多くの来店客にサービスを行う業態のスタイルに利用されることが多いことを理解しておくことであろう。

一般的には、レーンラインは約8メートルから10メートルでサラダ、メイン料理、デザート類、レジまでの長さが常であり、あくまでもセルフサービスで料理を選択するセルフサービスのレストランメニューを楽しむサービススタイルであると理解しておくことである。

さらにレーンライン計画は、図2-25のようなカギの字タイプや円形、コの字、螺旋形タイプなど種々なレーンの形状はあるものの、セルフサービスで料理を楽しむというサービススタイルは大きく変わるものではないことを忘れてはならない。

つまり食べ終わった食器類については、店側のスタッフが洗浄エリアへ返却するというシステムであり、すべての工程をゲストに依存するものではなく、あくまでも食器類の下膳は店側のスタッフが行うことを想定し、客席フロアーと洗浄エリアへの動線や客席内にサービスステーション (コンディメント類、ナプキン、スタッフ用バスボックス収納スペースなど) を配置することが大切である。

5-2 フローと動線 / スタッフの動きを理解した計画をする

カフェテリアサービスのシステム (図2-27) としては入口から入店しゲストが自ら盆トレーを持ち、レーンラインを進みながら料理を取り最後に清算という流れをとるために、入口とレーンの始まりは近距離に配置することが理想的である。

基本的にセルフサービスであるためゲスト動線を中心にフロアーの流れを計画することが中心になるだろうし、清算後の着席までのゲスト動線をシミュレーション計画しておくことが大切であろう。

またスタッフ動線としては、サービスはレーンラインの厨房機器越しに行うことが多く、料理を提供する場合にもレーンラインのスニーズガード (埃除けカバー) の上に料理を差し出すため、ゲストとの直接のサービスのやり取りはドリンクセクションとレジ清算に終始されることである。つまりサービス動線とゲスト動線が店内で交錯することはなく、レーンラインから客席が見渡せる配置計画になっていることが大切である。

さらにキッチン内のスタッフ動線としては、レーンラインの背後に配置したホット・コールドキャビネットから料理をレーンに補充するなど前後の動きが多く、スタッフは各レーンポジションに配置されるため、横への動きはさほどないことを理解しておくことである。

つまりキッチン内のスタッフの動きは、あらかじめ繁忙時状況を予測して、メインキッチンで調理された料理をレーンラインの背後にある料理保存・保冷庫に準備しておくことになるため、繁忙時の状況によっては料理類の補充指示や調理指示をバックキッチンへ伝達することはあるものの、スタッフが直接バックキッチンへ行きレーンラインへ料理を運ぶというオペレーションにならないように計画することが大切である。

フローと動線　図2-27

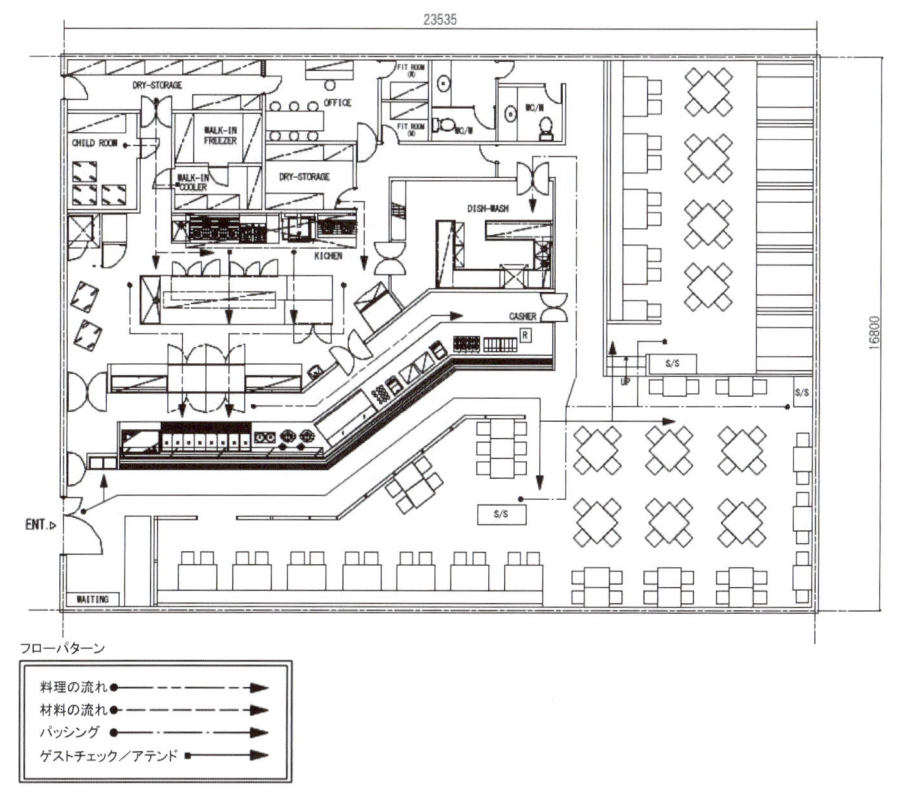

フローパターン
- 料理の流れ
- 材料の流れ
- パッシング
- ゲストチェック/アテンド

5-3 厨房詳細断面を理解する

詳細図断面 (図 2-28) を読むことは、内装工事やその周辺設備との取り合いを理解することでもあり、その内容を十分に確認しておくことである。また A—A' の断面図は、レーンラインのトレースライド (盆トレー置き) とスニーズガード (料理の埃除け)、厨房機器などの詳細図である。キッチン側からスニーズガードの手前までの距離は約 500 ミリから 550 ミリ以内とし料理をスムーズにゲスト側に提供できる寸法であることや、トレースライドのフロアーからの高さ寸法もあまり低くならないように計画することが大切であろう。

さらに B—B' の断面図は、デザートショーケースとトレースライドとの取り合いの詳細図であり、この場合には、ゲストが自らデザートを選びトレーの上に載せる動作になるため、デザート陳列棚の高さや見え方を配慮し計画することがポイントである。

また C—C' の断面図は、バックキッチンのメインキッチンの熱源機器と排気フード、セットアップ台との取り合いの詳細図であり、排気フード内にはフード内照明を配置し調理機器周辺が暗くならないように配慮しておくことや、調理はテーブルサービスのように一品ずつ料理を調理するのではなく、あらかじめ繁忙時の状況を予測し、一定量をまとめて調理することを配慮した計画にしておくことが大切である。

さらに D—D' の断面図は、洗浄エリアの作業台、オーバーシェルフなどの詳細図であり、洗浄エリアは衛生的な面を配慮すると他のエリアと区画して計画することが理想的であり、洗浄エリア内の壁、天井素材もステンレスあるいはケイカル化粧ボードを貼るなど (湿気に強く拭ける素材) 配慮しておくことを忘れてはならない。

厨房詳細断面　図 2-28

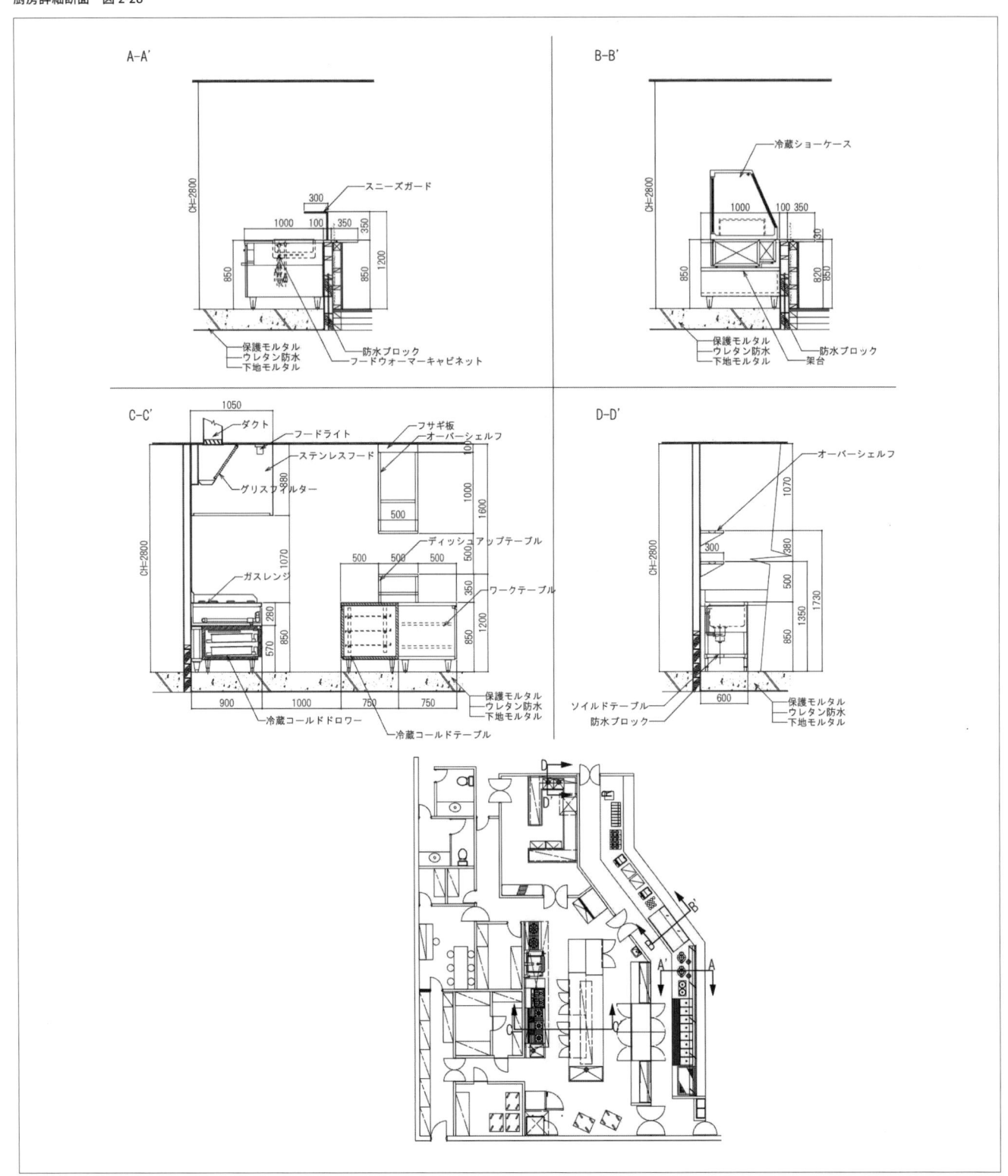

客席家具寸法　図 2-29

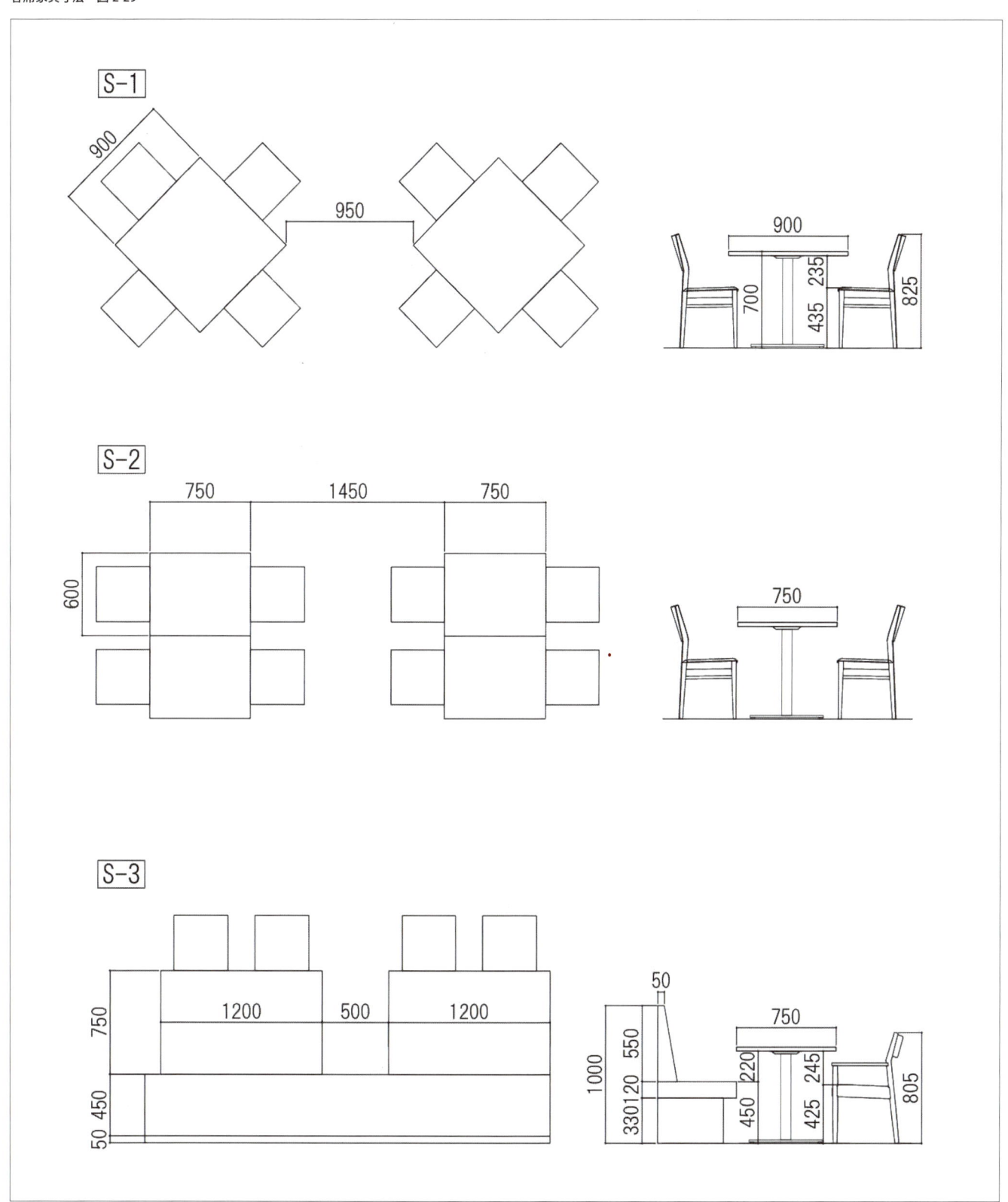

5-4 客席家具寸法を理解する

基本的にカフェテリアの家具テーブル寸法(図2-29)については、そこで使用するトレーの大きさに合わせてテーブルの幅、奥行き寸法を計画することが多く、盆トレーが大きくなればなるほど、テーブル寸法幅や奥行きは広く確保することが必要になることを理解しておかなければならない。

一般的には、4人席テーブルS—1、S—2、S—3などは、四角テーブルは約900ミリ角から1000ミリ、幅1200ミリから1300ミリ、奥行き750ミリから800ミリが多く、あくまでも盆トレーをテーブルの上に並べた際に前後、横に座った人のトレーとトレーがぶつからないことを想定しテーブル寸法を計画することが大切であろう。

またテーブルトップの素材としては、盆トレーがテーブルトップでスライドしたり、触れ合うことが多く、素材は摩擦や傷に強い素材(メラミン化粧板など)を選定することが大切であることを理解しておくことである。

さらにベンチシート席のテーブルとテーブルの間隔は、約500ミリから600ミリの空きができるようにしておくことが、隣の席で食事している環境を阻害しない寸法であろうし、間隔が狭すぎるとテーブルに服が触れたり、体がぶつかったりするため注意を要するポイントであることを忘れてはならない。

071

10)厨房機器の選定方法と厨房配置の基本/厨房機器カタログを読み込む力

厨房計画を進める際に大切なことは、そこで提供される料理内容と調理機器が適合しているか否かという視点を持って計画に臨むことであろう。しかし現実的には、往々にして商品計画と厨房計画が相互リンクせずに同時並行で進められることも多く、厨房計画が完成する段階で厨房計画を見直さなければならないということもしばしばである。

また一般的に企画開業するクライアント側がそこで提供する商品計画や内容を検討することが常であるため、厨房機器や用途としてどのような調理機能が必要であるのかなどの情報は、クライアント側から厨房会社に相談があることが多く、料理をどのように調理したいか、あるいはどのような調理機器を使用したいなど厨房機器の選定はクライアントが決定することが常である。

厨房配置の基本　表2-35

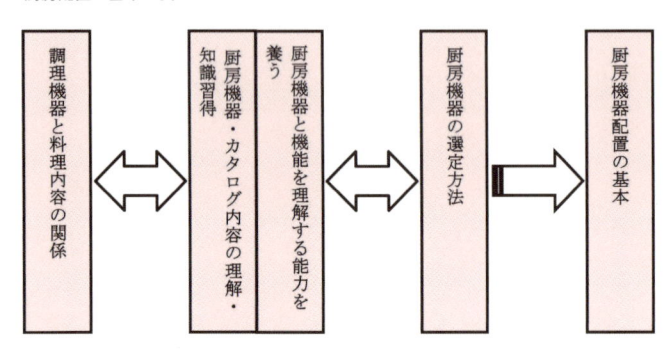

勿論飲食店の店づくりに携わる専門家、インテリアデザイナー、フードコーディネーター、ビジネスコンサルタントなどの仕事の姿勢としては、厨房図面や厨房機器の内容や機能を情報として事前に知っておくことが大切であることを忘れてはならない。

しかし厨房機器そのものの種類や機能の知識や情報が欠如している場合には、厨房会社に相談する、あるいはカタログをかたっぱしから知識として読み込む、また厨房会社のショールームを訪問するなど、ともかく厨房会社に任せっきりにせずに、自らが知識を習得することが大切であることを自覚しておくことである。

さらに厨房機器を選定する場合の基本(表2-35)は、どのように料理するのかという具体的な調理工程を分解すれば理解しやすいことであり、厨房機器と調理用途を理解し、料理に合わせた厨房機器を選定することが理想的であろう。

また調理機器を配置する場合の基本は、調理工程に合わせて効率的且つ動きやすい厨房機器配置を想定し計画に臨むことが理想的であることを忘れてはならない。

つまり厨房機器の配置方法の基本は、ただ単に厨房機器を厨房スペースに並べればよいというものではなく、その店で主軸になるメニューと調理機器を中心に周辺機器を集めることが効率的になるポイントである。

特にオーナー自らが店に入りアルバイトやスタッフを雇用し全体統括するスタイルを計画するのであれば、厨房機器の配置は基本に準じることが作業効率や機能を配慮すれば理想的であるものの、店で働くスタッフの数や動きやすさを優先し厨房機器を配置する計画も一つの手法であることを理解しておくことである。いかなる業種・業態にしても、繁忙時にいかに料理を早くスピーディーに提供できるかに重きをおき計画に臨むことが大切であることを忘れてはならない。

さらに一般的に厨房機器の配置の基本とは、例えば、ガスレンジの隣にはそこで使用することが多いフライパンを洗うためのフライパンシンク(パンシンク)が横に配置されることが基本であるように、すべての機器配置には調理工程を具体的に具現化した動きをベースに機器配置計画を進められることが大切である。

つまり最終のディッシュアップ(料理を提供するところ)には、料理の最終チェックとガルニを盛り付けるためのコールドテーブルを配置するなど、そこで提供する料理内容や提供方法の仕組みに沿って機器配置計画を行うことが理想的であることを忘れてはならない。

11)厨房図面を読む力を養うポイント

一般的に飲食店の厨房図面の最終承認はクライアント側あるいは厨房作業を任される料理人やスタッフが決定することが常であろう(勿論、店づくりに携わるデザイナーが専門家として厨房の知識や理解を深めておくことは言うまでもない)。

しかし飲食店の厨房図面を初めて見る素人にとっては、その図面内容を理解しろといってもすんなりとは頭の中でその詳細内容を整理できないことがほとんどであり、一般的には厨房会社が提出してきた図面の内容が分からないまま承認をしてしまうことがほとんどであろう。

しかし、いざ厨房図面に合わせて実際に厨房機器が配置されると、その現実に「これでは調理がしにくい」、「厨房配置を変えて欲しい」など飲食店が完成する段階でとやかく不満をいうクライアントが多いことも現実であることを忘れてはならない。

つまりこのような理想と現実の誤差は日常茶飯事であり、後々もっと厨房図面をチェックしておけば良かったとか、厨房会社の担当者の説明を細部まで聞いていれば良かったという後悔は、飲食店を始めようとする人に多いことを理解しておくことである。

いわば、厨房計画の重要性を自覚していれば(他人任せではろくなことがないという証しであり)、自分の店づくりに際しては図面を読み込み内容を理解しようとする時間や勉強、知識集積の努力を惜しんではならないことを忘れてはならない。

まず厨房図面を読むということは、図面に描かれた厨房計画で調理やオペレーションがスムーズにできるか否かを判断することであり、図面を細部まで十分に理解することが図面を読むという意味であることを認識しておくことである。

また一般的に図面内容を理解するための資料としては、厨房平面図、厨房機器リスト、展開図、単品図などがあり、その各図面内容を理解し読み取る努力をすることである。

そのための図面内容を理解しチェックするポイントは以下の通りである。

1 平面図・機器リスト(図2-30、図2-31)を照合しその内容を十分に理解すること
2 分からない調理機器については、厨房カタログを熟読し、他機能や能力も知識として理解しておくこと
3 厨房図面と照合しにくい場合は、図面の上に直接内容を書き込んで理解すること
4 展開図と厨房機器の並びはオペレーションに支障がないか確認しておくこと
5 厨房図面に自分が入り込み料理を調理する工程をイメージしてみること
6 現実的に客席フロアーから注文が厨房に入りどのように動くかなど想定してみること
7 最終的には単品図面で厨房機器配置や全体計画をメニューと確認し最後の図面調整をすること

など、つまり厨房会社から提出された図面はあくまでもたたき台であり、厨房計画を承認するのはクライアント側の責任だということを肝に銘じておくことを忘れてはならない。一般的に厨房図面を具体的に理解し、その内容を十分に把握するということは、なかなか図面に馴染みがない素人にとっては難しいことだろう。

しかしまずともかく厨房計画の内容を熟知するには、厨房平面図と機器リストと合わせて機器配置が具体的にどのようになっているのかなど、クライアントであるあなたがその図面の重要性を理解することであり、いわば「厨房は飲食店の心臓部である」というように飲食店を成功させるための要であることを忘れてはならない。

つまり「図面は苦手でよく理解できない」とか、「内容が細かすぎてわかりづらいので厨房会社に任せる」という考え方では、飲食店を開業するという人にとってはいささか不甲斐なく情けないことだと理解しておくことである。

むしろ「厨房図面が理解できない」、「図面内

厨房平面　図 2-30

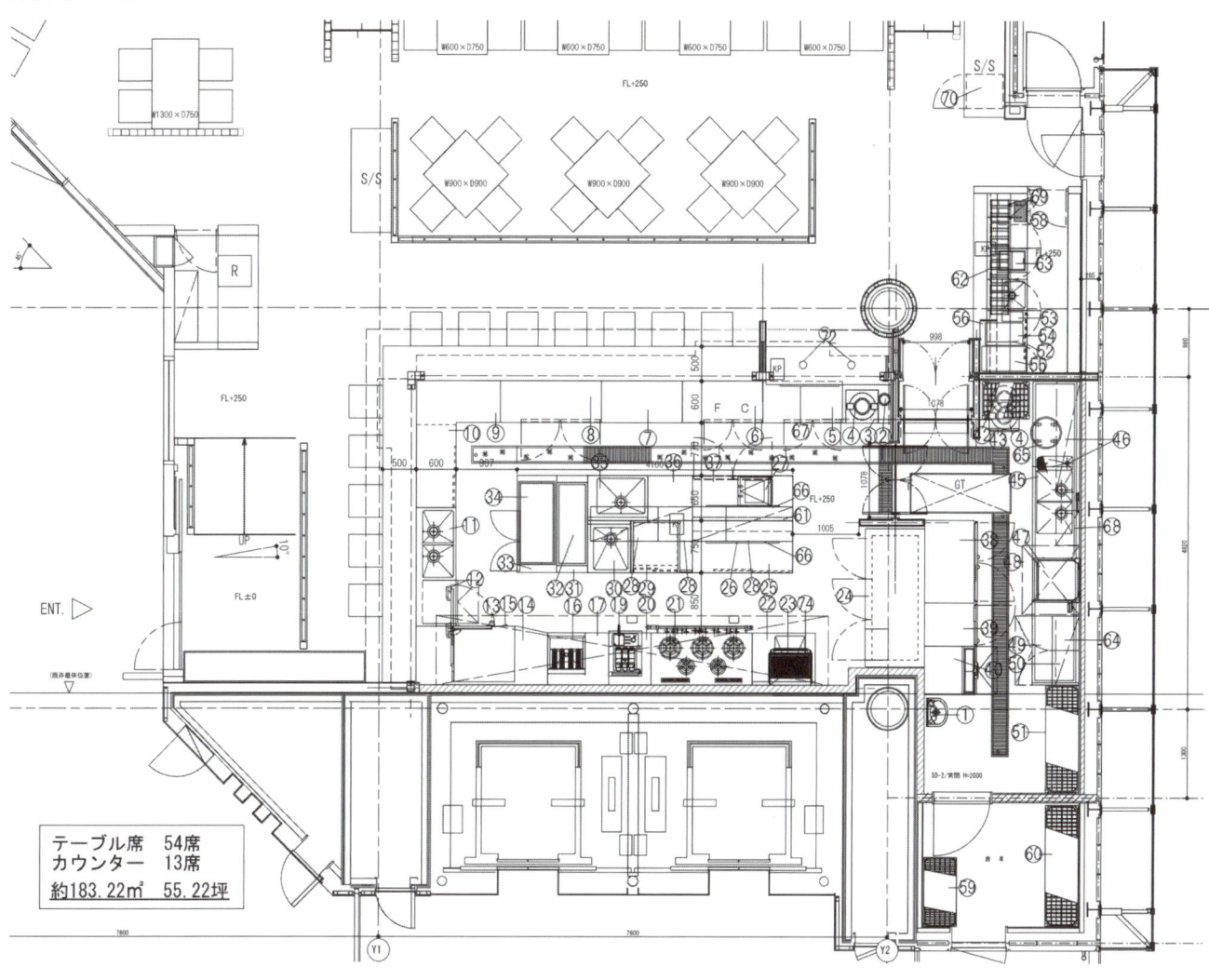

テーブル席　54席
カウンター　13席
約183.22㎡　55.22坪

厨房機器リスト　図 2-31

No	品名	型式	台数	寸法(mm) W	C	H	配管接続口径(A) 給水	給湯	排水	ガス 口径	kW	蒸気 IN	OUT	kg/h	冷却水 IN	OUT	電気容量(kW) 単相100V	単相200V	三相200V	Hz	排気 RD	OM	フ	備考
1	手洗器	L30	1	400	320	810	15		40															【別途設備工事】
2	ディッシュウェル		1	180	180		15		40															
3	炊飯台		1	748	800	850																		
4	IH炊飯ジャー	NH-QD54	3	430	500	390													4.57×3					3升(5.4ℓ)
5	冷蔵コールドテーブル	RT-120SNC-ML	1	1200	600	850			40									0.228						242リットル
6	冷凍冷蔵コールドテーブル	RFT-120PNE1	1	1200	600	850			40									0.27						冷蔵104ℓ、冷凍102ℓ
7	ワークテーブル		1	1200	600	850																		
8	冷蔵コールドテーブル	RT-150SNF	1	1500	600	850			40									0.18						329ℓ
9	ワークテーブル		1	1500	600	850																		台下ゴミペール収納
10	冷蔵コールドテーブル	RT-120SNE-RS	1	[1259]	600	850			40									0.174						240ℓ
11	二槽シンク		1	[1750]	600	850	15×3	15×2	50×2														浄水器×1(TK605#54R)、シンクフタ×1、K876V×2
12	アイスメーカー	IM-65M	1	630	525	850	15G.V		40									0.38					浄水器、No.11と天板一体
13	排気フード		1	[5850]	[1000]																		設備工事、フードライト×3
14	ワークテーブル		1	1975	850	850																		ホテルパン収納付
15	スチームコンベクションオーブン	OGB-6.10(A)	1	980	805	845	15G.V×2		65耐熱管	20	13.9							0.36				GP	1/1GN 85mm 6枚、浄軟水器
16	フライヤー	NB-TGFL-C55	1	550	600	850				15	10.7											GP	油量23ℓ
17	ワークテーブル		1	900	750	850																		
18	パイプシェルフ		2	1000	300	1段																		
19	パスタボイラー	TQ-SBR-1	1	500	650	850	15G.V		40耐熱管	15	9.3											GP	中でカゴ×3
20	脇台		1	630	750	850																		
21	ガスレンジ	S-TGR-150A	1	1500	750	850				32	75.6											GP	φ180×3、φ125×2、オーブン×2
22	一槽シンク		1	950	750	850	15	15	50														K876V
23	サラマンダー	TMS-ESM-65	1	650	450	550														4.2		GP	
24	プレハブフリーザー		1	2000	1000				40									0.5		[1.1]			扉デザイン[月星アート]
25	冷蔵コールドテーブル	RT-150SNC-S	1	1500	600	850			40									0.214					330リットル、天板D=750
26	台		2	1500	600	350																		
27	真空包装機	ME600B	1	420	505	425													[1.5]				
28	扉付き棚		3	1000	500	395																		
29	電機ディッシュウォーマー	TEDW-N90A	1	900	750	850			25										1.1				天板+W900
30	一槽シンク		1	650	750	850	15×2	15	50														K876V、浄水器(TK605#54R)
31	台		1	[1400]	450	800																		
32	水槽		1	1200	450	15			40									0.2					
33	冷蔵コールドテーブル	RT-120SNF	1	1400	600	850			40									0.18					240リットル、天板延ばし
34	アイスベッド		1	1200	550	250			50														
35	扉付き一槽シンク		1	900	850	850	15×2	15	50														K876V、浄水器(TK605#54R)
36	ワークテーブル		1	650	650	850																		台下ゴミペール収納
37	冷蔵コールドテーブル	RT-150SNC-ML	1	1500	600	850			40									0.23					332リットル
38	冷蔵庫	HR-120Z	1	1200	800	1890			40									0.3					1060ℓ
39	冷蔵庫	HR-63Z	1	625	800	1890			40									0.3					502ℓ
40	アイスメーカー	IM-230AM-SA	1	700	790	1850	15G.V×2		40×2											1.3			浄水器
41	シェルフ		1	600	350	2100																		
42	シェルフ		1	705	550	2100																		
43	ライスカート		1	450	450	95																		
44	オーバーシェルフ		1	500	350	二段																		
45	ダストシンク付きソイルドテーブル		1	[2590]	700	850	15×3	15×2	50×3														浄水器(TK605#54R)、K876V×2、
46	オーバーシェルフ		1	1600	350	二段																		
47	排気フード		1	1150	900	550																		設備工事、既存移設
48	食器洗浄機	A500-E10	1	600	600	1400			15G.V	40×2耐熱管										11.0		◯	湯き槽貯湯タンク改造
49	クリーンテーブル		1	1200	700	850																		
50	ラックシェルフ		1	1000	350	一段																		
51	シェルフ		1	1515	500																			
52	冷蔵ショーケース	RTS-90STB2	1	900	450	850			40									0.18					150ℓ
53	エスプレッソ専用ミル	MOD-2	1	215	405	625													0.45				別途支給品
54	エスプレッソマシン	M23-DT/1(TS)	1	400	563	516	15G.V		40耐熱管											2.5			別途支給品
55	欠番																							
56	フサギ板		1	750	250	40																		
57	ドリンクテーブル		1	1700	600	850	15×2	15	50、40														K876V、浄水器(TK605#54R)
58	台下形生ビールディスペンサー	DBF-U80WA	1	355	468	750			40									0.4					80ℓ、別途支給品

ファミリーレストラン平面計画・厨房図面 図 2-32

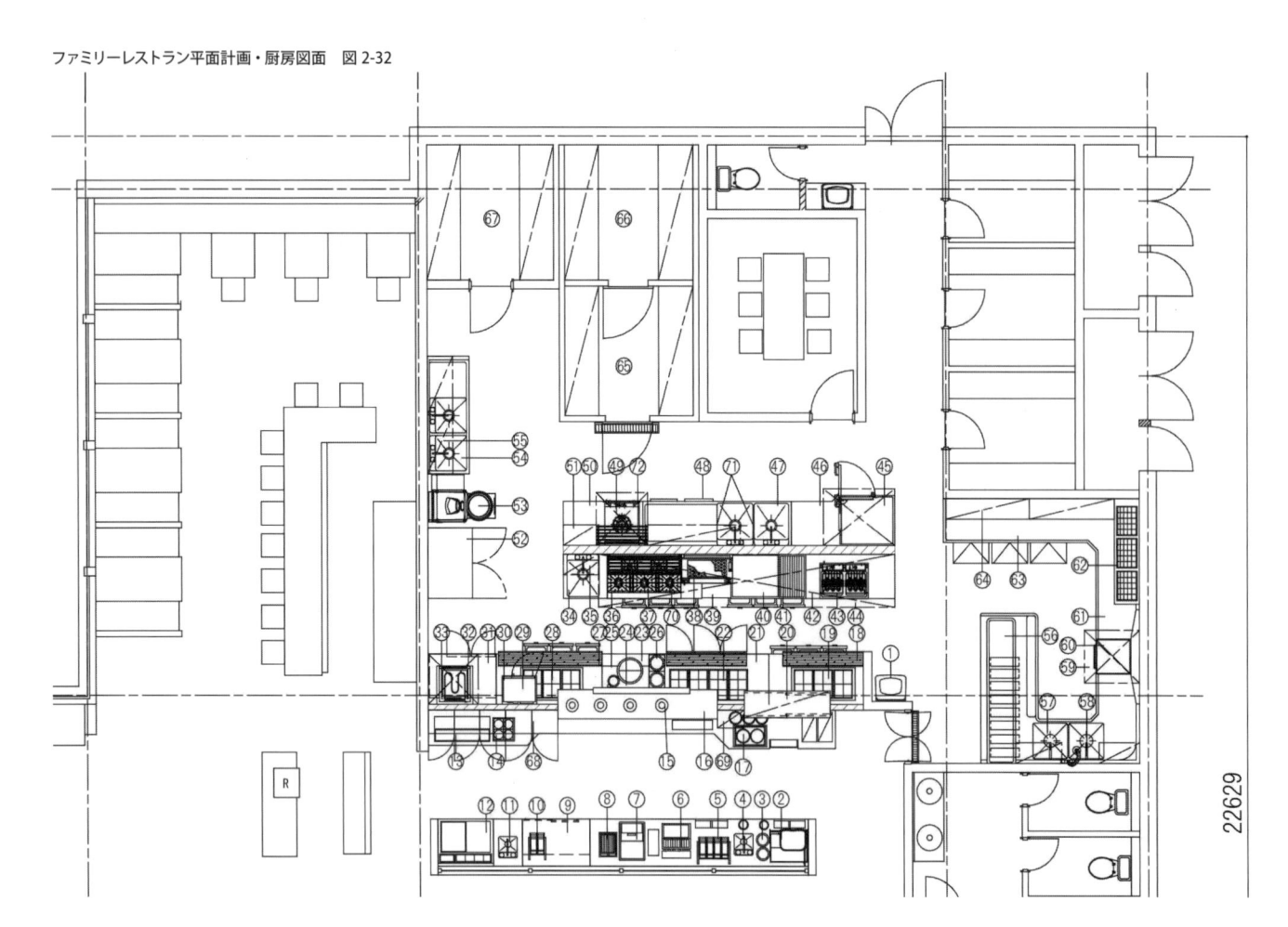

容を読むことができない」というのであれば、厨房図面を理解できるまで図面が擦り切れるぐらいに、直接図面にメモを記入し、その内容を十分に理解するという努力を惜しんではならない。

また素人のクライアントやインテリアデザイナーは、厨房計画についてはさほどよく分からないために、全てが厨房会社に任せっきりなることが多くなることは致し方ない部分はあろうが、最初から興味や勉強する努力もせずに、飲食店づくりを進めるという行為がお粗末なことであり、それでは余りにも情けないとしかいいようがない。

勿論、店づくりについては、厨房会社やキッチンデザイナーなど専門家に仕事の依頼をすることは当然であろうが、最初から全てを人に任せるという姿勢では、飲食店を開業し繁盛店づくりに繋げることができないことを自覚しておかなければならない。

これからの時代は、もっと貪欲に知識として習得できるものは全て学ぶという姿勢と意識を持たなければ、理想的な飲食店を開業することは難しいと理解しておくことである。

また特にオーナー自らが厨房に立って飲食店を開業するならば、なお更厨房計画に興味をもち、詳細な勉強をしなければならない。

よくあることは、全て厨房会社任せにしているために、完成時期になる頃に、機器配置の修正や変更を依頼するなど「ゴタゴタ」はしばしばであることだ。その理由は厨房図面やデザイナーの図面が理解できないままに、店づくりのスタートをしてしまうことに大きな原因があることを忘れてはならない。

つまり図面を読み取りその内容を努力し理解するということと、それは苦手で興味や努力もせずしてその内容を理解しようとしないのとではその意味が異なることだ。少なくとも一生懸命に分からないなりに図面を理解しようと、いろいろとデザイナーや厨房会社に図面説明を受けることは、その意義や内容は大きく異なってくることを自覚しておくことである。

まず図面を理解する一歩としては、客はどこから店内に導入し、料理はどのように厨房から客席へサービスされるかの全てのオペレーションの流れを図面上で確認することでも大きくその理解力は異なってくることだろう。

また料理を調理し提供する具体的な厨房内の動きは、厨房会社の担当者よりもオーナー(クライアント側)の方が具体的な内容を理解できるだろうし、厨房図面に身を投じて図面上で動きを想定確認することでも、機器配置や料理の流れを確認することになるため、完成後に不満を残すことを避けることができるポイントになることを忘れてはならない。

さらに図面内容を理解し知識を深める一歩としては、図面と図面番号に合わせてひとつずつ機器名称と機能を確認していくことであり、何を調理するために配置しているかなど、少なからずその内容を理解することが大切である。

これからの時代の飲食店開業については、店づくりに携わる専門家やオーナーあるいはそれに準じる人の姿勢としては(全て他人任せにせずに)、厨房図面を理解することに限らず、種々の勉強と理解の幅を広げていくことこそ、よりよい店づくりに繋がることを自覚しておくことである。

またここで重要なことは、飲食店の計画段階の図面と完成後の厨房が思い描いたものとほぼ同一であることがポイントであり、素人であろうとも日々研鑽を惜しまぬ努力を重ねることが大切であることを忘れてはならない。

つまり飲食店の店づくりに携わる専門家(インテリアデザイナー、フードコーディネーター、フードビジネスコンサルタントなど)の仕事の姿勢としては、「厨房図面や厨房機器のことは分からない」というものではなく、内装デザイン図面同様に、厨房図面内容や厨房機器や施設との取り合いなど、少なからず内装と関わる部分も多く、客席、キッチンのバランス調整は、厨房内容を理解できなければ、その良し悪しは理解できないことであり(厨房計画は仕事の範疇ではないにしても)、これからの時代のニーズとしては店づくりの総合的知識として厨房内容も理解する努力が求められることを忘れてはならない。

12)厨房図面と単品図面の読み方(理解方法)の手順/事例

一般的に厨房図面の内容をろくに読み取ることができない人に、厨房の板金詳細図面や厨房機器の仕様、単品図内容を確認し厨房会社

にその内容の承認をしなければ厨房会社に厨房機器の発注ができないという慣習にはいささか問題があるだろう。

しかし特に店づくりの設計業界の仕組みとしては、常に図面の確認、承認、発注という仕組みを繰り返し行うことが多く(厨房図面にかかわらず)、内装図面内容など全てそのプロセスを経過して業務が進んでいくことを理解しておかなければならない。

その意味では、厨房図面もろくに内容が分からない人が単品図の内容を理解し、その内容について修正指示や内容変更を厨房会社に伝達するという儀式的な業務そのものが、クライアントにとっては非常に頭の痛い仕事のひとつであろう。

また基本的には、厨房会社が厨房図面に沿って厨房機器リストに合わせた単品図を作成し、その単品図内容をクライアントに説明し、それを承認し発注をするということであるものの、現実的には作業台の単品図を目の前にして、図面のどのポイントを見て何を確認すればよいのかなど、その詳細はさっぱり分からないことが常である。

ではその厨房図面や単品図、展開図など、どのように理解していけばよいのかを、事例を挙げて確認しなければならないチェックポイントを説明していくことにしよう。

12-1)ファミリーレストラン平面事例

一般的に厨房図面(図2-32)を理解する手順としては、平面図と厨房計画の全体のオペレーションの流れや、ゲストの歓迎から精算見送りまでのストーリーがあるかを図面上で読み取ることがスタートであろう。

むしろ全体的な平面計画を理解しない限り、厨房図面や詳細図を理解できず、飲食店の店づくりの重要なチェックポイントを理解することもできないだろうし、いかに図面内容の知識を深めておくことが大切であることを忘れてはならない。

また一般的に厨房図面内容を確認し理解する方法としては、平面図(図2-32)と機器リスト(図2-33)の左側厨房機器名称、番号を照合し、詳細機器項目内容(各機器の寸法、幅、奥行き、高さ、ガス、電気、水道口径、排気フード/有無)などを十分に理解することが重要なポイントであろう。

まず厨房平面図の機器に付された番号(①)と機器リストを照合し、その機器は何をする調理機器であるのか、あるいはその調理機器でどんな料理を調理するのかなど、具体的に調理内容を想定することが大切である。

また厨房計画は、基本的にメニュー内容と適合した調理機器を選定し、効率的な配置計画をすることが理想的であり、厨房計画はメニューと適合した配置計画になっているのかなど、具体的に機器リストに合わせて厨房機器内容を理解しておかなければならない。つまり厨房計画の基本は、熱源機器は一か所に集中(排気設備を集中させるため)して配置することが常であり、調理機器の配置や並べ方は左右適切であるのかに至るまで、細部の調理内容を想定して図面を理解し分析する知識を養うことが大切であろう。

厨房機器リスト　図2-33

厨房展開指示図　図2-34

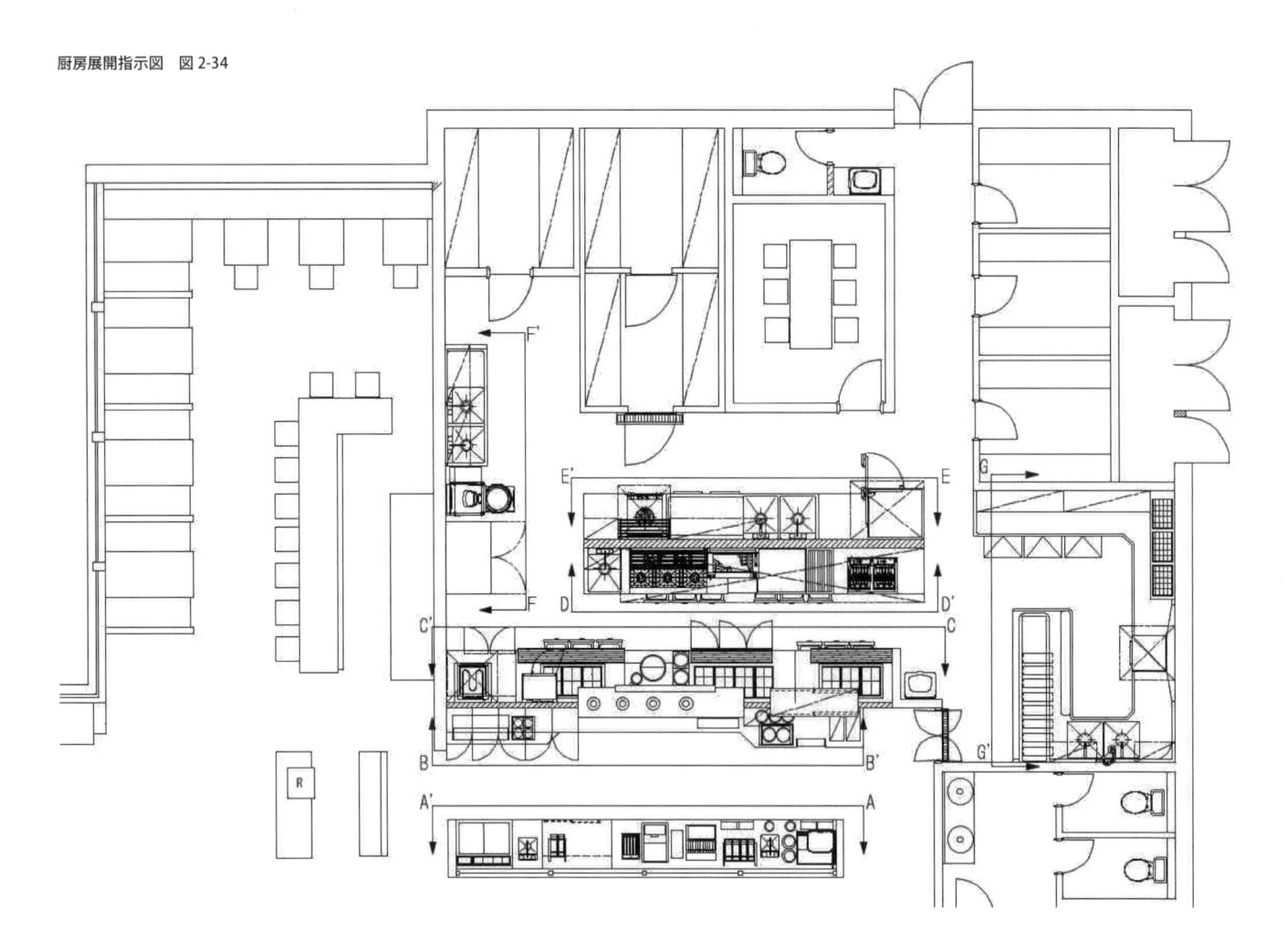

12-2)厨房詳細/平面・展開・断面指示図(図2-34)を理解する

一般的に厨房図面とは、平面図(水平切断した面を表現した図面のこと)、厨房機器リスト(厨房機器の種別・仕様・台数を表記した資料のこと)、展開図(ある1点を基準としてその点から立体を切り開いて平面に伸ばしたもの)、厨房単品図(図面詳細図、断面図、機器仕様、板金仕様を記入した資料)という構成で資料をまとめていくことが常であり、まずは厨房平面図のクライアント承認を受けた後に、厨房会社は展開図面、単品図、詳細図などを作成しその図面資料を説明することが常であろう。

つまり事前に厨房図面内容を機器リストに合わせて内容を十分に理解しておくことであり、根気と熱心さがなければその内容を熟知できないことが多く、後々厨房会社任せになってしまうことで完成後、こんなはずではなかったという愚痴になることがしばしばである。

また飲食店を開業する際には、全体的に大きな費用が掛かっていることを配慮すれば、分からないことや知らないことは、すべて厨房業者やキッチンデザイナーにその内容を聞き、自分の納得いくまで理解する努力が必要であることを忘れてはならない。

さらに厨房平面図を読み取る際には、サービスや調理オペレーションの流れを想定し、図面を読み取り理解をすることが大切であるし、オペレーションがスムーズに流れる配置になっているのかなど、その内容を具体的に理解することが大切である。

この章での図面説明は、平面図、展開図、単品図(断面詳細図・機器仕様)を一つにまとめて説明するものであり、実際には単品図は機器リストに合わせて一冊(複数ページ)にまとめて説明される図面資料であることを理解しておかなければならない。

12-3)クッキングライン/平面図・展開・断面図

図2-35の図面は、クッキングラインの平面図と展開図、断面図詳細を図面化したものであり、図面を理解する際には、クッキングラインの平面図に合わせて展開図を照合することである。D—D`とは図2-34の指示方向を図面化したものであり、左側からシンク、ガスレンジ、サラマンダー、グリドルなど調理機器が配置されていると同時に、展開図も高さ寸法、周辺の機器との取り合いなど細部に理解することが大切である。

厨房計画の基本としてガスレンジの横(左右)には、パンシンクを配置することが常(フライパンは調理ごとに新しいものに交換することが多く、簡単にフライパンを洗うためのシンクが必要)であり、熱調理機器と調理機器が隣接する場合には、ガス管を通すための空き(スプレッダースペース)を配置することが多く、図面上配管スペースを配慮しているのかなど細部まで図面を読み取ることが大切であろう。

また展開図の終わりに壁と調理機器の断面図を理解することであり、調理機器の奥行き、高さ寸法、排気フードとの取り合いなど断面詳細図として内容を理解するための図面であり、平面図、展開図、断面図、詳細図など細部に至るまでの寸法や機器配置、機器仕様まで、具体的に内容を把握しておくことを忘れてはならない。

さらに厨房図面とは眺めるのではなく、図面に描かれている内容を読み取るという意味があり、その内容に合わせてメニュー内容と調理オペレーションを想定し厨房機器の配置が適切であるのか否かなど理解することが重要なポイントである。

また厨房機器仕様については、板金や厨房機器のフェイスライン(ノーズの種類/図2-36)は、角(コの字厚み40ミリ)、半R20厚み40ミリ、フルR20厚み40ミリ、5R厚み40ミリなど厨房機器と厨房機器を並べた時には、フェイスラインがきっちりと一列に揃っていることが常であり、凸凹があってはならないことなど、細部に至るまで図面内容を理解しておくことを忘れてはならない。

図 2-35

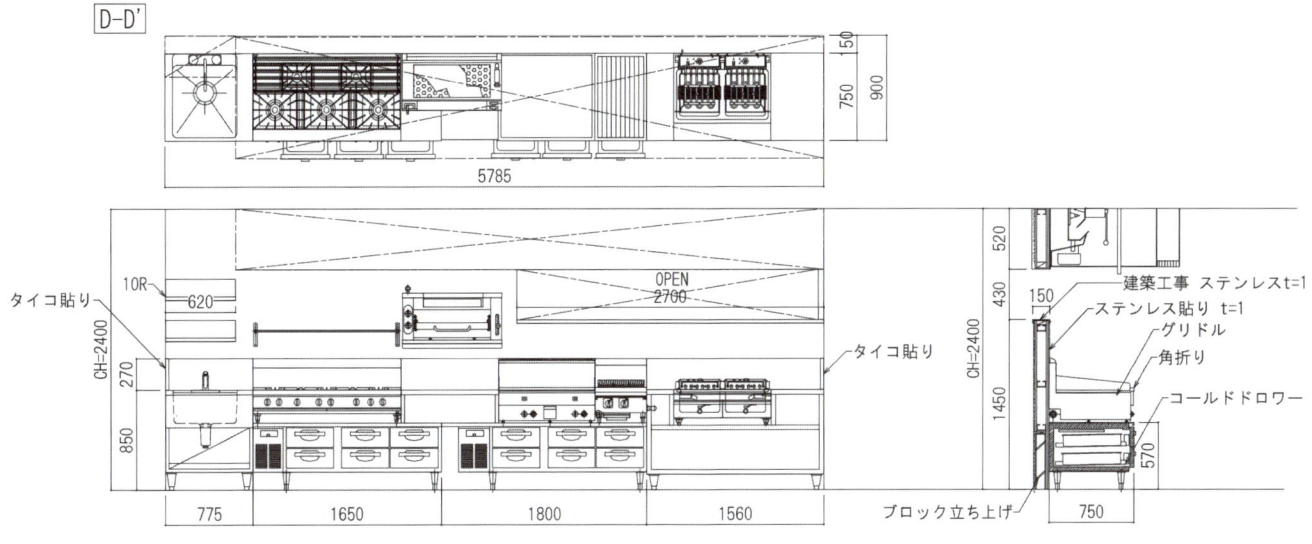

一般的板金フェイスラインの種類　図 2-36

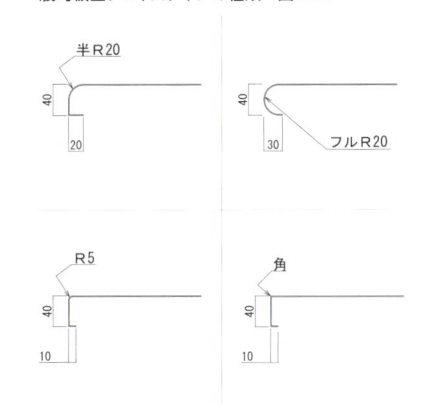

12-4) クッキングライン/イメージパース

図 2-37 はクッキングラインを 3D スケッチで描いたものであり、平面図、展開図、断面図などの情報を立体的に表現したスケッチである。本来の厨房図面では、3D スケッチでは表現されないことが多く、厨房図面や内容を理解する際には、イメージとして頭の中で 3D 化してみる、あるいは自らスケッチで表現してその内容を理解する努力をすることも早期に内容を理解するための手法であろう。

特に調理機器と調理機器が横に並ぶ配置の場合には、調理機器の奥行きやバックガードの高さ、形状など、全体的に統一した計画にすることが理想的であり、サイドガード(横板)があった方がよいのか、あるいは調理作業の邪魔になるなど、調理オペレーションをシミュレーションする際には、スケッチで描くことは具体的に内容を理解しやすくする表現方法である。

また板金や厨房機器の背後とガードの立ち上げについては、コーナーに 10R の曲げを作ることが常であり、コーナーに 10R を作ることによって隅々まで汚れやほこりを取り去ることができるなど HACCP(ハセップ) の思想が細部内容に反映されているかなど細部事項まで理解しておくことである。

ともかく図面を理解し図面に表現されている内容を自分自身が納得いくまで具体的に理解する方法としては、図面をイメージとして理解することがポイントになることを忘れてはならない。

パース　図 2-37

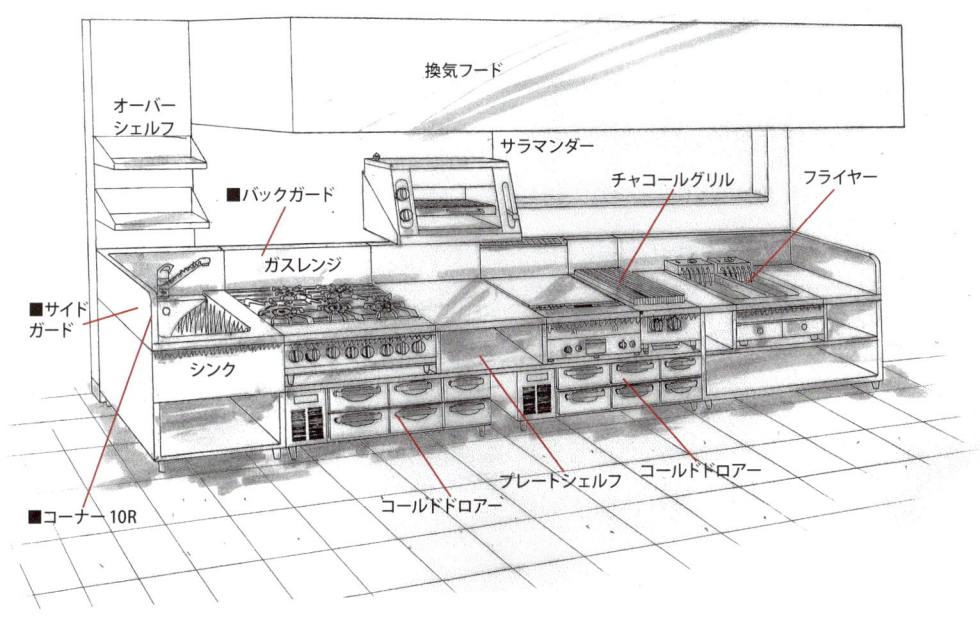

12-5) ディッシュアップライン/キッチン 平面図・展開・断面詳細

図2-38の図面は、ディッシュアップラインの平面図と展開図、断面図詳細を図面化したものであり、図面を理解する際には、ディッシュアップラインの平面図に合わせて展開図などを照合することである。C―C'とは図2-34の指示方向を図面化したものであり、キッチン側は向かって左側冷蔵コールドテーブルトップ開口、ホットフードウォーマー、プレートシンカー、ライスジャーなど料理の盛り合わせの最終工程の確認と、フロアーからの注文順に合わせて料理を提供するためのセクションである。

またディッシュアップセクションは、あらゆる飲食店で料理を提供するための重要なポイントであり、注文伝票の整理、調理順番、料理数など料理全体を管理する、いわば飛行機のコックピットの役割をするポジションであることを忘れてはならない。

さらにファミリーレストランのように110席に対してメニュー数は約80品目もあるため、厨房設備としてもライスジャーを中心に左右にコールドセクションとホットセクションに分かれていることが常であり、料理内容に合わせていずれかのコーナーで最終盛り付けを行うように計画されている(皿類を収納するためのプレートシェルフを計画している)。

またディッシュアップの断面詳細図で注意しておきたいことは、キッチン側からディッシュアップ台の距離は最低約500ミリを超えない範囲で計画することや高さも約1000ミリから1200ミリの間で計画し、温かい料理は冷めないようにヒートランプを配置するなど、このディッシュアップの機能や高さ寸法は業態によっても機能や高さ寸法は異なる部分であり、業態内容に合わせて計画することを忘れてはならない。

図2-38

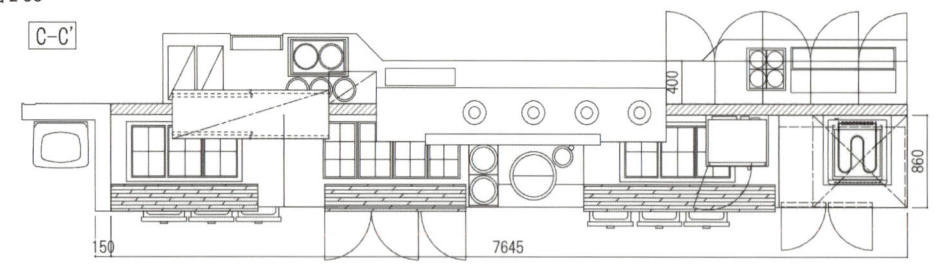

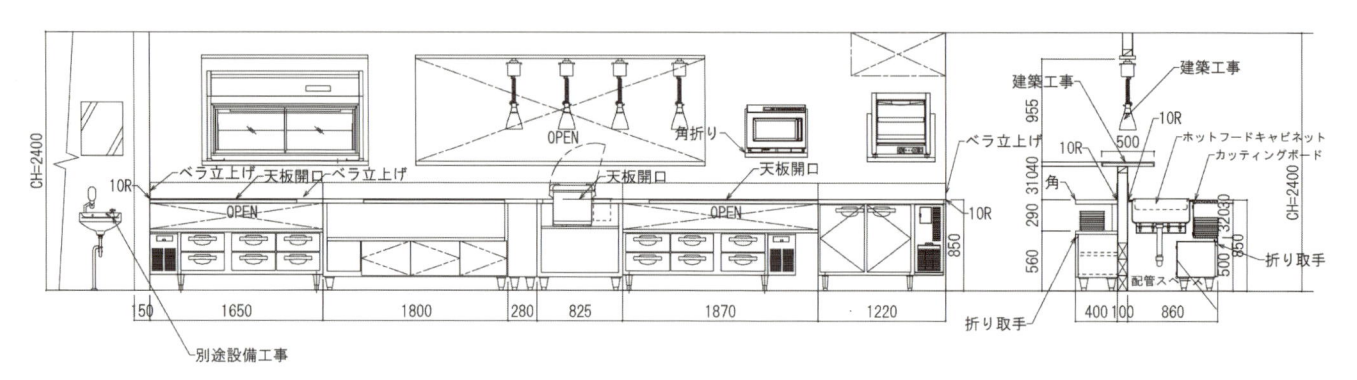

12-6) ディッシュアップライン/キッチン イメージパース

図2-39はディッシュアップラインを3Dスケッチで描いたものであり、平面図、展開図、断面図など詳細情報を立体的に表現したスケッチである。実際の図面をスケッチで確認する方法は、実際の完成状態をイメージする上で非常に内容を理解しやすいことであり、メニュー内容と合わせて厨房配置が理想通りに計画されているかなどを再度確認することに有効であろう。

特にディッシュアップラインは、厨房の心臓部の中でも重要なポジションであり、料理提供のスピードや遅延をコントロールするセクションであるため、いかに効率的な機器配置や機能になっていることが大切である。

またコールドセクションとホットセクションの下部手前には、皿を収納しておくためのプレートシェルフ置き場があり、料理を早く盛り合わせるための配慮がなされていることなど、スケッチを描くことにより明確に理解できる。

勿論、平面図、展開図、単品図で厨房内容を具体的に理解し、読み込める力を持っていれば、そのラインをイメージ3D化し、内容を把握する必要はないだろう。厨房が完成してからこの部分を変更したいという要望は追加工事になってしまうことを配慮すれば、納得いくまで図面内容を把握することが重要であることを忘れてはならない。

キッチンラインを3Dイメージで検討、確認することは殊の外大切であることを十分に理解しておくことだろう。

パース 図2-39

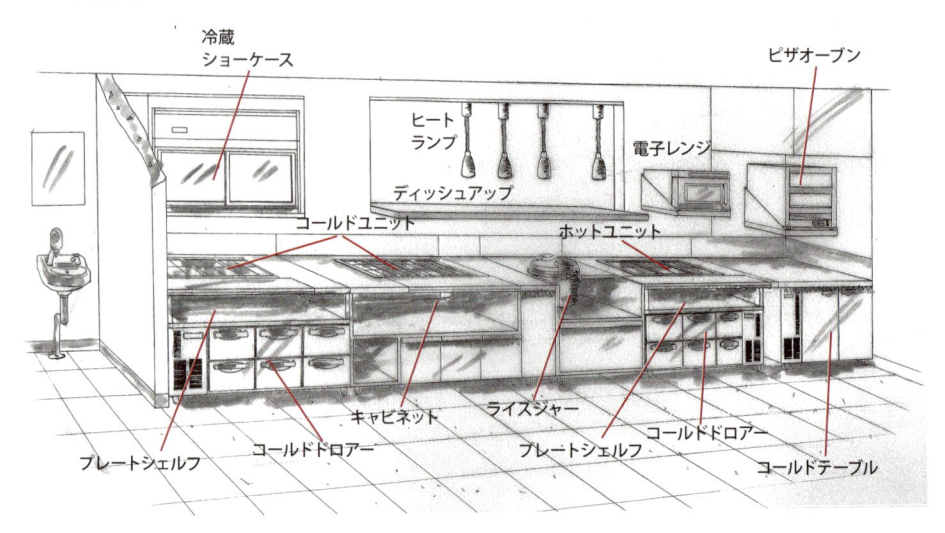

12-7) ディッシュアップライン/パントリー平面図・展開・断面詳細

図2-40の図面は、ディッシュアップラインのパントリー側の平面図、展開図、断面詳細図を図面化したものであり、図面を理解する際には、ディッシュアップパントリー側の平面図に合わせて展開図などを照合することである。B—B`とは図2-34の指示方向を図面化したものであり、キッチン側に向かって右側にスープウォーマー、スープカップホルダー、作業台下部にお盆類配置スペースなどが配置されていることを理解することである。

また基本的に厨房図面を読み取る際には、常にメニューと厨房機器内容を適合させて、どこに配置されているのかなど具体的に検討し、疑問点は厨房業者に確認し、変更事項はすぐに修正を依頼することが大切であることを理解しておくことであろう。

さらに図面説明は厨房業者が図面を具体的に説明するという方法が常であり、その場ですべて承認しなければならないということはなく、説明を受けた後、2日、3日は十分に図面検討する時間を持つことが重要である。

またパントリー側の厨房の機能としては、キッチン側から提供された料理を注文伝票と照合し再確認し、料理の最終確認し客席へ提供するまでの最終確認スペースであり、料理内容の盛り付けを確認しなければならない重要なポジションでもあることを忘れてはならない。

図2-40

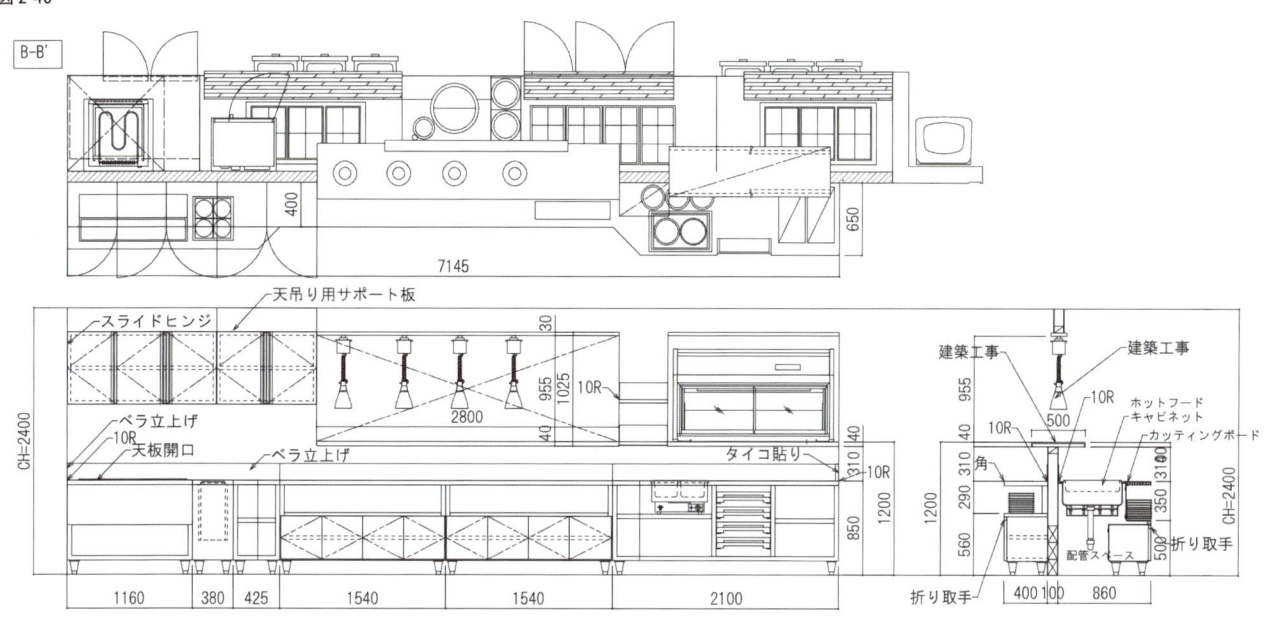

12-8) パントリーイメージパース

図2-41はディッシュアップのパントリー側を3Dスケッチで描いたものであり、平面図、展開図、断面図など詳細情報を立体的に表現したスケッチである。基本的には、3Dでイメージを描くということは図面をより理解するための手法であり、どのセクションであっても同様な意味合いを持っていることを理解しておくことである。本来であれば、平面図、展開図、詳細断面図など図面を読むことによって頭の中では3D化できることが図面を読むということであり、図面を理解する基本的知識がなければ誰でもすぐに適応できるものではなことは周知の通りであろう。

また内装図面や厨房図面に関わらず、あまり普段馴染みのない図面を理解することは、そう簡単ではないことは当然のことであるものの、図面を理解する方法としては、スケッチのうまい下手ではなく、図面はどのように見えるのかあるいはどこまで理解しているのかなど確認する意味でも描くことは大切なことであることを理解しておくことである。

つまりパントリーの役割はキッチンと客席の間にあり料理をスムーズに提供するための補助的機能としてはとても重要なポジションであることであり、パントリー機能が効率的でない場合には、料理遅延やスムーズなサービスができないという問題になる部分でもあることの重要性を忘れてはならない。

パース 図2-41

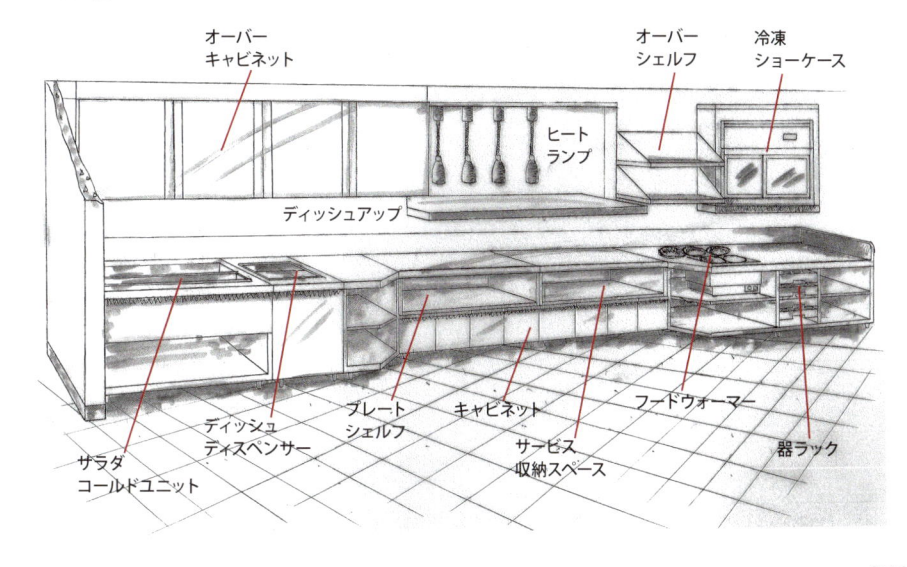

12-9)プレパレーションライン/平面図・展開・断面詳細

図2-42の図面は、プレパレーションラインの平面図、展開図、断面図詳細を図面化したものであり、図面を理解する際には、ディッシュアップパントリー側の平面図に合わせて展開図などを照合することである。
E—E'とは図2-34の指示方向を図面化したものであり、キッチンに向かって左側からスチームコンベクション、2層シンク、作業台、ローレンジなど厨房機器が配置されていることを理解することである。
このセクションで行われる作業は仕込み作業が主体になるため、どのような仕事がどの位置で行われるかなど内容を想定し図面内容を理解していくことである。さらに台下のライスウォーマー周辺にシンクがあることは、ライスウォーマーはどのように使用し、またそこでの作業内容を具体的に理解していれば、ライスウォーマー(カート付き)とシンクの関わりや配置の関連性を理解できるだろう。
またローレンジでは、どんな仕込みがあるのかなど料理の仕込み作業内容を分析し、調理機器の配置の意味を理解することが大切になることである。
さらに熱機器に対しては、上部に排気フードが配置されることが常であり(消防法)、排気フードとの周辺の厨房機器との取り合いや内容を十分に理解しておく必要がある。
またオーバーシェルフの備品などを収納するためのキャビネットやシェルフの高さは、一般的には約FL1300ミリから1350ミリ以下で設定されることが多く、そこで作業するスタッフの身長やそこに収納する什器備品内容に合わせて必要な個所に計画することを忘れてはならない。

図2-42

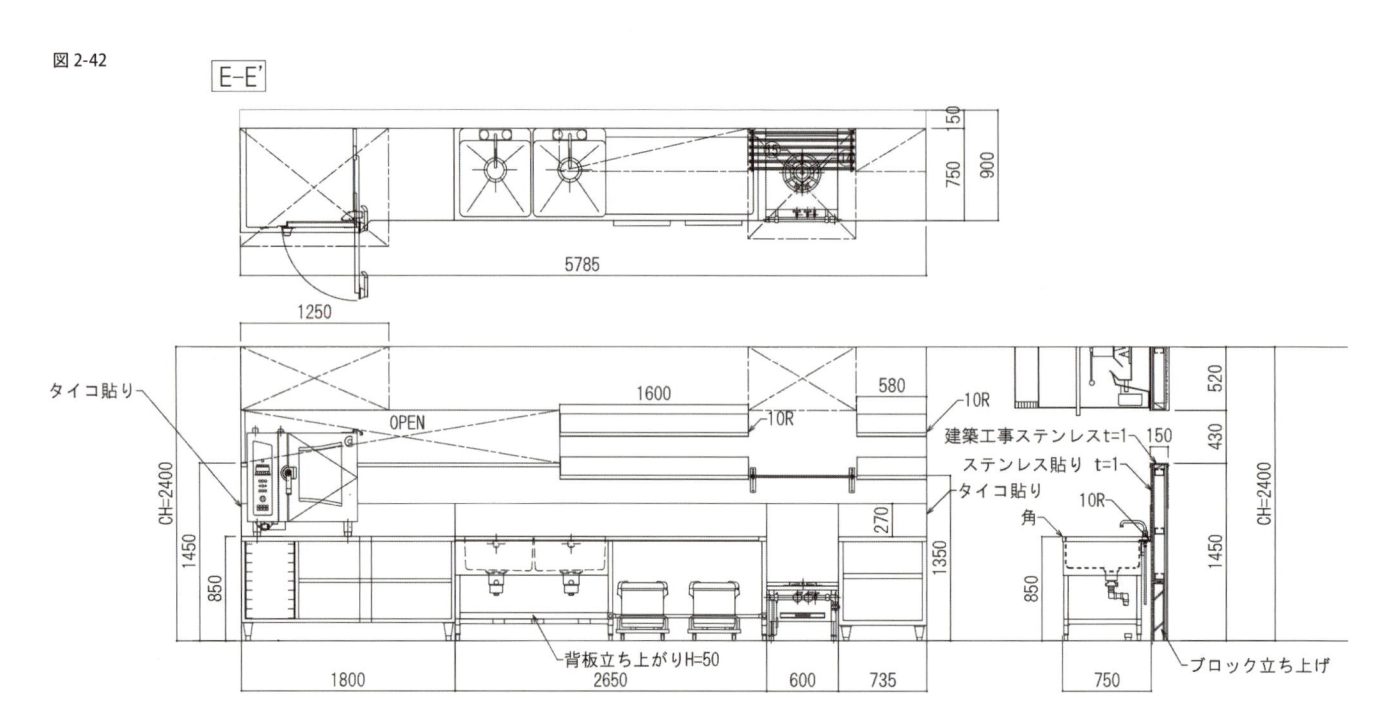

12-10)プレパレーションイメージパース

図2-43はプレパレーションラインを3Dスケッチで描いたものであり、平面図、展開図、断面図など詳細情報を立体的に表現したスケッチである。各厨房セクション同様にスケッチにする行為は、あくまでも自分自身が厨房内容や詳細を理解するための手法であり、キッチンラインを立体化することによって平面図、展開図では理解できない部分内容をもっと深く理解するものである。
また基本的にはスケッチを決してうまく描く必要はなく、図面を立体化しわかるように下手であろうが描くコツが必要であることを理解しておかなければならない。正式な平面図、展開図、詳細図など図面を読む(理解する)ことは、すぐに誰にでもできることではないものの、ともかく図面を理解する努力をする一歩であることを忘れてはならない。
勿論プレパレーションラインをスケッチで描くことは、必須条件ではなく理解するための手法の一つであることを理解しておくことである。つまりプレパレーションラインをスケッチで具体化することによってそこでのオペレーションの具体的な想定をもっと現実的なものにすることであり、例えば、シンクの大きさや奥行、カランの位置、その周辺の設備に至るまで具体的な内容を十分に理解することが大切であることを忘れてはならない。

パース 図2-43

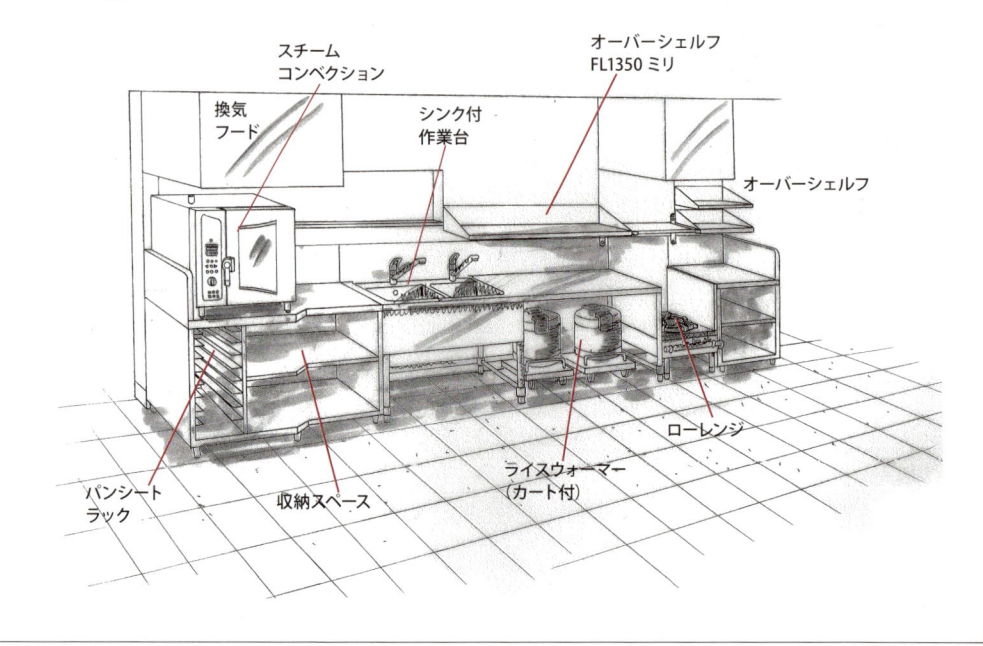

12-11) 炊飯ライン/平面図・展開・断面詳細

図2-44の図面は、炊飯ラインの平面図、展開図、断面図詳細を図面化したものであり、図面を理解する際には、炊飯ラインの平面図に合わせて展開図、詳細図などを照合することである。

F—F'とは図2-34の指示方向を図面化したものであり、キッチン側に向かって左から冷凍・冷蔵庫、自動炊飯機、2層シンク付き作業台など配置されていることを理解することである。

また炊飯ラインを理解するためには、炊飯するという行為は具体的にオペレーションを想定すると、どのような手順で行うのかなど想定しながら機器配置や周辺機器の取り合いを理解することが大切である。

まず自動炊飯機というものはどんな機能を備えているのかなど厨房機器としての内容を理解することであり、炊飯した後はどのようにオペレーションをするのか、あるいは炊飯機の内釜はどこでどのように洗うのかなどそこで行う作業の具体的な内容を細部まで想定し理解することが図面を理解するための必須条件であろう。

さらに冷凍・冷蔵庫とプレパレーション台との関わりや仕込み作業は、何をどのようにするのかなどそのオペレーションを想定しながら図面を理解することが大切である。

つまりシンク上部のキャビネット、オーバーシェルフは何を収納するのか、どのように利用するのかなどその設備の意味を理解しなければ、チグハグな計画に終始してしまうため、そこでどのようなオペレーションをするのかなど動きを想定して計画に臨むことを忘れてはならない。

図2-44

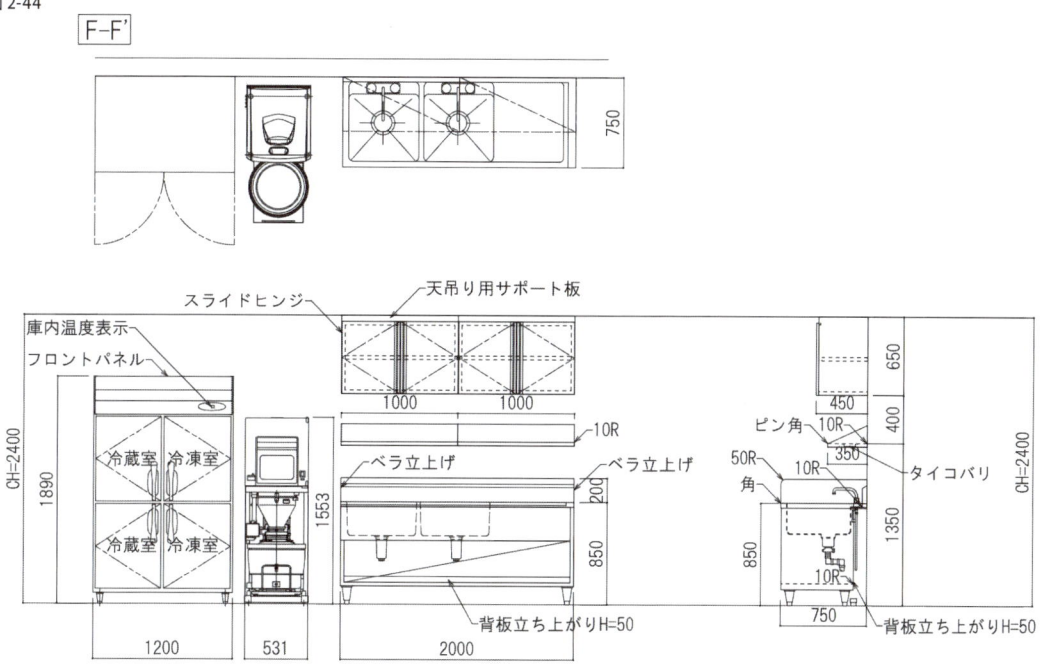

12-12) 炊飯ラインパース

図2-45は炊飯ラインを3Dスケッチで描いたものであり、平面図、展開図、断面図など詳細情報を立体的に表現したスケッチである。炊飯ラインの機器配置内容や詳細をより具体的に身近に理解するためにイメージスケッチを描くことであり、機器内容の細部まで具体的に理解するための手法であることは他のセクションと変わりのないことである。

特に2層シンクのカランの位置や高さなど、そこでの作業を配慮すると、位置は高く例えば、スワンネックにするかあるいは一般カランにするのかなどシンクの利用用途を十分に理解しなければ、計画することはできないことである。

またシンクがあるセクションでは、台上にも水飛沫や水が流れることも多く、作業台の右側はサイドガードを立ち上げて水が床に落下しないように配慮することも、細部内容を理解しなければ、計画できない配慮であることを理解しておかなければならない。

さらにシンクには、使用用途に合わせて浄水器や軟水器を配管に繋ぐことも多く、浄水器を配置するためのスペース位置や配置方法も合わせて計画しておくことが大切である。

パース 図2-45

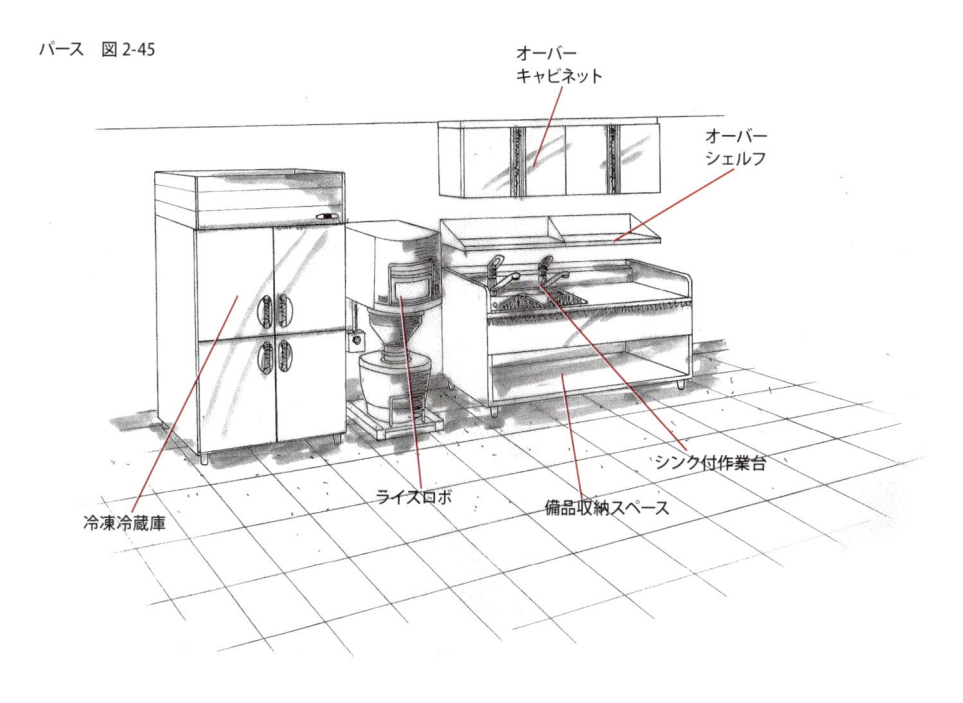

12-13) 洗浄ライン/平面図・展開・断面詳細

図2-46の図面は、洗浄ラインの平面図、展開図、断面図詳細を図面化したものであり、図面を理解する際には、洗浄ラインの平面図に合わせて展開図、詳細図などを照合することである。

G—G'とは図2-34の指示方向を図面化したものであり、全体的な洗浄ラインの構成としては、下膳された食器類を仕分けするためのソイルドテーブル、2層シンク、プレリンスシャワー、ラックスペース、洗浄器、クリーンテーブルという順に厨房機器を配することが常であり、洗浄エリアの大きさに関わらず、飲食店の洗浄ラインの機能は、各セクションの内容が配置されることが理想的であることを理解しておくことである。

特に客席数が多くなればなるほど、繁忙時に下膳される食器は多く、ソイルドテーブルの長さはバスボックスがいくつ配置できるかなど検討し長さを計画することが大切である。一つのバスボックスに収納できる皿類の数は、約40枚から50枚を収納できることを配慮すると、バスボックスの幅、奥行き寸法を理解すれば、当然のごとく、ソイルドテーブルの幅寸法を計画できることになる。

また何故にシンクは2層になっているかは、こびりついた皿の汚れは一時的にシンクに着け込み、汚れが取りやすくするためのソーシンク(着け込みシンク)であり、プレリンスシャワーの役割は、さらに付着したソースやカレールーを水圧で削り落としラックに並べるため等の行為を円滑にするためのオペレーションをスムーズに行うための機器配置であることを理解することを忘れてはならない。

図2-46

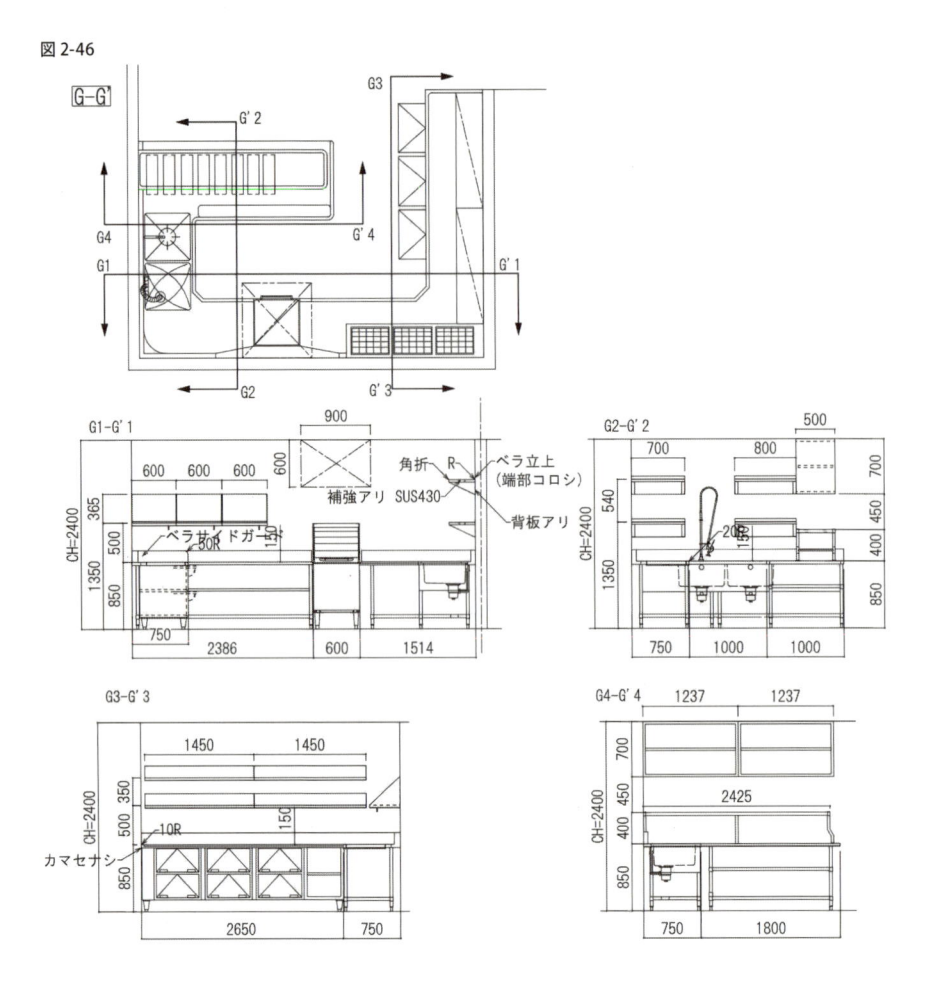

12-14) 洗浄ラインイメージパース

図2-47は洗浄ラインを3Dスケッチで描いたものであり、平面図、展開図、断面図など詳細情報を立体的に表現したスケッチである。洗浄ラインの機器配置や役割は非常に重要な部分であり、細部内容を理解する手法としては、スケッチを描くことは大変意義のあることであり、それぞれのラインの内容や役割の意味を理解しながらスケッチ化することが大切である。

特に洗浄ラインは、その他の厨房ラインとは異なり、作業台縁の水が床に落下しないように、作業台の高さから約50ミリから80ミリ以上立ち上げることが多く、立ち上げ形状もアール、角で立ち上げるのかなど細部内容の意味を理解しておくことが大切であろう。

また洗浄エリアの床は、洗浄の際に飛び散る水飛沫や水が床に落下することが多くなり、作業スタッフの作業効率や安全性を配慮しておかなければならない部分であり、洗浄ラインの中央には排水ピットを計画する、あるいはキッチンの床と洗浄エリアの床レベルに約30ミリから50ミリの段差をつけ、洗浄エリアの水がキッチンへ移行しないように配慮することは大変重要な意味を持つことであることを理解しておくことである。

さらに洗浄機とラックとの関わりも十分に理解し、周辺のスペース確保や長さを計画することであり、ラック寸法(500ミリ角)を理解してクリーンテーブルの長さを計画することが理想的である。

パース 図2-47

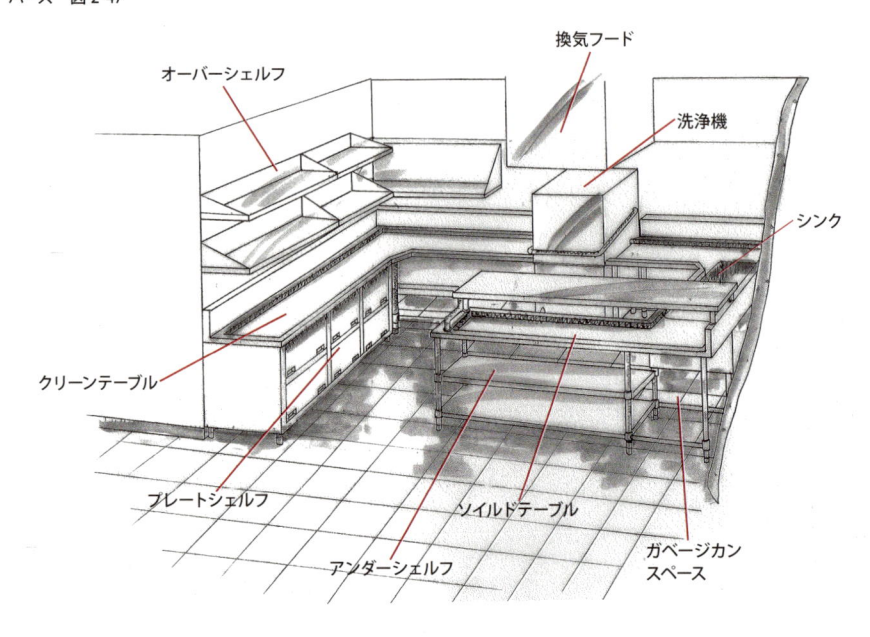

12-15)ドリンクパントリー/平面図・展開・断面詳細

図2-48の図面は、ドリンクパントリーの平面図、展開図、断面図詳細を図面化したものであり、図面を理解する際には、洗浄ラインの平面図に合わせて展開図、詳細図などを照合することである。近年の傾向としては、ドリンクラインをスタッフ側に配置するのではなく、フリードリンクとしてゲストに自らドリンク類を製造させるというスタイルも増加しているがテーブルサービスの基本はフルサービスである。
A—A' とは図2-34の指示方向を図面化したものであり、ドリンクラインに向かって左側からコーヒーマシーン、サービスシンク、オーガナイザー(シルバー収納)、ソーダファウンテン(炭酸類のドリンク抽出機器)、アイスビン、など主にドリンク類やデザート類を準備するための機器配置になっていることが理想的である。
またドリンクラインは、パントリーの役割をする位置であり、完成された料理が背後から提供される位置であり、その料理を客席へ運ぶことがオペレーションの中心になることであり、いかに円滑にオペレーションをするため客席とキッチンを繋ぐための重要なポイントであることを忘れてはならない。
いくらキッチン側からの料理が出来上がってきても、その料理を素早く客席へ運ばなければ、料理は冷めていってしまうことであり、温かい料理はでき上がってからテーブルにサービスするための時間をいかに短縮するかなどに配慮した機能になっていなければならないことを理解しておくことである。
さらにドリンクラインに配置された厨房機器と下部の収納機器との関わりを重視しなければならないラインでもあり、グラスラック、冷蔵ショーケースなどテーブル上部と機器との関係やバランスを十分に配慮して計画することを忘れてはならない。

図2-48

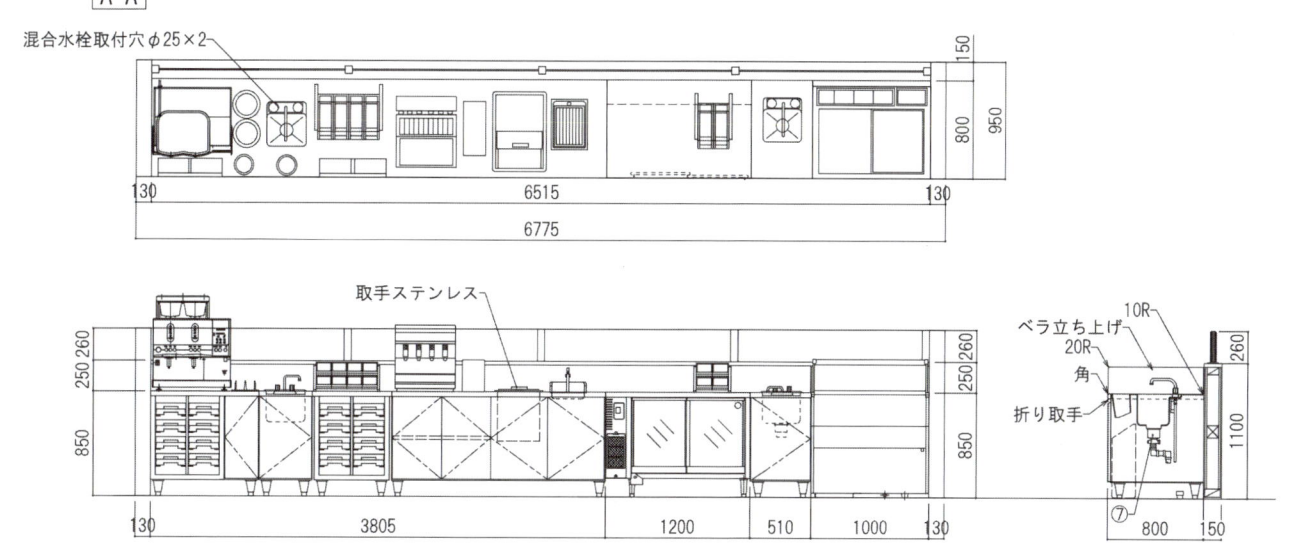

12-16)ドリンクパントリーパース

図2-49はドリンクパントリーを3Dスケッチで描いたものであり、平面図、展開図、断面図など詳細情報を立体的に表現したスケッチである。
ドリンクパントリーの役割は、キッチン側と客席を繋ぐ間に配置することが多く、キッチンから提供される料理を遅延なくテーブルに運ぶ作業が主になるオペレーションであり、そのサービスを円滑にするための周辺機器が配置されていることが理想的であることであろう。
勿論、料理提供だけではなく、常に付随するドリンクをセットするドリンクラインの作業も合わせて行うため、料理を運ぶ作業とドリンクを製造し提供するタイミングやサービスを円滑にするための機器配置や機能性を重視しながらスケッチを描き内容を確認しておくことが重要になる。
また特に繁忙時には、パントリーエリアはスタッフが集まる部分であり、煩雑になることを配慮すると、ドリンクラインの機器配置やスペース確保も重要な部分であり、作業が重複するポジションは余裕をもって計画することが大切であることを忘れてはならない。
さらにドリンク類やデザート類を製造した後に一時的に置くスペースもなければ、スムーズな作業ができないため、手前あるいは横側にスペースを確保しておくことが理想的であることを理解しておくことである。

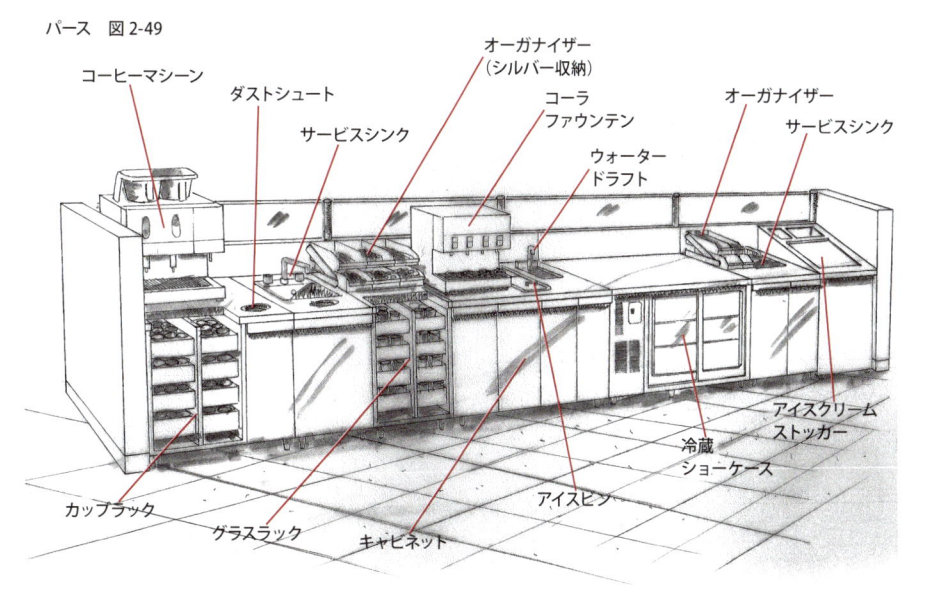

パース 図2-49

083

13) 一般的板金単品図の読み方と仕様詳細内容の基本を理解する

飲食店の店づくりに際しては、厨房計画の役割がとても大きいことはこれまでの事前説明で理解できるだろう。しかし現実的な問題としてその図面を具体的に理解し内容を読み取ることは難しく、ましてや厨房発注の仕組みとして、クライアント側に単品図の図面詳細をチェックさせてその図面内容や製作承認しろという厨房業務の在り方も今後は検討されなければならない進め方であるかもしれない。

図2-50、51の単品図は、正式な単品図の事例(一部)であり、どのような点に注意を払い内容を検討していかなければならないかなど具体的に説明していこう。

図2-50の単品図(図面右下機器番号と商品名記入がある)はシンク付きワークテーブルであり、図面右上側に機器仕様内容の表記があることが多く、単品図に使用している部材詳細内容が記入されている。つまり単品図の仕様書と単品図の番号を照合して仕様内容や詳細内容を確認していくことが大切になる。

また例えば、仕様表1平板SUS430.NO4。ステンレス鋼材とは、鉄にクロムやニッケルなどの物質を添加して錆びにくくした特殊鋼の一つ。JIS規格では、ステンレス鋼材の材料記号を「SUS」と書くが(これは錆びにくい特殊用途の鋼であることを示すSteel Special Use Stainlessから取られている)、この意味とはステンレス430(ステンレス鋼材の成分、元素組成、耐力、引張力の強さ、伸び、硬度)のJIS基準の素材であり、NO4とはステンレスの仕上げ方法を表している(特性光沢のある、細かい目の仕上げ、2Dまたは2B仕上げ材を150～180番の砥粒の研磨ベルトで研磨したもの、建材、厨房用品、車両、医療器具、食品設備などの仕上げ)という意味である。

さらに一般的には、厨房内の作業台については、仕様番号1甲板(天板のこと)はSUS430.NO4という表記の意味は、ステンレスの種類と仕上げ仕様方法である。また仕様表番号2外装などはSUS430.NO4仕上げの仕様が多く、その表記内容と意味を理解しておくことである。また水飛沫が飛び散るあるいは水を使用する、シンク、7アジャス(足)については、SUS304 (SUS304は、クロム(Cr) 18%、ニッケル(Ni) 8%、残りが鉄(Fe)で構成されたステンレス。「18-8ステンレス」とも言う)を使用することが多く、ステンレスは、構成物によって価格、特性などが異なり、またそれぞれ呼び方も異なることを理解しておくことであろう。

特に水まわり製品に使用されるステンレスには、他に安価なSUS430があるが(水回りに使用すると、将来的に錆びるという問題があるため)、衛生的な視点からはあまり一般的ではないことを忘れてはならない。つまり基本的にSUS304仕様は、主に水回りの使用用途に合わせて採用されることが常であることを理解しておかなければならない。

またSUS304は、耐食性・耐熱性に優れており、ねじや機械の恒久部品から原子力発電所で使われる冷却水のパイプまで広く用いられているなどこのSUS304が使用されることが常であることを理解し必ず単品図チェックの際には、板金の仕様内容を確認しておくことが大切である。

さらにシンクの仕様で確認しておきたいことは、仕様表番号3.排水トラップ。塩ビ180パイは排水口の大きさや排水カゴの深いあるものなど、単品図内容をチェックするポイントを理解しておくことである。

また排水トラップの仕様もゴミ籠が付いていないものもあるため、排水ゴミ籠が付いていない場合には、シンク内にゴミがたまるたびに、取り除かなければならないという作業になるため非常に作業効率が低下することになる。さらにワークテーブルの幅や奥行き寸法の確認は隣接する厨房機器と寸法適合しているかなど合わせてチェックしておくことが必要である。仕様表4.オーバーフローパイプ(水を水槽に注ぎ続けていると水槽から溢れてしまうため塩ビパイプで水槽の下に導き排水するための役割)塩ビマル型という表記は丸型の塩ビパイプで作成するという意味である。

また仕様表番号5.引き出しの仕様についても作業内容を配慮して仕様内容を確認しておくことが大切である。基本的に単品図の確認とは、機器寸法だけではなくその仕様内容や素材を確認することが重要であり、ただ単にわからないままに、厨房業者の単品図説明に「うなずいているだけで」は何の意味を持たないことを忘れてはならない。後で苦労するのは、その厨房で働くスタッフであることを忘れては

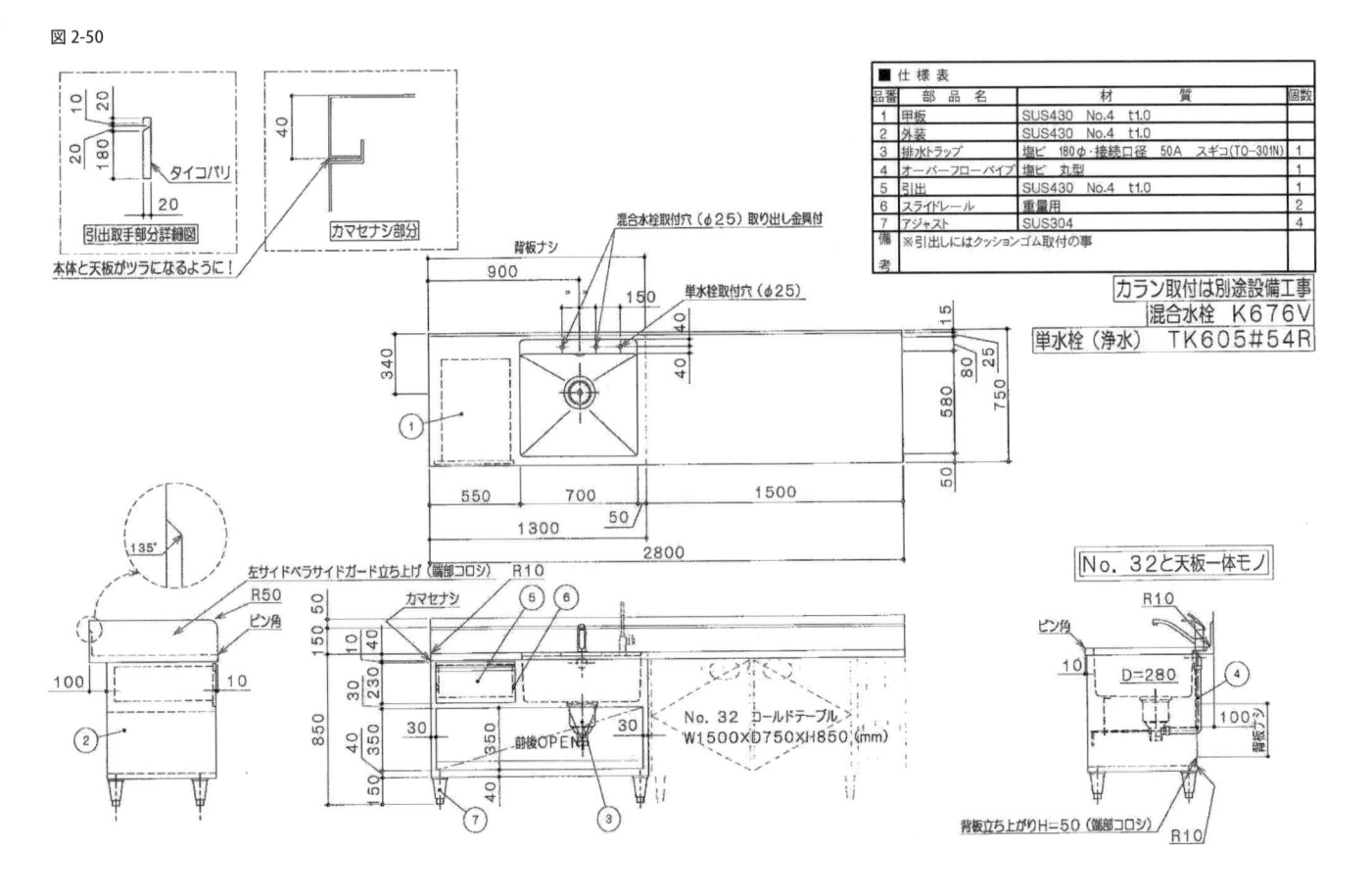

図2-50

図 2-51

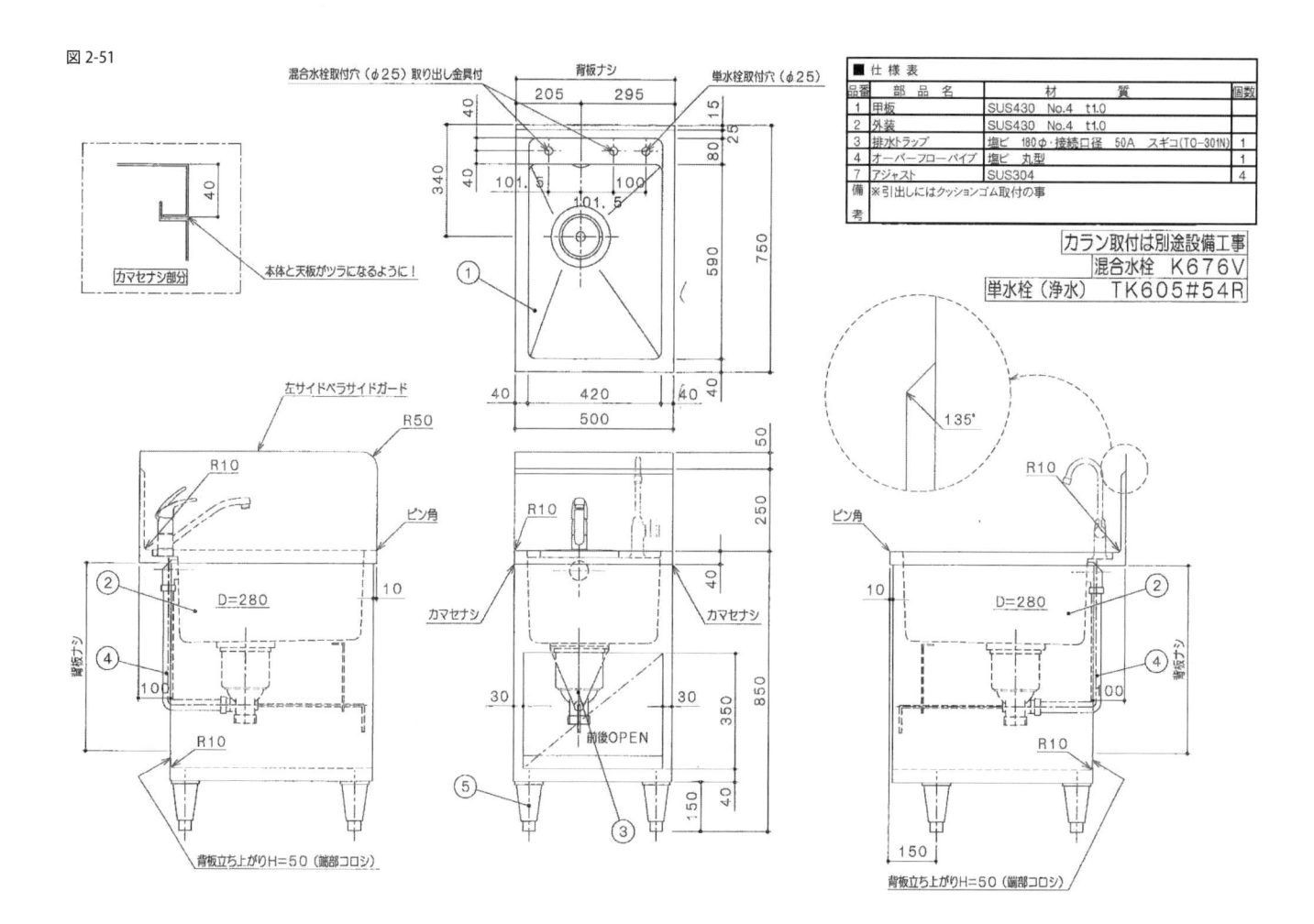

■ 仕様表

品番	部品名	材質	個数
1	甲板	SUS430 No.4 t1.0	
2	外装	SUS430 No.4 t1.0	
3	排水トラップ	塩ビ 180φ・接続口径 50A スギコ(TO-301N)	1
4	オーバーフローパイプ	塩ビ 丸型	1
7	アジャスト	SUS304	4
備考	※引出しにはクッションゴム取付の事		

カラン取付は別途設備工事
混合水栓　K676V
単水栓(浄水)　TK605#54R

ならない。さらにステンレスの厚みは0.8ミリ、1ミリ、1.5ミリ、2ミリなどその他あるものの、一般的には1.5ミリのステンレスの厚みを指定することが理想的であろう。

また作業台の両側に冷蔵庫やその他厨房機器が配置される場合には、作業台と機器が隣接する側にはペラサイドガード(単品図②上部)を100ミリから200ミリ立ち上げておくことが理想的であり、作業台からの水飛沫や水、汚れを防止する役割をする。

特にカランの設置は一般的に衛生設備工事の範囲になるものの、カランをどの位置に配置するかは、様々な方法があるため一例として内容を理解しておくことであろう。

さらに水栓カランを混合栓(湯と水ひとつのカランで操作できる)にするかあるいは湯と水を単独に配置するかなどオペレーションに合わせて計画することが大切である。図2-51の単品図は一層シンクの詳細図であり、注意しておきたいことはバックガードの高さは基本的に隣接する機器のバックガードに合わせて高さ寸法計画をすることである。

また排水トラップは一般的に、シンク内のトラップに合わせた塩ビの蓋をして水を貯めるという仕様が一般的であるが、この単品図ではハンドルコック仕様(排水トラップを遮蔽する仕組み)になっているため、シンク内の水を貯めるときや排水時のオペレーション効率を配慮する場合の計画になっている(シンク内に水、湯を多く貯めた場合に排水する時に塩ビ蓋は手をシンク内に手を突っ込んで蓋を外すため、衛生面・安全面がよくない。但し一般的には塩ビ蓋が多く、この仕様はホテル、レストランなどに多く利用される仕組みである)。

つまり単品図の細部確認やチェックポイントは様々あるものの基本的には、そこでの使い勝手やオペレーションを想定しながら仕様内容を確認していく方法が理解しやすいことを認識しておくことであろう。

事例図2-52は板金作業台やシンクのバックガード(背板)の仕様であり、様々なバックガードの納まりがあるが、あくまでも事例としてその内容を理解しておくことである。この単品図事例は、①板金の天板を溶接し一枚仕上げにすること(機器と機器をコーキング樹脂で繋ぐとやがて硬化劣化し欠落して隙間が大きくなり不衛生な環境をつくる原因になるため)②必要高さバックスプラッシュガード立ち上げ必要間口(基本的にバックガードの厚さは隣接する機器のバックガードの厚みに合わせてバックガードの高さや厚みを揃えることが理想的である)③バック折り立ち上げ20ミリ(この意味は、バックガードの立ち上げた上に傾斜を付ける指示であり、塵や埃がたまらないようにするため)④押さえSUS化粧板取り付け必要間口。この意味は、バックガードの折り返しを逆に壁側上部に20ミリから30ミリ立ち上げ化粧板を取り付けさらに化粧ビスで壁とバックガードの隙間を板金で埋める方法である。

また近年では作業台とバックガードの折り返しは10R(10ミリのアールを付ける指示であり、埃だまりにならないようにする)の指示をす

図 2-52

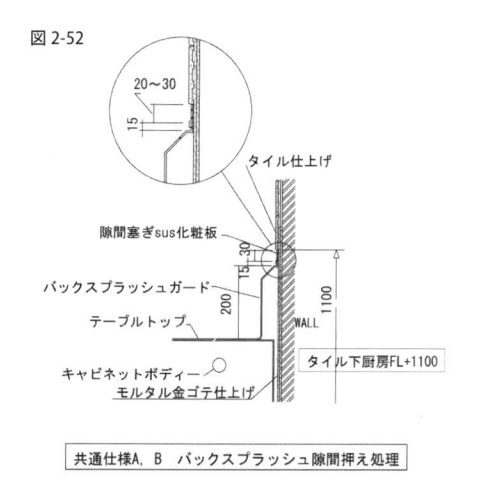

共通仕様A,B　バックスプラッシュ隙間押え処理

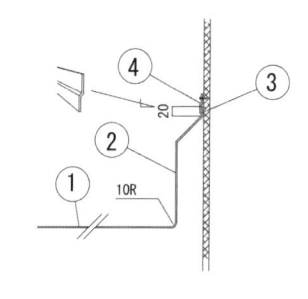

1. 溶接研磨SUS1.5tトップ一枚仕上げ
2. 必要高さバックスプラッシュ立ち上げ (必要間口)
3. バック折立ち上げ20mm
4. 押えsus化粧板取付 (必要間口)

共通仕様A,　バックスプラッシュ隙間押え処理

事例 図2-53

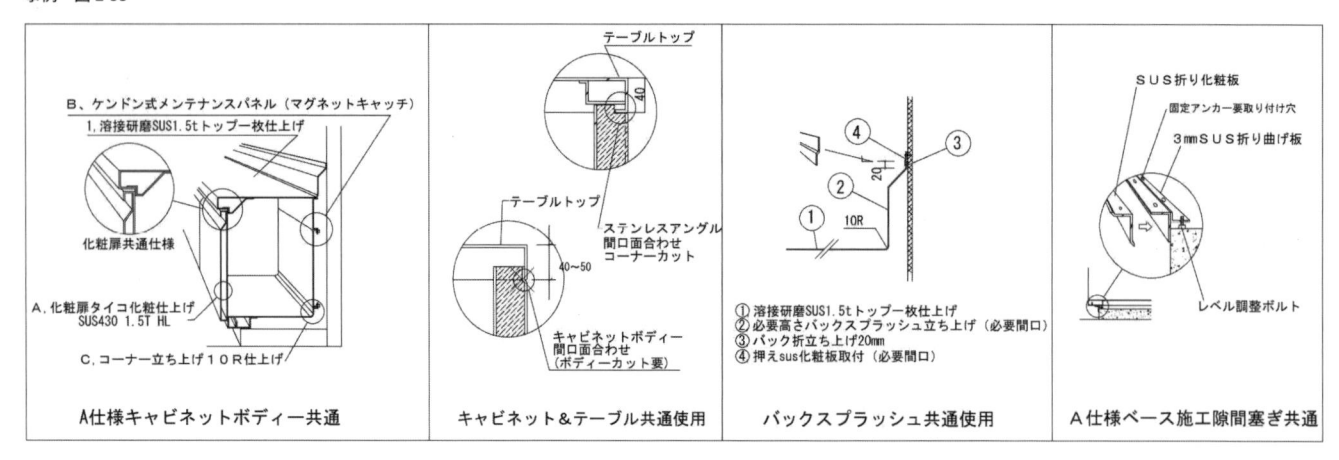

A仕様キャビネットボディー共通 / **キャビネット＆テーブル共通使用** / **バックスプラッシュ共通使用** / **A仕様ベース施工隙間塞ぎ共通**

ることが常であり、仕様も定番化されつつある。本来は厨房内の作業台や厨房機器など全てのコーナーは10Rにすることが理想的であり、NSF規格(米国民間水道水関連部材認定機関。National Sanitation Foundationの略であり、1944年に設立された米国ミシガン州に本部を置く機関で、公衆衛生や環境問題に関連した様々な製品に対して厳しい審査基準を設け、安全性や性能についての適合性試験を実施。すべての基準を満たした製品は、NSFのホームページ等に公開されNSFのマークを表示する事が義務付けられている)は、すでに日本の厨房衛生機器においても大手厨房会社がNSF規格認証を取得しその規格を使用することが常となってきていることを認知しておくことである。

さらに事例図2-53、54、55の仕様図は、作業台のキャビネットボディー詳細仕上げや内容の指示図であり、作業台キャビネットのフェイス(ノーズ)指示や細部板金の納まりを指示した図面である。

またバックスプラッシュガード、キャビネット下の板金化粧板の納まり指示をしたものであり、この場合には作業台の足を取り除き、その代わりにコンクリートで足の代わりにシンダーを打設した仕様であり、作業台とコンクリートベースの設置の隙間を化粧板で防ぐ指示をしている図面である(ホテル、レストランなど衛生レベルを意識したクライアントが使用する詳細図である)。

一般的には厨房機器はNSF規格に準じることなくまた板金の厚みも薄く、ともかく厨房機器はゲストに見える場所ではないので、ともかく安く予算を抑えたいという要望が強く(クライアント側にも問題がある)、厨房機器そのものがないがしろにされやすい部分でもあろう。

しかし現実的には、投資を抑えてはならない部分までローコスト化することは、通常の判断ではないことを忘れてはならない。

ましてや厨房機器には、デザイナーやクライアントがさして興味や関心を持たない姿勢には大きな問題があるだろうし、ともかく厨房機器は安ければ何でもよいというものではないことを理解しておくことである。

以上の単品図面や仕様書等はあくまでも一部であり、機器リストに沿った単品図の数は例えば、機器リストの番号順に30番までであれば、30枚以上の単品図面の詳細内容を具体的に理解しその内容の良し悪しのチェックをしなければならないことを忘れてはならない。

ともかくどうせ厨房のことはよく「わからない」「興味がない」というものでは決してよい厨房計画にならないことを自覚しておかなければならない。

また単品図内容を理解する基本とは、単品図とは厨房機器や作業台など全てに共通する指示内容であり、厨房単品図の仕様はどうでもよいという姿勢では仕事のスキルアップに繋がることにならないことを理解しておくことである。

さらに厨房詳細内容がわからないことや理解できないことは、知識として学ぶという姿勢で仕事に取り組むことが大切であるし、厨房計画とはただ単に厨房機器や作業台を厨房スペースに配置しているのではなく、厨房の役割は「飲食店の心臓部」であり、衛生的、安全性、効率性を追求したものでなければならないことを忘れてはならない。

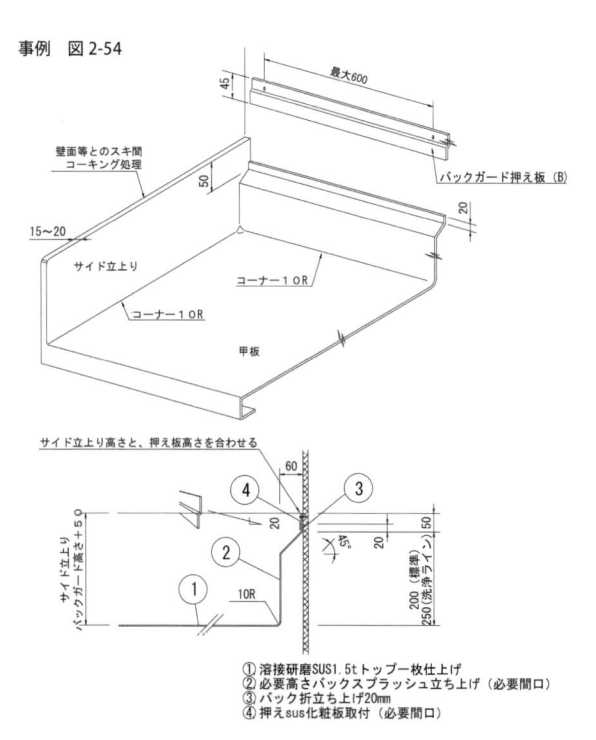

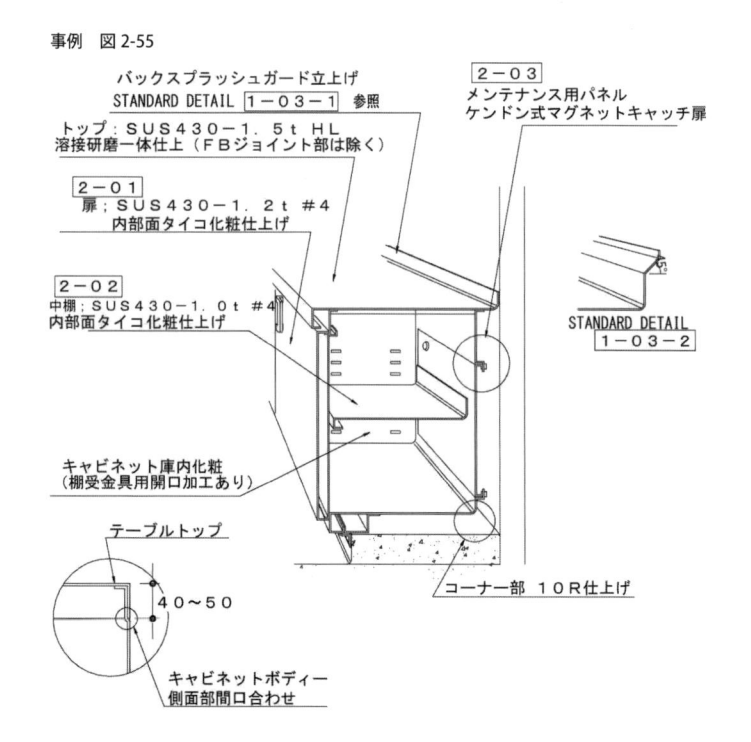

事例 図2-54

事例 図2-55

14)厨房配置と寸法基準を理解する (厨房機器の寸法基準がない不可思議な業界)

一般的に厨房機器寸法 (表2-36) は、一見すると厨房機器の大幅な基準があるように思えるものの、現実的には、厨房業界は旧態依然とした生業稼業の延長上にあり、各社独自の社内基準で調理機器を製造開発していることが実情である。

いわば厨房工業会という厨房会社の登録集団組織はあるものの、世界基準あるいは日本基準の厨房機器寸法基準を統一しようとする企業間の相互思想にないことは非常に残念なことである。

本来であれば、大きく厨房業界は大手総合厨房会社と調理機器メーカーの二つの企業体から構成されているため、一見すると企業間調整で業界の統一基準を作ることはさほど難しいことでないものの、古い慣習や企業ごとの独立思想が強く業界の厨房機器基準を統一しようとする動きはほとんどない (腫れ物に触れる一線)。

しかし現実的な問題としては (キッチンプランナーやクライアントの立場を考えれば)、キッチン内の厨房機器配置計画に際しては、厨房機器と厨房機器が隣接して配置計画されることが常であり、厨房機器メーカー (機器ごとに機器寸法が異なっている) の機器寸法が異なると手前、奥行き、高さの凸凹の機器配置になってしまい、ただ単に厨房機器をキッチン内に並べた配置になる (厨房施工レベルの基準もなく精度の良し悪しは曖昧である) ことである。

また HACCP (Hazard Analysis and Critical Control Point- 日本語読みは決まっていないがハサップまたはハセップと呼ばれることが多い) は食品を製造する際に工程上の危害を起こす要因 (ハザード；Hazard) を分析しそれを最も効率よく管理できる部分 (CCP；必須管理点) を連続的に管理して安全を確保する管理手法であり、厨房機器の細部仕様や内容についても大きく関係してくることを配慮すれば、厨房機器も HACCP 思想 (衛生管理) を維持するための重要な意味を持っていることを忘れてはならない。

つまり厨房機器の内容や仕様は何でもよいというものでは、いくら現場のスタッフが衛生的に配慮しても、厨房機器の作業台や厨房機器がハセップ的にも衛生基準を順守するものになっていなければ、現場の衛生思想と現実に大きな格差が生じているだろうし、そもそも厨房機器仕様に基準がないということは、キッチンの調理作業にも大きな支障 (機器のラインがそろってなく動きづらい) をきたすという現実から目を背けてはならない時期に来ていることであり、もうそろそろ厨房業界として種々な基準を持つべきであろう。

15)厨房計画は主軸メニューで変化する/メニューに合わせた機器配置を

飲食店の厨房計画を検討する際には、その企画する業態に合わせて主軸メニューを調理する機器を中心に厨房機器の配置構成を検討することが理想的である。

つまり厨房機器の配置計画とは業種業態によって厨房機器の配置や構成が大きく異なってくることを忘れてはならない。

何故に厨房設計を進めるに際しての起点がメニュー内容や調理レシピであるという理由は、機器選定や構成がメニュー内容によって変化してくることを理解しておくことであろう。

一般的には厨房配置計画とは (業種業態の基本的厨房スタイルがあるため) 特別な演出効果や提供時のサービス方式を変えない限り、さほど配置される厨房機器の種類や機能は変わらないことを理解しておくことである。

しかし厨房計画を進めるに際しては、主軸メニューの内容分析やサービス形態を熟知し厨房計画に臨むことが常であることを忘れてはならない。

如何なる飲食店でも少なからずともガスレンジやフライヤーは活用されることは多いものの、その調理機器がどのように活用されるかは業態によって変化してくることだ。

つまりただ単に厨房設計側の思い込みだけで厨房計画を進めても最終的には厨房で働く人との細部の意見調整や打ち合わせをせずして厨房計画は完結しないことを理解しておかなければならない。

また厨房設計を担う人にとっては、常に料理や調理方法、厨房機能など関連性を配慮した厨房計画になっていなければならないことを理解するとともに、これまでの実例に基づいて厨房計画を進めるべきではないことを肝に銘じておくことだろう。

あくまでも厨房設計側の仕事はクライアントの立場に代わって効率的且つ機能的な厨房計画を提案することであり、いかに企画に合った最良の厨房計画を実現するためのサポート役であり、飲食店を成功させるための一躍を担っていることを忘れてはならない。

さらにこの業界は厨房メニュー内容の分析なくして厨房計画は平然と進行していくものだけに、正しい厨房機器とメニューの関係性を調整した厨房計画を創出することがキッチンデザイナー、厨房設計者に与えられた使命であることを理解しておかなければならない。「説得力ある厨房計画の提案こそ、厨房設計に求められた役割である」

16)繁忙時に料理遅延する理由は厨房計画にある(表2-37)

飲食店を経営するにあたり、売上を確保するチャンスは (業種業態によっても異なるものの)、朝、昼、夜という時間帯に集中する客をいかに効率的に回転させることが常であろう。

また飲食店には、種々な業態があるように、繁忙時にスムーズに対応している店と集客の比率に対して厨房機能やスペースのバランスが悪くなかなか料理が提供できないため、なかなか客席回転が上がらないという大きく二つの店のタイプに分けられることだ。

つまり飲食店の経営の基本はオペレーションの沈滞や料理提供が遅いなどうまく繁忙時に客席回転を上げることができないことは飲食店の致命傷であり、いくらスタッフが額に汗をかき頑張っても売上に繋がらないのでは、その努力が報われないことに等しいことを自覚しておくことである。

さらに飲食店の厨房計画を進める際に大切なことは、その計画の起点の発想がいかにコンパクト且つ効率的な厨房計画を進めたいという要望 (クライアント側) や願いが優先されることは分からないでもないが、だからと言ってもその厨房と客席など相互のバランスが調整できていて初めてオペレーションは機能する

一般厨房機器寸法　表 2-36 (参考資料)

（単位　mm）

冷蔵庫・コールドテーブル	奥行き／D	450	600	750			
	幅／W	900	1200	1500	1800		
ガスレンジ	奥行き／D	600	750				
	幅／W	600	900	1200	1500	1800	その他
フライヤー	奥行き／D	600	750				
	幅／W	450	500	600			
麺ボイラー	奥行き／D	650	750				
	幅／W	600	650				
スチームコンベクションオーブン	奥行き／D	650	750				
	幅／W	650	700	800			
冷蔵ドロアー	奥行き／D	650	750				
	幅／W	900	1200	1500	1800		
冷凍ドロアー	奥行き／D	650	750				
	幅／W	900	1200	1500	1800		
作業台	奥行き／D	450	600	650	750	800	1000
	幅／W	450	600	650	750	800	その他

ものであることを忘れてはならない。
またよく綿密な計画をしたにも関わらず開店してみると、往々にして想定計画に反して料理がスムーズに提供できない店は数多くあることである。その理由は厨房計画の進め方やポイントがずれていれば想定した厨房計画では理想的なオペレーション通りにならないことは当然であることを理解しておくことである。

料理遅延の原因　表 2-37

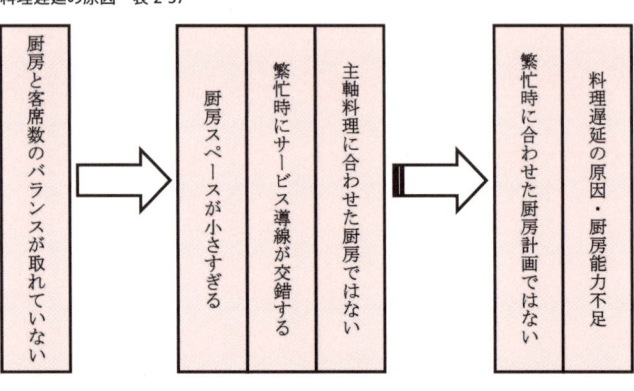

厨房と客席数のバランスが取れていない → 厨房スペースが小さすぎる　繁忙時にサービス導線が交錯する　主軸料理に合わせた厨房ではない ▶ 料理遅延の原因・厨房計画・厨房能力不足　繁忙時に合わせた厨房計画ではない

つまり厨房計画を進める手順や検討するポイントがずれている、あるいは具体的には料理の繁忙時の出数に至るまで細部に渡って分析されていないところに、料理提供の遅延が発生する原因があることを忘れてはならない。
さらに本来の具体的な分析方法とは、料理別調理の工程数やオペレーション動作は単純且つ効率的であるなど主軸料理内容や訴求する料理分析など科学的視点 (繁忙時の売上構成比、料理別出数構成など) に立って厨房計画に臨むことが重要であり、それが料理遅延を発生させない大きなポイントになる。勿論厨房計画と料理内容や調理機器との組み合わせや効率性を配慮したものでなければならないことはいうまでもない。
いわば、厨房計画の基本は繁忙時に厨房機能や能力を設定することが料理遅延を発生させないポイントであり、いくら飲食店の売上を上げるために客席数を確保しても料理がスムーズに提供できない厨房では決して売上を上げることができないという現実を肝に銘じておくことだろう。

17) 人手をかけない厨房の仕組みづくりと考え方

これからの時代のフードサービスのキッチンの仕組みとして重要になることは、いかに人手をかけずしてオペレーション運営ができるか否かが効率的経営を成功させる大きなポイントになってくるだろう。
また人手をかけずに料理を提供するということは、いかに調理機器に依存するかで人員を削減することが可能になるかだ。いわば、レストランのキッチンそのものが飛行機のコックピットのようにスイッチ操作一つで調理作業が完了するなど、益々調理機器の革新が求められてくることは時代の趨勢であることだろう。

さらに現在ある最新調理機器を集めてキッチンシステムを構築することも、もちろん人員の削減には繋がるものの、あくまでその調理機器を操作するあるいは最終的な料理の仕上がりを確認するのは、結局は人間であることには代わりのないことを忘れてはならない。
また飲食店には業種・業態という種々なスタイルがあるように、全てのキッチンシステムを同じ仕組みで構築することはできないということを理解しておかなければならない。結局は、その業態に合わせた新たなキッチンシステムを構築しなければ、人手を削減するまでの効果を生み出すことは難しいことを自覚しておくことである。
いくら調理機器が効率的だといえども、料理そのものの味や内容が人の手を介する調理よりも低いレベルになってしまっては何の意味を成さないだろうし、むしろ調理が安定し尚且つ美味しい料理が提供できる仕組みこそ、調理機器に求められる技術レベルであることだ。つまり調理機器に調理工程を依存するということは、中途半端な調理機器では意味がないことであり、完全に調理のすべての内容が人手をかけずに任せることができる仕組みでなければならない。勿論現存する調理機器でできる調理もあれば、まだ細部に至るまで多機能な調理機器は存在しないことを理解しておくことであろう。
いわば、人手をかけない厨房の仕組みづくりを構築 (表 2-38) するためには、今後は業種・業態に合わせて効率的な運営ができる仕組み

人手をかけない厨房の仕組みづくり　表 2-38

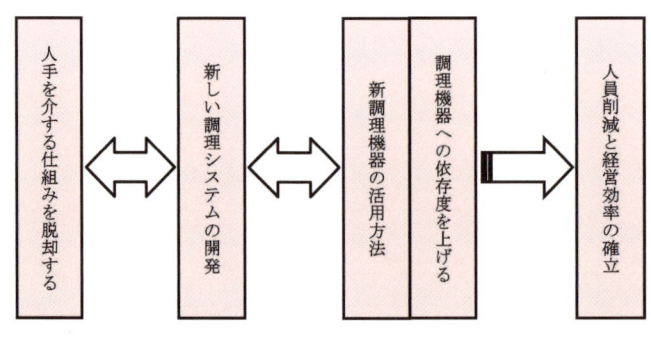

人手を介する仕組みを脱却する ⇔ 新しい調理システムの開発 ⇔ 新調理機器の活用方法 ⇔ 調理機器への依存度を上げる ▶ 人員削減と経営効率の確立

を新たに開発することが必要になることであり、あらゆる情報と現存する調理機器の技術を駆使したところに新しい調理スタイルを生み出すヒントがあることを忘れてはならない。
特に新調理システムの活用で理解しなければならないことは、ただ単にキッチンシステムの効率を上げただけでは効率経営にはならないということであり、全体のオペレーションの仕組みを合わせて効率性をアップさせることこ

そ、より効率的経営を実現することに繋がることだ。
またフードサービスである以上人の手を介して料理をサービスする仕組みを変えることはできない宿命にあることだ。その仕組みがなければ、自動販売機で成り立つことになるだろうし、飲食店の厨房システムとして目指すところは、いかに調理機器の技術依存と人の融合がうまく機能する仕組みづくりをすることが、これからの時代の新調理技術の活用方法に繋がることを忘れてはならない。

18) 厨房環境は汚いもの/理想と現実の格差を埋める

一般的に飲食店の厨房は不潔で汚いというイメージをなかなか拭いされないものであり、現実的にも決して綺麗な厨房環境とは言えないだろう。
その原因になっているものは、そこで働く人々のモラルや意識レベルの低さが大きく関与しているばかりか、常に厨房は清潔且つ綺麗にしなければならないという思いが欠落していることに他ならない。
その以前の問題として厨房環境を企画計画する設計側に理想的な厨房環境を作りだすノウハウや知識そのものが不足していることである。特に厨房内の衛生設備環境づくりの仕事を担うインテリアデザイナーの知識としては、いかに厨房とはスタッフにどのように利用されているのかなど様々なオペレーションを配慮し、施設計画をしなければならないことはデザイナーとしての姿勢であるし、厨房範囲に関わるスペースにおいても、厨房計画の知識や情報集積をしておかなければならないことは当然のことであろう。
そもそも日本の厨房環境とは和食という日本特有の食文化を起点に派生されたものと言われており、和食の厨房に立つ職人の服装は白衣に高下駄という風体が定番であり、厨房内には床に簀子を敷き詰め床が滑らなくするというのが根底にあったことである。
つまりその古臭い慣習が現在も残り厨房の床に簀子を敷き詰める職人や店が閉店後は厨房の床、厨房機器に至るまですべて水で汚れを洗い流すという行為 (足に水飛沫が飛び散らないように高下駄をはくという習慣) が生まれたことである。
また本来の理想的な厨房環境とは、そこで働くスタッフの安全性や食品を扱うための衛生管理を維持しやすくできることが理想的であり、一向に日本独自の理にかなわない慣習か

ら抜け出せない現実が横たわっていることを忘れてはならない。

欧米の厨房環境と比較しても日本の厨房環境は約30年以上遅れているといっても過言ではなく、いっこうに厨房環境の改善改革に着手されないことが大きな問題になっていることだ。

近年ではHACCP(ハセップ)思想を厨房環境づくりに導入しろという厚生省の推奨はあるものの、特に一般的な飲食店の末端の厨房施設づくりまでその指導や規制が及ばないことに問題があるだろうし、その厨房環境づくりの手法や考え方はこれまでと何も変わっていないことも大きな問題である。

また理想的に厨房環境の基本は、厨房は作業に安全且つ衛生を維持しやすいということがポイントであり、厨房で働くスタッフが身を粉にして苦労しなければ清潔さが維持しにくいというものでは理想的な厨房であるとは言えないことを忘れてはならない。

つまり理想的な厨房環境づくりを具体的に述べると、厨房の床は滑らないタイル貼りで厨房機器の足の下の塵や埃も簡単に清掃できることや厨房の通路の真ん中に排水側溝が計画されていないこと(厨房空間と汚染された水が隣接していることは衛生的にありえない)排水は厨房の床に埋設し排水経路を確保することが基本でなければならない。

さらに厨房内の温度も炎熱地獄といわれるように夏の厨房内の温度は厨房機器から発せられる熱や油煙類で、約40℃以上が当たり前の様な環境であり、もっと厨房内の空調の仕組みをしっかりと計画することが大切であろう(厨房機器以外の施設計画は、インテリアデザイナーの仕事であり、追及する仕事内容は殊の外多いことを忘れてはならない)。

また厨房内の衛生的に区画も狭い厨房では洗浄エリアと調理エリアが同一空間に配置されていることが常であり、衛生管理もしっかりと実施できない環境にあることが現実であることだ。

本来であれば、洗浄エリアと調理エリア、食材類のストックエリアは区画し、各施設内の衛生管理を維持できるように計画することが理想的であるものの、ともかく客席確保優先主義にある飲食店づくりの現状では、理想はあくまでも空論であり現実的ではないということで片づけられてしまっていることに大きな問題があるだろう。

ともかく都合が悪いことは「見て見ぬふりをするという現実」が外食業界の厨房環境の状態をよくできない大きな要因であることを忘れてはならない。いうなれば理想的厨房の姿とは、あくまでも理想であり一部施設のみに適用されているものの、現実のほとんどは「絵に描いた餅」と同様にあることを理解しておくことである。

またその厨房環境の改善にメスを入れることができる立場にいるインテリアデザイナーの仕事への姿勢が変化しなければ、厨房環境は一向に改善されないことを自覚し、飲食店の店づくりに臨むことこそ、専門家に求められる姿勢であることを忘れてはならない。

19)厨房の床仕様の在り方/ドライキッチンである理由

飲食店の店づくりに携わる専門家としての仕事の多くは、インテリアデザイナーの知識や力量によって変化してくるものであり、少なくとも現場に負担の多くが偏らないように調整しなければならない。

しかし一般的に飲食店の厨房の床仕上げは、クライアント側の強い要望がない限りモルタルの打ちっぱなしが多く、ともかく客に見えないところは予算削減をするという風潮が定着していることだろう。つまりよく考えると客に見えない部分は予算を掛けないとする理由はわからないでもないものの、インテリアデザイナーとして内装デザインの範囲は予算調整の対象とせずに、全体的な総予算が合わない場合には、なにがなんでも厨房に関わる部分の予算を削り落としともかく予算を下げればよいという問題ではないことを忘れてはならない。

またそれでなくとも一般的に業種業態に関わらず、厨房内の衛生レベルは低く、且つまともに衛生管理ができていない環境になっている現実を改善しないままに都合がよく清掃や衛生管理がしにくい仕様にしてしまう、我現場のことに関せずという設計思想は今後の飲食店の店づくりを配慮したときには正しい判断ではなく具の骨頂であろう。

さらに本来の厨房環境のあるべき姿とは、そもそも厨房の床は作業者の安全性を配慮して床が滑らないこと、床はフラットであること、清掃しやすい仕様であることなど一定の基準になければなかなか清潔さを維持することができない現実があり、上記の条件を配慮した厨房環境になっていることが理想的でなければならない。

またデザイナーの仕事や知識としては、排水設備についても同様に改善の必要があるだろうし、一般的に厨房内に配置した厨房機器から排水されるドレン水や洗浄機、仕込み作業の後の汚水などを厨房の通路の中央に側溝を走らせてグリストラップに流すという方式も厨房環境をよりよくできない要因の一つであることを理解しなければならない(欧米では厨房には側溝という排水溝は設備されず、スラブ貫通による階層下排水が一般的でありともかくHACCP思想に準じたもの、安全性、衛生の視点からも厨房の床は常にドライであること)。

本来厳密に厨房環境ということを配慮した場合には、厨房内の空気が汚水と隣接していることや床が滑らないという仕様にしなければならない。つまり世界的厨房環境の基準を配慮しても、床排水は側溝ではなく、排水舛するあるいは排水蓋は密閉された仕様にし、清掃時に蓋を開けて清掃後の洗剤や汚れた水を洗い流すという方式が理想的であることを理解しておかなければならない。

つまり厨房内の床仕様は、水を流すための仕様ではなく、営業時には常にドライ(乾燥させておく、衛生の視点)閉店後は床を洗剤とブラシで洗い流し、最後に塩素消毒し、最後に床を乾燥させるということが理想的であることだ。飲食店づくりに投資がかかるというクライアント側の思惑が削減してはならない部分に及ぶことは決して良いことではなく、ただ単に投資削減のためのやみくもな減額は避けるべきであることを忘れてはならない。

またその理想的な厨房環境に近づけることができる役割をしているのは、インテリアデザイナーであり、厨房の現実から目を背けず内装デザイン同様によりよい環境づくりをするための情報や知識集積をし、少なくとも厨房内の汚さや衛生管理ができない環境づくりから脱却する施設計画を目指すことが、専門家としての役割であることを自覚しなければならない。

20) バックヤードと事務所スペース計画のポイント

飲食店を企画する際にスペースや機能そのものを縮小、排除、削除されてしまうものとして厨房、事務所やバックヤードのドライストレージは全体の計画からいつの間にか消されてしまうことがしばしばあることだ(この範囲の設計もインテリアデザイナーの仕事の範疇であり、内装デザインに全体の仕事内容が偏ったりするのではなく、飲食店の店づくりとは、すべてのバランスが整ってこそ、現場で働くスタッフにとって使いやすい施設になることを忘れてはならない)。

つまり平面計画の上では、その機能を消し去ることができたとしても実際の運営になれば、事務所、更衣室やバックヤードは必ず必要になることが必須になることを理解しておかなければならない。

特に飲食店の大きさが小さくなればなるほど事務所や更衣室がなく、トイレでスタッフが更衣をする。あるいは事務処理は比較的店が暇な時間に客席の隅で行うなど店が小さいための苦肉の方法は致し方ない部分はあるだろう。しかし現実には、飲食店の大きさの如何に関わらず客席を多く確保するために、バックヤードや事務所、更衣室を計画上、無視してしまうことは本来やってはならないことであり、後々飲食店の完成後に施設改修し機能を確保することがしばしばであることを忘れてはならない。

また本来事務所、更衣室は飲食店で活動する上での最低限の機能であり、大きさの云々に関わらず、計画しなければならない機能の一つであることを忘れてはならない(デザイナーの仕事の姿勢としては見て見ぬふりは決してし

てはならないことだ)。

本来、事務所や更衣室の大きさを計画するポイントとしては、事務所と更衣室を兼用して計画するのか、あるいは各機能をそれぞれ独立して計画するのかの二つに分かれることだろう。勿論セキュリティの問題を考えると、事務所と更衣室が分離していることが理想的である。またそこで働くスタッフの労働環境を考慮すれば、休憩スペースや椅子は最低限の機能であろうし、闇雲に料理を作るための厨房と客席があれば飲食店は成り立つという店舗計画は間違っていることを自覚しなければならない。

さらにアルバイトやスタッフのそこでの過ごし方で、ユニフォームに着替えることや食事を伴う休憩など、ときにはスタッフトレーニングの場所として事務所などが活用されることを想定すると、企画段階でその機能を削除してしまうことはあってはならないことだと理解しておくことだろう。

特に立地のよさによっては賃借料が高くスペースを経営視点で有効に活用したいという思いは分からないでもないが、必要な機能を端折って計画をしてしまうことは片寄った飲食店の計画であることを自覚しておかなければならない。

つまりその店に訪れる客に対して、心地よい接客を提供するためには、そこで働くスタッフの環境も配慮しなければ、満足感を与える接客はできないことを忘れてはならない。

21) 厨房予算想定方法と基本を学ぶ

一般的に飲食店の厨房予算は、厨房業者に相見積もりをすると (業種・業態によって異なるものの)、金額誤差が生じることは常であろう。厨房機器が増加すればするほどその金額の差異が厨房業者によって出てくることは当然であると理解しておくことだろう。

何故に厨房機器の予算金額が大きく異なってくるかは、厨房業者同士の競争を煽り、金額を安くするという影響がその差異を生み出す要素であることに他ならない。しかし全体の事業計画を想定する際には、事前に厨房予算を想定しない限り、全体の投資計画をすることはできないことになる。

つまり事前に厨房予算を概算想定する方法としては、厨房機器リストに合わせて厨房機器の上代価格に約 70% ～ 50% 掛けることによって実施価格に近い金額想定ができることは厨房業界の不可思議な価格設定にあることであろう。

また厨房機器のカタログには、機器メーカーごとに上代価格が設定されていることが常であるものの、その価格は実施価格ではなく、クライアント (個人、法人、総合厨房、その他) によって掛け率が上下してくることを理解しておくことである。

一般的には、厨房業界は総合厨房と機器メー

表 2-39

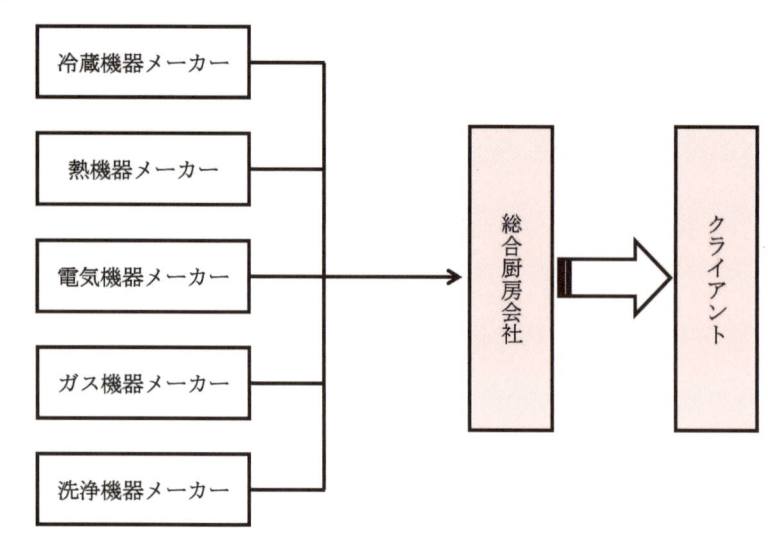

カーの大きく二つの業界に分かれており、飲食店の厨房計画から施工までに至るまでは総合厨房が仕事を請け負うことが多く、その下に機器メーカーが配置される構図 (表 2-39) にあることを理解しておくことである。

さらに厨房機器の価格とは、メーカー希望価格と実際に提供される価格の二重価格設定であり、クライアントの力量に合わせてその価格が上下するといった曖昧な価格が一般化していることである。

しかし厨房予算を想定する場合には、カタログに記されているメーカー希望価格の情報を集めて、とりあえず厨房全体総額の概算を算出することが大切であろうし、厨房予算が曖昧なままに全体投資を計画することは避けるべきであろう。

つまり厨房概算見積を想定する方法には、機器リストごとにメーカーの上代価格の情報をあつめ、算出想定する方法と厨房面積に坪単価 (表 2-40)/(業種・業態及び機能によって金額は異なる) を掛けることによって概算想定を算出することである。

但しあくまでも事業計画を作成するための厨房概算想定であり、最終段階では厨房の相見積もりをすることが大切であることを忘れてはならない。

特に飲食店の店づくりに掛かる投資全体を調整できる立場にあるインテリアデザイナーとしては、内装工事、設備工事、厨房工事予算は、総予算の内訳では大きく費用に関わる部分であるだけに (予算調整を全段階で)、設計業務に入る前に厨房のスペースや総予算想定ができることが理想的であり、表 2-40 の参考指標に沿って厨房予算を組み込んでおくことが大切であろう。

厨房予算とは、厨房スペースが広く、厨房機器の点数が増加すればするほど金額は高くなることを理解しておくことであり、厨房効率を求めるあまりに、厨房機器を多く選択すれば当然のように厨房金額は上昇することを忘れ

業種・業態別厨房予算想定 / 坪単価 (参考指標) 表 2-40

業種・業態	全体面積／坪数	厨房面積比(%)	厨房坪単価(万)
ファミリーレストラン	70－90	35－45	40－60
イタリアンレストラン	70－90	35－40	40－60
フレンチレストラン	70－90	35－40	40－60
ステーキレストラン	70－90	30－35	40－60
ハンバーグレストラン	70－90	30－35	40－60
和食料理店	70－90	35－40	40－60
中華料理店	70－90	35－40	40－60
居酒屋	70－100	20－25	45－85
焼肉レストラン	70－80	18－20	80－100
ラーメン	10－25	20－25	50－90
焼鳥屋／焼鳥居酒屋	15－30	20－25	40－80
寿司屋	20－25	20－25	40－80
蕎麦・うどん店	20－30	20－25	40－80
パスタ専門店	25－35	20－25	40－90
牛丼屋	25－30	20－25	40－90
セルフカフェ	25－40	18－25	110－130

てはならない。
また表2-40の参考指標はあくまでも参考であり、すべての飲食店が参考指標通りの予算に収まるものではなく、最終総予算調整をする段階ではすべての厨房機器が予算調整の対象とする配慮を持っておくことを理解しておくことである(厨房機能や効率性を低下させる費用削減はしてはならない)。
勿論主軸メニューを調理する厨房機器やその周辺機器は優先的に計画を維持しつつ、機能性や効率性が低下しないように厨房金額の調整をすることが大切であることを忘れてはならない。

22)キッチンスタイル別業種・業態/10事例の企画概要・基本コンセプト

一般的に飲食店の厨房スタイルは業態によって変化することが多く、1アメリカンスタイル(バックバー)、2ヨーロピアンスタイル、3中華スタイル、4和食専門店、5カフェテリアスタイルなど企画する飲食店によって厨房スタイルを理解し計画に臨むことは理解できたはずだろう。

つまり基本的には、いかなる飲食店であっても厨房スタイルの基本がベースになっていることが常であり、業態によってその基本に沿って様々な計画が生み出されていることを理解しておくことである。

勿論、業種・業態によっては、すべて基本の厨房スタイルに適合することではなく、その厨房計画の基本的オペレーションや調理システムの思想は大きく変わるものではないことを忘れてはならない。

特に最近の飲食店企画の傾向としては、演出の主軸に料理工程や食材を演出材としてデモンストレーションすることが多く、厨房スタイルは変わらないものの、厨房の機器配置や見え方によって計画が変形したり、厨房機器の配置が前後したりするなど飲食店の業態や企画によって変化することを理解しておくことである。

また飲食店の企画によっては、キッチンスペースを開放するオープンキッチンを前面に打ち出すというコンセプトになる場合には、キッチンそのものが舞台装置(装飾デザインの対象になる)になるため、閉鎖したキッチンよりもキッチンスペースや厨房予算が増加すること忘れてはならない。

以下キッチンスタイル別に飲食店の事例を挙げ具体的にその企画コンセプト内容を説明、その企画のポイントを解説していくことにしよう。

特に業種・業態とキッチンスタイルや厨房計画の関係に視点を以て図面や業態概要と合わせて厨房計画の内容を理解することが、飲食店の店づくりの知識集積になることを忘れてはならない。

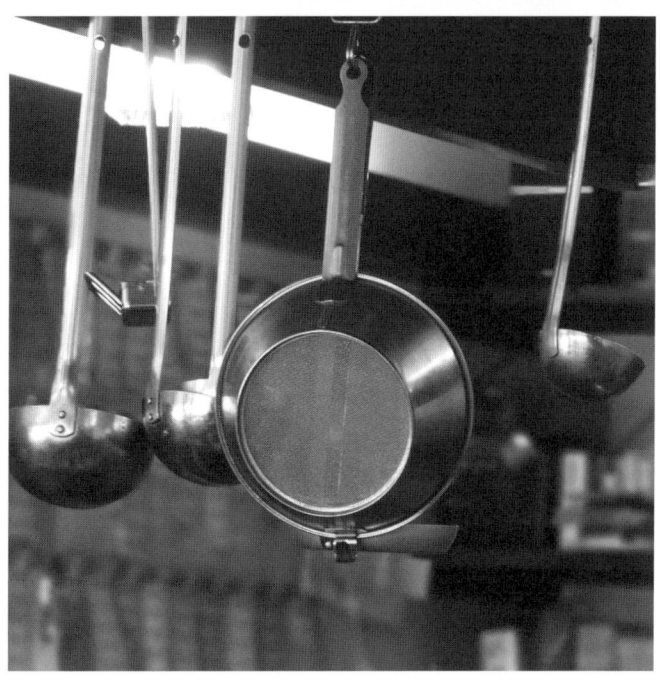

1 ステーキ＆ハンバーグハウス

1-1) 企画概要

図2-56は、ステーキ＆ハンバーグハウスの企画平面図であり、主軸メニューステーキとハンバーグをコンセプトとしたオープンキッチンのライブ感と低価格高付加価値の業態である。キッチンスタイルとしては、繁忙時やアイドル時の落差を配慮すると、アメリカンスタイル(バックバー)が理想的であり、繁忙時も比較的少人数でキッチンオペレーションができる計画を配慮していることである。

また客席に対してサラダバー・フリードリンクコーナーを配置(サラダバーは全商品の価格に含まれているため、常に新鮮な野菜類、フルーツなど)し10種類以上を揃えて彩豊富な計画をしている。近年の肉業態に対する生活者の需要はまだまだ高く、次々に新しい業態(熟成肉レストランや肉をキーワードにしたバル業態など)も登場しているなど、今後も肉業態は生活者に安定的な支持を受ける飲食店のひとつであろう。

ステーキ＆ハンバーグハウスの企画に際して大切なことは、競合店との差別化を明確にすることであり、ステーキやハンバーグの具体的な提供方法(熱々の鉄板でサービスする、木プレートで盛り付けるなど)を具体化しておくことであろう。また一般的にこの種の業態企画では、チャコールグリルを入口周辺に配置し料理への期待や好奇心を高める手法は定番化されているものの、内装デザインや計画としては最低必要不可欠な条件であることを忘れてはならない。

むしろステーキやハンバーグの肉質が美味しく、価格に対する肉のボリュームが大きいあるいは驚くほどに量目が多いなど、競合店との差別化をお値打ち感あるメニューとして打ち出すことがポイントである。

1-2) 基本コンセプト

- 立地／駅周辺の2F
- 賃借料／坪20,000円／1,023,000円／月
- 客層／サラリーマン、OL、ヤングアダルト、ファミリー層
- 客単価／昼1,200円から1,500円　夜2,800円から3,500円
- 客席数／72席
- 回転率／昼0.9回転・夜2回転
- 1日売上予測／400,000円
- 月商売上／12,000,000円
- 営業時間／11:00～24:00
- 原価率／38％
- 人件費率／30％
- メニューコンセプト／厳選したブランド肉を低価格で提供する店
- 内装コンセプト／木調で落ち着ける空間デザイン　家具類(テーブル、椅子)は古材調の味わいあるテイストで

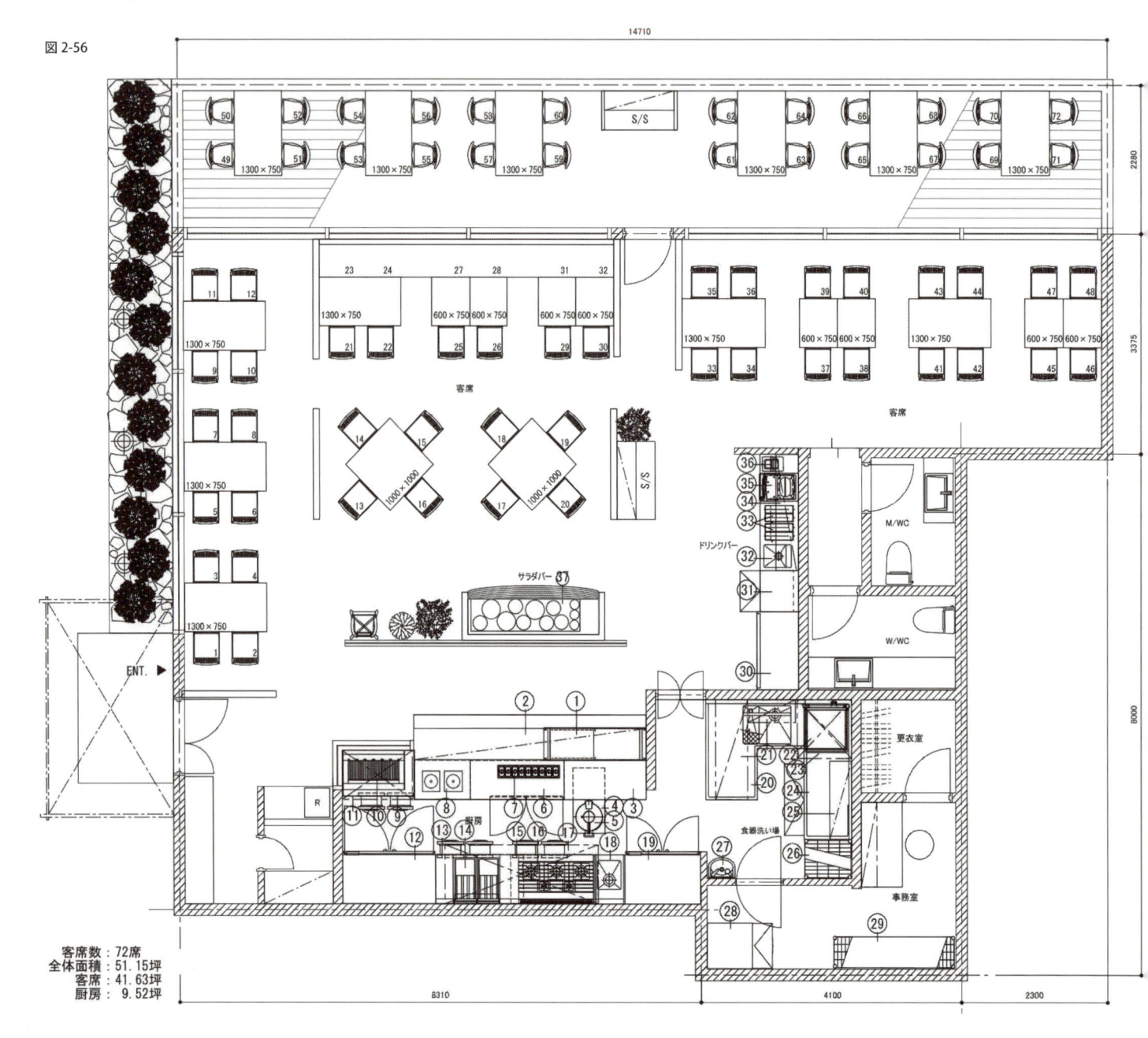

図2-56

客席数：72席
全体面積：51.15坪
客席：41.63坪
厨房：9.52坪

イメージパース　図 2-57

図 2-56　厨房機器リスト

1 吊型冷蔵ショーケース
2 ディッシュアップ
3 ワークテーブル
4 炊飯カート
5 炊飯保温ジャー
6 冷蔵コールドテーブル
7 ホテルパン
8 電磁調理器
9 冷蔵コールドドロワー
10 デモンストレーションブロイラー
11 排気フード
12 冷凍冷蔵庫
13 冷蔵コールドドロワー
14 卓上フライヤー
15 冷蔵コールドドロワー
16 ガスレンジ
17 排気フード
18 一槽シンク
19 冷凍冷蔵庫
20 ダストシンク付きソイルドテーブル
21 オーバーシェルフ
22 食器洗浄機
23 排気フード
24 クリーンテーブル
25 オーバーシェルフ
26 シェルフ
27 手洗器
28 製氷機
29 シェルフ
30 冷蔵ショーケース
31 製氷機
32 ドリンクテーブル
33 ジュースディスペンサー
34 オーバーシェルフ
35 エスプレッソマシン
36 ミルク保冷庫
37 アイスベッド

2 手ごねグルメバーガーレストラン

2-1) 企画概要

図2-58の平面図は、グルメバーガー店の平面計画図であり、ハンバーガーパティ(肉を板上に成形したもの)は店内で挽肉から仕込んで成形(チルド保存)するという、手ごねづくりのハンバーガーを訴求するというこだわりグルメバーガー店である。

キッチンスタイルとしては、アメリカンスタイルの形態をとり、客席側に向けてチャコールグリル、グリドル、製造ラインをアピールできるように、機器配置をしたオープンキッチンスタイルを計画している。特に繁忙時に効率的オペレーションを計画する場合には、バックバースタイルを計画することが理想的であり、少人数でオペレーションができることがこのキッチンスタイルのメリットであろう。

またグルメバーガーという業態は、ファストフードスタイルをとる店もあるものの、この企画ではあくまでもテーブルサービスのスタイルをとるため、ゲストが来店して退店するまで店での過ごし方は一般の飲食店と大きく変わるものではなく、食事として美味しいグルメバーガーを肩肘張らずに気軽に楽しめる環境(ライブ感やオープンキッチンで調理するという視覚的効果)をコンセプトとした店である。さらにグルメバーガーレストランは、これまでも人気業態として市民権を得ている業態であり、各地にはご当地グメルバーガー店があるというほどに定着している飲食店の一つである。しかしこの業態の企画づくりに際して注意しなければならないことは、これまで以上にグルメバーガー店が増加してきていることであり、生活者に支持を受ける店づくりを目指すためには、店のオリジナリティーが不可欠であることを忘れてはならない。

また全体平面計画としては、オープンキッチンと客席を対面に配置し、特にカウンター席はオープンキッチンに隣接するようにライブ感を視覚的、五感で楽しめる客席計画にしている。また客席形態も種々な客層の来店を想定し4人席、ベンチシート席(2人席)などの客席計画をしていることや繁忙時に効率的オペレーションができるようにキッチンとパントリー、レジの配置関係や動きを配慮した計画にすることを理解しておくことである。

2-2) 基本コンセプト

- 立地 / 駅周辺裏路地の2F
- 賃借料 / 坪18,000円/863,280円/月
- 客層 / アダルト、ヤングアダルト、ファミリー層
- 客単価 / 昼1,200円〜1,500円
  夜1,800円
- 客席数 /62席
- 回転率 / 昼2回転・夜2回転
- 1日売上予測 /333,000円
- 月商売上 /10,000,000円
- 営業時間 /11:00〜24:00/ デリバリー有
- 原価率 /35%
- 人件費率 /30%
- メニューコンセプト /100% 牛肉の部位を手ごねで美味しいグルメバーガーを提供する店
- 内装コンセプト / 木調の全体的内装デザインでアメリカンのフィフティーズを彷彿させる店づくり

図2-58

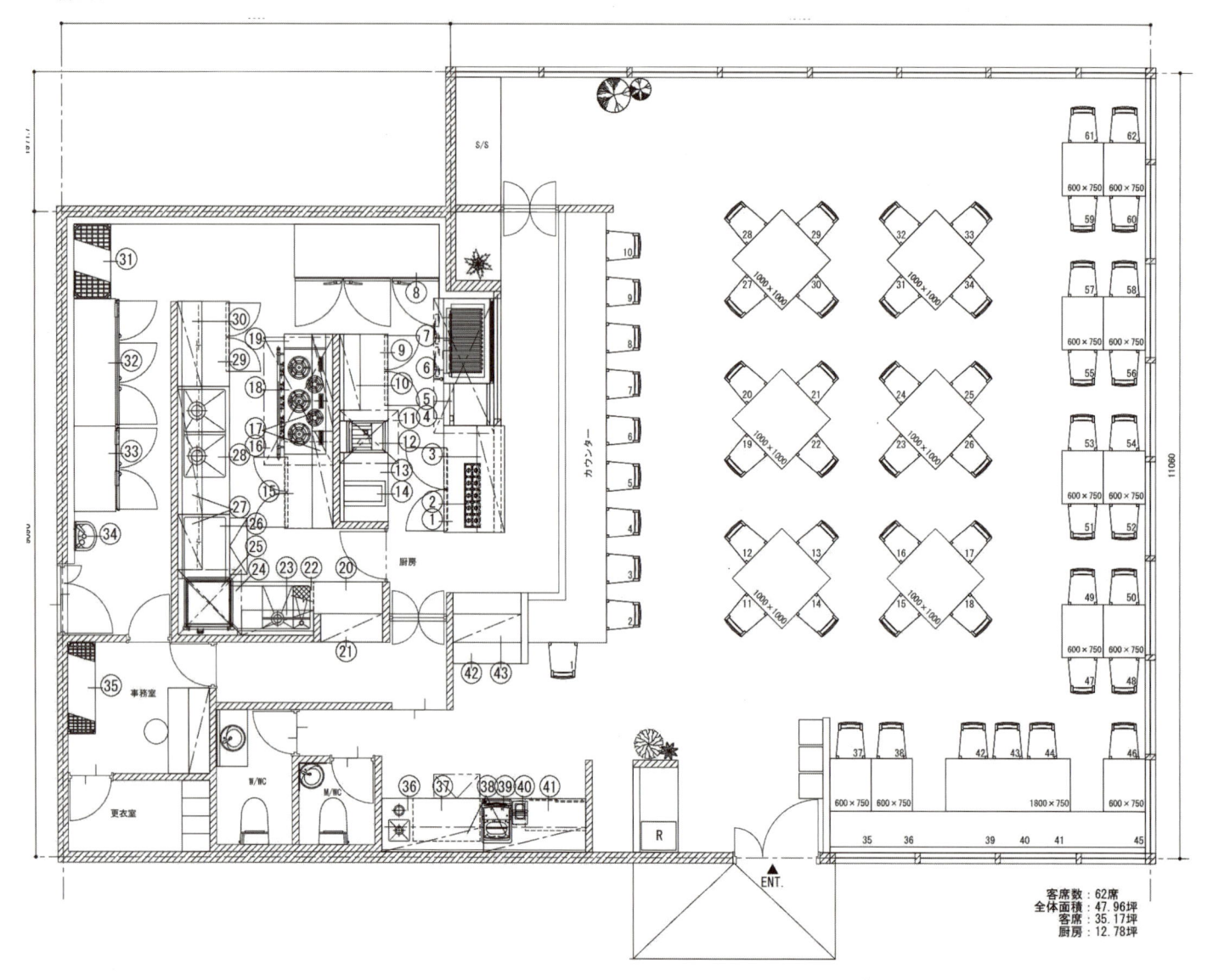

客席数：62席
全体面積：47.96坪
客席：35.17坪
厨房：12.78坪

イメージパース　図 2-59

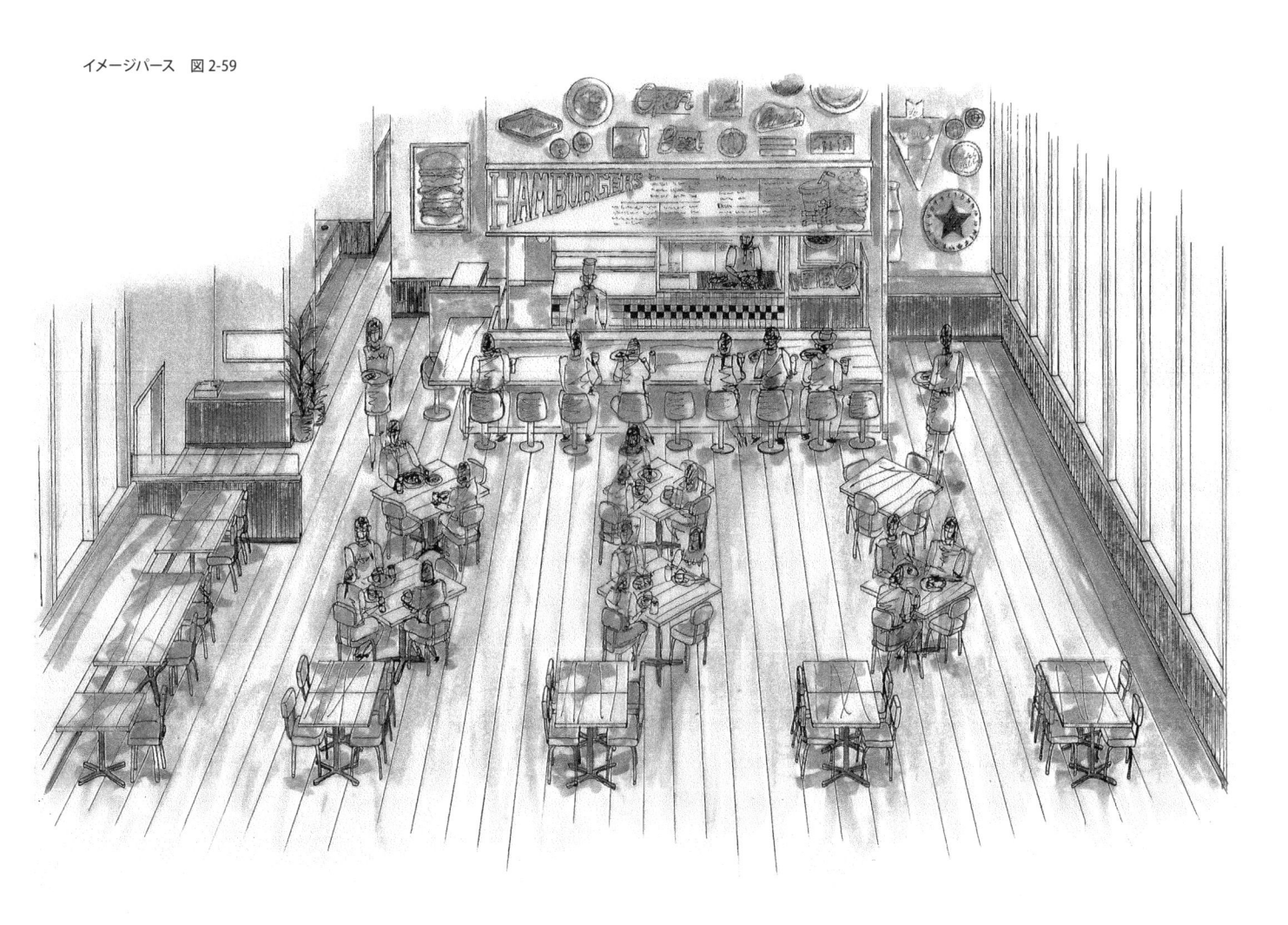

図 2-58　厨房機器リスト
1 冷蔵コールドテーブル
2 ホテルパン
3 ディッシュアップ
4 排気フード
5 グリドル
6 冷蔵コールドドロワー
7 チャーブロイラー
8 プレハブデザイン冷蔵庫
9 冷凍冷蔵コールドテーブル
10 オーバーシェルフ
11 排気フード
12 フライヤー
13 ワークテーブル
14 ヒートランプ
15 冷蔵コールドテーブル
16 排気フード
17 オーバーシェルフ
18 ガスレンジ
19 ワークテーブル
20 下げ台
21 オーバーシェルフ
22 ダストシンク付きソイルドテーブル
23 オーバーシェルフ
24 排気フード
25 食器洗浄機
26 クリーンテーブル
27 オーバーキャビネット
28 二槽シンク付きワークテーブル
29 冷蔵コールドテーブル
30 オーバーキャビネット
31 シェルフ
32 冷凍冷蔵庫
33 冷凍冷蔵庫
34 手洗器
35 シェルフ
36 ダスト付シンク
37 製氷機
38 オーバーシェルフ
39 エスプレッソマシン
40 ミルク保冷庫
41 冷蔵ショーケース
42 ディッシュアップ
43 オーバーシェルフ

3 イタリアンデリ＆バイキング

3-1) 企画概要

図 2-60 の平面図は、イタリア料理のバイキングとデリ惣菜をテイクアウトできる、レストランと惣菜テイクアウトの複合店である。この店のキッチンスタイルは、キッチンの中央に熱源を集中させるヨーロピアンスタイルの計画であり、バイキングラインの料理提供とデリコーナーへの惣菜類を調理提供できるように配慮した計画である。

またバイキングスタイルの場合には、開店前に各種の料理を調理しておき、バイキング、惣菜コーナーラインで保温、保冷するようにし、バイキングコーナーの料理の量目がキッチン側から見渡せることや客席の動向が分かるオープンキッチンになっており、理想的である。

一般的にバイキング（ビュッフェスタイル）業態は、料理のジャンルを問わず、全体的なスタッフの人員を削減できるという利点をフル活用できるため、種々の業態で利用されているスタイルであり、90 分食べ放題の時間制限の固定価格設定という仕組みが常である。

さらにこの企画では、料理の主軸をイタリア料理に絞り、気軽にイタリア料理を楽しんでもらうというコンセプトでバイキングラインとドリンクラインを計画したものである。またイタリア料理のデリテイクアウトコーナーを付帯している複合店になっている理由は、立地が住宅と駅の間に位置していることを配慮したものである。

近年のバイキングスタイルの傾向としては、これまでも数多くの業態で活用されているものの（料理が経時劣化する料理については不向きといわれていたが料理の保温器、保冷器類の機能アップなど）、料理のジャンルを問わず、効率的ビジネススタイルとして見直されてきている。

また繁忙時の時間帯に多くの来店客を一度に受け入れることができる、あるいは効率的経営が可能であることなどが大きな要因のひとつである。バイキングスタイルの企画をする際に注意しておきたいことは、サービス動線のスペース確保やゲストが繁忙時に交錯しないように全体計画をすることが大切であることを理解しておくことである。

3-2) 基本コンセプト

・立地 / 駅から住宅地の間に位置する 1F
・賃借料 / 坪 15,000 円 /1,150,650 円 / 月
・客層 / ファミリー層、主婦層、アダルト、ヤングアダルト

図 2-60

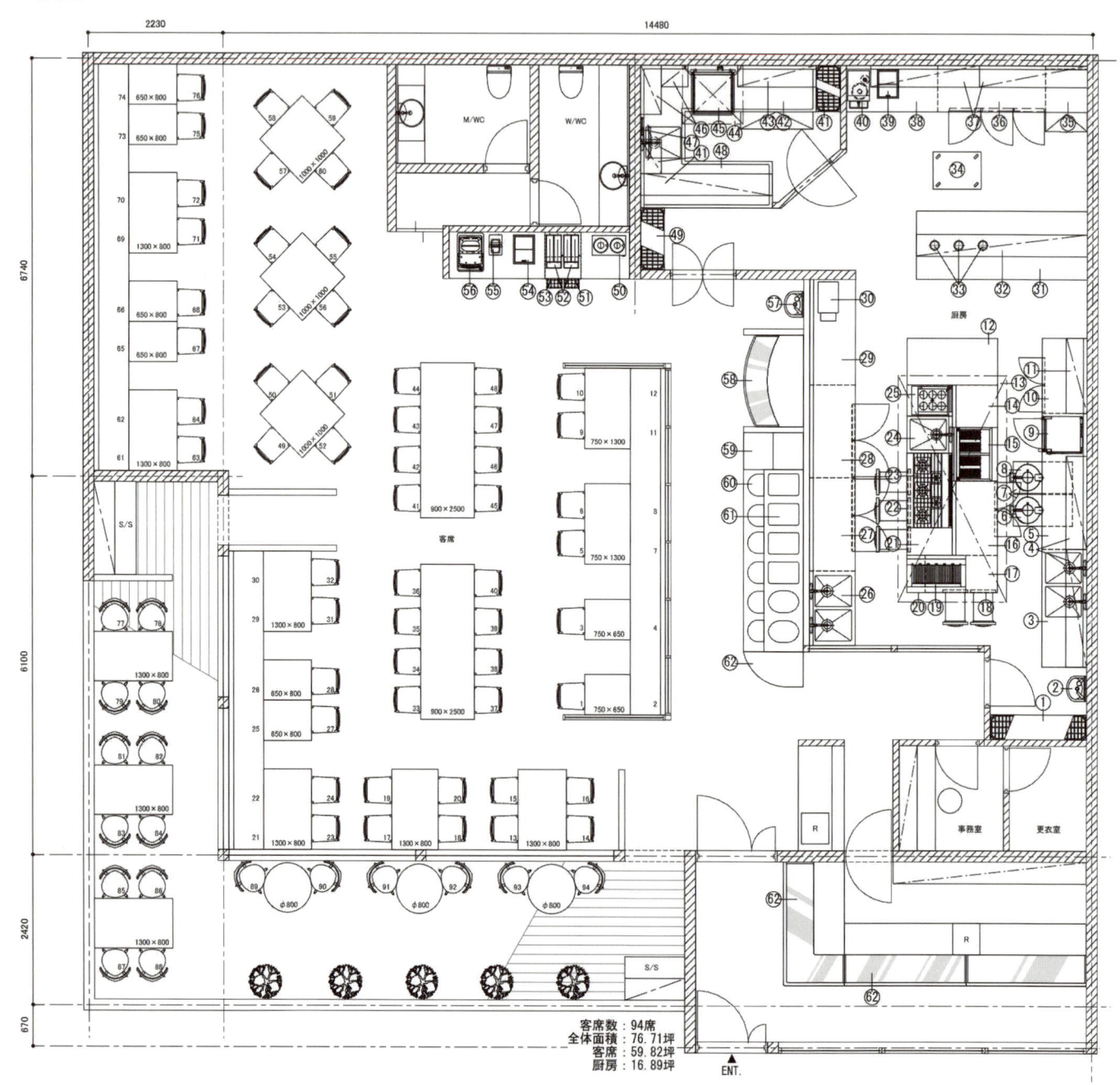

客席数：94 席
全体面積：76.71 坪
客席：59.82 坪
厨房：16.89 坪

- 客単価 / 昼 1600 円　夜 2000 円（アルコール含む）/ デリ惣菜 1200 円
- 客席数 /94 席
- 回転率 / 昼 1.3 回転・夜 1.5 回転
- 1日売上予測 /400,000 円
- 月商売上 /12,000,000 円
- 営業時間 /11:00 〜 23:00
- 原価率 /45%
- 人件費率 /23%
- メニューコンセプト / カジュアルイタリア料理を主軸に野菜・フルーツ、素材類は無農薬にこだわった店
- 内装コンセプト / イタリアの住宅をイメージとしたカジュアルで薄茶系と濃い木調の家具、建具など、壁は淡いピンク色など落ち着いた雰囲気のコンセプト

イメージパース　図 2-61

図 2-60　厨房機器リスト

1 シェルフ
2 手洗器
3 二槽シンク付きワークテーブル
4 オーバーシェルフ
5 ワークテーブル
6 炊飯器
7 炊飯カート
8 炊飯器
9 スチームコンベクションオーブン
10 冷蔵コールドテーブル
11 オーバーシェルフ
12 プレートキャビネット
13 排気フード
14 ワークテーブル
15 フライヤー
16 冷蔵コールドテーブル
17 架台
18 冷蔵コールドドロワー
19 チャーブロイラー
20 架台
21 脇台
22 冷蔵コールドテーブル
23 ガスレンジ
24 一槽シンク
25 ゆで麺機
26 二槽シンク
27 冷蔵コールドテーブル
28 冷蔵コールドテーブル
29 ワークテーブル
30 パスタマシン
31 ワークテーブル
32 オーバーシェルフ
33 ヒートランプ
34 カート
35 製氷機
36 冷凍冷蔵コールドドロワー
37 オーバーシェルフ
38 ワークテーブル
39 アイスビン
40 生ビールサーバー
41 シェルフ
42 クリーンテーブル
43 オーバーシェルフ
44 排気フード
45 食器洗浄機
46 オーバーシェルフ
47 プレインスユニット
48 ソイルドテーブル
49 シェルフ
50 スープウォーマー
51 カップラック
52 ドリンクディスペンサー
53 グラスラック
54 アイスビン
55 ミルク保冷庫
56 エスプレッソマシン
57 手洗器
58 冷蔵ショーケース
59 プレート台
60 常温ケース
61 ホットウォーマー
62 プレート台

097

4 フレンチビストロ

4-1) 企画概要

図2-62の平面図は、フレンチビストロ(居酒屋)で、気軽にフランス料理を小皿で楽しめる店である。この店のキッチンスタイルは、オープンキッチンの熱源をキッチン中央に集中させるヨーロピアンスタイルでまとめた企画である。

またこの店の企画は、気軽にフレンチ料理を楽しむこともできるし、フランス料理をつまみにアルコール類を楽しむこともできるという、ゲストのライフスタイルに合わせて利用できる計画になっている。

さらにフランス料理というイメージは、どうしても正装して食べる料理というイメージがあるものの、近年では気軽にフランス料理を食べることのできる業態が増加してきており、立ち飲みの小さい店から中型店まで、女性客同士やサラリーマンなどに人気の業態の一つである。

またこの店の企画としては、客席形態をカウンター席、4人席、グループ席、個室など来店客のニーズに合わせて使い分けできる客席形態を計画していることや、オープンキッチン(オペレーションが煩雑になる洗浄エリアは見えないようにしている)というカジュアル感を前面に打ち出しているため、昼、ブランチ、夜の時間帯に合わせてフランス料理やデザート、カフェを楽しめるように計画している。

近年の傾向としては、フランス料理、イタリア料理に限らず、アルコール類を楽しみながら種々なフランス料理を楽しむというスタイルに人気が集まっており、あえて客席と客席を狭くすることにより、その狭さや会話やBGM、スタッフの声などその混在した空間に親近感や臨場感を見出す演出をしている。すなわち、その空間に魅力(本場フランスのカジュアルビストロを彷彿とさせるイメージ)を持たせるという店づくりをすることが大切である。

また客席に個室を計画することにより、昼の主婦の食事会やブランチの集まりができるように配慮しておくことも、立地に合わせた来店動機に繋がるだろう。

4-2) 基本コンセプト

- 立地 / 幹線通りに隣接した住宅街立地 1F
- 賃借料 / 坪 15,000円 / 673,650円 / 月
- 客層 / 主婦層、女性客、サラリーマン、土日祭日はファミリー層
- 客単価 / 昼 1,500円　ブランチ 1,200円
　　　　　夜 3,000円
- 客席数 / 64席
- 回転率 / 昼 0.8回転・ブランチ 0.3回転・
　　　　　夜 1.3回転
- 1日売上予測 / 270,000円

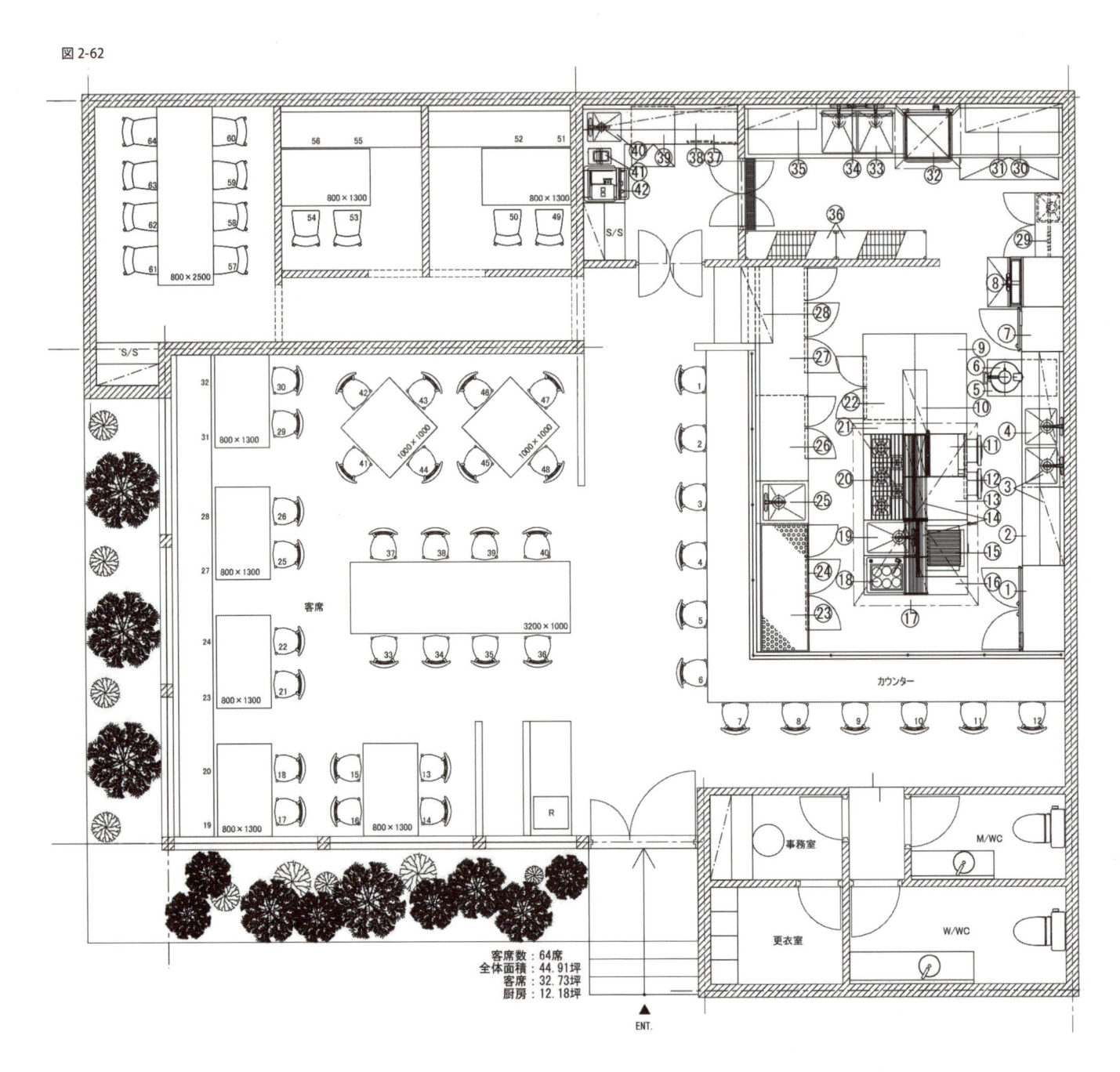

図 2-62

客席数：64席
全体面積：44.91坪
客席：32.73坪
厨房：12.18坪

・月商売上 /8,100,000 円
・営業時間 /11:00 ～ 24:00
・原価率 /38%
・人件費率 /28%

・メニューコンセプト / カジュアルにフランス料理とワイン、デザートを楽しめる店
・内装コンセプト / ライブ感 (オープンキッチン内の風景) や西洋的イメージを演出するために明るい色調のタイル、木調でカジュアル感を訴求

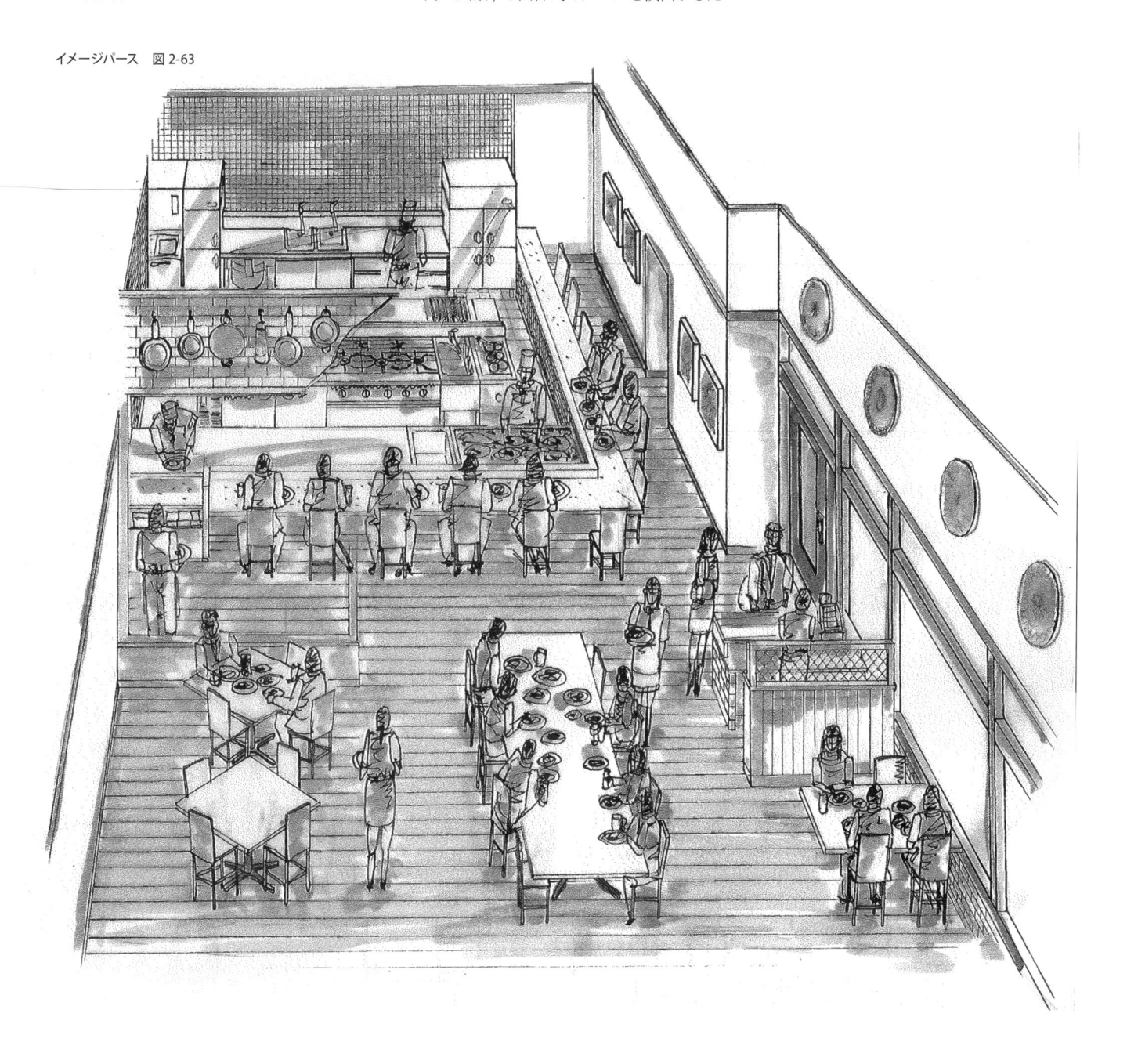

イメージパース　図 2-63

図 2-62　厨房機器リスト

1 冷凍冷蔵庫
2 ワークテーブル
3 オーバーシェルフ
4 二槽シンク付きワークテーブル
5 炊飯カート
6 炊飯保温ジャー
7 冷凍冷蔵庫
8 製氷機
9 ワークテーブル
10 オーバーシェルフ
11 グリドル
12 冷蔵コールドドロワー
13 架台
14 パイプシェルフ
15 チャーブロイラー
16 ワークテーブル
17 排気フード
18 ゆで麺機
19 一槽シンク
20 ガスレンジ
21 ワークテーブル
22 冷凍冷蔵コールドテーブル
23 アイスベッド
24 冷蔵コールドテーブル
25 一槽シンク
26 冷凍冷蔵コールドテーブル
27 冷凍冷蔵コールドテーブル
28 ディッシュアップ
29 掃除用具庫
30 クリーンテーブル
31 オーバーシェルフ
32 食器洗浄機
33 ソイルドテーブル
34 プレリンスユニット
35 オーバーシェルフ
36 ラックシェルフ
37 冷蔵ショーケース
38 オーバーシェルフ
39 製氷機
40 シンク付きワークテーブル
41 ミルク保冷庫
42 エスプレッソマシン

5 上海中華飯店

5-1) 企画概要

図2-64の平面図は、上海料理を気軽にわいわいとグループで楽しめる店である。

この店のキッチンスタイルは、中華料理スタイルを変形させクッキングラインを客席に向けてオープンキッチンで演出した計画であり、一般的に中華飯店というよりも、カジュアルで気軽に上海中華料理にライブ感や期待感を持たせるように企画したものである。

また入口周辺には、小籠包などを調理するための蒸籠をゲスト導入動線に対面して配置し、生地に具材を詰める行為や仕込み動作をライブとして期待感を演出したものである。

一般的に中華料理店の場合には、キッチンを閉鎖し、個室を中心に客席を構成することが多いが、この店のようにコマーシャル性が高い業態の場合には、キッチンをオープンキッチンにする計画が多く、キッチンのスタッフの動作や中華鍋を扱う動作により火が立ち上がるライブ感を訴求する演出も企画としては増加傾向にある。

また客席形態としては、中華料理スタイルの場合には、テーブルに円形テーブルを乗せてテーブルを回しながら料理を取り分けて楽しむというスタイルが多いものの、グループ席、バンケット席など4人席、8人席など回転テーブルにこだわらず、グループで大皿料理を取り分けてもらうスタイルとして企画している。さらにこの店のように大型店の場合には(立地によっても異なるものの)、昼と夜の営業の中間時間帯は休憩する場合が多く、ランチも限定メニュー、ランチコースなど比較的スタッフの人員を配置せずに営業できる効率的なオペレーションを計画することが理想的である。また客席数が多い場合には、各テーブルにコールベル(スタッフを呼ぶためのベル)を設置しておき、ゲストにベルを押してもらいサービスを行うというサービススタイルが効率的であり、各エリアにスタッフを配置し、サービスする一般的なサービススタイルは煩雑で効率的ではないことを理解しておきたい。

5-2) 基本コンセプト

- 立地 / 駅近隣飲食商業ビル 6F
- 賃借料 / 坪 13,000円 / 2,062,970円 / 月
- 客層 / サラリーマン、OL、ヤングアダルト、土日祭日はファミリー層
- 客単価 / 昼 1,200円　夜 2,800円
- 客席数 / 216席
- 回転率 / 昼1回転・夜1.1回転
- 1日売上予測 / 770,000円
- 月商売上 / 23,000,000円
- 営業時間 / 11:00～14:00　17:00～24:00
- 原価率 / 38%
- 人件費率 / 30%
- メニューコンセプト / 上海中華料理と小籠包にこだわりを持った店
- 内装コンセプト / 黒とスウェードグリーン色、朱色を基調にした全体的に落ち着いた空間イメージ

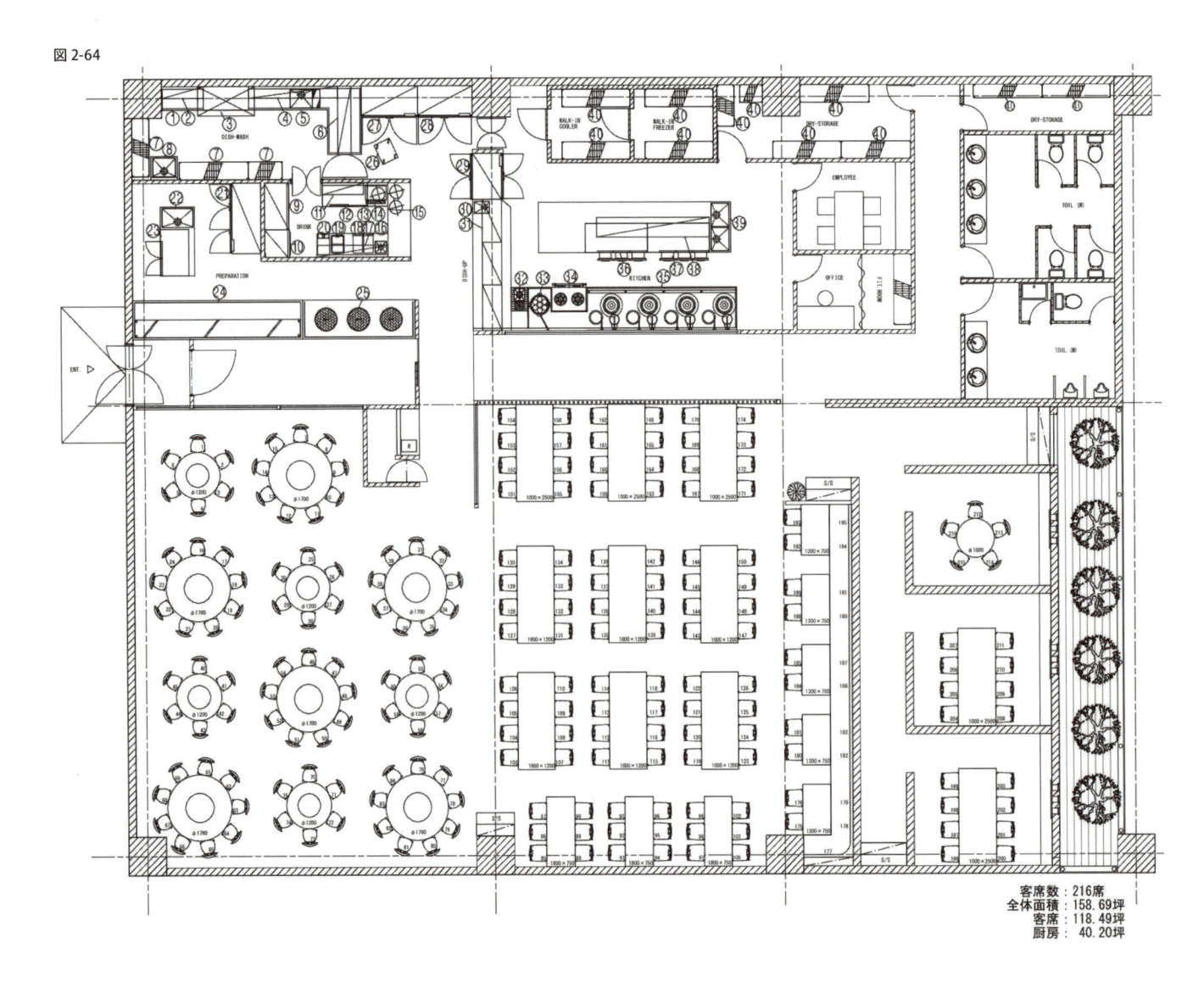

図 2-64

客席数：216席
全体面積：158.69坪
客席：118.49坪
厨房：40.20坪

イメージパース　図 2-65

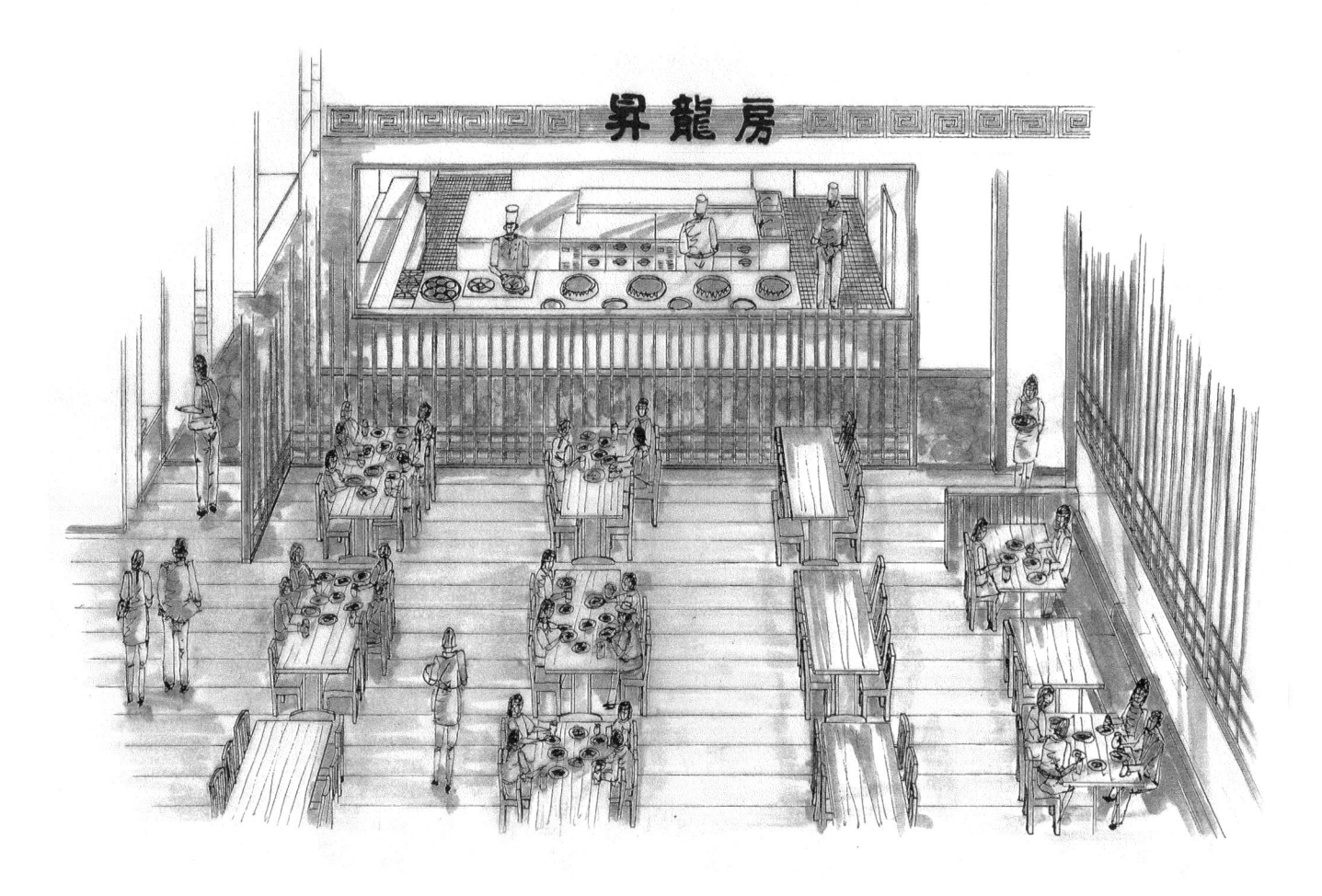

図 2-64　厨房機器リスト

1　クリーンテーブル
2　オーバーシェルフ
3　ディッシュウォッシャー
4　オーバーシェルフ
5　ソイルドテーブル
6　オーバーシェルフ
7　シェルフ
8　モップシンク
9　冷蔵ショーケース
10　製氷機
11　オーバーシェルフ
12　テーブル冷蔵ショーケース
13　ドリンクテーブル
14　ビールディスペンサー
15　ビールタンク
16　ドリンクテーブル
17　オーバーシェルフ
18　グラスラック
19　アイスビン
20　チュウハイディスペンサー
21　リーチイン冷凍冷蔵庫
22　シンク付ワークテーブル
23　冷蔵コールドテーブル
24　冷蔵ショーケース
25　蒸し器
26　バッシングカート
27　冷蔵庫
28　冷蔵庫
29　パススルー冷蔵庫
30　シンク付ワークテーブル
31　ディッシュアップシェルフ
32　テーブルレンジ
33　麺ボイラー
34　ローレンジ
35　中華レンジ
36　冷蔵コールドドロワー
37　冷凍コールドドロワー
38　オーバーシェルフ
39　シンク付ワークテーブル
40　シェルフ

6 海鮮タイ料理店

6-1) 企画概要

図 2-66 の平面図は、鮮度の良い海鮮類を主軸にしたアジアンテイストのタイ料理の店である。この店のキッチンスタイルは、中華スタイルを基本に企画コンセプトに合わせてキッチンをオープンキッチンで開放することにより、基本体系は守りつつ変形された計画になっている。

またオープンキッチンの企画の場合には、キッチンスタッフの動きや調理機器から立ち上る蒸気や炎など、見た目として演出できる要素を前面に打ち出すことが多く、中華レンジや蒸籠などはキッチンのデモンストレーションのポイントになってくる。

さらにこの店の企画では、入口の扉を開けると左側にオープンキッチン、右側に客席というエリアを二つに分けているため、キッチン側にレジ、パントリー、オープンキッチンという配置計画にすることが、効率的なオペレーションができるポイントになることを理解しておくことである。

またキッチンの演出としては、蒸籠による飲茶料理、中華エスニック料理が中心になるため、飲茶を提供する場所と料理を提供する場所を二か所配置していることであり、繁忙時には継続的に注文が絶えない料理をスピーディーに提供できる配慮をしていることを理解しておきたい。

さらに客席形態としては、4人席、グループ席を中心にグループでの来店を想定した計画になっていることであり、サービス動線とゲスト動線はエリアを分けているため、ほとんど交錯することはないように計画している。ゲストがキッチンのディッシュアップ前やスタッフ動線に入ることはなく、トイレやレジにいく動線も単独で確保しているため、繁忙時には効率的オペレーションができるように計画することを理解しておく。

6-2) 基本コンセプト

- 立地 / 駅周辺商業ビル 2F
- 賃借料 / 坪 18,000 円 /1,220,760 円 / 月
- 客層 / サラリーマン、OL、ヤングアダルト、ファミリー層
- 客単価 / 昼 1,200 円　夜 2,800 円
- 客席数 /98 席
- 回転率 / 昼 1 回転・夜 1.3 回転
- 1 日売上予測 /400,000 円
- 月商売上 /12,000,000 円
- 営業時間 /11:00 〜 14:00　17:00 〜 24:00
- 原価率 /38%
- 人件費率 /30%
- メニューコンセプト / 新鮮な鮮魚類にこだわったアジアンテイストタイ料理の店
- 内装コンセプト / アジアの屋台とオープンキッチンを前面に打ち出したカジュアル感あふれる屋台感覚のイメージ (オープンキッチンと客席の間は木調パーティションで区画)

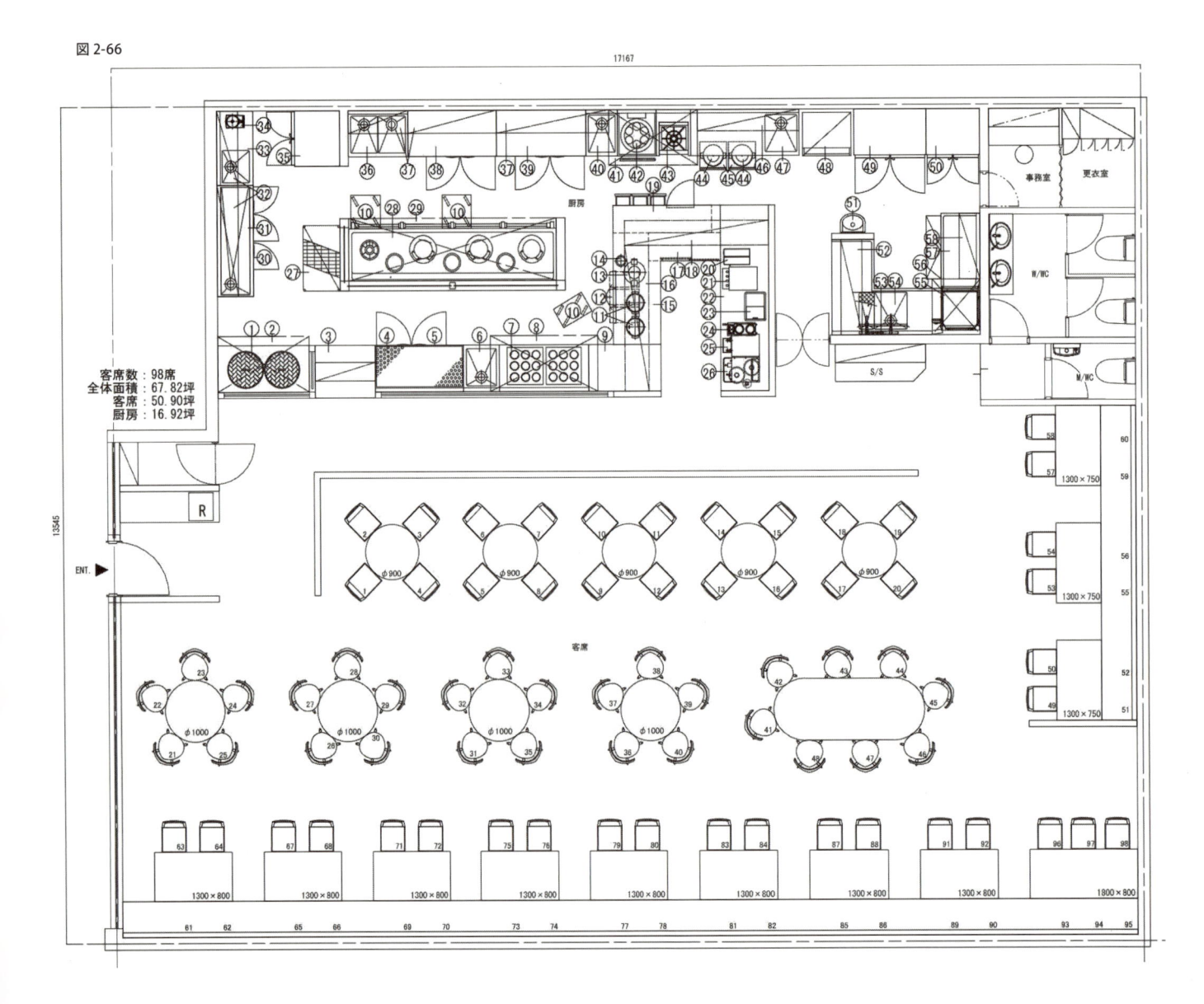

図 2-66

イメージパース　図 2-67

```
図 2-66　厨房機器リスト

1 蒸し器                          29 排気フード
2 排気フード                      30 冷蔵コールドテーブル
3 ディッシュアップ                31 舟型シンク
4 アイスベッド                    32 オーバーシェルフ
5 冷蔵コールドテーブル            33 一槽シンク付きワークテーブル
6 一槽シンク                      34 ジューサー
7 蒸し器                          35 冷蔵庫
8 排気フード                      36 二槽シンク
9 ワークテーブル                  37 オーバーシェルフ
10 カート                         38 冷蔵コールドテーブル
11 スープウォーマー               39 冷蔵コールドテーブル
12 ラック                         40 一槽シンク
13 炊飯保温ジャー                 41 排気フード
14 ディッシャウェル               42 麺ボイラー
15 ワークテーブル                 43 ローレンジ
16 オーバーシェルフ               44 炊飯保温ジャー
17 冷蔵ショーケース               45 炊飯カート
18 オーバーシェルフ               46 オーバーシェルフ
19 冷蔵コールドドロワー           47 一槽シンク
20 ジュースディスペンサー         48 製氷機
21 ポストミックスディスペンサー   49 冷蔵庫
22 ワークテーブル                 50 冷凍冷蔵庫
23 アイスビン                     51 手洗器
24 コーヒーメーカー               52 オーバーシェルフ
25 カクテルリキットディスペンサー 53 プレリンスユニット
26 酎ハイ＆ビールディスペンサー   54 ソイルドテーブル
27 シェルフ                       55 食器洗浄機
28 中華レンジ                     56 排気フード
                                 57 クリーンテーブル
                                 58 オーバーシェルフ
```

7 和食創作料理店

7-1) 企画概要

この図 2-68 の平面図は、和食を主軸にした洋食との創作料理を楽しんでもらう店である。この店のキッチンスタイルは、和食スタイルを基本に配置計画を業態に合わせて変形計画したものであり、和食料理の仕込みや調理方法は一般的に大きく変わるものではないからである。

またキッチンスタイルを決定する要素とは、業態のサービス方法や演出方法によって変化してくるものであり、常にスタンダードのキッチンスタイルを計画しなければならないという制約や決めごとはないことを理解しておくことである。

さらにこの店の場合には、キッチンをオープンキッチンにすることによってライブ感や料理の演出などに配慮した計画になっているため、オープンキッチンに合わせてカウンター席をコの字に囲むように計画している。その他の客席形態としては、半個室、個室、4人席などを中心に計画し、予約客は壁側に寄せて計画し一般客はオープンキッチンを望めるように配置している。

特にオープンキッチンの演出の見せ場としては、アイスベッドの上に魚介類を陳列するコーナー、こだわり野菜を陳列するコーナーなど食材へのこだわりを前面に打ち出したデモンストレーション企画である。

またこの店の企画では、半個室、個室席を壁側に配置しているため、サービス動線は一般席を通過して個室へ料理を運ぶため、個室前にはサービスステーションを配置しておくことが理想的であろう。勿論個室はコース料理を推奨することが多く、料理提供のタイミングや調整はできるものの (基本的には席数 100 席を超える大型店であるため)、仕込みで準備できる料理は保冷しておくことが理想的であることを忘れてはならない。

7-2) 基本コンセプト

- 立地 / 駅近隣商業ビル 7F
- 賃借料 / 坪 15,000 円 /1,351,350 円
- 客層 / サラリーマン、主婦層、OL、土日祭日はファミリー層
- 客単価 / 昼 1,350 円　夜 3,500 円
- 客席数 /118 席
- 回転率 / 昼 0.1 回転・夜 1.2 回転
- 1 日売上予測 /500,000 円
- 月商売上 /15,000,000 円
- 営業時間 /11:00 〜 14:00　17:00 〜 24:00
- 原価率 /38%
- 人件費率 /30%
- メニューコンセプト / 旬の魚介類・野菜類を主軸に素材にこだわった創作和食の店
- 内装コンセプト / 和洋折衷の内装デザインで、全体的色のトーンは黒とシルバーの蓮ツタを装飾絵柄として壁面にデザイン。半個室壁は和紙のデザインの照明壁イメージ

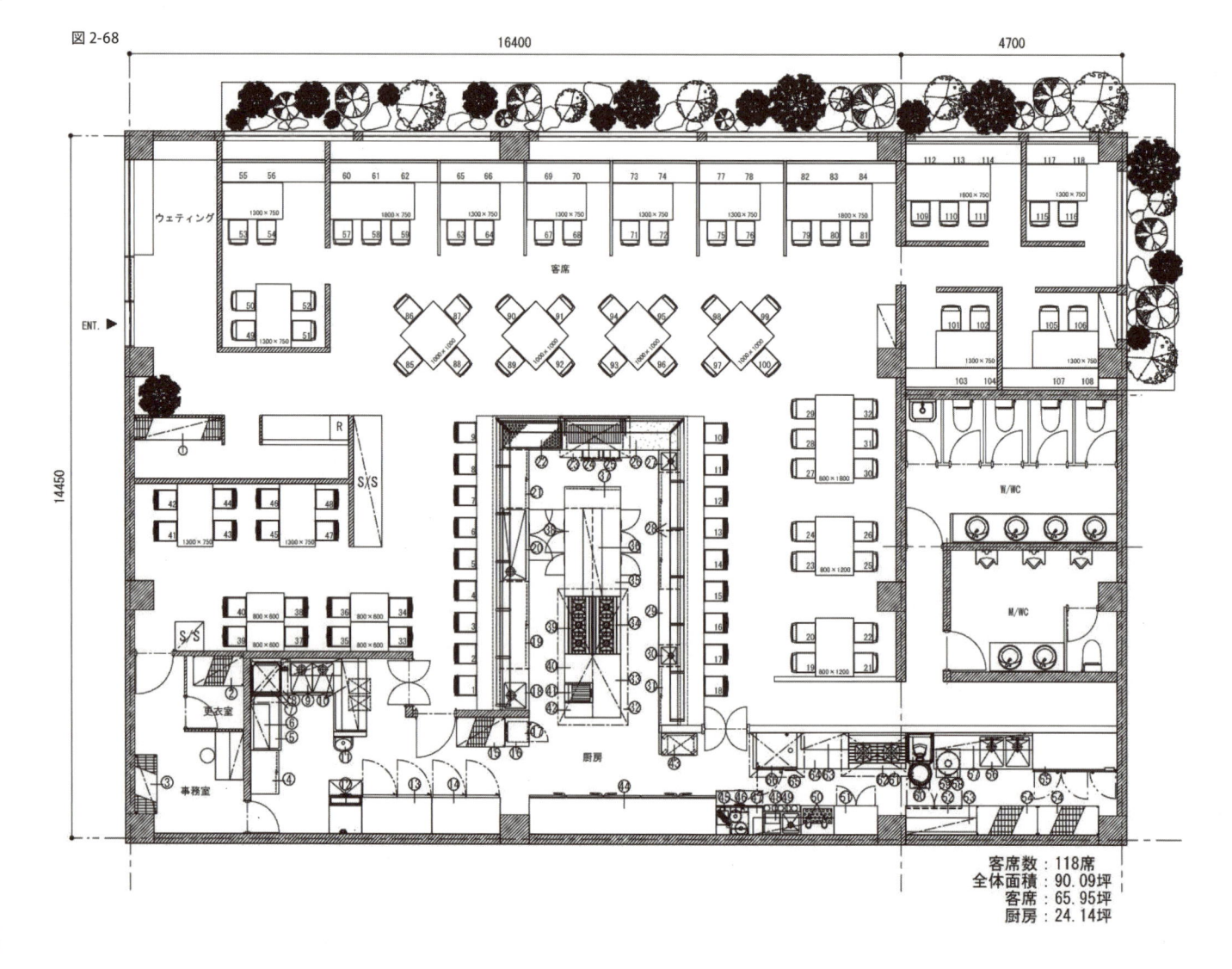

図 2-68

客席数：118 席
全体面積：90.09 坪
客席：65.95 坪
厨房：24.14 坪

イメージパース　図 2-69

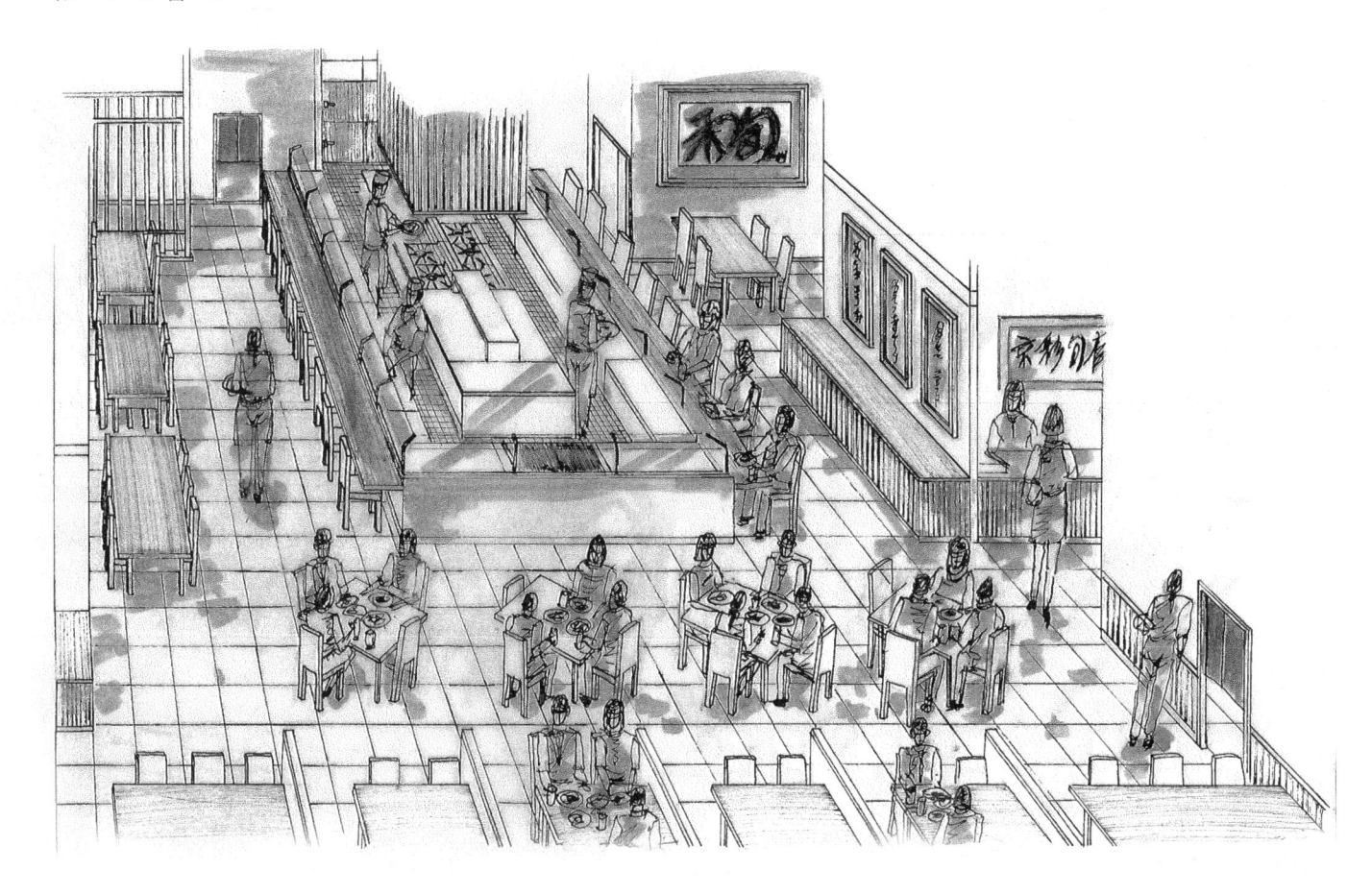

```
図 2-68　厨房機器リスト

1 シェルフ
2 シェルフ
3 シェルフ
4 キャビネット
5 クリーンテーブル
6 オーバーシェルフ
7 食器洗浄機
8 排気フード
9 ソイルドテーブル
10 オーバーシェルフ
11 手洗器
12 製氷機
13 冷凍庫
14 冷蔵庫
15 シェルフ
16 ワークテーブル
17 電子レンジ
18 シンク付きワークテーブル
19 キャビネットテーブル
20 舟型コールドテーブル
21 キャビネットテーブル
22 アイスベッド
23 排気フード
24 チャーブロイラー
25 冷蔵コールドドロワー
26 マーブルトップワークテーブル
27 一槽シンク
28 キャビネットテーブル
29 ワークテーブル
30 一槽シンク
31 キャビネットテーブル
32 排気フード
33 ワークテーブル
34 ガスレンジ
35 冷蔵コールドテーブル
36 オーバーシェルフ
37 冷蔵ショーケース
38 冷蔵コールドテーブル
39 ガスレンジ
40 ワークテーブル
41 フライヤー
42 ワークテーブル
43 カート
44 プレハブデザイン冷蔵庫
45 酒燗器
46 酎ハイ＆ビールディスペンサー
47 製氷機
48 オーバーシェルフ
49 ドリンクテーブル
50 ビールドラフト
51 冷蔵ショーケース
52 冷蔵コールドテーブル
53 オーバーシェルフ
54 シェルフ
55 冷凍庫
56 二槽シンク付きワークテーブル
57 オーバーシェルフ
58 炊飯カート
59 炊飯器
60 ライスロボ
61 排気フード
62 ローレンジ
63 オーバーシェルフ
64 ワークテーブル
65 排気フード
66 スチームコンベクションオーブン
```

8 和食割烹料理店

8-1) 企画概要

この図 2-70 の平面図は、比較的低価格で正統派 (オーソドックス) の和食割烹料理を楽しめる店であり、京の野菜や旬の魚を主軸に美味しい料理を提供する店である。この店のキッチンスタイルは、まさに和食のキッチンスタイルの基本に沿った計画になっていることである。

また和食料理とは、四季が明確な日本には多様で豊かな自然があり、そこで生まれた料理であり、まさにこのたび無形文化遺産に登録された功績は和食割烹の特徴にある。

その内容は (1) 多様で新鮮な食材とその持ち味の尊重。日本の国土は南北に長く、海、山、里と表情豊かな自然が広がっているため、各地で地域に根差した多様な食材が用いられていること (2) 栄養バランスに優れた健康的な食生活。一汁三菜を基本とする日本の食事スタイルは理想的な栄養バランスと言われていること (3) 自然の美しさや季節の移ろいの表現。食事の場で、自然の美しさや四季の移ろいを表現することも特徴のひとつであり、季節の花や葉などで料理を飾りつけたり、季節に合った調度品や器を利用し季節感を楽しむという独特の料理の世界観があること (4) 正月などの年中行事との密接な関わり。日本の食文化は年中行事と密接に関わって育まれ、自然の恵みである「食」を分け合い、食の時間を共にすることで、家族や地域の絆を深めてきていることであろう。

またこの企画の場合は、正統派の和食割烹料理であるものの、ところどころに新しい創作和食のアイデアを料理に盛り込むことで、新しい和食割烹の魅力を打ち出していくことである。客席形態としては、個室、半個室、一般席に分かれているものの、ほとんどは個室が中心であり、コース料理を前面に打ち出した料理体系は大きく変わるものではない。

さらに全体的な平面計画は、サービス動線やゲスト動線も繁忙時に交錯することなく、オペレーションができるように計画されていることであり、繁忙時を想定し各客席エリアにはサービスステーションを配置しておくことを忘れてはならない。

8-2) 基本コンセプト

- 立地 / 駅周辺幹線道路隣接立地 1F/ 駐車場 45 台
- 賃借料 / 坪 18,000 円 /3,026,520 円／月
- 客層 / 主婦層、熟年男性層、サラリーマン、OL、ファミリー層
- 客単価 / 昼 3500 円　夜 6500 円
- 客席数 /138 席
- 回転率 / 昼 0.6 回転・夜 0.8 回転
- 1 日売上予測 / 約 840,000 円
- 月商売上 /25,000,000 円
- 営業時間 /11:00 ～ 14:00　17:00 ～ 23:00
- 原価率 /40%
- 人件費率 /28%
- メニューコンセプト / 旬の食材にこだわった和食割烹料理を楽しめる店
- 内装コンセプト / 粋な和モダンの家。土間、軒、縁側、格子など日本古来の「粋な」味わい深さを踏襲しつつ、心配りと遊び心にあふれた空間演出

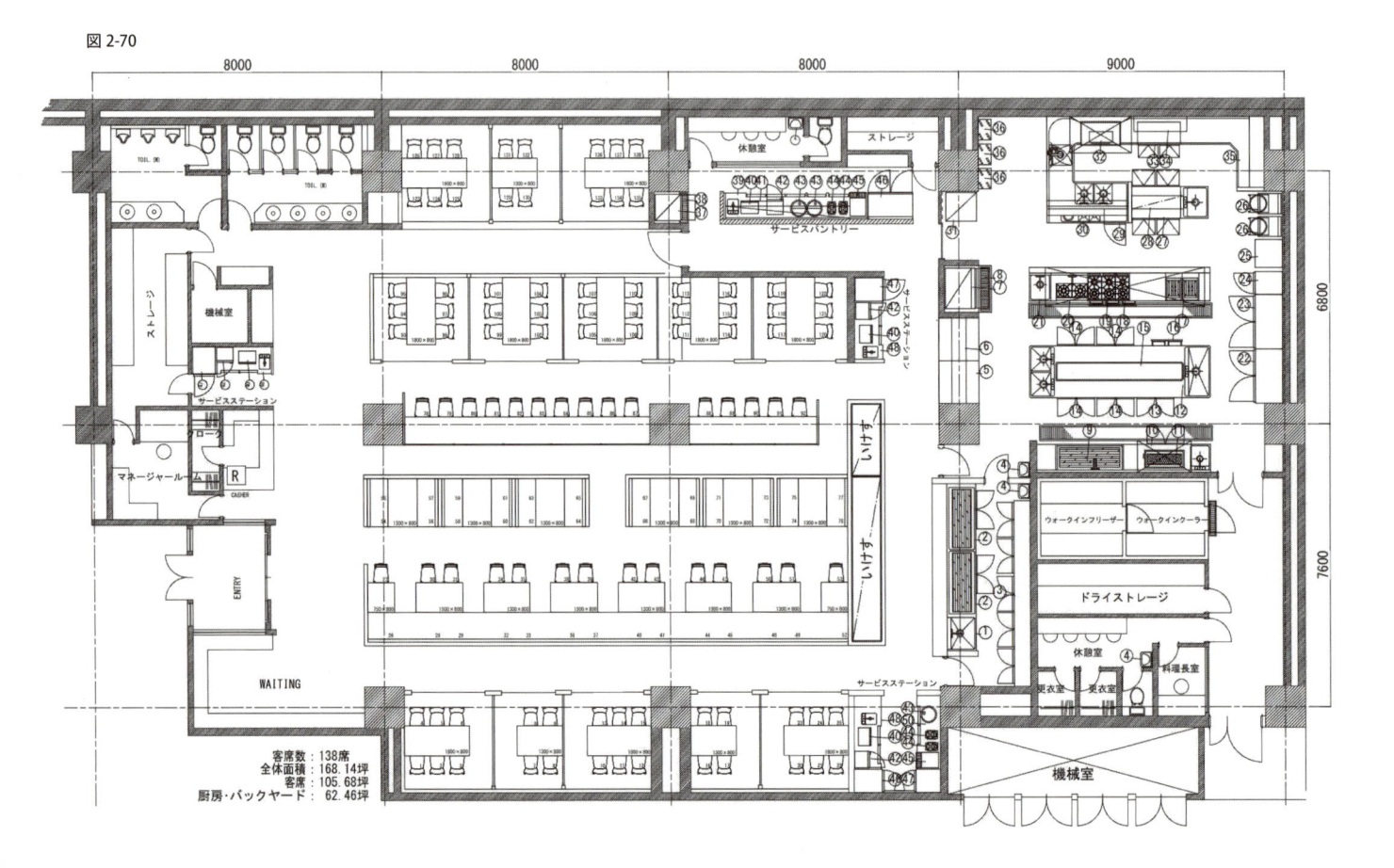

図 2-70

イメージパース　図 2-71

図 2-70　厨房機器リスト	
1 一槽シンク	24 冷凍庫
2 舟型シンク付	25 米びつ
冷蔵コールドテーブル	26 ライスロボ
3 キャビネットテーブル	27 シンク付キャビネット
4 手洗器	28 シェルフ
5 ディッシュアップテーブル	29 アンダーキャビネット
6 シェルフ	30 ソイルドディッシュテーブル
7 製氷機	31 ダストカート
8 ドレンピット（内装工事）	32 ディッシュウォッシャー
9 舟型シンク	33 アンダーキャビネット
10 コールドテーブル	34 ラックシェルフ
11 焼物機	35 クリーンテーブル
12 シンクテーブル	36 カート
13 冷凍コールドテーブル	37 製氷機
14 冷蔵コールドテーブル	38 ドレンピット（内装工事）
15 シェルフ	39 サービスキャビネット
16 冷凍コールドドロワー	40 ティーサーバー
17 フライヤー	41 シェルフ
18 冷蔵コールドドロワー	42 タオルウォーマー
19 テーブルレンジ	43 電子ジャー
20 ローレンジ	44 酒燗器
21 一槽シンク	45 生ビールサーバー
22 恒温恒湿庫	46 冷蔵ショーケース
23 冷蔵庫	47 冷蔵ショーケース
	48 サービスキャビネット

9 カフェテリア / グリル & デリ

9-1) 企画概要

この図 2-72、73 の平面図は、グリル料理とヨーロピアンテイストのデリ惣菜などをセルフサービスで楽しんでもらう店である。この店のキッチンスタイルは、カフェテリアスタイルを利用し、セルフサービスで料理選定、ピックアップ、レジ精算に至るまでレーンラインに沿って盆トレーを運び、自由に好みの席で料理やドリンク類を楽しんでもらうカフェテリアである。

またこの店の企画としては、料理の主軸をハワイアンテイストにおき、メイン料理(肉、魚類)、サラダバー、デザートに至るまで、華やかで美味しい料理を楽しめるコーナー配置やデモンストレーション演出を訴求している。

さらに、特に肉や魚料理の調理機器をレーンラインに配置することにより、料理を美味しく提供するスタイルであるとともにシズル感や期待感を全面的に打ち出した計画になっていることもカフェテリアスタイルならはでの訴求方法であろう。

一般的にカフェテリアの場合には、その場で素材を焼くという工程を演出としてレーンラインに計画することは少なく、あらかじめ焼き上げた料理を保温し提供することが常である。この計画では注文された料理を、その場で料理の最終焼成を見せて提供する。この演出は新しいカフェテリアのスタイルの一つである。しかしこのようなオペレーションを計画する場合は、繁忙時に合わせて事前に料理の保温をしておくことであり、最終調理のみをその場で行うオペレーションでなければ繁忙時に料理遅延や煩雑になるため、効率的にオペレーションができる配慮をしておかなければならない。

また繁忙時の対応として、レジはドリンクラインの最後と向かい側のレジの二つに分散していることや、ディナー帯にはアルコール類の注文のみテーブルサービスのオペレーションにするなど、ゲストのニーズに合わせて配慮していることを十分に理解しておかなければならない。

9-2) 基本コンセプト

- 立地 / アウトレットモール商業施設ビル 3F
- 賃借料 / 坪 10,000 円 /2,140,800 円 / 月
- 客層 / 主婦層、サラリーマン、ヤングアダルト、ペア、ファミリー層
- 客単価 / 昼 1360 円　カフェタイム 800 円　夜 1800 円 (アルコール含む)
- 客席数 /260 席
- 回転率 / 昼 0.8・カフェタイム 1 回転・夜 0.2 回転
- 1 日売上予測 /670,000 円
- 月商売上 /20,100,000 円
- 営業時間 /11:00 〜 23:00
- 原価率 /40%
- 人件費率 /28%
- メニューコンセプト / ヨーロピアンテイストアレンジの肉、魚料理を主軸に、デザート、ドリンクに至るまで統一した料理
- 内装コンセプト / シーサイドカフェテリアを彷彿させる木調、スカイブルー色、蒲風なグリーンや小物などで空間イメージを訴求

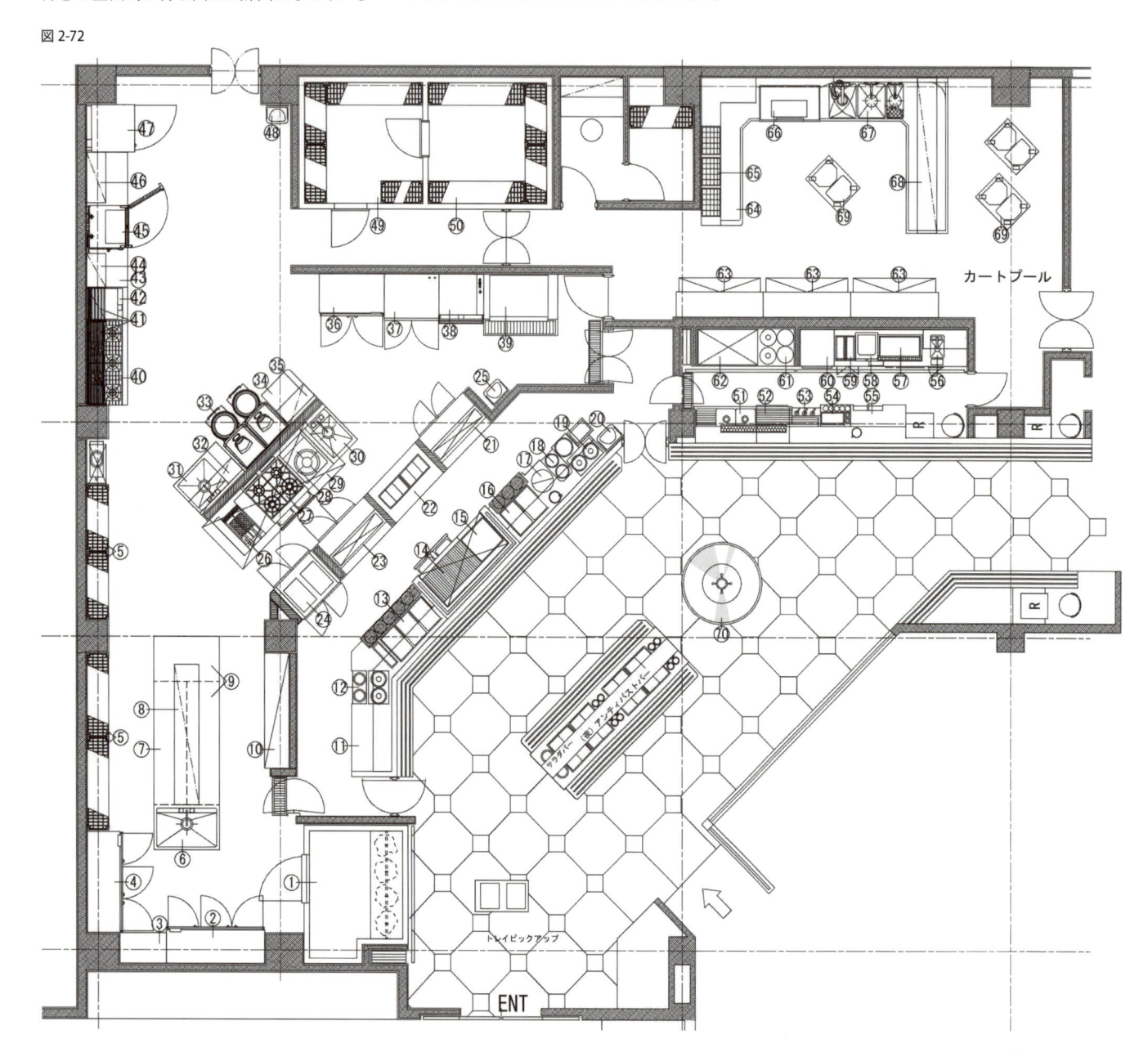

図 2-72

イメージパース　図 2-74

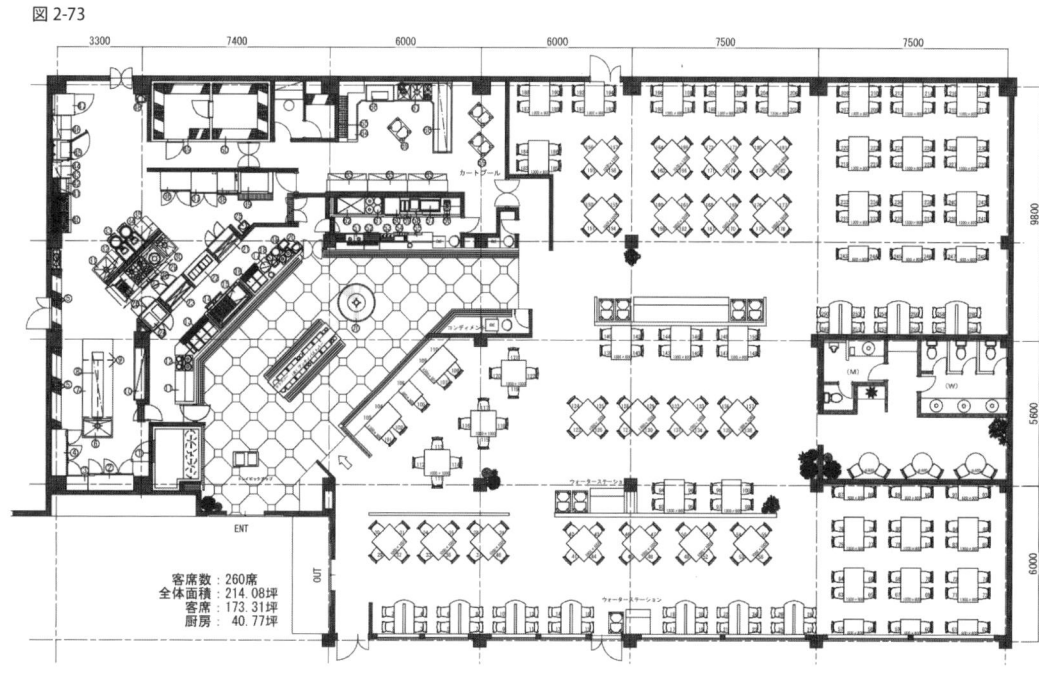

図 2-73

```
客席数：260席
全体面積：214.08坪
客席：173.31坪
厨房：40.77坪
```

図 2-72　厨房機器リスト				
1 肉熟成庫	15 グリドル	30 一槽シンク	45 スチームコンベクションオーブン	59 ジュースディスペンサー
2 冷蔵庫	16 ウォーマーキャビネット	31 一槽シンク付きワークテーブル	46 オーバーシェルフ	60 冷蔵庫
3 ワークテーブル	17 ライスジャー	32 オーバーシェルフ	47 ブラストチラー	61 ボンベストレージ
4 冷蔵庫	18 プレートディスペンサー	33 ライスロボ	48 手洗器	62 製氷機
5 シェルフ	19 ウォーマーユニット	34 ワークテーブル	49 プレハブ冷凍庫	63 キャビネット
6 一槽シンク	20 手洗器	35 オーバーシェルフ	50 プレハブ冷蔵庫	64 クリーンテーブル
7 ワークテーブル	21 ディッシュアップテーブル	36 冷凍庫	51 バーシンクユニット	65 ラックシェルフ
8 オーバーシェルフ	22 アッセンブリーテーブル	37 蒸し器	52 グラスウォッシャー	66 食器洗浄機
9 ワークテーブル	23 ディッシュアップテーブル	38 ベーカリーオーブン	53 ビールサービスユニット	67 ソイルドテーブル
10 シェルフ	24 パススルーウォーマー	39 製氷機	54 アイスビン＆コーラディスペンサー	68 オーバーシェルフ
11 ディスプレーテーブル	25 手洗器	40 ガスレンジ	55 キャビネットテーブル	69 バスカート
12 スープウォーマー	26 フライヤー	41 パイプシェルフ	56 コーヒーサービスユニット	70 冷蔵ショーケース
13 ウォーマーキャビネット	27 ガスレンジ	42 グリドル	57 コーヒーマシン	
14 ブロイラー	28 中華レンジ	43 ワークテーブル	58 アイスコーヒーディスペンサー	
	29 オートウォッシュベンチレーター	44 オーバーシェルフ		

109

10 ファーマーズキッチン / ロテサリー & グリル

10-1) 企画概要

この図 2-75 の平面図は、ロテサリー機器を使用した料理を主軸に、チキン、肉、新鮮な野菜、デザート類を楽しんでもらうカジュアル店である。

このキッチンスタイルは、カフェテリアスタイルを利用し、繁忙時に多くの来店客に対応するための効率的オペレーションを想定し計画したものである。

また基本的には、セルフサービスでレーンラインに事前に準備された料理を選択し、最後にドリンク類を注文し、レジ精算し、客席に着くというスタイルは大きく変わるものではなく、料理演出としては、レーンラインでどのように料理を美味しく演出するかに視点をおきデモストレーション計画に臨むことが大切であろう。

さらにカフェテリアスタイルの場合の計画で注意しておかなければならないことは、繁忙時には次々とレーンに沿って進んでいかなければならないことを配慮すると、主軸メニューや料理のおいしさを瞬時に訴求表現するビジュアル感を明確化しておくことである。

また客席形態としては、1人、2人、4人、グループ客など種々の客層に合わせて客席計画をするべきであろうし、ベンチシート席、簡単に誕生パーティーや女子会ができる個室を配置しておくことで利用動機の幅を広げることができる。

さらにこの企画では、オープンデッキ席を計画しているため、自由にフロアーを行き来できるように通路を確保しておくことや夜のフルサービスを配慮すると、サービスステーションを配置しておくことが大切である。

またこのカフェテリアの企画としては、最終コーナーに 2 台のレジを配置し繁忙時にはフル稼働させるものの、アイドル時には 1 台のレジでオペレーションができるように計画しておくことが理想的である。

10-2) 基本コンセプト

- 立地 / 駅隣接商業ビル 5F
- 賃借料 / 坪 23,000 円 /1,650,480 円 / 月
- 客層 / 主婦層、OL、サラリーマン、ファミリー層
- 客単価 / 昼 1,500 円　カフェタイム 1,000 円　夜 2,000 円
- 客席数 /98 席
- 回転率 / 昼 1.5 回転・カフェタイム 1.2 回転・夜 1.5 回転
- 1 日売上予測 /500,000 円
- 月商売上 /15,000,000 円
- 営業時間 /11:00 〜 24:00
- 原価率 /40%
- 人件費率 /28%
- メニューコンセプト / ファーマーズ農場直送の新鮮な野菜、肉、魚など素材にこだわりを持つ店
- 内装コンセプト / ウッディな木調仕上げで、家具やテーブルも古材利用で、味わいのある古めかしさを全体的なイメージとして訴求。高原にある飲食店

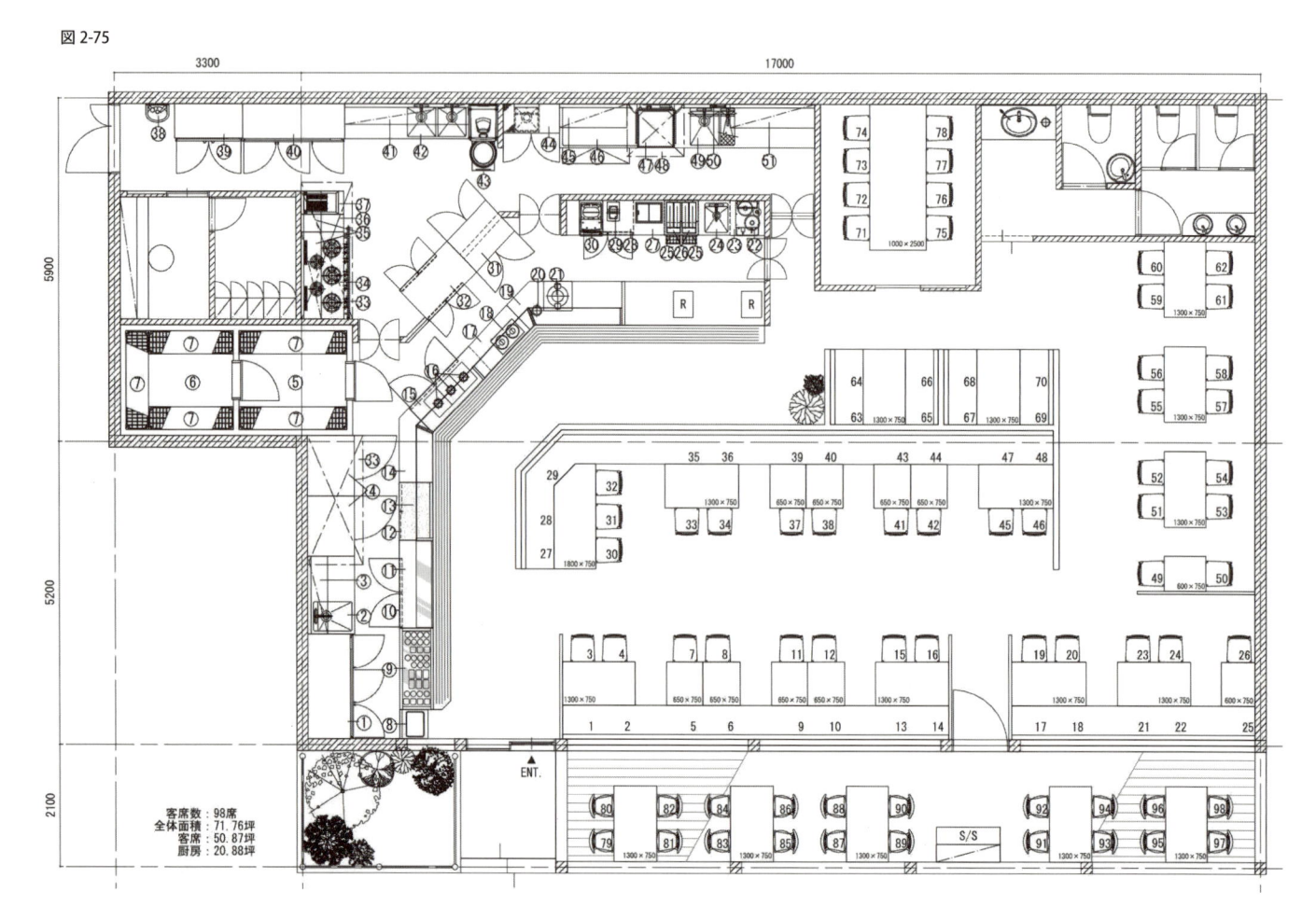

図 2-75

イメージパース　図 2-76

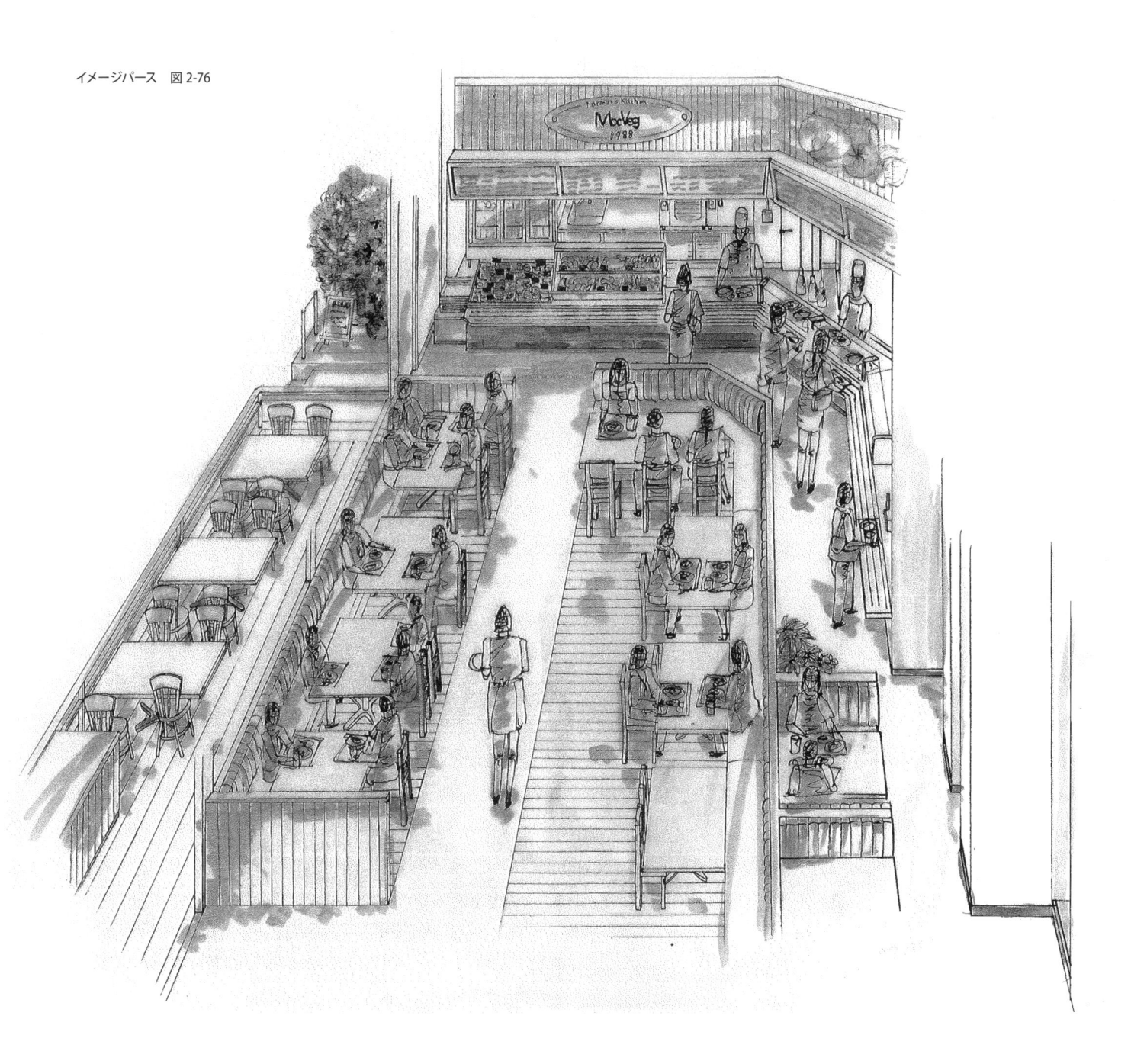

図 2-75　厨房機器リスト	
1 冷蔵ショーケース	26 ジュースディスペンサー
2 一槽シンク付きワークテーブル	27 アイスビン付きワークテーブル
3 オーバーシェルフ	28 冷蔵コールドテーブル
4 ロテサリーブロイラー	29 ミルク保冷庫
5 プレハブ冷蔵庫	30 エスプレッソマシン
6 プレハブ冷凍庫	31 パススルーキャビネット
7 シェルフ	32 パススルー冷蔵コールドテーブル
8 トレー台	33 排気フード
9 サラダショーケース	34 オープンレンジ
10 冷蔵コールドテーブル	35 パイプシェルフ
11 チキンウォーマーショーケース	36 ワークテーブル
12 ディッシュウォーマー	37 フライヤー
13 カッティングボード	38 手洗器
14 ワークテーブル	39 冷蔵庫
15 冷蔵コールドテーブル	40 冷凍冷蔵庫
16 ヒートランプ	41 オーバーシェルフ
17 ワークテーブル	42 二槽シンク付きワークテーブル
18 スープウォーマー	43 ライスロボ
19 ワークテーブル	44 ダストシンク付き掃除用具庫
20 ディシャウェル	45 オーバーシェルフ
21 炊飯保温ジャー	46 クリーンテーブル
22 ビールディスペンサー	47 食器洗浄機
23 キャビネットテーブル	48 排気フード
24 サービスシンク付きワークテーブル	49 ダストシンク付きソイルドテーブル
25 グラスラック	50 プレリンスユニット
	51 オーバーシェルフ

6) 平面計画の進め方を理解する/ゾーニングの基本と理論・飲食店とデザインの関係性

6-1) 平面計画の進め方とポイント

◆**平面計画の進め方と基礎知識（ゾーニング計画をする前段階で確認しておくこと・心得）**

飲食店のデザイン設計をする前段階でまず理解しておかなければならないことがある。一般的に飲食店の設計に限らず、デザイナーの視点としてどうしてもその空間デザインに興味や計画が集中してしまうことが多く、飲食店として重要な機能がおろそかにされたままに、完成度の低い平面計画が進められてしまうということがしばしばである。

特に飲食店の場合には、料理を提供するためのキッチンという位置づけやサービスするための付帯設備など、比較的空間をデザインするという物販店の計画とは異なり、もっと飲食店の業種・業態（業種＝どんな料理を提供するのか、業態＝どのようなスタイルで料理をサービスするのか）の内容を十分に理解し、計画に臨まなければ理想的な計画を実現することは難しいことを理解しておかなければならない。

まず平面計画に取り組む前段階で、飲食店の情報収集という重要な行為そのものが曖昧なままに、安易に計画が進められてしまうことに大きな問題がある。

また基本的には、計画をする前にはどのような飲食店にしたいのかなどデザイン情報だけではなく、飲食店の経営に至る内容までの具体的な情報をクライアント（依頼者）と打ち合わせることが重要であり、平面計画の理想的な進め方（表2-41）の手順に従って計画に臨むことを忘れてはならない。

さらにデザイン計画の前段階にいかに情報収集というヒヤリングをするという内容を十分に理解し、実務に反映できるまで、分からないことはすべてクライアントに聞くことが、よい計画を進めるための一歩であることを理解しなければならない。

具体的な情報収集項目としては、
1 業種・業態の把握を十分にしておくこと
2 どのような料理を提供するのか主軸になる料理内容や使用する調理機器情報
3 レジ精算方法はどのようにするのか、レジ位置の希望はあるか聞くこと
4 バックヤードの従業員室やストックスペースの広さの希望を聞くこと
5 客席数は最低どのぐらいほしいのかを聞くこと
6 トイレは男女別あるいは兼用でよいのかを聞くこと
7 客単価はどのぐらいの設定か聞くこと
8 繁忙時の従業員の数は何人で運営したいのかなど、その他クライアント側から収集できる情報はすべて開示してもらうこと

などであろう。飲食店を企画し平面計画を進めていくためには、その基礎となる店づくりの情報や条件設定がない限り、クライアントの要望に沿った生きた計画を提案することはできないことであり、ただ単に感覚的イメージで平面計画を進めることは避けるべきであることを忘れてはならない。

また表2-41は、平面計画の理想的な進め方の手順をフローチート化したものであり、まず、1) 建築・設備条件内容を確認すること、2) フードサービスの業態コンセプトを確認すること、3) キッチンレイアウト・ゾーニング計画をすること、4) 客席計画と厨房計画のバランスを確認すること、5) 全体ゾーニングの計画調整をすること、6) キッチンデザイン実施計画することなど、この手順が基本的には理想的な平面計画の進め方であることを理解しておかなければならない。

特に2) 業態コンセプトを確立する後に、その飲食店の事業計画や厨房計画の基本になるデータを収集することが大切であり、各項目の相互の関係を維持しつつ、平面計画を進めていくことの重要性を理解することである。

また並行設計の進め方で述べているように、平面図は厨房計画と客席計画を並行して計画を進めることが、実践的且つ理想的な平面計画の完成に近づけることを肝に銘じておくことを忘れてはならない。

6-2) 効率的オペレーションとサービスシステムのチェックポイント

飲食店の店づくりで大切なことはゲストが来店してから料理を楽しみ、ひと時の時間を過ごし、精算会計し店を退店するまでに関わる全てのサービスやオペレーションが確立していることが重要であり、その内容が平面図に反映されているか否かが飲食店の良し悪しを決定するといっても過言ではない。

勿論飲食店の業態によってもサービススタイルやシステムは変化してくるものであり、企画に適合したサービスやオペレーションを組み立てることが基本にあることは大きく変わるものではない。

むしろ飲食店の繁忙時にいかに効率的オペレーションやサービスを実践できるかに、サービスシステムの視点を置き、全体のオペレーションを組み立てることこそ、理想的な飲食店の店づくりの一歩であることを忘れてはならない。以下に効率的なオペレーションやサービスのシステムづくりをするための平面図のチェックポイントを挙げておくことにしよう。

1) サービス動線とオペレーションの効率を想定することであり、オペレーションシステムとスタッフの配置と役割を想定する／店にはゲス

平面計画の手順のフローチャート図　表2-41

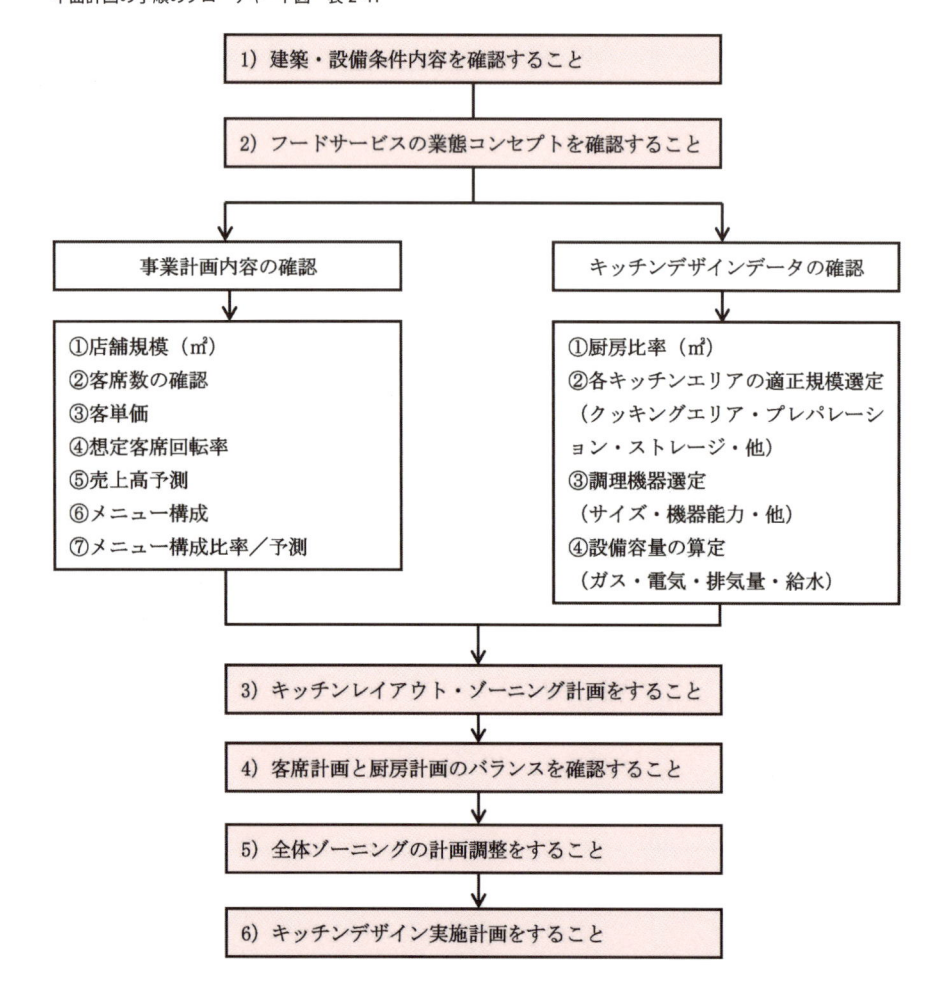

```
1) 建築・設備条件内容を確認すること
          ↓
2) フードサービスの業態コンセプトを確認すること
          ↓
  ┌───────────────┬───────────────┐
  事業計画内容の確認      キッチンデザインデータの確認
  ①店舗規模（㎡）         ①厨房比率（㎡）
  ②客席数の確認           ②各キッチンエリアの適正規模選定
  ③客単価                   （クッキングエリア・プレパレーション・ストレージ・他）
  ④想定客席回転率         ③調理機器選定
  ⑤売上高予測               （サイズ・機器能力・他）
  ⑥メニュー構成           ④設備容量の算定
  ⑦メニュー構成比率／予測  （ガス・電気・排気量・給水）
  └───────────────┴───────────────┘
          ↓
3) キッチンレイアウト・ゾーニング計画をすること
          ↓
4) 客席計画と厨房計画のバランスを確認すること
          ↓
5) 全体ゾーニングの計画調整をすること
          ↓
6) キッチンデザイン実施計画をすること
```

トの来店から会計、見送りまでのストーリーがあること
2) 接客のサービススタイルの明確化／サービススタイルでスタッフ人数設定が異なること
3) ゲストの案内から見送りまでの仕組みづくりを配慮すること
4) 繁忙時とアイドル時のスタッフの配置計画／スタッフの配置と人件費想定をすること
5) スタッフ・アルバイトの教育方法を検討しておくこと
6) ハウスルールの作成／開店から閉店まで、サービスマニュアル、調理マニュアルなど内容を具体化しておくこと
7) 正社員雇用人数と1ヶ月の人件費想定方法を計画しておくこと
8) 各施設内容のスペース計画と根拠をしっかりと明確化しておくこと
9) レジの配置は繁忙時とアイドル時のスタッフ効率化を想定して計画すること

など、いかに平面図に情報や理論として反映されているかを検討することであり、それぞれのチェックポイントを具体的に理解しておかなければならない。

勿論飲食店に携わる関係者として平面計画をチェックすることは当然のこととし、その他専門家(インテリアデザイナー、キッチンデザイナー、厨房業者など)には、全体平面図の資料は、飲食店の規模に合わせて図面縮尺(1/50、1/60、1/100など)を変えて表現してもらうことや、厨房平面図は1/30、1/50で表現してもらうこと(機器リストは平面図機器番号と適合されていること)、また厨房図面内容については、キッチンデザイナーあるいは厨房会社に飲食店の図面内容を説明してもらうことが大切であることを忘れてはならない。

この平面図の段階のチェックが曖昧になると、後々仕事が後戻りしてしまうことやスケジュールの遅延に繋がってしまうため、開店スケジュールを変更しなければならないことを理解しておくことである。

勿論、気になった部分の修正は後々仕事または開業が遅延してでも、すべて図面に反映してもらい、その内容を変更してもらうことが大切であろう。

あくまでも平面図段階での変更は、よほど図面内容の仕事が進んでいない限り改善を求めるべきであり、重要な問題点は改善し、決してその場で図面変更や修正を諦めないことを忘れてはならない。

さらにサービスやオペレーション内容は、デザイナーよりも実際にそこで運営するクライアント側の方が詳しく、効率的なオペレーションに繋がる変更は忌憚なくデザイナーに依頼しその内容を変更してもらうことが重要なポイントであろう。

6-3)ゾーニングの基本と理論

◆ゾーニング計画の実践的手順とエリアごとの機能を知る

ファミリーレストランを例にして飲食店の実践的な計画手順を、平面計画の進め方と設計チェックポイントから説明していこう。(ゾーニング図2-77参照)

基本的にはゾーニング計画を進める前段階で飲食店の企画コンセプトの細部の情報を収集しておくことであり、業種・業態の企画内容をクライアント側との打ち合わせにより理解することから始めなければならない。以下情報収集内容と平面計画のチェックポイントを記しておこう。

1 店の業種・業態のコンセプトは、レストランの基本でもあるファミリーレストランの企画であり、昨今のように和・洋・中華など幅広いメニューを提案するものではなく、オーソドックスな洋食(ハンバーグ、ステーキ、パスタ、サンドイッチ、グラタン)などに主軸をおいた、美味しさや食へのこだわりをコンセプトとして訴求する店であること

2 料理の種類としては約80品目としヘルシーメニューからアダルト、子供メニューに至るまで、家族で食事を楽しんでもらうことを計画していること

3 ドリンク類の注文については、パントリーエリアの背後にドリンクバーを配置し、スタンダードサービススタイルを計画していること(セルフサービスのドリンク飲み放題はテーブルサービスの標準ではないため)

4 料理は基本的にはすべて注文を受けてから調理を開始するシステムをとり、テーブルごとに注文を受けた料理は同時に提供できる仕組みにしていること

5 基本的に入口から来店するゲストは、案内係(レジを兼務することもある)が客席に案内したと同時にサービスがスタート(水、おしぼりなどを出す)することであり、注文はサービス担当スタッフが料理の注文を受けるものとすること

6 客席数が100席を超える場合には、トイレは男女別に確保することが理想的であり、女性2、男性1、小便2を確保しておくこと

7 客席スタイルは、客層に合わせて4人席、2人席、グループ席などに客席構成を変えることができるベンチシートスタイルの形態を確保しておくこと

8 内装デザインイメージは、アメリカの家庭的空間の内装デザインでカジュアル的な洋食店のイメージ創造をすること

9 現場の営業は何人で運営することを目標としているかを想定すること

10 営業時間設定は、ファミリーレストランの場合には(立地によっても異なるものの)24時間営業が多く、繁忙時とアイドル時の落差がある時間帯を想定し、仕込み作業や清掃業務を行うこと

など、基本的には1から10までの項目をチェックポイントとして平面計画に臨むことを忘れてはならない。

次の手順は物件の枠図(図2-77)を目の前にして、キッチンスペースをどの位置に配置することが飲食店のコンセプトや効率的な運営ができるかを検討することであり、また物件の設備がどこの位置に集中しているかを確認し、その設備内容を理解しながら計画に臨むことである。

また物件条件として入口が決定されている場合には、物件設備がどちら側に集中しているかなど配慮すると(この物件の場合には入口に向かって左側の壁に集中している)、キッチンの位置設定は左側壁に隣接するか、入口の左側に配置するか、正面に配置するかの3タイプの位置設定ができる。

勿論ラフゾーニング計画にあたっては、実行計画に適しているいくつかのラフ計画をシミュレーションし、最低2案から3案まで絞りこむことが理想的であろう。特例として設備が左側に集中していても、全体の計画の上において右側にキッチンを配置したほうが飲食店の成立に効率的である場合には、右側にキッチンスペースを確保することもあることを忘れてはならない。

図2-77のラフシミュレーション計画は、全体のスペースの約40%から45%をキッチンとバックスペースとして確保したものであり、入口の左側にキッシャーを配置、右側に客席を集中して確保した計画になっている。

またトイレや洗浄エリアはキッチンスペースの奥に男女別で配置、そのキッチンとトイレの間に洗浄エリアを確保し、ゲストが食べ終わりテーブルに残った皿類をバスボックス(下膳

ゾーニング計画の基本を理解するA　図2-77

ゾーニング計画の基本を理解するB　図2-78

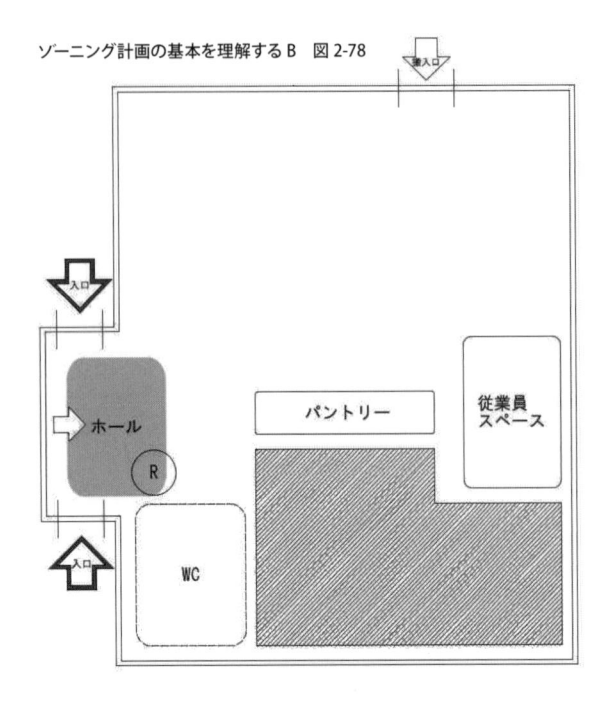

ゾーニング計画の基本を理解するC　図2-79

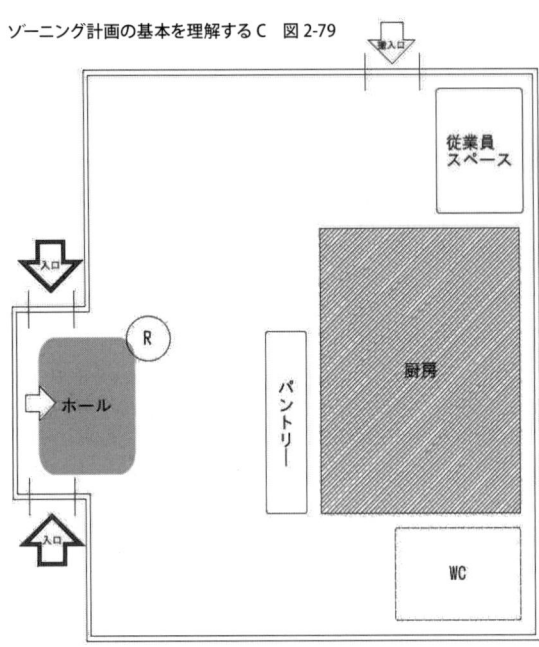

ゾーニング計画の基本を理解するD　図2-80

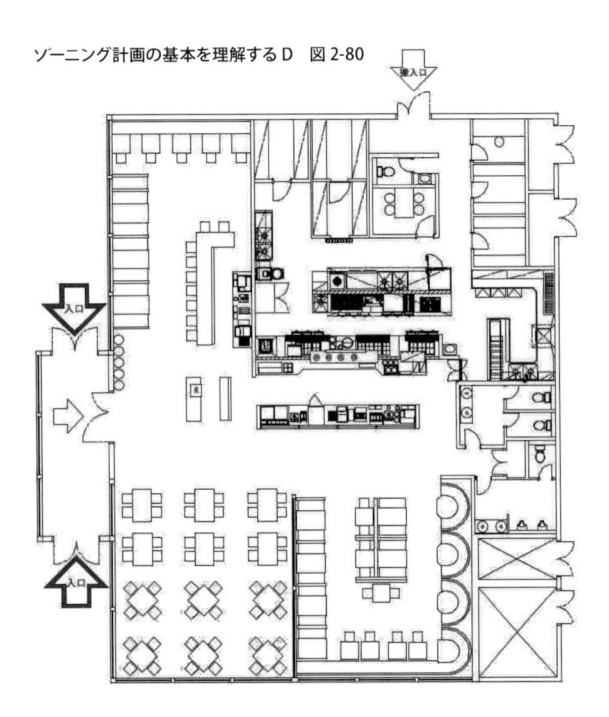

するためのプラスチックトレー)で洗浄エリアへ運ぶ流れを計画しているものである。このような食器類を直接洗浄エリアに下膳するのではなく、一度サービスステーションでバスボックスに皿類を仕分けする場合には、客席内にサービスステーションを配置しておくことが理想的である(サービスステーションの配置は80席に対して1ステーションが基本である)。

さらにラフゾーニング計画に限らず、飲食店の施設構成や機能については、ゲストの来店から料理提供、会計精算に至るまでのすべてのストーリーと現実的なサービスの流れがなければ、実際の運営は計画通りにいかないことも多々あることであり、客席のスタイルや構成も配慮しながら各施設のゾーニングを計画することが理想的な進め方であることを忘れてはならない。

ラフゾーニング計画の良し悪しを確認するポイントは、基本的には、ゲストが入店してから帰るまでの店での過ごし方をシミュレーションしサービス内容を想定しておくことである。またその内容を具体的に細部のオペレーションに至るまでチェックしておくことが大切であり、以下にそのチェックポイントを個条書きにしておこう。

a ゲストが店の入口から入店してきたら店側のスタッフは客席に案内することになるため、スタッフはどの位置にスタンバイしてどのように客席に案内することが効率的であるかを想定しておくこと

b 客席に案内されたゲストがトイレやレジへ行く際のサービス動線は確保されているか、あるいはスタッフの動線がゲスト動線と大きく交錯する配置になっていないかなど確認しておくこと

c キッチンエリアは、キッチンエリアからどの客席へも同距離でサービスできるように配置計画をすることが理想的であること

d 入口スペースは繁忙時には煩雑になるエリアであり、スペースを広く確保し繁忙時に混雑あるいは交錯を極力避けられるように計画されていること

e キッチンエリアから客席内容やサービスパントリーの状況がチェックできるようになっていること

f スタッフの動線としてゲストへのサービスやバッシング(下膳)する場合の具体的なオペレーションの確認をしておくこと

g 24時間営業スタイルの場合には、繁忙時とアイドル時のスタッフ要因や人数を事前に想定しておくことが効率的オペレーションを行うための重要なポイントであること

h スタッフの入店に際しては搬入口を利用するのか、店の入口を利用するのかなど事前に計画しておくこと

i アルバイト・パートスタッフは、どこでユニフォームに着替えてどのポジションに配置するのかなど、その他店づくりに関わるすべての関わりを十分に確認し、ようやくラフスケッチ計画(シミュレーション案)が完成されるという手順を忘れてはならない。

この物件条件枠にゾーニング計画をしてみると、ゾーニングA図2-77、B図2-78、C図2-79の3案が図面化できることになり、各ゾーニング計画は入口に向かってキッチンスペースを左側、客席を右側、レジはほぼ入口正面に配置した計画である。

この計画の各施設との関係や配置についてもキッチン、客席、トイレなど各関係が効率的に機能できるように計画しているものの、問題点としてはキッチンを入口正面に配置するC図2-79の場合には、レジとパントリー、キッチンエリアが遠くなることや、左奥の客席からトイレに行くまでの距離も遠くなってしまうという難点があることを理解しなければならない。

またA図2-77とB図2-78のゾーニング計画の場合には、ほぼ物件のスペースが四角であり左右対称であるため、左右いずれにキッチンエリアを配置しても、オペレーションとしては大きな問題にならないものの、搬入口の食材搬入やスタッフの動作を配慮すると、キッチンエリアを入口から向かって右側に配置すると、搬入動線とキッチンエリアが遠く、客席動線を使用しなければ食材類を搬入できないことなどが問題になるため、全体的な効率性や機能性を配慮するとA図2-77のゾーニング計画が理想的であることを理解しておかなければならない。

つまり実際の設計計画に臨む手順としては、ただ単に図面にハメ絵をするごとく各施設機能を配置するのではなく、飲食店のコンセプトに合わせた理想的な計画ができるように、種々な角度からオペレーションをチェックすることが重要なチェックポイントになることを認識しておくことである。

またその飲食店のコンセプト計画を具体的に図面化したものが図2-80の図面計画であり、

ラフスケッチ計画の良し悪しを決定するためのaからiまでのチェックポイントをすべてクリアできる計画にしたものが、この飲食店のコンセプトと与えられた物件条件に適合した理想的な計画であり、クライアントとの最終打ち合わせに臨む図面として活用されることになることを忘れてはならない。

つまり図面完成までに種々な要素を具体的に十分に検討した図面でない限り、理想的な飲食店の図面にはならないことを理解しておかなければならない。

図面計画としては種々な計画ができるが、その図面精度が店として完成(生きた現実に適合していること)した際に、本来の飲食店としての力を発揮できるか否かの重要な部分を担っていることをデザイナーの役割として肝に銘じておくことが大切であろう。すべての飲食店には「それぞれのコンセプトに適合したストーリーがある」ということを忘れてはならない。

6-4)平面計画の客席と厨房スペースの関係(効率性・機能性)

飲食店を企画する際に常に問題になることは、客席と厨房スペースの大きさと取り合いであろう。飲食店の経営視点に立てば、多くの顧客を集客するために客席数は多いにこしたことはないことは当然のことである。

しかし、客席数を確保するために厨房スペースの極端な縮小や、あまりに効率性を無視した厨房と客席配分は後々問題になることを理解しておかなければならない。

また一般的に客席スペースと厨房スペースの配分は、業態によっても異なるものの、基本的には基本的指標(表2-42)はあるものの、これといったしっかりとしたデータはないことが現実であろう。

つまり業態やメニュー内容に厨房配置や機器選定が左右されるため、業態内容によっては、コンパクトな厨房であったとしても、遅延なく料理を提供できる厨房計画はできないことはないことである。

さらに厨房計画に際して注意しなければならないことは、厨房機能や効率性を無視した厨房のコンパクト化は繁忙時には料理が提供できない、あるいは遅延してしまうなど、オペレーションに大きな弊害を及ぼす原因になることを忘れてはならない。

また厨房スペースの大きさは企画される飲食店のメニュー、業態の企画内容によって広い狭いが左右されることを理解しておくことだ。

さらに厨房の効率性や機能という視点を配慮すれば、厨房機器に腰や肘をぶつけない程度のスペースの余裕はほしいものの、ただ単に厨房スペースが狭いから料理が提供できないという理由にはならないことも事実であろう。

また業態によっては、厨房スペースが狭くともメニューに合わせて効率的な厨房計画をしている店も少なくないことであり、特に個人経営を目的とする飲食店の基本としては(業種・業態によって異なるが)店は小さくとも効率的なオペレーションを実践できることが理想的であることは変わらない現実であることを忘れてはならない。

しかし厨房スペースをコンパクト化するためには、機能性や効率性を配慮し厨房計画に臨まないかぎり、本来の厨房の役割を担うことができないことは周知の通りである。

したがって飲食店づくりに際しての平面計画のゾーニングを決定する論点が、ただ単に厨房と客席スペースの広い狭いという問題に終始することはおかしなことであり、基本的には企画する飲食店の経営的視点やオペレーションを配慮したものとして厨房スペースが大きい、小さいなどスペースのバランスが重要であり、その大小を論じることは一般的ではないことを自覚しておかなければならない。

ましてやただ単に客席数を増加するために厨房スペースを狭くするということは、正論のようで無茶なことを平然と言及しているに他ならない。

一般的には、業種・業態によって厨房スペース配分や関係は参考指標(表2-42)にしたがって計画を進めていくことが理想的であり、最終的に事業計画や売上予測に合わせて厨房と客席スペースのバランス調整をする配慮をしていくことが重要になることを忘れてはならない。また飲食店の店づくりに携わる専門家としては、客席と厨房スペースの配分やバランスを十分に理解しておくことが大切であろう。

特に店づくりについては、インテリアデザイナーとクライアントの打ち合わせが店づくりのスタートの起点になるため、これまでのようにクライアント側の簡単な情報(内装デザインイメージや業態コンセプト)だけで平面計画(厨房スペースは空いたまま)を提案することは、本来の飲食店の店づくりの理想的な進め方ではないことを自覚しておかなければならない。

つまり飲食店の店づくりの起点になる平面計画(ゾーニング計画)に際しては、業態情報や事業計画など店づくりの利益構造を十分に把握し、客席と厨房のバランスを配慮したゾーニング計画になっていることが重要であることを忘れてはならない。

あくまでもたたき台というイメージで平面図を提案することは、デザイナーが業務を進める手法としてよく使うものの、十分に検討されないままの曖昧な平面計画は決して提案してはならないことを忘れてはならない。むしろ飲食店の店づくりの専門家である以上、その図面内容が十分に検討されていない平面図であれば、尚更クライアントに提案してはならないことを十分に理解しておかなければならない。ストーリーがない平面計画は生きた図面ではない。

表2-42 業種・業態別各施設スペース配分と割合／厨房面積の妥当性／業種・業態別厨房面積比(人/㎡)参考指標
※以下指標はあくまでも参考基準であり飲食店のコンセプトやメニュー数によって厨房の大きさは左右される

業種・業態	客単価	回転率	人/㎡	厨房面積比(%)	トイレ数(男女別)
ファミリーレストラン	1000〜	2.5〜3	0.50	35〜40	大2・小2
席数110以上	2000〜	2〜3	0.40	35〜45	大2・小2
居酒屋	1800〜	2〜3	0.60	18〜25	大2・小3
席数100以上	3000〜	1.8〜2	0.50	20〜25	大2・小3
イタリア／フレンチその他	3000〜	2〜3	0.50	25〜30	大2・小1
席数50以上	5000〜	1.5〜2	0.40	25〜30	大3・小2
ラーメン／中華料理／居酒屋	800〜	3〜5	0.60	15〜18	大1
席数50以上	3000〜	2〜3	0.44	20〜25	大2・小1
席数80以上	5000〜	1.5〜2.5	0.40	20〜25	大3・小2
そば／うどん／和食料理／割烹	800〜	4〜5	0.50	15〜20	大1
席数30以上	1200〜	4〜5	0.50	15〜20	大1
席数50以上	3500〜	2〜3	0.50	18〜25	大2・小1
席数50以上	5000〜	2〜2.5	0.45	20〜28	大3・小1
ホルモン／焼肉／レストラン	1800〜	2.5〜3.5	0.60	18〜25	大1
席数80以上	3000〜	2〜2.5	0.50	18〜25	大2・小2
席数50以上以上	5000〜	2〜2.5	0.40	20〜25	大2・小2
ステーキ／ハンバーグ	1500〜	2〜2.5	0.50	18〜25	大2・小1
席数50以上	3000〜	2〜3	0.50	18〜25	大2・小2
席数50以上	5000〜	1.8〜2.5	0.40	20〜25	大3・小2
回転寿司／鮨	1500〜	2〜3	0.50	25〜30	大3・小3
席数20以上	5000〜	1.5〜2	0.50	18〜20	大1
パスタ専門店	1000〜	2.5〜3	0.50	15〜20	大1
立飲み居酒屋	1500〜	3〜4	0.70	15〜18	大1
セルフカフェ	380〜	8〜10	0.50	18〜20	大1

6-5) 飲食店にはストーリーがある/ストーリーの大切さに視点を持つ

1 平面計画とサービスオペレーションの重要性

飲食店の店づくりに携わるインテリアデザイナーの役割としては、いかによりよい店づくりをすることができるかに重点を置いて計画に取り組むことが大切になることは当然のことであろう。

また店づくりとは、ただ単に空間に装飾デザインを施すことだけではなく、飲食店の経営存続に貢献するために大きな役割を担っていることを自覚しなければならない。

特に内装デザインをする上で注意しておかなければならないことは、業態コンセプトと内装デザインがチグハグにならないようにすることである。

しかしことの外インテリアデザイナーは自分の世界観に陥りやすく、本来の飲食店の店づくりの基本である企画やコンセプトをはき違えてしまうこともしばしばであり、業態コンセプトと適合しない内装デザインを平然とクライアント側に提案していることもある。

さらに本来のサービススタイルの基本（表2-43）は、サービスと料理のフローに沿って平面計画がされていなければ繁忙時にオペレーションが煩雑になってしまうことを理解しておかなければならない。

つまり飲食店の店づくりとは、その店に来店するゲストの店での過ごし方や、そのゲストに対するサービス方法の具体的内容に至るまで、全体のサービスの流れを十分に理解し且つ内容を配慮した店づくりにしなければ、生きた店づくりにはならないことを自覚しておかなければならない。

特に店づくりに携わるインテリアデザイナーの役割は、いかに理想的な平面計画を完成するかであろうし、そのためにはゲストの来店から退店に至るまで、店側のすべてのサービス内容と各ポジション（ウェイティング、レジ、パントリー、キッチン、トイレなど）の役割を理解し、その内容を具体化して計画に臨むことこそ、生きた店づくり（ストーリーがある店）を進めるための基本であることを理解しておかなければならない。

また飲食店の内装デザインをする上で重要になることは、業態コンセプトに合わせたデザインやイメージをいかに創出するかということであり、決して自己満足の内装デザインに固執してはならない。

さらに内装デザインをイメージするポイントとしては、業態コンセプトをどのように具現化するかが設計上重要なポイントになるだろうし、ただ単に内装空間に装飾を施せばよいというものではないことを十分に理解しておくことであろう。

つまり飲食店には、ゲストが来店してから退出するまでのサービスプロセスがあることを十分に理解し、平面計画に臨むことが「チグハグ」な平面計画を生み出さないための基本であることを忘れてはならない。

2 快適な空間づくりは飲食店の要である/ゲストの視点で店舗計画を進める

飲食店の店舗計画においてゲストが利用する客席空間は、飲食を楽しむ上では大きな要素を占めることは周知の通りであろう。

特に飲食店を利用するゲストにとっては、飲食店の客席空間やトイレ、その他付帯施設など気持ちよく利用できることが理想的であるし、椅子の座り心地や飲食空間としての装飾デザインに至るまで、食を楽しむ上での演出材としての重要な役割を担っていることは確かなことである。

勿論飲食店には、種々な業種・業態があることを想定すれば、その業態ごとの店に合わせた快適な空間づくりがあることを理解しなければならない。店舗計画において快適な空間づくりの基本とは、その店で過ごすゲストの食への期待感や好奇心を維持しつつ、且つ食事をする楽しみを高める空間演出であることが理想的な店づくりの基本であることを忘れてはならない。

また例えば店内の客席配置計画をする場合に、隣のゲストと肘がぶつかり合うという客席間隔や席に着くまでに通路が狭く、ほかのゲストのテーブルにぶつかってしまうというものでは決してよい空間環境ではないことを理解しておくことである。

勿論快適という言葉そのものが人それぞれによって感覚やイメージが左右されるように、店づくりの計画が個々の人によってその快適さが異なるものであってはならないことを忘れてはならない。

さらに一般的に快適というイメージは、あくまでも飲食店を利用し、そこで過ごす時間がゲストによって心地よいものであることが大切であろうし、空間デザインや椅子形状、家具類その他装飾品に至るまでゲストの視点で計画されているかが重要であることを自覚しておかなければならない。

しかし最近の飲食店の店づくりの傾向としては、業態によっては狭い空間で飲食を楽しむという（他人同士が距離を身近にすることによってコミュニケーションを楽しむ）、店が狭いことを売り物にする店も少なくなく（一般的ではない飲食空間も）、そこに集う客にとっては居心地のよい空間になっていることもある。つまりただ単にインテリアデザイナーの自己満足で奇抜で居心地の悪い椅子やトイレ空間を設計することは、飲食店にとっては愚の骨頂であり、施設機能の役割を損なうものであってはならないことを理解しておくことである。

またあくまで飲食空間とは、そこで食事をするためのゲストの居心地を高めることが重要であることを理解し、店舗計画に臨むことが大切であることを肝に銘じておくことであろう。

6-6) クライアントに何を聞くのか/質問事項内容とヒヤリング方法

飲食店の企画・店づくりのスタートは、クライアントが計画している、あるいは考えていることを全部聞きとり、その内容を十分に理解することが大切であろう。勿論打ち合わせのスタート時には、まだ内容が決定していないことや計画していないことも多々あるし、クライアント側の考え方や志向を読み取ろうとしても、なかなか満足のいく内容を聞き出せないことが常であることが現実である。

しかしクライアント側の飲食店の店づくりに対する概要や漠然としたイメージや経営数値、投資額など具体的に店づくりに関わる質問（表2-44）を聞きだすことが企画・店づくりのスタートであり、クライアント情報の聞き取りデータなしに店づくりは進まないことを理解しておかなければならない。

またよくクライアント情報もろくに聞き出さずに、すぐにたたき台であるとして平面計画や厨房計画を提出するデザイナーが多いが、それこそ「絵に描いた餅」であり、何のためのたたき台であるのかまさに労力の無駄遣いの何物でもないことだ。

さらに表2-44の質問項目は、店づくりを進

サービスと料理のフローチャート 表 2-43

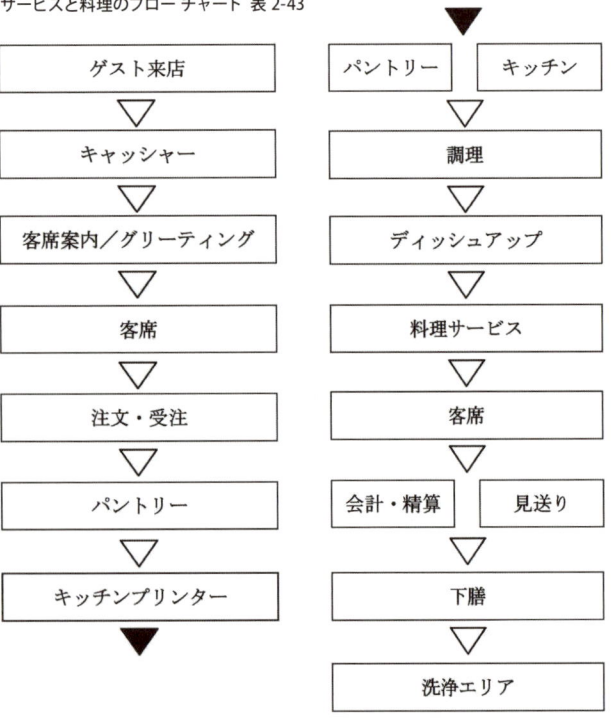

```
ゲスト来店
   ▽
キャッシャー
   ▽
客席案内／グリーティング
   ▽
客席
   ▽
注文・受注
   ▽
パントリー
   ▽
キッチンプリンター
   ▼
```

```
▼
パントリー   キッチン
              ▽
            調理
              ▽
          ディッシュアップ
              ▽
          料理サービス
              ▽
            客席
              ▽
     会計・精算   見送り
              ▽
            下膳
              ▽
          洗浄エリア
```

質問事項　表2-44

質 問 項 目	内　　容
1.企画する業種・業態を明確にする　坪数・賃借料想定	
2.客層／ターゲットの主軸(男女比率)	
3.客単価／昼・夜	
4.原価率／人件費率想定	
5.客席回転想定／昼・夜／営業時間	
6.客席数／形態	
7.メニュー数想定／主軸・ドリンク	
8.売上想定はどのくらいか	
9.サービススタイル計画	
10.フロアーは何人で運営するか	
11.キッチンは何人配置か	
12.正社員とスタッフの人員配置／総人員	
13.社員年棒／アルバイト時給	
14.内装デザインイメージ	
15.厨房はオープンかクローズか	
16.レジ配置は入口・パントリー	
17.トイレは大・小いくつ必要か	
18.事務所／更衣スペース	
19.注文システム	
20.全体投資額想定／内装・厨房費用	
21.投下資本回転率／回収年数は	
22.立地選定／候補立地	

めるための全項目をまとめた資料であり、その項目や内容をメモとして埋め込んでいくことが、飲食店づくりのスタートでなければならない。

またその項目内容を読み込むことによって、具体的な企画に適合した平面計画に臨めるようになる。質問項目1 企画する業種・業態を明確にする　坪数・賃借料想定 2 客層／ターゲットの主軸（男女比率）3 客単価／昼・夜 4 原価率／人件費率想定 5 客席回転想定／昼・夜／営業時間 6 客席数／形態 7 メニュー数想定／主軸、ドリンク 8 売上想定はどのくらいか 9 サービススタイル計画 10 フロアーは何人で運営するか 11 キッチンは何人配置か 12 正社員とスタッフの人員配置／総人員 13 社員年棒／アルバイト時給 14 内装デザインイメージ 15 厨房はオープンかクローズか 16 レジ配置は入口・パントリー 17 トイレは大・小いくつ必要か 18 事務所／更衣スペース 19 注文システム 20 全体投資額想定／内装・厨房費用 21 投下資本回転率／回収年数は 22 立地選定／候補立地に至るまで、その内容を十分に理解しておくことが大切であろう。クライアント側が質問項目に回答できない場合には、その項目内容を助言し項目内容を具体化していくことも、店づくりに携わる専門家としての役割であることを自覚しておかなければならない。つまり今後は飲食店の店づくりに際しては、もっと現実の資料に沿った進め方や考え方へとその内容を改善しなければ決して理想的な店づくりには繋がらないことを忘れてはならない。

6-7)飲食店とデザインの関係性/デザインアイデアを創出する力を養う

1 デザイン創造とは何か

一般的にデザインという言葉から想像できるイメージは(広義の意味では)商品やパッケージなどの形態、図案や模様、レイアウトなど、美術的なイメージを創造することが常であろう。しかし本来の言葉の意味とは、

1) 建築・工業製品・服飾・商業美術などの分野で実用面などを考慮して造形作品を意匠すること。例「都市をデザインする」「制服をデザインする」「インテリアデザイン」

2) 図案や模様を考案すること、あるいはそのもの。例「家具にデザインを施す」「商標をデザインする」

3) 目的をもって具体的に立案・設計すること。例「快適な生活をする」

と理解しておくことが理想的であるし、デザイン創造には「立案・設計」という意味があることを理解しておかなければならない。

つまりデザインとは、「無から有を生み出す」という創造力がないと、なかなか独創的なデザインやアイデア創出をすることはできないことであり、常に新しいデザインコンセプトを創出することは並大抵のことではないことを理解しておくことである。

また特に飲食店の内装デザインは、特別な意味合いを持つだろうし、「顧客満足、ライフスタイル、業態特性、料理内容」など、そこに訪れる顧客に対する顧客満足を上げることが大きな目的になる、いわばデザインとは飲食空間をより高める重要な要素やエキスを持っていることを忘れてはならない。

しかしこれからの時代の店づくりとは、内装デザインコンセプトを創造し顧客満足を増幅させるばかりではなく、飲食店の付加価値を高めるために、常に新しいデザインを生み出すことが大変重要になるだろう。

また注意したいことは(デザイン創造を高める手法としては)、あくまでも対象としてはそこに来店する顧客を発見し、その顧客を満足させるためにどのようなデザインを創出すればいいか、あるいはそのためのデザインコンセプトを生み出し、顧客に満足してもらうための飲食空間とは何かを具体的に検討することが大切であることを理解しておくことである。

つまり簡単に言うならば、「顧客観察から洞察、仮説創造、デザイン創出」などの要素を検証し、試行錯誤を繰り返し、その内容の改善を重ねながら新しいデザインを創り出す、創造的な過程をたどることが理想的であることを自覚しておかなければならない。

2 デザイン創造の仮説検証と現実

これまでの飲食店の内装デザイン創造の理想とは、飲食店の業態、顧客層、料理内容、立地、競合店調査などマーケティング（マーケティングリサーチは万能ではない）を配慮したデザイン空間を創造することを目的としてきたものの、デザイナーによってはどうしても個人のデザイン感覚や感性を前面に打ち出してしまうことも多く、本来であれば、ターゲットとする顧客はどんなニーズを持っているのか、立地周辺の情報収集を行い分析し、その内容をデザインとして仮説を立案し、その内容を検証した結果を踏まえたデザインでなければ、飲食店の業種・業態のデザイン創造の仮説には繋がらないことを理解しておくことである。

いわゆる仮説検証型（表2-45）のアプローチの過程を経て新しいデザイン創造をしなければ、現実の顧客ニーズや飲食ビジネスの成立を阻害するものになりかねないという危険性を持っていることを忘れてはならない。

しかしデザインの方向性が曖昧で仮説や立案がしにくい場合には、仮説検証のアプローチは仮説と現実が大きく離反してしまうことで

表2-45

- デザイン創造のアプローチ
- 顧客ニーズとライフスタイルを読み取る
- 飲食店の業態と料理内容の関係
- 内装デザインと潜在需要を理解する
- デザインの仮説、分析と現実の差をなくすこと

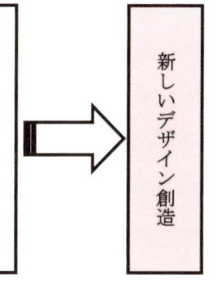

→ 新しいデザイン創造

■デザイン創造の4ステップ　表2-46

- ①現状把握
  - ・顧客観察
  - ・ライフスタイルを読み取る
  - ・現状把握

- ②アイデア創出
  - ・目標と目的達成をするためのアイデアとキーワードの創出

- ③仮説と現実
  - ・アイデアの仮説を具体化してみる
  - ・デザイン性は現実的であるか
  - ・アイデアの創出
  - ・量より質を重視する

- ④検証・最終創造
  - ・アイデアをデザイン化する
  - ・デザインイメージは適合しているか
  - ・デザインの方向性を確認する

あり、クライアントの意見や飲食店のデザイン情報をしっかりと把握しておくことが大切になるだろう。

また問題の本質やユーザーニーズを具体的に把握できている場合には、顧客を対象とした仮説検証型のアプローチが有効であるものの、無から有を生み出すようなこれまでの常識や概念を無視し、人々の価値観やライフスタイル、顧客ニーズを変えるような画期的なアイデアやサービスは、顧客の生活や経験を深く掘り下げ、観察や体験を通じて洞察し、新しい仮説やデザイン創造をすることが現実的であることを忘れてはならない。

さらに一般的に店づくりに携わるインテリアデザイナーの仕事の進め方としては、表2-45のプロセスを経ないままに、クライアントのイメージに合わせて内装デザインのアイデアを創出することが多く（結果としてプロセス内容と異なったとしても）、現実的には、その内装デザインは、果たしてデザイン創造のプロセスを経ているかなど、その内容や項目を具体的に確認してデザインをまとめていくことが大切であろう。

またクライアントの店づくりに対する意見内容やイメージを基本に、いくつかのデザインイメージを創造しそのイメージをデザインパースという形で表現することが多く、クライアント側の要望としては、細部のイメージデザインや素材にはこだわらないというものが現実である。

しかし実践的デザイン創造で重要なことは、クライアントのイメージや感性に訴求するものであるかどうかによって、デザインの良し悪しが決定されてしまうといっても過言ではないことを忘れてはならない。

つまり店づくりを担当する専門家としての立場で仕事を進めることは、プロとしての仕事の進め方や手法を持っておかなければならないだろうし（クライアント側の良し悪しに関わらず）、デザイン創造の基本に沿って業務を進めていくことを自覚しておかなければならない。

3 デザイン創造の4つのポイント

一般的にデザイン創造の手法と手順とは、1 現状把握、2 アイデア創出、3 仮説と現実、4 検証・最終創造など4つのプロセス（表2-46）で展開されることが多く、以下に各項目内容を説明していくことにしよう。

1) 現状把握

現状把握とは、飲食店の立地、周辺情報などを観察するために現場調査やインタビューなどを行い、顧客が求めているものは何かを見付け出す段階であり、すぐにデザイナーのイメージの具体的な仮説構築を行うのではなく、

デザインスケッチスキーム　図2-81

生活者のライフスタイルや行動様式、志向性に至るまで五感を生かしてその状況をありのままの情報として獲得することを目指すことであろう。

またこの段階で目に見える顧客動向やイメージ創造だけではなく、その顧客心理の裏側にある心情や価値観に近づくことが重要となるだろうし、ターゲットとする顧客のニーズや要望を十分に理解しておかなければならない。

つまり実際には、デザイナー側のスタッフが観察を通じて得られたデータ資料 (写真、映像、顧客動向など) を整理解析、検討を繰り返し、新しいイメージを創造するヒントを引き出すことであろうし、その本質的な理由や内容を理解することがアイデア創出に繋がっていくことを自覚しておくことである。

2) アイデア創出

アイデア創出とは、定義された目的や方向性を具体的に実現するためのアイデアやキーワードを量産する段階である。

この段階では、ブレーンストーミングやアイデア創出技法を活用することが多く、質よりも量を重視し、想定できる様々なアイデアを創出することが重要になる。その段階では、イメージをスケッチやメモなど、アイデアのディテールをまとめていきデザインストーリーを創作していくことが大切になるだろう。

またアイデアを創出する手法としては、現状把握の内容を踏まえた上でのアイデアやデザイン創出でなければ、そこで過ごす顧客のライフスタイルや志向に合わないデザインを生み出してしまうこともあるだろうし、常にデザイン創出の基本は、デザイナーの感覚や個人的イメージで創出されるものではないことを理解しておかなければならない。

3) 仮説と現実

ここでいう仮説とは人間が生きている世界は、すべてシミュレーテッドリアリティ (現実性をシミュレートできるとする考え方) であり、それを現実化する前にイメージの創造仮説を重ねながら、その精度やイメージの適合性を合わせる段階であろう。

またこのデザインの仮説を立てる目的は、いわば、新しいデザイン創造をするためであり、この段階で重要視されることはただ単にデザイン内容を決定することではなく、必要最低限のイメージを創造することを忘れてはならない。

さらに例えば、イメージを白板に描く、アイデアの具体的なイメージを形にすること、デザインディテールやアイデアを視覚化することで、スタッフのディスカッションやクライアントニーズに合わせて全体的イメージをまとめていくことを理解しておく。

またデザインのまとめ方の一つとしては、デザインコラージュを紙面に貼りつける手法やデザインイメージをチャートと合わせて表現することは一般的であり、アイデアをまとめていく方法としては有効な手法であることを理解しておくことであろう。

つまりデザインとしてまとめたものが全てクライアントに受け入れられるものではなく、そこには、常にクライアント側の志向やイメージが適合しなければ、よいデザインの創出には繋がらないことを忘れてはならない。

特に飲食店の店づくの世界観とは、その企画や業態要素に大きく左右されることが多く、理論的且つ実践に沿ったデザイン創出であろうとも、飲食店の店づくりとして魅力あるものでなければ、実現化できないことを理解しておくことである。

4) 検証・創造

検証と創造とはイメージした内装デザインスケッチスキーム (図2-81) を具体的に提案し、そのデザインイメージの方向性を確立する段階である。

またデザイン創造とはこの4つの過程 (表2-46) を反復的に繰り返し、デザイン最終創造へと移行させていくアプローチであることを理解しておくことである。

さらにこの検証と創造というプロセスでは、具体的にデザインを表現するためのイメージを形にしていくことであり、そのデザインやカタチやアイデアを基本として、様々なコラージュやスケッチで表現することが大切であることを理解しておくことである。

またそのイメージをスケッチやカタチにすることは、店づくりの基本的な要素のアイデアの創出であり、アイデア創出と仮設と現実をもっと具体化していくことである。

つまり飲食店の店づくりに際して内装デザインを計画するということは、ただ単に空間に装飾デザインを施すという単純なことではなく、常に現場にある生活者やライフスタイルに密接に関係してくるものであり、そこに来店してくる顧客の満足感を十分に達成するものでなければならないことを理解しておかなければならない。

またデザインとは、企画する業種・業態によっても大きく影響を受ける要素があるものであり、ただ単に空間にデザインという装飾をすることではないことを、十分に認識しておくことである。

いわば、飲食店の内装デザインとはその空間で過ごす生活者の「感性やイメージ、喜び、楽しさ」などに対して、その付加価値を高める空間デザインを同化してこそ、空間デザインの役割は達成されることを忘れてはならない。

7) 商品開発とメニューコンセプト

7-1)商品開発の重要性と役割

飲食店を企画する際には、商品開発とはビジネスを成功させるための大きな重要性を持った要素の一つであろう。いわば、商品メニューとは経年劣化という言葉があるように、飲食店のメニュー、内装、飲食店のコンセプトは時代の変化や顧客ニーズとともに年々古くなり少しずつ陳腐化していくものであり、常に時代に合わせてコンセプトは焼き直しや修正を加えなければならない。

またメニューは、ランチは毎週、毎月内容を替えていくことが多く、グランドメニューは季節に合わせて季節を感じる素材を使用した商品開発をするなど、常に商品開発とは飲食店の経営継続には必要不可欠な役割をしていることを理解しておくことであろう。

特に日本には四季というものがあるように (業種・業態によって異なるものの)、料理にもその季節に合った旬のメニューが顧客ニーズとして求められることは常であるし、客にとって店の魅力はその店に行けば何か楽しいことがある、あるいはいつも何か新しい魅力や好奇心を掻き立ててくれる料理があるなど、あくまで客を喚起するものでなくてはならない。

勿論、業態 (専門店) によっては、いつ訪れても同じ人気メニューを提供することで成立する飲食店もあるが、商品開発の基本は、常に顧客ニーズや旬の流行などに気を使い、いつもよりもっと視点を変えた商品を提供することが商品開発の役割であることを忘れてはならない。

また一般的に飲食店の総合プロデューサーにコンサルティングを依頼する場合には (社内に商品開発をするスタッフがいない場合には)、外部のフードコーディネーター、プランナーをプロジェクトスタッフとして招聘し業務を進めることが多く、いかに飲食店の企画コンセプト、業態の方向性を説明調整しクライアントへメニュー提案をすることが常であることを理解しておくことであろう。

つまり一般的にクライアントへのメニュープレゼンは (開発メニュー数によっても異なるものの)、2回の試食、評価、意見、要望、味調整後最終試食へと進めていくことが多く、レシピ表の作成、2、3日の調理トレーニングを行うことが常であることを理解しておくことである。

7-2)飽きないメニューと魅力づくりの関係

一般的に商品開発 (メニュー) をする際には、全体の商品構成のなかに、市場メニュー、おすすめメニュー、本日のメニューなど飲食店としての目玉メニューや主軸メニュー、いわゆる客に「おすすめ」推奨するというメニューを提案することが多く、客は、今日は何が「おすすめ」なのとか、この店の目玉メニューは何であるのかなど、この店に行きたいあるいは選択されることが重要なお店づくりのポイントになることであろう。

また繁盛店の商品開発の鉄則としては、たとえば、鮮魚業態の場合には、常に料理人が食材を吟味し仕入に配慮することで、新鮮なメニューを提供するということが客の来店動機を刺激していることもあるように、その店に行けば、美味しいメニューや旬の料理が食べられるというメニュー開発の視点が必要であることである。

しかし飽きない料理だからといって数多くメニューを増やすことと、飽きない料理とは根本的に視点が異なることであり、料理の味、盛り付け、価格など顧客にとって総合的に優れている料理こそが、飽きのこない料理という位置づけであることを忘れてはならない。

つまりよく言われることは、流行っている店ほどすべてのメニューが動くといわれているように（季節の旬メニューを加えることや追加メニュー投入など）常に顧客を飽きさせないメニューづくりと魅力を前面に打ち出す視点で商品開発していくことを理解していなければならない。

7-3) メニュー開発を進めるポイント

1. 販売価格の設定は適正価格と付加価値価格のバランスをとる

近年の傾向としては、低価格高付加価値という飲食店が増加しつつあり、繁盛店になっていることも現実であろう。いわば、顧客が支払う対価に対して安く料理は美味しいという総合的な付加価値があるということである。

また一般的にメニューの価格設定は原価に積み上げる方式と推奨料理の価格設定方式の二つがあるが、基本的には、原価率が約30%〜40%以内で売価設定をすることが多く、全体のメニュー販売構成比によって原価平均がこの範囲以内に納まっていればよしとすることが常であろう。

いわば、顧客心理としては、低価格高付加価値へとシフトしているため、推奨メニューは40%を超える料理もあっても総合的な原価コントロールができれば、飲食店として成立することを忘れてはならない。

2. 1人前の適正量目の設定は盛り付けと栄養価を検討すること

一般的に1人前の量目とは、約1キロと言われているものの、これはあくまでも一般論であり、近年の流行としては、1人前の限界量目を無視し、推奨料理や全料理（専門店など）の量目を増量し、お値打ち感や魅力を打ち出す飲食店のメニューづくりが多くなってきていることである。

また本来であれば、1人前の量目（業種・業態によって異なる）は、料理の重量（具材含む）約800グラムから1000グラム（男女平均1800カロリーから2500カロリー）以内が適正であり、勿論料理の栄養管理あるいは女性客を意識した料理であれば、カロリーや栄養価に至るまで綿密に計画しておくことが大切であろう。

つまり料理の美味しさを決定する要素とは、味、盛り付け、分量など、量目は少なくとも料理の味や盛り付け如何によっては量目が多く見えることもあるし、ただ単に量目が多ければよいというものではなく現実的に適正量且つ栄養価まで十分に検討しておくことが大切であることを忘れてはならない。

3. 調理時間と提供時間の関係を理解する

一般的にメニューの調理時間は、料理内容によってそれぞれの調理時間が異なってくるものであり、調理手法（揚げる、煮る、蒸す、焙る、焼くなど）によって時間がかかるものと、早く調理完了する料理と差があることである。

しかしレストランのような業態のテーブルサービスの場合には、セイムタイムセイムテーブル（同じテーブルには極力同じタイミングで料理提供するという意味）が原則であり、遅くとも約15分以内にテーブルに料理を提供することが常となっていることを配慮すると、注文を受けた料理の調理時間を調整し、同じタイミングで料理をテーブルに提供することが理想的である。

勿論料理の調理時間やタイミングは、料理長が全体をコントロールすることが常であり、繁忙時にスピーディーな料理提供ができるかは、スタッフの能力や調理時間（厨房計画が大きく関係してくる）や工程に大きくかかわってくることを忘れてはならない。

4. FLコスト（食材費＋人件費）を想定したメニュー開発をする

一般的にメニューをつくる上で大切なことは、数値設定が最終的に利益を生むかどうかの鍵となることである。実際に開業してみなければその結果は分からないというものでは、あまりにも杜撰な計画になってしまう（シミュレーションしておくことが大切）。

またそのためには、まずレシピ表（調理マニュアル）を作成することである。このレシピ表には、各食材の全ての量目を詳細に計量記入し各食材分量による原価を算出、メニューごとの原価表を計算することが大切であろう。

さらに全メニューの原価率表を作成し、計画段階でどのメニューがどのぐらい注文されるかなど、全メニューの売上構成比率を算出し想定することが理想的であることを忘れてはならない。

つまりキッチンスタッフは繁忙時に何人必要であり、アイドル時に何人で作業できるのかなどスタッフ要員の人件費を想定し、シミュレーションとしてFLコストを想定しておくことが大切であることを忘れてはならない。

5 客席数とメニュー数の関係（表2-47）

飲食店のメニュー数は、顧客にとって多くあった方が選択肢が広がるため、良しとされる風潮はあるものの、現実的には客席数が多い店と少ない店ではそのメニュー数の多い少ないで料理を提供するスピードが異なってくるのであり、メニュー数を多く持っている店の繁忙時は、なかなか料理がテーブルに提供されな

飲食店の客席数とメニュー数の関係／業種・業態別客数席当たりのメニュー数（参考指標）　表2-47

業種・業態	席数	メニュー数 料理	メニュー数 ドリンク	備考
居酒屋	129	60-80	80-90	
ファミリーレストラン	110	80-110	25-30	
イタリアンレストラン	62	50-60	60-70	
フレンチレストラン	62	50-60	90-120	
ピッツェリア	52	40-50	30-40	
ステーキレストラン	107	70-80	40-50	
ハンバーグレストラン	115	80-90	30-40	
焼肉レストラン	73	80-100	60-70	
中華料理店	95	90-110	50-60	
ラーメン店	22	30-50	10-15	
お好み焼き店	56	90-110	50-60	
カフェテリア	112	40-60	20-30	
ビアレストラン	61	60-80	60-80	
ハンバーガーショップ	94	30-40	10-25	
和定食屋	88	80-120	30-40	
牛どん店	26	50-60	10-15	
寿司店	37	80-90	30-40	
天ぷら専門店	55	80-90	50-60	
とんかつ専門店	67	50-60	10-20	
そば/うどん店	52	50-60	20-30	
カレー専門店	37	30-50	10-20	

表2-48

5 チリクラブソース／調理レシピ			販売価格　〇〇〇〇円
材料	数量	原価	調理工程
カニ	一杯	〇〇円	
チリソース	1/4カップ		
にんにく(みじん切り)	大さじ2		
しょうが(みじん切り)	大さじ2		
唐辛子(みじん切り)	2本分		
トマトソース	1/4カップ		
ごま油	小さじ1		
砂糖	大さじ1		
醤油	大さじ1		
チキンストック	1カップ		
水とき片栗粉	大さじ1		
卵	1個		
塩コショウ	適量		
ねぎ(みじん切り)	大さじ2		
サラダオイル	適量		
総材料原価合計		〇〇〇円	
原価率		〇〇%	

調理工程:
1. 大きめの鍋で湯を沸かし、そこに生きたカニをいれ蓋をする。(その際、カニの冥福を祈ることを忘れずに!)そのまま中火で10分間茹でる。
2. 茹であがったカニの甲羅を外し、食べることのできない箇所を取り除き綺麗に掃除する。それから食べやすい大きさに割り、殻を金づち又はハサミでよく割っておく。
3. 中華鍋でサラダオイル(約大さじ2)を熱し、にんにく・しょうが・唐辛子を炒め、チリソース・トマトソース・砂糖・醤油・ごま油を加え、1分間弱火で煮立てたあと、塩コショウで味を調える。
4. カニを加え、鍋の底からかき混ぜるようにしてソースをよく絡める。
5. チキンストックを加え、強火にして3分間煮立てる。
6. 水溶き片栗粉を加え、よく混ぜてとろみを出したら最後にかき混ぜた卵を加えひと混ぜする。

仕上げにみじん切りしたねぎを加えて出来上がり。

いということが常であり、その原因は基本的にメニュー数と客席数やキッチン機能と厨房スペースのバランスがとれていないことにあることを理解しなければならない(基本的には業種・業態別客席数とメニューの関係指標を参考としてメニュー計画に臨むこと)。

また本来であれば、繁忙時の提供スピードこそ、スムーズに提供されるメニュー数やオペレーションになっていることが理想的であり、ただ単にメニュー数が多くあればよいというものではないことを忘れてはならない。

勿論飲食店の専門性が強くなればなるほど、そのメニュー数は少なくなるだろうし、むしろ繁忙時の煩雑を配慮すれば、主力メニューを中心に限られた効率的なメニュー数や調理内容になっていることが常であろう。

つまり飲食店の基本は、繁忙時、アイドル時であろうとも(どんな時でも)メニューの提供時間は遅延なくスピーディーにテーブルに提供されることを第一に考え、決してメニュー数が多いことがよいことではないことを忘れてはならない。

7-4)メニューレシピの作り方(例)

飲食店のメニューレシピを作成する際には、基本的には(表2-48)一例として各料理別にレシピを作成することが大切であろう。レシピ表に記入する項目は、商品名、販売価格、材料リスト、各材料使用材料の仕入れ原価、調理工程マニュアル、最終料理完成後の画像など1枚のページに全てをまとめておくことである。

またメニューレシピ作成で重要なポイントは、メニューに使用する各食材の量目に合わせて原価を正しく算出することであり、レシピ表の原価、原価率が間違っていると、標準原価率の数値も異なってしまうことである。

さらにメニューレシピの作り方や表現方法は種々あるものの、基本的にはレシピとして最低限の情報が記載されていれば書式内容にこだわることはないだろう。

むしろ調理工程をマニュアルガイドとして活用する場合には、仕込み調理工程ごとに調理工程の文章に合わせて画像を挿入することが理解しやすく、業種・業態の用途に合わせてレシピ作成内容を検討することが大切であろう。

7-5)メニュー価格と原価率の適正とは何か

商品開発を進める際には、全ての料理の原価を一律に統一することはできないため、原価と売価設定によって原価率はそれぞれのメニューで異なってくることである。勿論全体メニュー原価率が30%以内という低ければ低いほど(理屈では理想的ではあるものの)経営的にはよい。一般的にはメニューの原価率は料理内容によって25%、38%、40%の料理があるということが常であることを理解しておくことである。

特に近年のメニュー開発や価格設定の方向性は、飲食店としての推奨メニューは原価率を高くし、目玉商品を促進する、あるいは顧客集客の誘導メニューとして開発することが多く、まさに低価格高付加価値のキーワードを前面に打ち出している企画が多くなってきていることを忘れてはならない。

また基本的には、飲食店の経営的標準数値は「原価率+人件費率=60%～65%以内」(業種・業態によって異なる)に納まっていることが適正であるといわれているため、メニュー原価や売価設定は、この基本的数値を目標に設定することが大切である。

つまり飲食店として何を推奨料理にしたいのかなど事前に明確なメニュー開発計画を立てることが必要であり、メニュー原価率は約28%～40%以内でメニュー開発を進めることが大切であることを理解しておくことである。

7-6)食材調達ルートと食材業者選定方法

一般的に食材卸業者を選定する際には、インターネットや知り合いの紹介など種々な選定方法はあるものの、食材卸業者であればどの卸業者でもよいというものではない。

但し飲食店の大きさや食材の使用量によっては、食材を供給してくれない場合も多々あるので、飲食店の規模や食材使用量に合わせて卸業者を選定することが大切であろう。基本的には、食材卸業者選定までのプロセス(表2-49)としては、メニューリストに合わせて食材卸業者を選定することが重要であり、卸業者にも食材内容の得意不得意があることを理解しておかなければならない。

また例えば、冷凍食材が主軸である場合、冷凍食材、チルド、乾物、ソースその他食材全般的に供給できる場合、洋食食材を中心にしている場合など、食材卸業者もすべての食材に精通している業者ばかりではないことを理解しておくことであろう。

さらに食材配送日は毎日配送であるのか、あるいは週3回、土日祭日は配送できないなど食材卸業者によって異なることが多く(大手卸業者は毎日配送してくれるものの)、食材の調

食材卸業者選定プロセス 表2-49

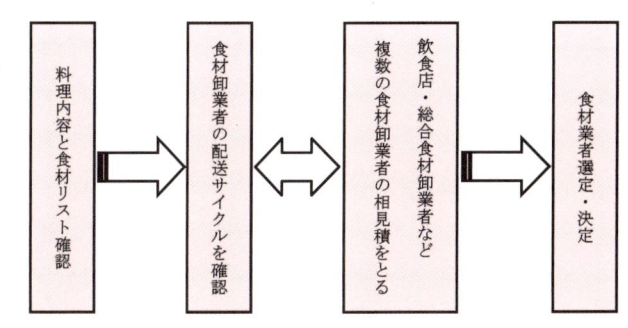

料理内容と食材リスト確認 → 食材卸業者の配送サイクルを確認 ⇔ 飲食店・総合食材卸業者など複数の食材卸業者の相見積をとる → 食材業者選定・決定

達ルートあるいは配送日の制限など具体的に確認し選定することが大切である。
また食材卸業者によっては、同食材でも価格設定が異なる場合があるため、基本的には複数の卸業者の相見積もりをすることが理想的であり、支払条件や契約内容についても選定の条件になるため、飲食店の業種・業態に適合した食材卸業者を選定することが理想的であることを忘れてはならない。

8) 広告宣伝と販売促進

8-1) 広告宣伝

一般的に広告の手段としては広告宣伝 (表2-50) があり、新聞折り込み、チラシ配り、看板、ポスター、垂れ幕、新聞広告、テレビ、ラジオ、インターネット、SNS など飲食店の業種・業態の特徴や情報をまとめて新規顧客に伝達することが大切であろう。

しかしテレビコマーシャルやラジオコマーシャルを関東圏や関西圏などの広域テレビエリアで使用するには、飲食店の店舗数や規模が必要であるし、中小企業のチェーンではコストが合わないことである。

また広域テレビエリアの場合は約１００店以上の店舗数が必要となるだろうし、テレビ媒体の広告宣伝は顧客認知を上げるための大きなファクターであるものの、あくまでもチェーン企業が行う広告宣伝手法であると理解しておくことだろう。

勿論地方の小さいテレビマーケットでは時間帯や時期によっては中小のチェーンでも使用可能であり、地方の大型飲食店や旅館などテレビ媒体を使用し売上効果を上げていることもあるため、投資対効果を配慮して利用することが大切である。

飲食店を企画開店する際には、飲食店の存在を多くの見込み客に知らしめることが大切であり、どのように告知をするのかなど具体的に検討することが大切であろう。

また一般的には、開店チラシの配布や手配りの開店チラシなど飲食店を中心に半径３キロまでは告知の対象として宣伝することが常であるし、開店に際して広告は飲食店を成功させるための一歩であることを認識しておくことである。

つまりいまや情報の発信は SNS に勝るものはなく (低投資で効率性が高いこと)、宣伝広告にいかに活用するかによって、広告宣伝効果を高めることができることを理解しておかなければならない。

8-2) 販売促進

1. 販売促進とは

短期的な売り上げ増進や利用者の利用を促す活動であり、無料券、試食券、割引券、セットメニュー、プレミアム（景品）等を使用することが多いものの、ＴＶ、ＣＭやチラシだけで顧客を店まで来店させることは難しく、その実現のためには、無料の試食券や割引券を配布することにより、店まで顧客を引き寄せる誘導を行うことが大切であろう。

また、以前は顧客だったがメニュー内容に飽きてしまい遠ざかっている人に対する再来を促すための手段として、グランドメニューの定期的改定や新メニューの告知などを行うことが重要になる。

特に販売促進の目的 (2-51) とは、顧客に飲食店の存在をいかに告知し、生活者に認知してもらうことで売上に貢献することであり、綿密に販売促進内容の具体的な検討を重ねて業務を進めることが大切であることを理解しておかなければならない。

■販売促進の目的　表 2-51

広告・認知促進とイメージ形成をする → 販売促進・顧客に対する動機づけをする → 営業活動・即戦力は収益拡大 → 生活者

しかし販売促進計画を進める際には、広告媒体によっては大きな使用料金を支払う必要のあるものとないものがあるため、まずは使用料金を払う必要がない外観、看板類、店頭垂れ幕などをしっかりと目立たせることが大切であろう。

また飲食店の場合には、ファサード (外観) の入りやすさや目立つ看板、何の店かすぐに理解しやすいことなど、飲食店の存在そのものが大きな広告宣伝媒体だという認識を理解しておかなければならない。

特に店を通行する人に対しては、目立つ正面看板、袖看板、メニュー看板など全体的にバランスよく目立つように配置することが重要であるし、店に入りやすいアプローチになっていることが大きな販売促進のポイントになるだろう。

勿論、店名、ロゴデザイン、名称、色など業態に合わせてイメージを統一するということが大切であり、いくつかの広告を見ることにより顧客誘導に繋げることを忘れてはならない。

2. SNS をフルに活用する / 顧客認知アップと顧客集客方法

(1) SNS とは何か

SNS とは、Social Networking Service (ソーシャル・ネットワーキング・サービス) の略であり、いわば社会的な繋がりを作り出せるサービスのことである。SNS に登録し、見知らぬ誰かと繋がり、ブログを書いたり、誰かのブログにコメントをつけたりすることで、知らない人と情報交換や会話を楽しむことができる新しいコミュニケーション手法である。

つまり SNS に登録することで、知らない人や知っていたけれど交流がなかった人とコミュニケーションを楽しむことができるシステムのひとつであると理解しておくことであろう。

(2) SNS の種類と活用方法を理解する

一般的に SNS の種類と使い分けには、無料で使える SNS の代表として「Ameba」「Twitter」「Facebook」「mixi」などがあるものの、それぞれの特徴が異なることを理解し、どのように飲食店の集客につなげるかなど、そのツー

広告宣伝媒体　表 2-50

・新聞折り込みチラシ	・駅構内看板
・宅配チラシ	・駅構内ポスター
・店頭配布チラシ	・電車内中吊り広告
・店舗前看板	・電車、バス内窓ガラスステッカー
・店舗大看板	・バス外部広告
・店舗袖看板	・映画館でのコマーシャル
・店舗外観	・ホームページ
・店舗垂れ幕	・ブログ
・店舗窓ガラスステッカー	・SNS（ツイッター、フェイスブック他）

ルを効果的に利用できる媒体を選定することが大切であろう。

以下に各SNSの特徴を箇条書きにしておこう。
「Ameba」とはブログを中心とした活用になるためプル型の情報発信に向いているので読者を集める仕掛けがしやすいこと。
「Twitter」とはフォロワーを集める事が容易なため、情報を拡散するのに向いているものの、レスポンスは低いため大量のリスト構築をする必要があること。
「Facebook」とは原則実名での登録が多いため、信頼性の高いリスト構築に適しているものの、プッシュ型の情報発信が可能なため顧客を育てることに向いていること。

地域別スマートフォン活用動向　表 2-52

地域	活用率
東京	50.5%
大阪府	49.0%
神奈川県	46.0%
埼玉県	45.0%
兵庫県	45.0%
大分県	44.0%
愛知県	44.0%
滋賀県	44.0%
京都府	43.0%
香川県	43.0%

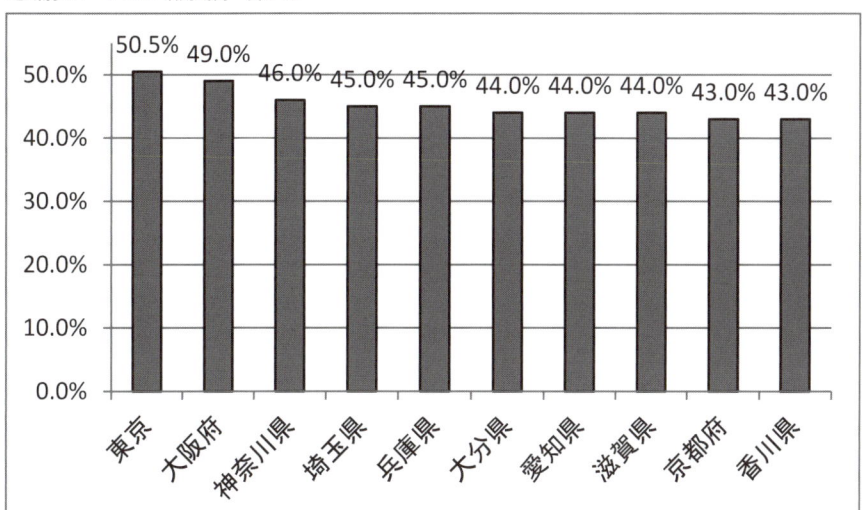

「mixi」とはコミュニティを形成しやすい特徴があるものの、同業者や特定のセグメントに情報を発信するのに適していること。
つまりSNSを活用するためには、それぞれの特徴や利用方法を具体的に検討した上でどのように利用するかなど、利用戦略を立てる必要があることを理解しておかなければならない。
また基本的には、選定したSNSツールを活用し続けるということが重要であり、継続していくことに価値があることを理解しておかなければならない。
SNSに登録し情報を発信したものの、新しい情報を継続的に更新し続けなければ、すぐに効果を求めてもツールの活用には結びつかないことであり、何事も継続することに価値があることを認識しておかなければならない。まさに「継続することこそ最大の武器になる」のである。

(3)SNSを活用した集客方法

一般的に複数のSNSを使って集客の流れをつくる方法として向いているものは、やはり「Twitter」と「mixi」が適していることであり(種々な意見はあるものの)膨大なネットユーザーの中から、新しい飲食店の情報や広報など集客に適合したサービスを必要とする人たちを抽出することからスタートする必要があるだろう。

例えば、ツイートの「つぶやき」情報が新しい飲食店の特徴や魅力をツイートすることにより、関連したツイートを探すことによって興味ある顧客に情報をタイムリーに伝えることができることである。
勿論フォロアーが多くいればいるほど、つぶやきに関心や興味を持つ人が多く、そのツイートにタグ(荷札、付箋)をつけることで関連したツイートを探すことができることである。
またmixiではコミュニティが数多く存在するため、あなたのターゲットになりそうな人が集まるコミュニティに誘導することで(興味を持つ人たちを集める)、次のステップが有利になってくることを理解しなければならない。
さらにただ単に情報を発信すること。この段階には「Ameba」と「Facebook」が効果的であることを理解しておくことであろう。つまりTwitterやmixiから、飲食店のブログへ誘導して行くことで、飲食店の告知や魅力を訴求し顧客誘導につなげていくことが大切になることを理解しなければならない。
また「Ameba」は簡単なカスタマイズで専門的なブログページを作成することができるとい

う利点があることである。特に集客の基本になる手法としては、多くのブログ読者登録をしてもらうことであり、いかに役立つ飲食店の魅力あるブログ情報や内容を常に継続してアピールしていくことが大切になることであり、より深く飲食店の内容を理解してもらうことによって、潜在顧客を掘り起こすことも可能になることを認識しておくことであろう。

(4) スマートフォン活用動向 (表 2-52)

近年では、低年齢層から高年齢に至るまでスマートフォンを活用する時代になってきている。今後は普及がさらに進むだろうし、男女ともに 30 ～ 40 代が保有者のメインボリュームとなっている。その普及は全国に幅広く普及していることであろう。
またスマートフォンでインターネット利用率 / 各地域全体上位 10 位を見てみると、東京は圧倒的に高いものの、2 位は大阪府、3 位は神奈川県というように、地域によってその活用率はほぼ横ばいになっていることも注目されることであろう。
しかし今後のスマートフォンの活用を配慮すると、検索するというツールとしては、圧倒的にスマートフォンが強く、今後も技術革新はとどまることはなく、もっと効率的且つ利便性が増すことを想定すると、スマートフォンの活用と飲食店の情報発信や検索などどのようにリンクしていくことが、飲食店の情報発信や広告ツールとしては効率的なツールになることは重要なポイントになることを忘れてはならない。
スマートフォンでインターネット利用率 / 各地域全体上位 10 位 (表 2-52)。

(5) スマフォユーザーの「外食行動」を知る

また、外出先でスマートフォンの機能を活用して、これから訪れる飲食店を検索する人はスマートフォンユーザーの約 63％以上であり、50％以上の人が実際にスマートフォンのGPS・地図機能を使って来店している。
さらに飲食店を検索する場合には、選定にスマートフォンが多く活用 (表 2-53) されていることが常であることを理解しておくことである。

スマートフォン活用動向　表 2-53

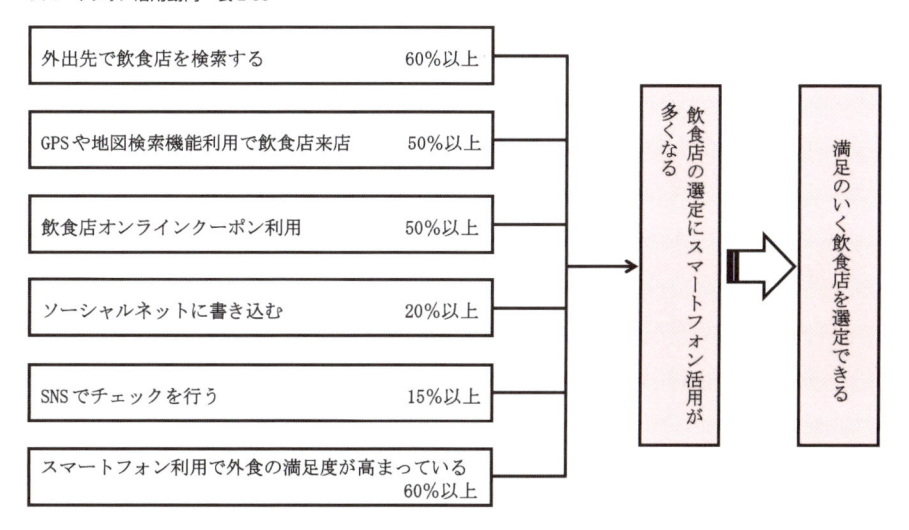

項目	割合
外出先で飲食店を検索する	60%以上
GPSや地図検索機能利用で飲食店来店	50%以上
飲食店オンラインクーポン利用	50%以上
ソーシャルネットに書き込む	20%以上
SNSでチェックを行う	15%以上
スマートフォン利用で外食の満足度が高まっている	60%以上

→ 飲食店の選定にスマートフォン活用が多くなる → 満足のいく飲食店を選定できる

SNS連動チャート表 2-54

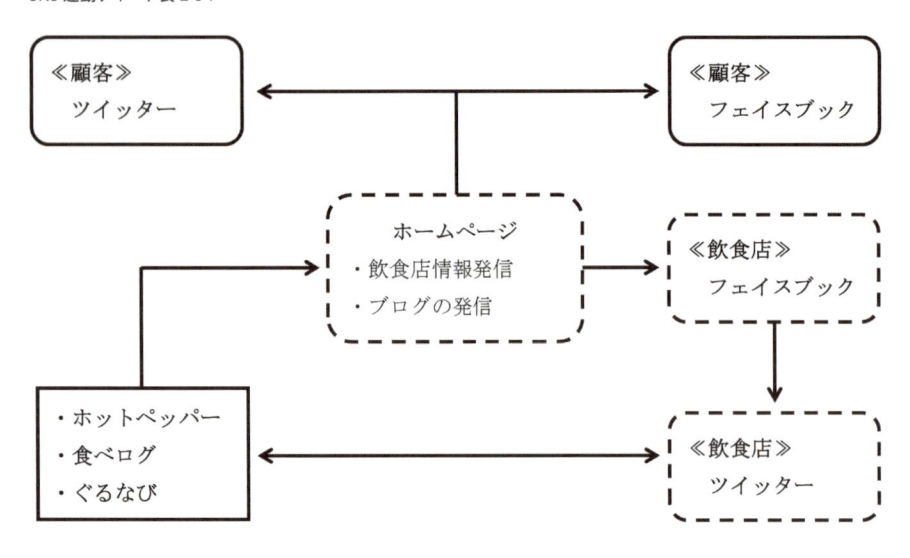

```
≪顧客≫                    ≪顧客≫
ツイッター  ←――――――→  フェイスブック
     ↑                        ↑
     │      ホームページ      │
     └――→ ・飲食店情報発信 ――→ ≪飲食店≫
     ┌――  ・ブログの発信       フェイスブック
     ↓                              ↓
・ホットペッパー                ≪飲食店≫
・食べログ   ←――――――→   ツイッター
・ぐるなび
```

また具体的に外出先でスマートフォンを通じてソーシャルメディアでチェックすると回答した人は約15％以上。ソーシャルメディアに書き込む人は20％以上。外出時にスマートフォンを活用することで外食の満足度が高まったという人は約40％以上など、明らかにスマートフォン活用（表2-53）が上昇していることを理解しておくことである。

つまり今後は飲食店を検索選定する際には、スマートフォンを活用し行く店を決定しているという現実を理解し、飲食店のホームページや周辺のSNS活用とどのように連動していくかが、飲食店の集客に大きく繋げるポイントである。スマートフォンの活用と飲食店の選定の関係性を十分に理解しておくことを忘れてはならない。

8-3) ホームページの作成／ソーシャルメディア連動が大切

飲食店の売上を上げるための方法

いまや飲食店の販売促進とは、リアルの世界とバーチャルの世界のバランスが重要であり、リアルの世界の販促とは店内販売やDM、ポスティングなどが常であることだろう。しかしバーチャルの世界の販促とはインターネット上の販促方法であり、ホームページの役割とは、ネットの世界で店の存在を表現するツールであることを理解しておかなければならない。

また時代は、いまやネット情報だけでも来店動機に繋がるものの、ネットの世界に飲食店が存在していることで、その中には顧客が必ず存在することを理解しておくことであろう。つまりホームページがないということは、ネットの世界に飲食店が存在しないのと同じになってしまうことを忘れてはならない。

さらにホームページは作成することは大切であるものの、その後の運用も重要であり、作成した後そのまま情報を更新しないホームページは、本来の大きな意味や役割を持たないものになってしまうことを理解しておかなければならない。

また基本的にホームページはFacebookやTwitterなどのソーシャルメディアとの連動（表2-54）が欠かせないことであり、これまではいかに検索順位の上位表示の最適化対策をして告知するかが重視されてきたものの、しかし検索エンジンそのものが、検索結果の判定に「Facebook」や「Google＋」などのつながりの要素を重要視しはじめたため、SEO「検索エンジン最適化（search engine optimizationの略）」の結果は検索する人によって検索結果内容が変わってくるようになっていることである。

さらにこれからのインターネットマーケットでは、FacebookやTwitterのソーシャルメディアと連動したホームページを活用することができるようになっていることであり、店でもブログ感覚でよりリアルタイムな情報をホームページ上に掲載する管理画面機能を実装するようになってきていることを理解しておくことであろう（表2-55）。

また例えば、iPhoneなどスマートフォンからも、飲食店の料理写真や情報を簡単に掲載することができるし、リアルタイムで本日のおすすめメニューを写真撮影し、管理画面からホームページに載せることができる（ホームページに載せた情報は、FacebookページやTwitterとも連動し拡散できる）。

つまりそれぞれのSNSの特徴や役割、向き不向きなど十分に内容を理解し、いかに飲食店の情報発信や集客するためのツールになるかなどを検討し活用することが重要になるだろうし、飲食店の売上を上げるための大きな武器になることを理解することであろう。

8-4) 広報（PR、パブリックリレーション）

一般的に広報とは、会社のイメージ、商品・料理、店舗デザインなど企業が媒体費用を支払わずに、業界新聞、雑誌、テレビニュースに取り上げてもらう活動のことであり、会社のイメージや開業する飲食店のコンセプトや推奨商品に対して、事前に好感度を持ってもらうことで莫大な広告宣伝費や販売促進費をかけなくとも、広告宣伝の効果を上げることができる方法である。

また飲食店の開店に際しては、PRとして事前に広報をしてくれる業界新聞、業界雑誌の担当者を店に招待し、広報活動の一環として店舗コンセプトや内装デザイン、料理の魅力など実際に担当者に料理を食べてもらい、その印象や内装デザインを記事にしてもらうことが多く、その雑誌媒体を見た客が店に訪れてくれるという機会や誘導を促進することが目的である。

近年の傾向としては、雑誌類の媒体よりもインターネット、SNSを活用する広報が増加傾向にあり、来店する動機や機会を喚起する方法としては、いかにインターネットを活用できるかが広報活動の効果を上げる一つになりつつあることを理解しておくことである。

つまり今後の飲食店の広報活動や情報発信の手法としては、SNSをいかに活用するかによって飲食店の認知や集客、売上を上げるためのツールになることは確かなことであり、飲食店を成立させるための大きな役割を担ってくることも現実であることを忘れてはならない。

9) ユニフォーム選定方法と手順

一般的に飲食店のユニフォームを検討する際には、ユニフォームも動く広告塔であることを意識し計画することが大切であろう。

また飲食店のユニフォームの選定方法とは、基本コンセプトや内装イメージ、店名、ロゴなどに合わせてユニフォームイメージを想定することが多く、ユニフォームの資料としては、ユニフォーム業者のカタログより飲食店のイメージに合わせていくつか選定することが理想的である。以下に選定のチェックポイントを箇条書きにしておこう。

1. 基本的には、クライアントに説明するため

ブログとホームページの役割　表2-55

ブログ	ホームページ
・発信情報スピードに有効 ・見込み客獲得 ・お役立ち情報の発信	・情報統合に有利 ・インターネット上のもう一つの店である

のユニフォームイメージを資料としてまとめること
2. あくまでも決定権はクライアントに委ねること
3. しかし企画する飲食店のユニフォームイメージとしては、資料説明の際には選定条件や意見をはっきりと伝えること
4. むしろ企画側の意図に合わせて選定してもらうように誘導することが理想的であること
5. 飲食店のユニフォームは、男女別、フロアーとキッチンと分けることが多く、全体的なイメージは統一するものの、あまりユニフォームがばらばらにならないようにすること

など、その目的はユニフォームの資料プレゼンテーションではなく、実物のユニフォーム(男女別フロアー服、キッチン服)をスタッフに着用させて説明することもあるだろうし、むしろユニフォームの資料説明よりも説得力があることである。

つまり飲食店の基本コンセプト、ユニフォームに至るまで総合的にサポートすることがデザイナー、その他専門家としての役割であることを忘れてはならない。

10) 飲食店のブランディングの確立/飲食店のブランディングと認知力を上げる

10-1)ブランドとは頭の記憶の中に強くイメージを刻む手法

一般的にブランドとは、商品、食品、その他ジャンルにかかわらず有名であることやその世界観が高いものをイメージすることが常であり、またその付加価値は人それぞれ異なってくることである。例えば、ハンバーガーならマクドナルドよりモスバーガーがいいとか、コーラならコカ・コーラよりペプシコーラがいい、ウィンドウズ社の製品よりアップル社の製品が何でも大好きという方が多くいるが、これらの商品には、ただ単に商品とサービスを越えた「独自の世界観や好感イメージ」があることだ。

またペプシコーラの世界観の記憶は、具体的に連想すると、アウトドア、スポーツ、食、海などアクティブなイメージをすることができる。またAppleの世界観の記憶はMac、iPodやiPad、広告、Appleストアなど。こういった接点の蓄積が高い世界観を作り上げていることを理解しておくことが大切であろう。

いわば、ブランドとは記憶の中に強く刻まれた「顧客との接触点である」。つまりその商品、店名の名前を聞いた時に、すぐに好意的な気持ちになれること、どのような気持ちになるのかを理解しイメージを確立していくことである。

特に飲食店のブランドづくりとは、ある程度の店舗数や知名度がなければ、生活者の記憶の中に強く刻むことはできないだろうし、店名イコールそこで提供される料理の味やイメージが、理由なくすぐに利用動機に繋がるものでなければブランド効果はまだ薄いということを忘れてはならない。

さらに生活者が飲食店に期待することは、そこで提供される料理や味に魅力を感じているからこそ、利用動機に繋がるのであり、その信用が裏切られた時点で顧客は他店に乗り換えてしまうことも多々あることを忘れてはならない。

つまり常に飲食店として期待をはるかに超えた商品や情報を発信することが大切であるし、その店を利用することで得られた思いがけない喜びや驚きが感動となって、頭の中に強く記憶されることでブランドイメージは形成されることを理解しておかなければならない。

またブランドを作るために最初にしなくてはならないことは、自分たちの商品メニューが他の商品メニューと比べてどこが勝っているかあるいはどこにオリジナリティがあるかなど、これから作っていこうとする新しいブランドの「差別的優位性」を明らかにすることが重要なポイントになってくることだ。

いわば、食品の例では、パルマ産のチーズの

表2-57

ブランド戦略 →
- ブランド構築「ブランドをつくること」
- ブランド管理「ブランドを守ること」
- ブランド拡張「ブランド力を使うこと」

焼印のデザインを考える前に、焼印の形状やデザインによってパルマ産というブランドを生み出すためのポイントになることである。またその焼印が押してあることで、他のチーズとは明らかに品質が高いという保証(信頼)がなければ、顧客はその商品を選ぼうとは思わないという信頼感を作ることが大切であることを忘れてはならない。

つまり他の商品にはない高い品質=差別的優位性のことを「ブランド・プレミアム」とよび、これを構築することがブランディング/ブランド戦略の目的であることを理解しておかなければならない。

また実際のブランドづくりとは、まずどうすれば、あるいは何をすればよいのかなどその内容を具体化して十分に検討を重ねておくことが大切であろう。いわゆるブランドへの取り組みに際しては、大きく分けて3つポイントがあり、1ブランドを作ること(ブランド構築)、2ブランドを守ること(ブランド管理)、3ブランド力を使うこと(ブランド拡張)などブランド戦略(表2-57)を構築することが大切になることを理解することである。

いわばブランドを構築できれば、他店との優位性や認知性は大きく差別化できるものであり、ブランド力が顧客集客の大きなポイントに繋がることを忘れてはならない。

「店名とは飲食店のブランドをつくる一歩である」

10-2) ブランド価値を育てる

一般的に飲食店が街中に溢れる中で顧客が店を選ぶ際には、「理屈」よりも「感覚」を優先することが常であろう。特に選択要素になるポイントは、料理、味、価格、内装デザイン、サービスレベル、心地良い環境などあくまでも顧客にとって付加価値が高い店を優先して選んでいることを理解しておかなければならない。

またどのように顧客は飲食店を選定し行動しているのかなどを分析することやターゲット層に来店してもらうためには、まずターゲットとする顧客はどのような価値観を持っているのかを明確にし、潜在意識の中でどのように感じたら自店を選んでもらえるのかなどを十分に理解することであろう。

さらに顧客は自店をどのように思って来店する

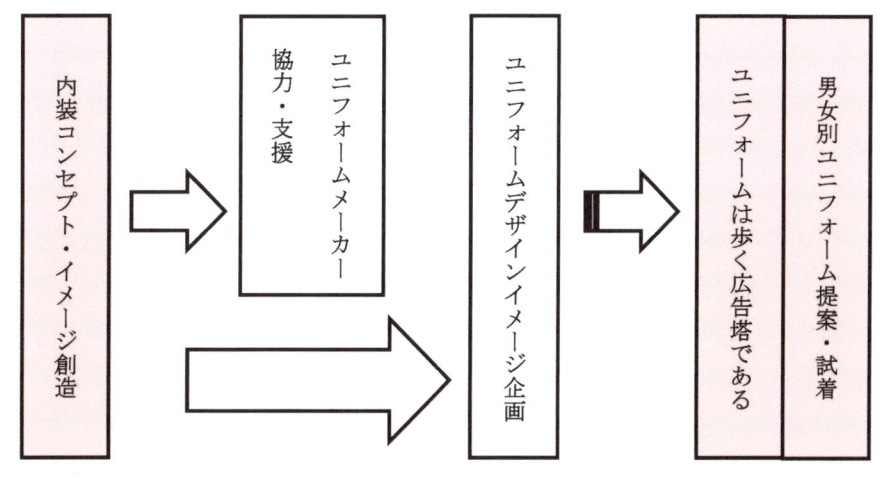

「ユニフォームは歩く広告塔である」表2-56

内装コンセプト・イメージ創造 → ユニフォームメーカー 協力・支援 → ユニフォームデザインイメージ企画 → ユニフォームは歩く広告塔である → 男女別ユニフォーム提案・試着

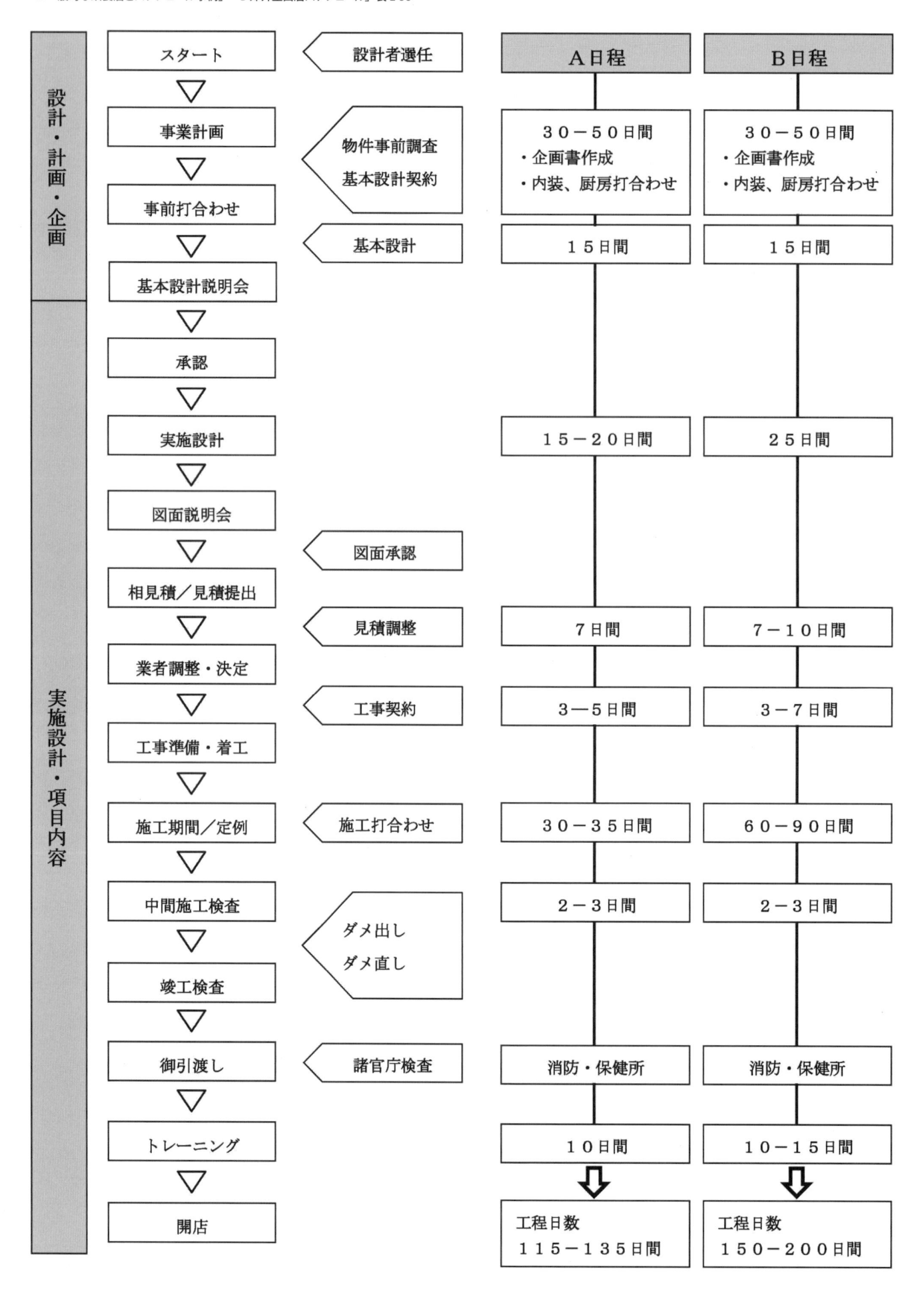

開店スケジュール工程／参考資料（飲食店の規模や施工条件によって異なること）
「A 一般的な飲食店とスケジュール事例」「B 郊外型出店スケジュール」表 2-58

設計・計画・企画／実施設計・項目内容	工程	関連事項	A日程	B日程
設計・計画・企画	スタート	設計者選任		
	事業計画	物件事前調査 基本設計契約	30-50日間 ・企画書作成 ・内装、厨房打合わせ	30-50日間 ・企画書作成 ・内装、厨房打合わせ
	事前打合わせ			
	基本設計説明会	基本設計	15日間	15日間
	承認			
実施設計・項目内容	実施設計		15-20日間	25日間
	図面説明会	図面承認		
	相見積／見積提出	見積調整	7日間	7-10日間
	業者調整・決定	工事契約	3-5日間	3-7日間
	工事準備・着工			
	施工期間／定例	施工打合わせ	30-35日間	60-90日間
	中間施工検査	ダメ出し ダメ直し	2-3日間	2-3日間
	竣工検査			
	御引渡し	諸官庁検査	消防・保健所	消防・保健所
	トレーニング		10日間	10-15日間
	開店		工程日数 115-135日間	工程日数 150-200日間

のかなど、顧客にとってはどのように見えているか(ブランドアイデンティティとイメージ)を適合させることがブランドマネージメントである。

つまり自店は社会に対してどんな価値を提供したいのかを明確化し、企業理念・事業ビジョンとの一貫性を持ち「顧客ニーズ」を配慮しブランディングを行うことが、価値を上げるための一歩であることを忘れてはならない。

またあくまで飲食店の選定基準とは、味、接客、店舗内の雰囲気を予測するといわれているように、その価値を高めるプロモーションは、ブランドアイデンティティーを正しく伝え、顧客に店舗イメージを疑似体験できるようなホームページ内容や画像類など、顧客にアピールできる素材が重要になることである。

いわば、実際に初めての来店時に「ブランド」を感じていただくために、顧客の来店から見送りに至るまでの接客サービス・ホスピタリティ」「メニューブック」「料理内容」「価格」「店内デザイン・飲食環境」などその内容が顧客との接点になるように、一貫性のあるブランド体験をストーリーとして持っていなければ、ブランド価値を上げることはできないことを忘れてはならない。

11) 全体スケジュール作成と作業工程の把握

11-1) 開業スケジュールを計画する基礎知識(設計から開店までのスケジュールの立て方とチェックポイント)

以下に全体的スケジュールを作成するため、期間と業務内容の工程手順(表2-58)を箇条書きに説明していこう。

1. 飲食店を企画計画する上で物件選定から開店までにどのくらいの日時が必要であるのかなど、実務的な作業として理解しておかなければならない。まず物件が決定すれば、開店までどのくらいの日時が必要であるのかは、クライアント側からすぐに聞かれる事柄であり、一般的に店舗計画を立てる場合のタイミングとしては、すでに候補物件が決定している場合と業態企画開発の期間を配慮する場合もあろうが、原則として物件選定段階では業種・業態の企画は完了しているものとして物件選定すること。但し個人店の場合は、業種・業態の企画業務を完了せずに、物件選定するケースもあるため、その期間設定には柔軟性を持っておくことが大切である。

2. また開店スケジュールの立案に際しては、物件の事前調査が行われる段階で実際の店舗計画にどのくらいの期間をかけるのか、あるいはいつ頃までに開店することができるのかを計画決定することが多く、特に個人店の場合には、できるだけ早い出店計画を立てたいとする要望が多い。

ほとんどの場合には、賃借料の発生は工事着工時あるいは契約時など物件条件によって異なるものであり、工事期間や開店までのスケジュールが長ければ長いほど、クライアント側に経費負担がかかることを理解しておくことである。

3. 一般的にスケジュールの進め方と期間(表2-58)については、候補物件の決定後、すぐに設計業務をどこの設計者に依頼するのか、クライアント側としては、飲食店の開業を決定する段階でまず設計者の選定をしておかなければならない。

いざ物件が見つかってからやみくもに設計者を探し、店づくりをするという無計画な進め方では、全体的なスケジュールが「ゴテゴテ」になることが多い。

4. 初めて飲食店を開業する場合には、どうしても早く開店したいというクライアントからの要望が多いものの、いくらスケジュールを短縮しても、無理なスケジュールは種々のトラブルを生み出す危険性があるため、デザイナーとしてはクライアント側との打ち合わせを十分にすること。

またクライアント側の開店スケジュールを早くしたいという気持ちは分からないでもないが、デザイナーとしてすべての統括管理をしなければならない立場としては、クライアント側の気持ちを理解しながら適切なスケジュールを立てることもデザイナーとしての役割であることを理解しておかなければならない。

5. むしろクライアント側のメニュー計画や人材募集、トレーニングなどの程度準備ができているのかなど、その内容を十分に配慮しスケジュールを計画しなければ、開店を急ぐあまりに、途中で開店スケジュールを変更しなければならないという場合も多々あることだ。クライアント側の業種・業態の具体的な計画が曖昧であれば、余裕を持ったスケジュール計画をクライアント側と具体的に相談しておくこと。

無理なスケジュール計画は、施工レベルの精度を下げる原因になる場合も多く、後々種々な部分にその施工の不具合が発生することも理解しておかなければならない。ともかくクライアントの要望にせよ、店づくりに対する責任は、最終的にはすべてデザイナーにあるということを肝に銘じておくこと。

6. 開店スケジュール計画を立てる際に注意しなければならないことは、物件の坪数の大小にかかわらず(物件条件によって異なるものの)、大きく業態企画段階の期間、設計期間、施工期間、準備期間など最低必要な打ち合わせ時間が必要であり、いくら早く開業したいからといっても、強引なスケジュールの期間短縮は避けるべきであること。

7. 開店スケジュール計画や期間内容を設定する場合には、デザイナーと具体的な内容や期間を想定し、一緒にスケジュール計画を作成してもらうことが理想的であり、その事前知

識として一般的開店スケジュール(表2-58)を参考に、その具体的な内容を理解しておくことが大切である。

つまり開店スケジュールを計画する際には、飲食店の店づくりは、どのようなプロセスを経て開店まで至るのかなど、その内容を具体的に理解していなければ、スケジュール表を作成することはできないことであり、都合のよい自分本位のスケジュールでは店づくりはできないことを忘れてはならない。

また飲食店の店づくりとは、店づくりの種々な資料データ収集ができてこそ、店づくりがスタートするように、業務にはソフト(業態企画)とハード(施工工事)の大きく二つの内容が合体して店づくりが完成することを忘れてはならない。

つまり開店スケジュールは余裕をもって計画することは重要であっても、一般的に賃借料は着工時を起点に発生することを配慮すると、むやみにスケジュールを長くすることは経費の無駄になることを自覚し計画に臨むことを忘れてはならない。

11-2) スケジュール表作成の具体的業務期間内容を理解する

飲食店の開店スケジュールを計画する上で必要な知識は、具体的に企画書から開店までの全体的な業務内容や工程を理解しておかなければならないことだろう。

勿論物件決定後早く開店したいというクライアント側の思いは十分に理解できるものの、せっかく種々な努力を重ねてきて開店することを考えると、むしろ施工がうまくいかなければ、完成後施工精度の悪さに不便さや不満が募り、クライアント側に迷惑をかけるということを十分に説明しその内容を理解してもらわなければならない。以下にスケジュールをつくるための各業務の作業期間とチェックポイントを箇条書きにし説明しておこう。

1. 開業スケジュールを計画(表2-59【次ページ】)する際に理解しておかなければならないことは、各項目内容の意味や具体的作業であること

2. 一般的にいかなる業種・業態を企画する場合でも、着工する前の段階で企画書作成や事前に飲食店の内容を検討する期間が必要であり約1ヶ月から2ヶ月。具体的に飲食店の企画書がまとまらない場合には、数ヶ月を要することもあること

3. 飲食店の企画をする上では、デザイナーとの事前打ち合わせや業種・業態のコンセプトを決定していかなければならない。デザイナーを選定する前までは、飲食店を開業するクライアントが自ら飲食店への熱い思いを具体化するための期間であり、ある程度の飲食店の骨子がまとまったところでデザイナーを選定すること

4. デザイナーとの飲食店の事前打ち合わせを

十分に持っておくことや、どのような飲食店にしたいかという説明ができるようにしておくことが理想的であること

5. デザイナーの基本設計に費やす設計期間 (坪数、業種・業態によって異なる) は、約15日程度が一般的であり、平面図 (客席配置・厨房計画) や内装イメージ構想を提案する時間であること

6. 基本設計説明会とは、事前に打ち合わせした基本設計内容をもっと具体的に図面やイメージとしてまとめたものであり、いわゆる飲食店の内装デザインの企画書と理解しておけばよいこと。内装デザインコンセプト、平面計画、内装デザインに使用する素材マテリアル、空間イメージ (ラフイメージ)、ファサードその他店づくりに関わる内容はすべて確認すること

7. 実施設計とは、飲食店のすべての設計図書をまとめる作業であり、一般的には約20日から30日 (飲食店の坪数や内容によって異なる) を必要とすることを認識しておくこと

8. 実施設計図書とは平面図、展開図、天伏、衛生設備、厨房図面 (厨房会社に依頼するあるいはクライアントが直接厨房会社に依頼するなど)、内装デザインマテリアルボード (素材を貼りつけたボード)、内装イメージパース (図面を分かりやすくイメージ化するためのスケッチ・3D、ファサード、内装デザイン3カット)、その他図面。施工業者が内装見積や施工ができる設計図書のこと

9. デザイナーから具体的かつ分かりやすく図面説明を受ける必要があること

この段階が施工業者に対する見積作成依頼、全体の内装デザインに関わる投資予算を決定する内容になるため、事前のクライアントの基本設計説明の際には、大よその店づくりに投資できる予算を聞いておくことが大切である。いわば、それが予算と設計内容の誤差を生じさせない方法であり、クライアント側の予算と内装デザインが大きく異なってしまい予算調整やデザイン調整に時間を費やすことはしばしばあることだ。その結果、全体計画に影響を及ぼしスケジュール全体が遅延するということはよくあることであり、デザイナーとして投資に対しても興味をもって打ち合わせに臨むことが大切であることを忘れてはならない。

開店スケジュール表 / 参考例　表 2-59

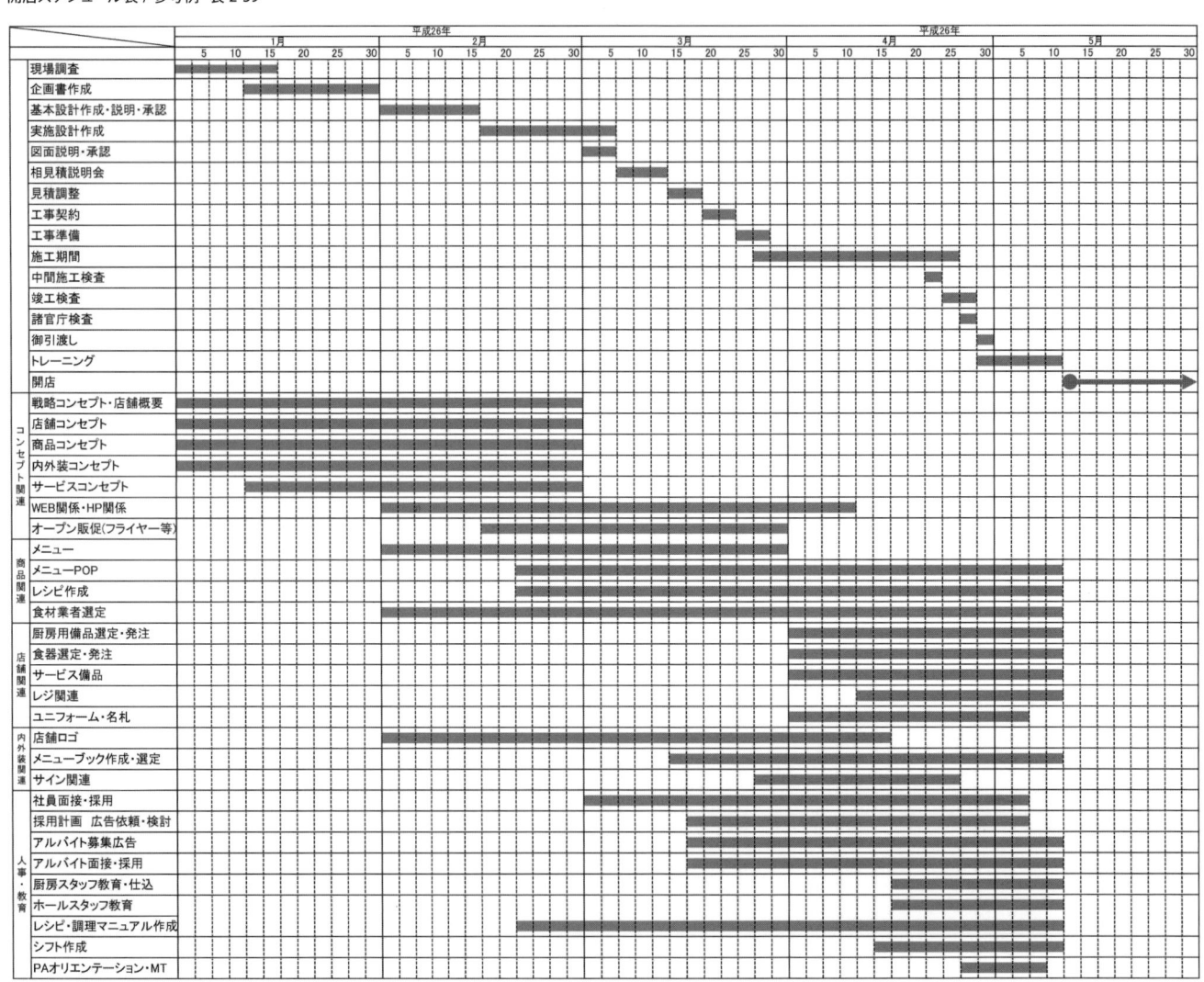

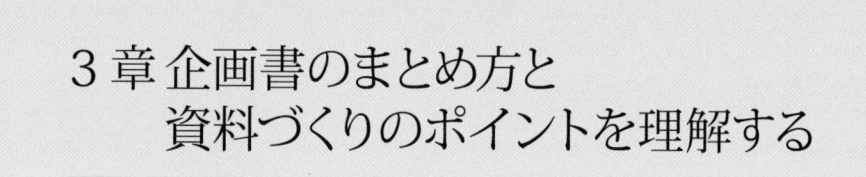

3章 企画書のまとめ方と資料づくりのポイントを理解する

飲食店の企画書とは各専門分野によってその内容は微妙に異なってくるものであり、例えばインテリアデザイナーの企画書は店づくりに関わるデザインの資料をまとめたもの、グラフィックデザイナーの企画書は店名ロゴデザインや店名デザイン、インテリアグラフィックの資料をまとめたもの、フードコーディネーターの企画書はメニューリストやレシピ、料理内容が分かる資料をまとめたものなど、それぞれの専門分野によって企画書の内容は変化してくることが常であろう。

しかし企画書とは種々な形式やまとめ方に違いはあるものの、基本的内容や情報をまとめていく作業や表現方法については異なるものではなく、一連の企画書のストーリーを以て企画内容をまとめていく目的や役割の重要性は大きく変わらないことを理解しておかなければならない。

また一般的に飲食店の店づくりの総合企画書とは、店づくりの業態企画コンセプトから店づくり、事業計画、その他すべての業務内容をまとめたものであり、この3章では企画書のまとめ方の一歩からすべての業務内容の作成方法や手順、表現方法など具体的に事例を挙げて解説したものである。しかしこの企画書はあくまでも一つの企画の事例であり、すべての企画書が以下の内容でまとめられるものではないことを理解しておくことである。

さらに飲食店の店づくりに携わる専門家として独立を目指す人にとって、店づくりの企画書の全容や具体的内容を理解することは、将来的にとても重要になることであり、もっと特化した専門分野の技術やスキルを上げていくことは当然のことになるだろう。むしろもっと幅広い飲食店の総合的知識を習得する姿勢で仕事に取り組むことが大切であることを忘れてはならない。

勿論、専門分野の業務として企画書にまとめなければならない場合には、企画書の作成方法や体裁は大きく変わるものではなく、少なからずとも企画書の作成方法や内容を熟知することは、実務として今後の仕事に大きく役立つ内容になっている。

特にフードコンサルタント、フードコーディネーター、レストランプロデューサーなど飲食店の店づくりの仕事を総合的に指導する専門家の場合には、実務として企画書をまとめていかなければ業務をスムーズに進めることができないだろうし、企画書の精度内容で店づくりの良し悪しが、大きく左右される重要な役割を担っていることを自覚しなければならない。つまり企画書とは、飲食店の店づくりを総合的に支援するための資料をわかりやすく紙面にまとめたものであり、言葉や文章で表現するだけではなく、店づくりの資料としてクライアント側の内部ミーティング資料や事業計画として上層部に決裁を受けるための資料になることを理解しておくことである。

いわば、企画書の役割とは、飲食店の店づくりを実施する前のシミュレーション、企画構想をひとつの資料にまとめたものであり、店づくりの業務を進める前にクライアント側と意思疎通をするための重要な資料であることを忘れてはならない。

1 プレゼンテーションは企画書の資料づくりで決まる / 表紙は興味を持たせるスタートである

企画書の表紙 (表3-1) に求められる役割とは大きく分けて2つあり、企画書資料のイメージアップと精度ある企画書内容の訴求にあることであろう。

また表紙のイメージアップでは全体の約70％以上のインパクトや、よいイメージを持たせるための重要なポイントである。このイメージアップとは、具体的な内容を説明はしていないものの、それを予感させる好印象になっていることがその表紙の表現や構成にあることを理解しておかなければならない。

特に好印象を持たせる表紙作成で重要な要素とは、例えばイメージ写真の素材選定になるであろう。そもそも写真の力とは、企画書作成の分野においての役割はとても大きく、写真の活用方法にはまだまだ改善の余地があるといわれているのが現実であり、企画書内容に連動した自然の(例えば、海、山、野菜、魚、果物など)風景や食材の素材写真のイメージなどを上手に活用した表紙の好感度は比較的高いといわれている。

つまり企画書に限らず、ホームページでもトップページのメイン写真には自然の写真や食材、環境の画像を使用しているケースはとても多く、企画書内容や資料に期待を持たせる。表紙とはいわば「夢の扉」の入口の役割を担っていることを理解し構成に臨むことを忘れてはならない。

表3-1

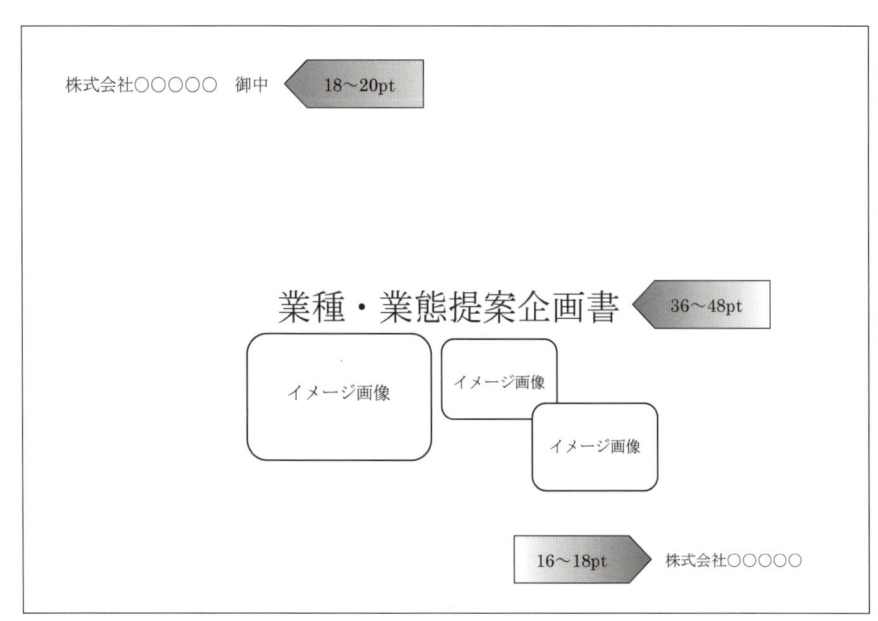

株式会社○○○○○　御中　　18〜20pt

業種・業態提案企画書　　36〜48pt

イメージ画像
イメージ画像
イメージ画像

16〜18pt　　株式会社○○○○○

以下によい企画書のまとめ方のチェックポイントを列挙し説明していこう。

1) 企画書内容は5W1Hで計画すること

一般的に企画書に限らず、文章や話の内容は「起承転結」が大切であるように聞き手あるいは読み手にとっては、分かりやすく表現しなければ、その内容の50%もその内容を理解されないことが常である。

また特に企画書をまとめることは、ただ単に種々な情報をまとめることではなく、より説得力のある内容に仕上げることが大切であり、基本的には5W1Hで全体構成をまとめることが理想的であろう。

この5W1Hとは、いわば、いつ「when」どこで「where」誰が「who」何を「what」何故「why」どのように「how」というように、文章内容を5W1Hでまとめることが大切であり、企画書は必ず「起承転結」のストーリーがなければならないことを理解し全体構成をまとめることが大切であることを忘れてはならない。

2) 企画を通すための意思決定に必要な情報は何か／投資効果と業態企画内容で決まる

さらにクライアントに企画書を提案し、よい決済をもらうためには、以下に注意して企画書をまとめることであろう。以下に注意点を列挙しておく。

1 クライアント側の要望を十分に理解しておくこと
2 その内容は企画書に具体的に網羅されていること
3 決め手は事業計画書の数値、投資対効果に注目が集まることは必須であり、いかによい企画書であろうとも、大切なことはいくら投資をしてどのぐらい利益を生み出せるかということがもっとも重要になること
4 事業計画の数値説明をする際には、事業計画想定と現実数値との誤差がどのくらい生じる可能性があるのかなど事業計画の精度を高めておくこと
5 飲食店の将来的可能性や業態として継続していけるビジネスであること

などがクライアントの興味の焦点になることが多く、特に業態のオリジナリティ、他店との差別化など飲食店の業態企画内容や企画書の精度に注目が集まることが必須であることを理解しておかなければならない。

3) アピールしたい部分を最大限に表現すること

また企画書とは提案書の一つの形式であり、あくまでも企画内容を簡潔にまとめ、アピールしたい部分に視点がいくように内容構成することが大切になるだろう。つまり基本的には、文章は少なく、わかりやすく箇条書き、画像、データ、図表を多く多様化することであり、特にアピールしたい部分や内容については、文章よりも画像やチャートのイメージ展開で企画書の骨子が伝達できることが重要であることを理解しておくことである。

さらに文字の大きさ、フォントや太字など文字そのものの形状に変化を持たせるなど、アピールしたい部分や内容を誇張することがアピールのポイントになることを忘れてはならない。

4) 全体資料を構成する要素を決定する／裏付け情報は最強の説得材料であること

一般的に企画書の業態提案の決定に際しては、その選定の理由や根拠の説明を図表やデータを駆使しクライアント側を納得させるだけの説得力が必要であり、特に時代の変化が激しい外食業界の現状や今後の業界の方向性を理解しておかなければならない。

また飲食事業をスタートする場合には、その企画する業態が継続的に生活者に支持される業態であることや、時代の変化に大きく左右されない業態であることを説得できる資料をまとめておくことを忘れてはならない。

2 企画書作成の基本とポイント

1) 企画書の項目内容／企画書の目次項目は全体構成を表現するまとめ

企画書の表紙の次の頁は、企画書内容の項目別ページを表記することが常であり、基本的には、表3-2の項目を具体的に説明していくことになるものの、クライアントが興味を持ちそのページをすぐに見たい時に、どのページにどんな内容が記されているかが、すぐに理解できるようにしておくための内容(表3-2)を作成することである。

この表3-2のCONTENTS(項目)内容の事例は、1表紙から20開業スケジュールの各ページのタイトルを左寄せに表記し、項目内容ごとに何ページ(P○○)であるのかなど表示を右側に記すことが理想的であろう。

あくまでこの書式内容は事例で参考資料として活用すればよいものであり、もっと工夫して項目ページを表現してもよいだろう。ただあまり色を多用すると、むしろ紙面が見づらくなるため必要最低限の情報(項目内容とページ数)を記すことを忘れてはならない。

表 3-2

CONTENTS 項目／頁	
1.表紙	……P.○○
2.項目	……P.○○
3.出店計画の目的／概要	……P.○○
4.プランニング全体図／チャート	……P.○○
5.外食市場分析／市場動向	……P.○○
6.消費者動向	……P.○○
7.業態分析（新規各業種・業態選定）	……P.○○
8.立地調査分析（立地の市場特性・立地周辺状況地図）／競合店調査	……P.○○
9.業態基本コンセプト（客単価・客層・回転率・客席数・客層・1日売上想定・日来客数など）	……P.○○
10.商品コンセプト／メニューコラージュ	……P.○○
11.商品メニューリスト	……P.○○
12.店舗コンセプト／内装デザインコラージュ	……P.○○
13.平面計画図	……P.○○
14.厨房平面図・機器リスト	……P.○○
15.内装デザインパース正面・内装イメージ	……P.○○
16.ユニフォームデザイン	……P.○○
17.店舗ロゴデザイン	……P.○○
18.販売促進計画	……P.○○
19.事業計画（月間売上予測・資金計画・返済計画・月、年収支予測）	……P.○○
20.開店スケジュール	……P.○○

2) フォントで企画書のイメージは変わる/文字サイズでメリハリをつけるコツ

基本的に企画書で使用する文字のフォントや大きさなどは、無駄にいろいろ多様化しないことであり、特にフォントは3種類以内で決めることが大切である (表 3-3)。

表 3-3

MSP ゴシック	業種・業態企画書
MS ゴシック	業種・業態企画書
MS 明朝	業種・業態企画書
MSP 明朝	業種・業態企画書
HGP 創英角ポップ体	業種・業態企画書

またゴシック体、太文字の強い見出し、MSPゴシック、MSゴシック、MSP明朝、明朝体、ポップ体など全体のイメージを表現できるフォントを使用することが、見やすい企画書にまとめるポイントであることを理解しておかなければならない。

つまり企画書で使用する文字数は少なく、大きさやフォントなど読みやすく、分かりやすくしておくことが必須条件であろうし、文字の大小など企画書にメリハリを持たせることも重要な表現方法のひとつであることを忘れてはならない。

3) 目次、ヘッダー・フッターを明確化しておく/ヘッダーとフッターで迷子にしない

一般的にヘッダーやフッター (表 3-4) とは、複数ページにわたって共通の情報を表記するときに使う機能である。

例えば、章や節の番号や名称、ページ数、社名、作成日付などが多く、各ページの本文にそれぞれの情報を書いていては面倒だろうし、本文を編集したときにページ境界がずれないようにするための役割があることを理解しておくことである。

また特に一番大切なことは企画書を見る人がどこのページを説明している、あるいは再度見たいページをわかりやすくするための役割を担っていることを忘れてはならない。

この表 3-4 の事例は、紙面の左上 (左側から20ミリあける) あるいは中央にページタイトル、右側、また右側上部には企画プロジェクト内容、ロゴマーク、社名など見せ続ける箇所、右下側のページ数フッターを付した構成になっている。

つまり企画書の最終的な体裁に至るまでのまとめ方を想定し、ページの記入箇所や場所が常に見やすいことが大切であることを理解しておくことである。

いわゆる読み手をヘッダーあるいはフッターで迷子にしないことが大切であることを忘れてはならない。

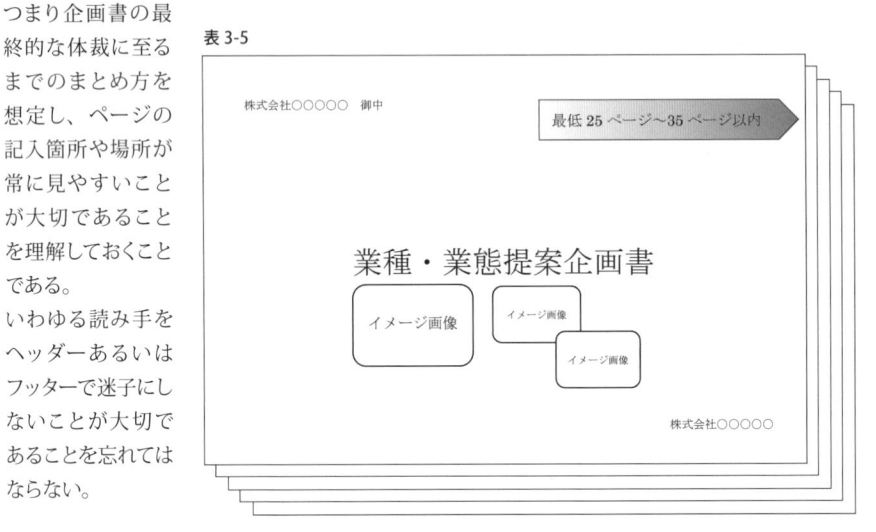

表 3-4

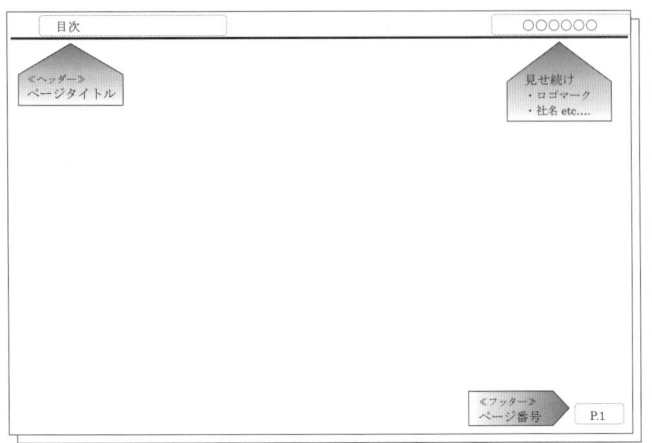

4) 企画書を構成する注意点とポイント

1)ページ数は最低25ページから35ページ以内で

一般的に企画書のページ数は、企画書内容によって異なるものの、飲食店の業態企画提案書の場合には、すべての内容を網羅すると最低約25P〜35Pほどになる場合もある。

しかしあまり長い企画書は、説明する言葉やクライアントに対する説明者の話術や説明の仕方の良し悪しにも影響するが、一般的には 35 ページ (表 3-5) 以内でまとめることが理想的であろう。

またその逆に企画書の

ページ数が少なく、その要点をうまくまとめていない企画書ではクライアント側に訴求する内容がぼやけてしまい、何を訴求したいのかが曖昧になってしまうものでは決してよい企画書にはならないことを忘れてはならない。

この表 3-5 の企画書事例は、A3 の左上側にクライント名を書き込み、紙面中央に企画書タイトルを○○○企画書と記入している。

さらにその下には、企画書内容のメニューイメージや内装イメージ、食材の仕入れ産地の景色などを画像挿入し、右下側にプレゼン会社名を記載する構成にすることが常である。

これはあくまでも参考事例であり、全ての企画書が以下に準じなければならないという決まり事ではなく、表記する内容は必ず紙面に記入していなければならないことを確認しておくことが大切であろう。

つまり企画書とは、始まりの導入部から結論に至るまでクライアント側の興味や好奇心を維持し続ける魅力的な構成内容になっている

表 3-5

ことが理想的であることを忘れてはならない。

2)基本文形は統一する/箇条書き・わかりやすい言葉で短く伝えるのがコツ

企画書を構成する内容を文章で説明する場合には、長々と文章を書くのではなく、効率的に箇条書きでまとめることが理想的であり、どうしても文章説明したい場合には、短く分かりやすく説明することが大切であろう。

勿論各ページの文形は統一すべきであるし、ともかく分かりやすく、文章は短い言葉で伝えることが企画書の構成の基本であることを忘れてはならない。

また、提案書そのものが企画書の体裁を成してなく、文章の羅列説明が多く、企画書の数ページを開いた段階で、読む気を削ぐということはしばしばある。

つまりいかなる企画書も完成度が完璧というものはないように、ともかく分かりやすく簡潔かつ明瞭に表現することを目標に、文章やキーワードなどをうまく構成することが大切であることを理解しておかなければならない。

3) 企画書の綴じ方と方法/最後の仕上げで価値が決まる

一般に企画書のまとめ綴じ方の方法には、2から3通りの方法があるが、一般的にはレールファイル止めにすることがまとめる形式としては綺麗に納まるだろう。

また企画書をまとめ止める時の注意点は、きちんと企画書が一部ずつズレずにまとめてあることであり、表紙、その他の項目にズレがないように、しっかりと企画書全体が整っていることが大切である(表3-6)。

さらに企画書の枚数が多くなると、ホッチキス止めは、企画書の資料全体を一括で綴じることがしにくいこともあり、一般的に正式な企画書の場合には、レールファイル綴じ方式が理想的であろう。

表3-6

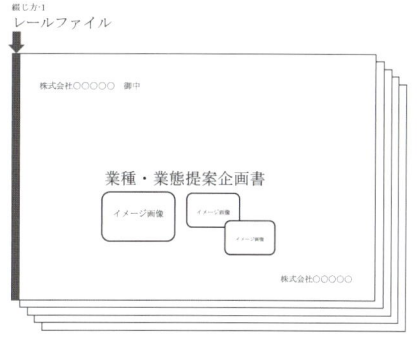

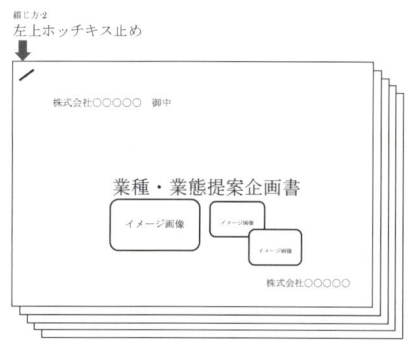

つまり企画書のページは、右側から左に開くようにまとめることが常であろうし、左側の綴じしろに文字や説明文が隠れないように、左側「綴じしろ」を約20ミリ空けて企画書内容をまとめておくことが大切であることを忘れてはならない。

4) 構成の基本は訴求する資料は左上に配置する/人間の目の動きに合わせた心理的効果を配慮した配置構成を

一般的に通常人の目は上から下へ動くものであり、企画書にまとめる際には伝えたいものは上部から中央、右上という視線(表3-7)の流れを配慮した配置計画にすることが大切である。

また紙面を読む際に目を引きやすいエリアは、左上と右上中央であり、反対に見にくい部分は左下、右下には最後まで目がとどまらないことを理解しておくことであろう。

表3-7(参考資料)

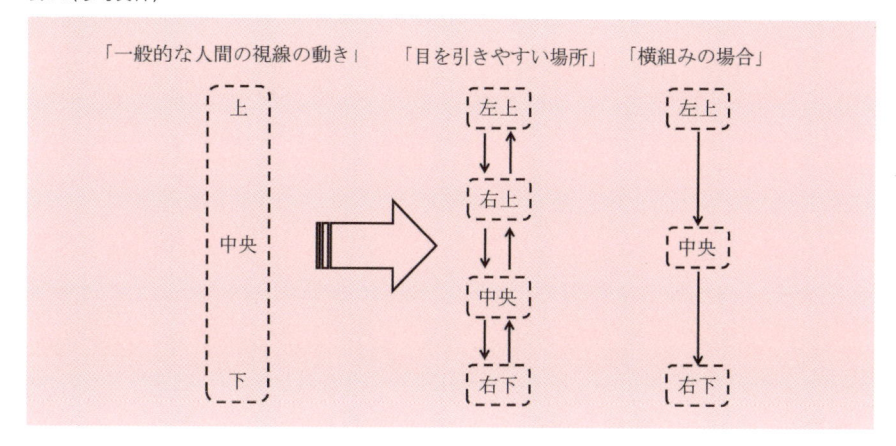

さらに文章がヨコ組みは左上から中央、右下、タテ組みは右上から左下へ視線が動くなど、基本的に視線の流れを妨げることなく文章や図表などを配置することが、クライアントにとって見やすい企画書になることを理解しておかなければならない。

この表3-7の参考資料は、一般的な人間の視線の動きや目を引きやすい場所、横組みの場合など人間の心理的効果を配慮した資料であり、企画書をまとめる際には、どうしても企画側の趣味嗜好に偏ってしまうことが多く、人間の心理的効果を十分に理解し全体構成をすることを忘れてはならない。

5) 特に見てほしい資料内容は左上あるいは中央に配置する

企画書をまとめる紙面に対する配置計画は、ただ単に資料や図表を配置すればよいというものではなく、いかにクライアントの興味や好奇心を刺激し、具体的に見てもらうことが大切であろう。

特に図表、グラフなどの配置(表3-8)については、左上あるいは中央に画像の大きさを変えて視点を集めるように配置構成をすることであり、基本的配置計画としては、左上と中央に資料、図表を配置することが理想的であることを忘れてはならない。

つまり資料内容を配置する場合には、長々と文章を羅列するのではなく、図表や資料を簡単に説明する文章と組み合わせることが多く、図表や資料とのバランスを配慮して企画書内容をまとめることを理解しておくことである。

6) 全体の紙色や文字色彩はクライアントの心を掴む色を選択する/業態イメージ連動

企画書の各ページ内容をまとめていく要素として大切なことは、文字形状や色彩についても十分に配慮していくことである。勿論多くのページ内容に色を多用すると、企画書を見る上で目が疲れるため、あくまでも色彩の効果的使用を理解しておくことである。

特に企画書の内容で色を使用する資料は、グラフ、図表、メニュー画像などに集中することが常であり、企画する業態イメージに合わせた色彩連動や表現方法を計画することが重要であることを忘れてはならない。

つまりその他説明文字やキーワード、タイトルは、モノトーン黒、濃淡グレー、太字などを使用し、むやみに多くの色を使用しないことが理想的であり、企画書の色彩計画もクライアントの心を掴むひとつの要素であることを理解しておくことである。

表3-8(参考資料)

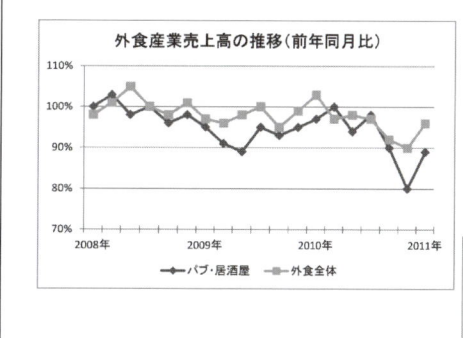

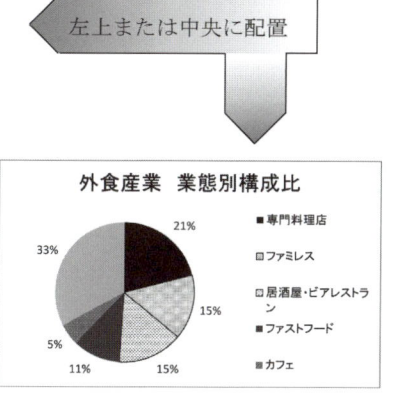

3　出店計画の目的 / 概要をまとめる / 短く簡潔にわかりやすく

一般的に出店計画の目的や概要については、企画書のスタートページの重要な位置付けであり、何故に飲食事業に参入する、あるいは新業態を展開するなど、「起承転結」でいう全体構成の「起」に相当する役割であろう。
またそのスタートの目的とは、種々の目的や内容があるものであり、企業との関係性や業態選定の方向性など企画書内容に進める導入部として明確化されていなければならない。
むしろいろいろ多くの文章で説明するよりも表3-9のように分かりやすく短い文章とチャート(図式化)を組み合わせた企画内容にまとめることが大切であろう。
特に事業出店目的や概要は次の企画書内容のページへと連動されるスタートであることを配慮すると、あくまでもその役割は、飲食事業計画の目的や概要を明確化するための一歩であることを忘れてはならない。
この表3-9の事例は、出店目的と概要に分けてその内容を具体的に文章表現するのではなく、箇条書きにしてわかりやすく簡単明瞭にしておくことが大切である。
つまり出店目的の概要はあくまでも文章説明は少なく、内容の補足説明は口頭で具体的に説明することが理想的であることを忘れてはならない。

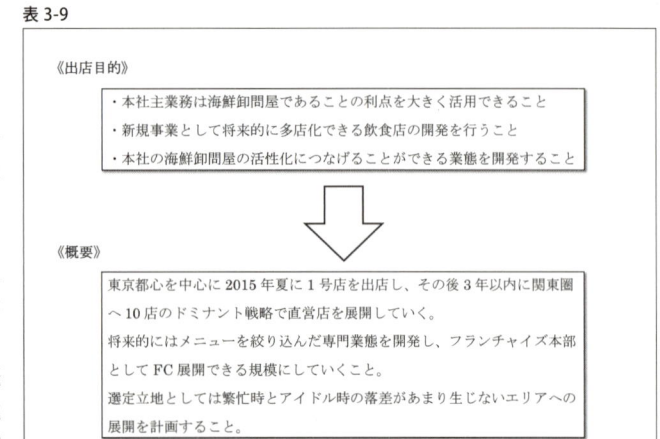

表3-9

《出店目的》
・本社主業務は海鮮卸問屋であることの利点を大きく活用できること
・新規事業として将来的に多店化できる飲食店の開発を行うこと
・本社の海鮮卸問屋の活性化につなげることができる業態を開発すること

⬇

《概要》
東京都心を中心に2015年夏に1号店を出店し、その後3年以内に関東圏へ10店のドミナント戦略で直営店を展開していく。
将来的にはメニューを絞り込んだ専門業態を開発し、フランチャイズ本部としてFC展開できる規模にしていくこと。
選定立地としては繁忙時とアイドル時の落差があまり生じないエリアへの展開を計画すること。

4　プランニング全体のチャート / 業態構成する要素

プランニングの全体的チャートは企画する業態と各項目関係の相関性を図表化する

プランニングフローチャートを作成する意義とは、クライアントに対してどのような過程を経て業態企画から開業まで進めていくのかを具体的にチャートで説明したものであり、業態と各業務内容や項目の関係性をひと目で理解できるように計画(表3-10、表3-11)することが大切であろう。
基本的には、クライアントが飲食企業、異業種に関わらず、全ての関係性を図式で表現しなければ各項目との関わりが理解しにくいことを自覚しておくことである。
勿論クライアントに全体のフローチャートを説明する際には、文章を読み上げるのではなく、チャート図を見て各項目を具体的に説明しプレゼンテーションを進めていくことが常であろうし、チャート図は全体の企画の大枠を把握するための重要な役割を担っていることを忘れてはならない。
またプランニングチャート図の表現方法やチャートの作成方法も多種多様あるものの、基本的には、全体構成や項目が全部網羅されていることやその業務の進め方が十分に理解できることが理想的であろう。
さらにプランニングチャート作成で大切なことは、複雑なチャートやすぐに全体内容が理解できない見づらく複雑な内容にしないことであり、チャートの体裁やデザインも重要なファクターのひとつであることを理解しておかなければならない。
またチャート作成で大切なことは、クライアントが「見やすく」、「理解しやすい」という視点であり、それを配慮してチャート計画の作成に臨むことが理想的であろう。
さらに業態はそれを構成する要素(顧客、市場動向、立地、営業コンセプト、店舗コンセプト、その他)がどのように相互に関係しているのかなど図表ですぐに理解できる内容にしておくことが理想的であり、それぞれの要素と業態の関係性の内容は、図表を見ながら説明することになるため、クライアント側、説明側双方がわかりやすい内容であることが大切であることを忘れてはならない。
この表3-10の事例は、業態コンセプトを中心に配置しその業態を構成する要素を周りに配置したものであり、項目要素はそれぞれに相関関係を構成していることを表現した構図であり、業態の基本コンセプトを中心にそのコンセプトを構成する要素を周りに項目として表記したものである。
また表3-11の事例は、業務のフローと各項目の相関関係の説明をしやすく配慮した構図である。プロジェクトの内容や進行方法を出店計画から実施に移行するまでのプロセスと基本コンセプトと業態の関係性を図表化したものであり、種々な構図の作成ができるであろう。基本的にはクライアントと説明側の相互

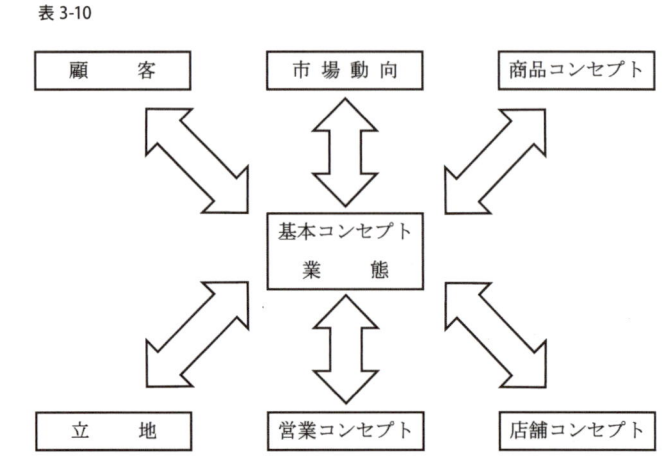

表3-10

顧客　　市場動向　　商品コンセプト
　　↘　　↕　　↙
　　　基本コンセプト
　　　　業　態
　　↗　　↕　　↖
立　地　　営業コンセプト　　店舗コンセプト

がすぐに理解しやすいことが大切であることを忘れてはならない。

さらに飲食業界の専門用語は、特殊であり分かりにくい用語も多く、その用語を頻繁に使用することは避けるべきであり、むしろ専門用語で内容説明を分かりにくくすることは避けるべきであろう。

つまり業態コンセプトをまとめる上では、基本コンセプトとその構成要素がどのように関係しているのかなど素人が分かりやすく、理解しやすい内容になっていることが大切であり、常に専門用語は説明する段階で内容を補足し、あくまでも飲食事業を知らない人を前提に企画書の内容やチャートをまとめることを忘れてはならない。

表3-11

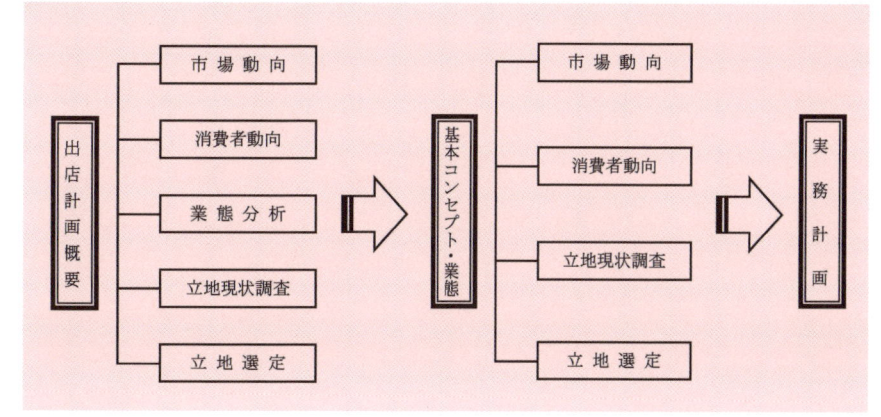

5 外食市場分析・市場動向/消費者動向のデータ資料はビジュアルイメージが意思決定を左右する

1) 表現のインパクトを活かす力/ビジュアルチャート、図表資料は1ページ3点以内

企画書には、文章やチャート、グラフなど説明する内容によって図表を使用することが多くなるものの、あまりにも多くの図表やグラフを多用すると、図表やグラフ内容を理解するのに時間を要することや内容を理解してもらうまで時間がかかるという問題点もあることを忘れてはならない。

また基本的には、図表やグラフ、チャートなどを使用する場合には、1ページ3点以内(表3-12)に留めて内容を具体的に説明することが、見る側と説明する側にとっても見やすく、表現しやすいポイントであることを理解しておくことだろう。

特に紙面のインパクトとして図表やグラフ、チャートは、クライアントに強くアピールする手法の一つであるが、必要以上にグラフやチャートなどの資料を多用しないことがクライアントにインパクトを与えるための表現方法であることを忘れてはならない。

さらに表3-12の事例は、紙面右側上下にグラフと円グラフを配置し、左側に箇条書きでその図形の説明をする構成になっている。グラフや資料もあまり小さくなると見にくくなるため、図表の大きさは内容を配慮して配置することが大切であることを理解しておくことである。

つまり図表の文章説明は、長々と文章で説明するのではなく、あくまでも図表のポイントを箇条書きやキーワードで表記することが大切であることを忘れてはならない。

表3-12

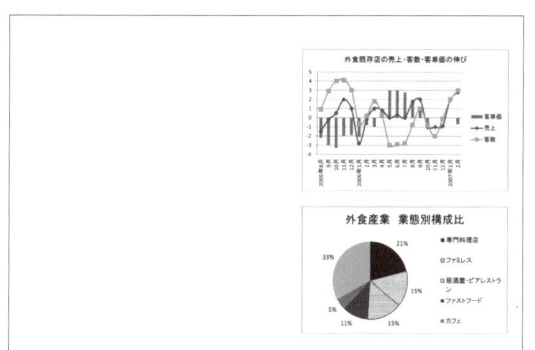

2) 企画する業態に合わせてデータ資料を作成する/興味を持たせるツールである

飲食店の企画書で使用するデータや資料は、提案する業態に合わせてグラフ、図表、チャートなど(表3-13)の表現方法にすることが大切であろう(一例)。

また業態提案をする上で注意しておきたいことは、いかにクライアントに業態選定や企画が優れているか、あるいは業態のニーズに適合しているかなどアピールするための資料内容の大切さであり、その企画する業態の業界の位置づけや需要比率、構成比など、あくまでも企画する業態内容を分かりやすくするための役割であることを理解しておく。

さらに基本的に企画書資料を説明する際には、1ページごとに具体的に資料を見てプレゼンターは説明していくため、クライアントの

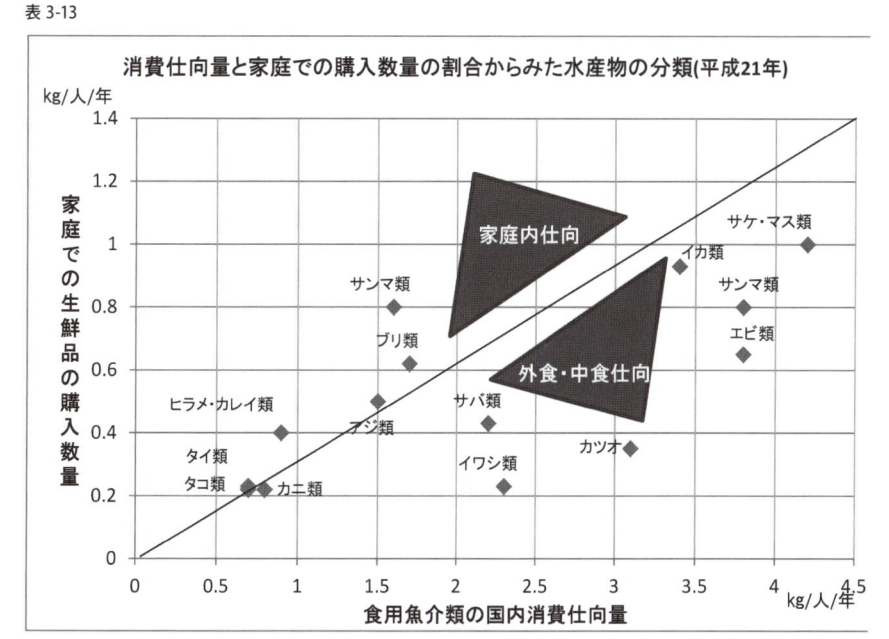

表3-13

視線に合わせて同時にデータを見て説明することが常であり、別に原稿を準備してその資料を読み上げるということはできない。

また企画書で利用される資料やデータは、文章をまとめて内容を集約したものであり、その資料はデータ内容でその意味を表現したものでなければならない。

つまり企画する業態に合わせた資料やデータにしておかなければ、その資料やデータそのものが原稿の役割をすることであり、いかにわかりやすい資料やデータをまとめていくことが大切であることを忘れてはならない。

3) データ資料(円グラフ、折れ線グラフ、棒グラフ)は種類を豊富に/ひと目で情報がわかるようにしておく

企画書の紙面で利用するチャート、資料、グラフなどの図表を作成する視点としては、資料の表現方法が短絡的にならないことが大切であろう。

またグラフの表現方法にも折れ線グラフ、棒グラフ、円グラフ(表3-14、15、16)の表現方法があるように、資料内容に合わせてグラフの種類を変化させることであり、クライアントの見る視点や興味を飽きさせないことを忘れてはならない。

この表3-14の事例は業種・業態の前年売上対比をグラフ化した資料であり、数年間の推移を知ることができる。また表3-15の事例は1人当たりの食用魚介類の供給量の上位国を棒グラフの資料にしたものであり、具体的に動向が理解できる資料にしている。

さらに表3-16の事例は、外食の昼食の頻度を円グラフにまとめたものであり、週当たり何回外食をしているのかなど、その比率をまとめたものである。

つまり図表は一目見て分かりやすく、何を表現したいのかなどクライアントに図表を見てもらうことによって、すんなりと目に飛び込んできて、理解しやすいことに視点をおき作成することが大切であることを理解しておかなければならない。

表3-14 業態別売上高推移

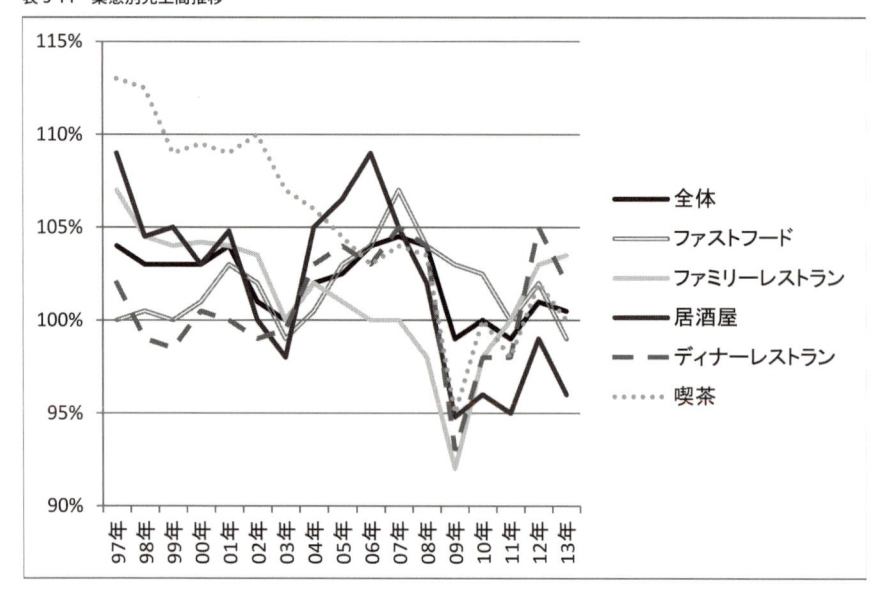

表3-15

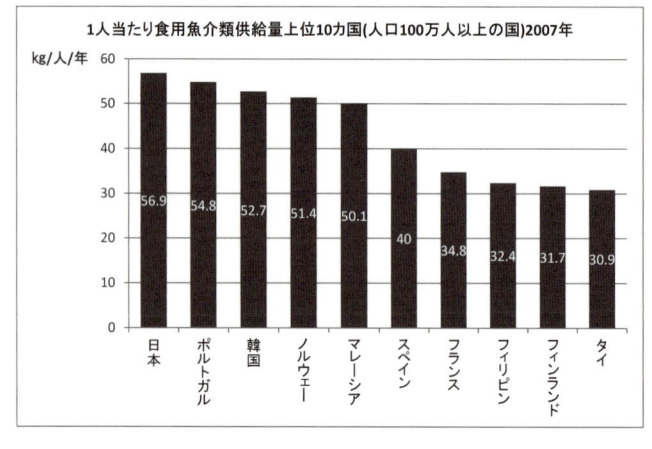

外食(昼食)の頻度 表3-16

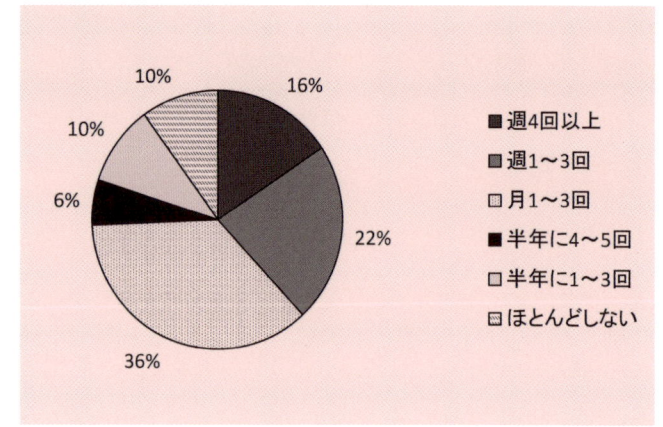

6 消費者動向分析

◆生活者のライフスタイルと業態の関係/生活者のライスタイルの変化を説明する

一般的に企画書を作成する際には、業態選定や業態分析と生活者との関わりを資料で説明しなければならない(企画内容に合わせた資料作成をすること)。

特に企画する業態と消費者動向の関係性を説明しておくことが、その業態としての位置づけを明確化することになるし、その業態の将来的展望を読みとることもできるだろう。またその説明方法としては、分かりやすい図表と表現方法をしてその内容を解説することが理想的であることを忘れてはならない。

特に外食動向の中で消費者の外食支出情報や、昼、夜に利用する外食業態、費用(表3-17、18)など具体的な資料を図表にしてビジュアルで表現できることが理想的である。また選定業態の商品メニューの推移動向や生活者志向分析なども併せて資料をまとめておくことを理解しておくことである。

さらに飲食店にとっては、業態内容によってターゲットとする客層や対象が変化してくるため、ターゲットとする客層の動向や志向など現状を把握することはクライアントの興味や

消費者の外食支出動向分析　表3-17

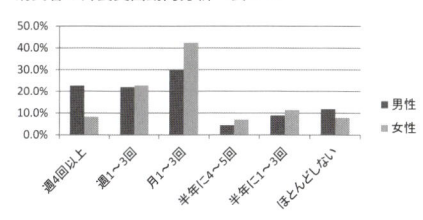

外食（ディナー）に支出する1人当たりの予算（参考資料）　表3-18

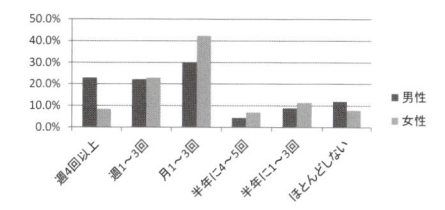

視点が集まる部分であり、生活者の動向分析は、図表やデータを駆使して分かりやすく説明できるようにしておくことが大切であろう。
特に朝、昼、夜によって生活者の動向やそれぞれの時間帯に支出する費用や価格は年齢層や男女別で異なってくるものであり、業態企画の内容に合わせてその情報を説明できるように資料をまとめておくことを忘れてはならない。
また消費者のライフスタイルや年齢や客層に合わせても、消費支出はどのように異なってきているのかなど、その資料やデータを集めて企画する業態と内容をリンクしておくことが大切であろう。
つまり一般的には（業種・業態によっても異なるものの）、昼と夜の集客が売上を決定する大きな要素であり、企画する業態とそのターゲットとする生活者のライフスタイルの適合性がなければ、業態として成立しないことも分析内容の一つになる。したがって、その根拠を説明する資料をまとめておくことが大切であることを忘れてはならない。

7 業態分析 / 業種・業態の選定と位置づけを把握する

1) 業態選定の理由と根拠を明確化する

業態選定や分析の資料をまとめる際には、文章と図表を合わせて説明する方法が分かりやすい。何故にその業態を選定したのかあるいはその根拠理由などクライアントに説得力ある説明ができる資料内容（表3-19）になっていることが大切である。
またこの表3-19のデータは、資料内容は文章説明ではなく、特に重要ポイントを上部に箇条書きで説明することやその下に関連性のある図表との組み合わせで資料作成をすることが大切である。
勿論、文章説明は、業態コンセプトに合わせたキーワードを箇条書きにまとめることが大切であるし、長々と文章にしないことであり、文字の大きさも小さくせずに、見やすくすぐに目に入ってくる内容になっていることが大切であろう。
つまりあくまでも企画書資料とは、簡単明瞭でわかりやすいという視点でまとめることを忘れてはならない。

2) 選定業態の将来性と今後の展望を想定する

業態選定の良し悪しは、企画する業態コンセプトや内容によって決められることが多く、特にクライアントが注目するポイントは、将来的に継続的に定着する業態であるのか、また単なる時代的流行が強いものかなど、その不安要素や将来展望を説明する資料にまとめておくことが大切である。
その事例（表3-20）としては、企画業態の主軸メニュー素材の消費動向や傾向について資料をまとめ、これまでどのように推移してきているのかまた今後はどのように変化していくのかなど、その内容を具体的に説明することで業態の将来性や強さを訴求することも重要であろう。
またその他社会的景気動向や少子高齢化時代とのかかわりなど、業態選定と将来性を説明するための資料をまとめる場合には、種々の角度からその内容を分析説明できる資料づくりと将来的展望を想定できるようにしておくことが大切である。
この表3-20の事例は、外食、中食仕向け魚類グループの輸入量、国内生産量を主力魚類別にグラフ資料にしたものである。例えば、海老やサケ、マスは輸入に頼っていることが理解できるだろうし、今後の資源としては海外に依存していることが理解できる。
つまり図表やグラフは、業態選定に適合した資料を作成し、今後の展望や方向性を説明するための資料であることが大切であることを忘れてはならない。

表3-19

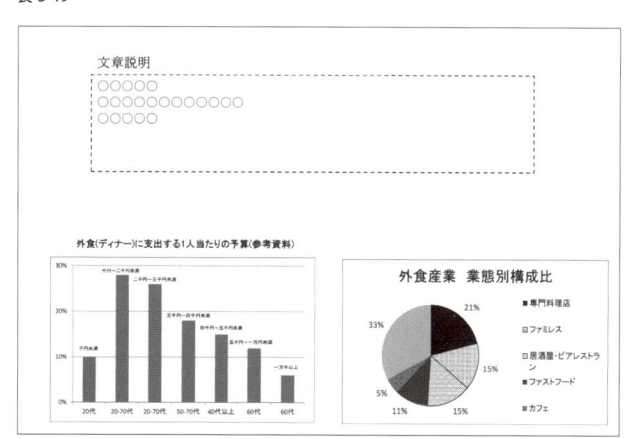

外食・中食仕向け魚種グループ（平成21年）　表3-20

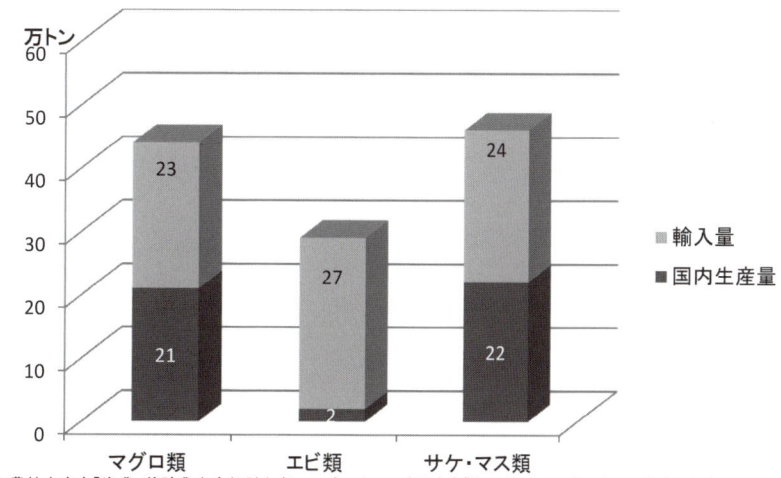

資料：農林水産省「漁業・養殖業生産統計年報」（平成21年）及び財務省「貿易統計」（平成21年）に基づき水産庁で作成

137

8 立地調査分析 / 立地選定と商圏競合店調査と資料づくりポイント

1) 業種・業態の競合状態をMAPで調査する手法

業種・業態競合状況をMAP(表3-21、22)で調査する方法とは、選定立地の地図の中心点から径500mに線を引き、その円内に入っている飲食店を競合店の対象として各飲食店の業態内容、価格帯、主軸メニュー、客層、客単価想定など具体的に調査していくことである。その前段階の調査作業として地図の上で商圏エリアや範囲を理解し、調査資料を集めて実地調査に臨むことが大切であろう。

この表3-21の事例は、競合店状況をMAP利用し、三角記(候補立地)の中心から半径500mを赤色で区別し、その範囲内に入る競合店候補店をMAPに記入したものである。

また各競合店情報や名称を引き出し線上に記入するように構成し、候補立地にどのぐらいの競合店や店舗数があるかを明確化し、理解しやすくしている。

さらに事例表3-22は、候補立地から商圏範囲を円グラフで表示したものであり、候補立地を中心に半径500mを赤、半径1kmを緑、半径3kmを紫に色分けしたMAPである。どの範囲までが飲食店の商圏範囲であるのかなど具体的に地図で理解できるように、資料づくりをしておくことが大切であることを忘れてはならない。

つまりこのMAP資料は、今後飲食店の開店告知やターゲット客層がどの位置やエリアから来店してくるかなど、再度集客情報を分析する上での資料内容になるだろうし、候補立地の周辺情報や内容を具体的に分析するための資料であることを理解しておくことである。

2) 競合店状況を把握する/評価表と使用方法

基本的に商圏内の競合店調査情報は、実際に店に足を運び具体的に細部に至るまで競合店対象の業態内容を実地調査し、評価表(表3-23)にまとめていくことである。

また競合店調査表は、具体的な飲食店のオペレーションなどの情報と店舗規模などの情報の大きく二つに分かれているが、実地調査の視点は実際に店へ来店し項目内容に合わせて評価表の内容を埋めていくことであり、店舗概要についてはホームページや店舗情報をサイト検索する必要があろう(基本的に店の情報はネットに掲載されていることが多い)。

さらに具体的調査については、評価項目の内容に沿って評価を5段階別に評価していくことであり、実地調査は必ず複数のスタッフで各店を訪問する方法が理想的であることを忘れてはならない。

勿論、コメントとして書きとめておく内容は、コメントを書ける項目に箇条書きでメモとして残し、複数の調査スタッフで食事をしながら実地調査をすることが、店のスタッフに行動を怪しまれないで進める方法のひとつであろう。

また調査スタッフは、全店の競合店調査を終了した後は、総合評価の意見調整をすべきであり、いろいろな競合店を臨店した最後に調査表を見て情報をまとめることが大切であり、スタッフの調査意見調整や評価を総合的にまとめることが理想的である。

表3-21

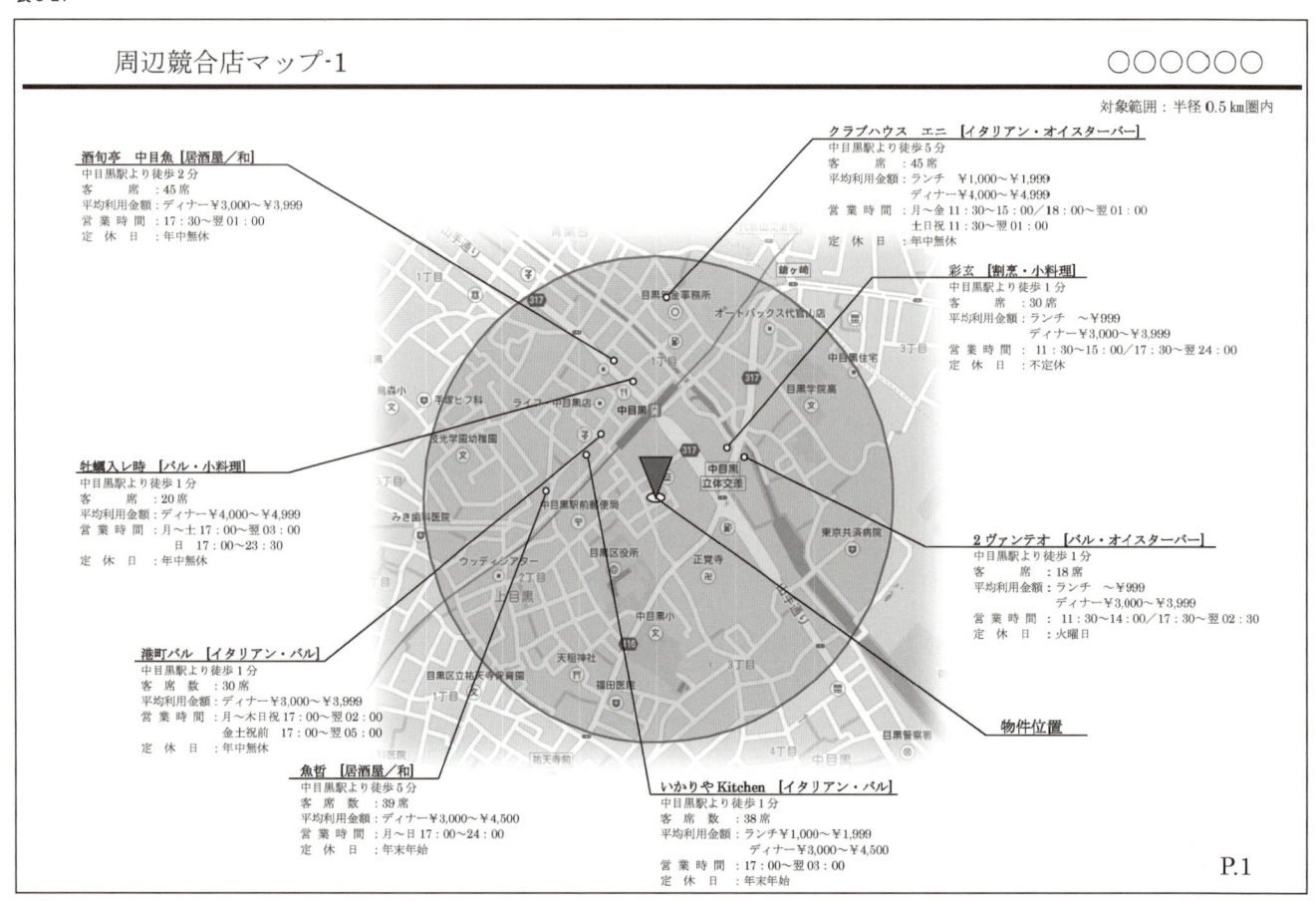

あくまでも調査評価は、複数で調査することで飲食店の細部内容をチェックできるため、項目に合わせて視覚調査(店のオペレーションを視覚で確認し評価すること)をすることが、より正確な情報収集になることを忘れてはならない。

特に繁盛店であれば、その繁盛し支持されている理由や来店客の注文メニュー、価格帯、繁忙状況など生きた競合店情報になることを理解しておくことである。

さらに競合店の状況を把握し理解することは、競合店に対する競争戦略や強みを創出するための具体的な資料づくりの参考資料になるものである。その項目内容の評価が業態企画や戦略として利用するポイントになることを忘れてはならない。

この表3-23の競合店調査表事例は左側に調査項目を並べ、中央に評価点を5段階で表記し、その具体的内容については右側にメモできるスペースを開けておくことが理想的であろう。つまり競合店調査表の利用方法で大切なことは、各項目の内容やレベルがどの位置にあり、企画する飲食店と大きく競合する内容については、どのような戦略を計画するのかなど具体的に実現するための重要な資料であることを忘れてはならない。

競合店調査表　表3-23

競合店調査表

項目	評価					内容
料理提供時間	1	2	3	4	5	
営業時間	1	2	3	4	5	
繁忙時間	1	2	3	4	5	
アイドル時間	1	2	3	4	5	
メニュー数	1	2	3	4	5	
料理内容構成	1	2	3	4	5	
客席数	1	2	3	4	5	
客単価	1	2	3	4	5	
価格帯	1	2	3	4	5	
内装デザイン	1	2	3	4	5	
家具デザイン	1	2	3	4	5	
食器デザイン	1	2	3	4	5	
ホスピタリティ	1	2	3	4	5	
総合点数						

項目	内容
店舗規模/坪数	
営業年数	
客層	
想定来店客数(一日あたり)	
想定賃料	
総合評価	

表3-22

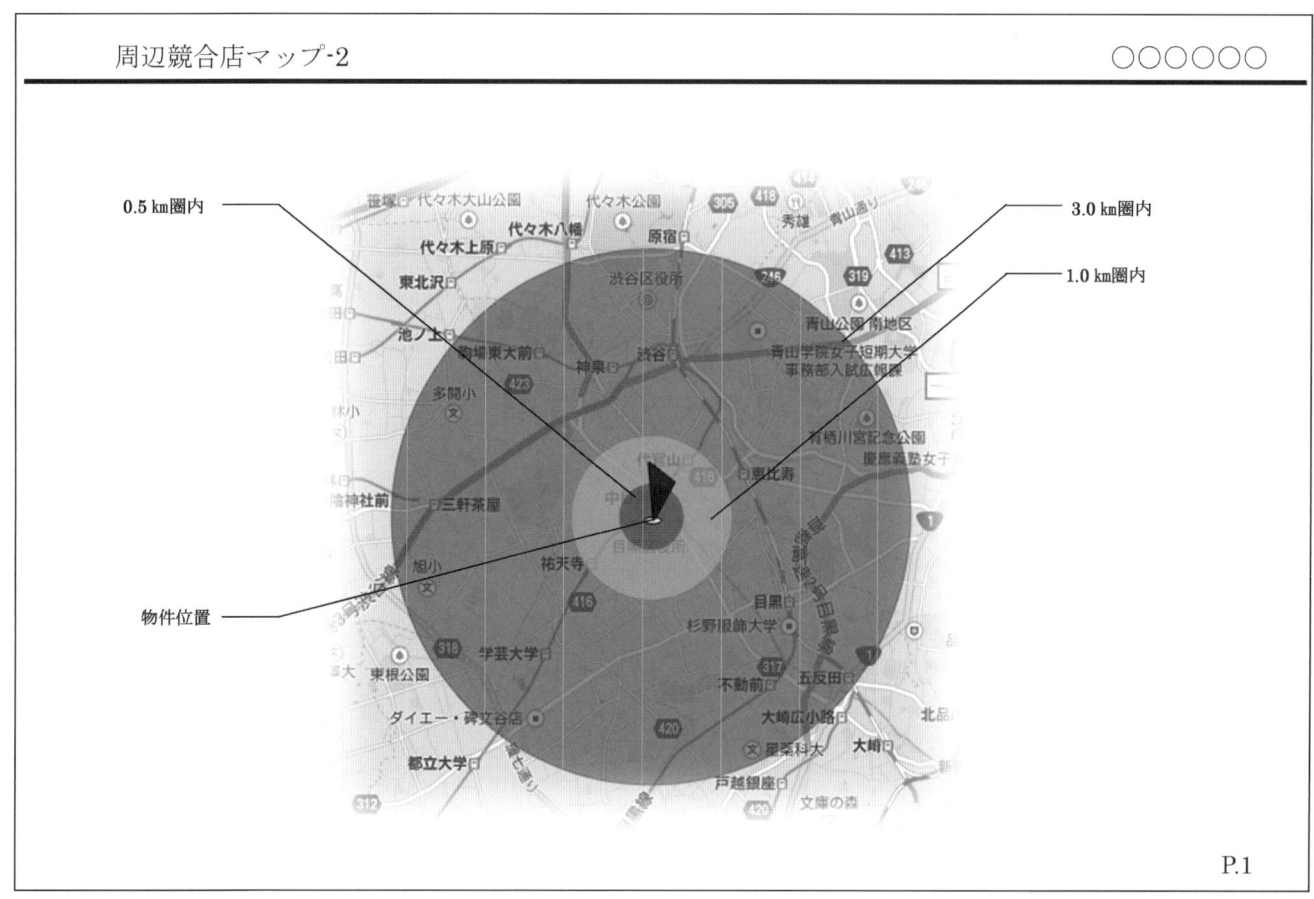

周辺競合店マップ-2　　○○○○○○

- 0.5 km圏内
- 3.0 km圏内
- 1.0 km圏内
- 物件位置

P.1

9 業態基本コンセプト／業態(特性)の想定は図表と箇条書きでわかりやすく

業態の基本コンセプトのまとめ方は、文章と図表、チャート(表3-24)を使用し、簡潔に箇条書きで項目内容を説明することが大切である。勿論各項目内容の具体的な数値や文章を記載することになるが、注意しておきたいことは文章が長くわかりにくいという見え方は避けるべきであろう。

特に施設計画(平面図、客席数、キッチンスペースなど)と事業計画の想定数値が連動していることが大切であり、事業計画の売上想定、人件費などは基本コンセプトと大きく関係(売上想定は客席数と回転率、人件費はフロアー、キッチンのスタッフ配置想定が必要である)してくることを忘れてはならない。

また図表やチャートなど業態の基本コンセプトを表現する手法は、様々な形態があるだろうし、基本コンセプトの項目に沿ってその内容を箇条書きにすることや基本コンセプトを構成する項目と合わせてチャート化するなど表現方法は自由であるものの、文章説明が長くなるなど、分かりにくい表現は避けるべきであり、基本的には文章は簡単明瞭であることが理想的である。

つまりクライアントに基本コンセプトを説明する場合には、図表に沿って説明をしていくことが常であるし、各項目を長々と説明するのではなく、図表を見て簡潔に説明できる資料にしておくことを忘れてはならない。

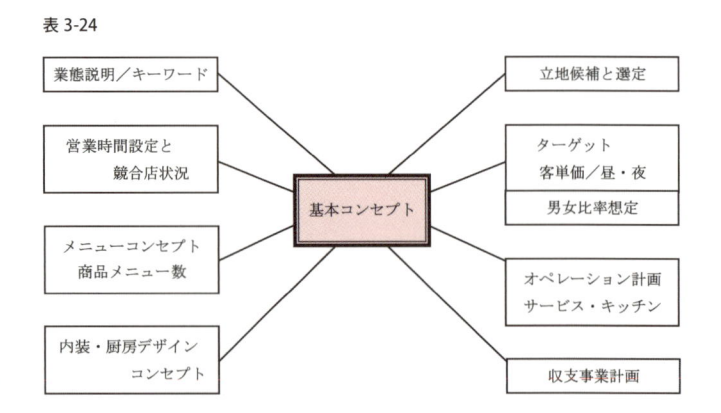

表3-24

10 商品コンセプト・メニュー内容／メニューコラージュ作成手順

1) 商品コンセプトはキーコンセプトとテーマ、料理イメージ画像を駆使すること

商品コンセプトを企画書にまとめる手法の一例としては、全体商品コンセプトのテーマを設定し、そのテーマをイメージ展開していく文章と画像イメージで展開していくことが大切であろう(表3-25)。

特に商品コンセプトは、主軸メニューとサイドメニューを合わせたイメージ展開をするが、メニュー内容の具体的なイメージをしやすい。要は分かりやすいことに視点を絞りまとめることを理解しておくことである。

また大切なことは、商品コンセプトのキーワード(テーマ)を明確化し、箇条書きでまとめることであり、そのキーワードが複数になってもよいが、キーワードは簡単明瞭でわかりやすい内容であること。例えば、「豊富なオーガニック野菜を訴求する」「新鮮な魚介類を前面に打ち出す」「産地直送の豊富な魚介類、野菜素材を演出」などが一例であろう。

この表3-25の事例はメニューコンセプト(調理法やメニュー内容やこだわり)に沿ってテーマを具体的に表現している。コンセプト内容についても、調理法や提供方法、盛り付けなど複数表示になっても文章は簡潔に表現することが大切である。

つまりメニュー内容をよく理解してもらうために、イメージ画像やデータをいくつか貼り付けわかりやすく全体を構成しておくことが理想的である。

2) メニューイメージコラージュ作成方法と手順／メニューリストに合わせたイメージ画像をA3ページ全体に貼り付ける

企画書をまとめる構成としては、主軸メニューを左側上から中央に配置し画像の大きさは約40ミリから60ミリ角、訴求料理は100ミリ角で画像の大きさのサイズ寸法(表3-26)を調整し表現することが、クライアントにインパクトを訴求しやすい配置であろう。

また主軸メニューで訴求したいメニューイメー

表3-25

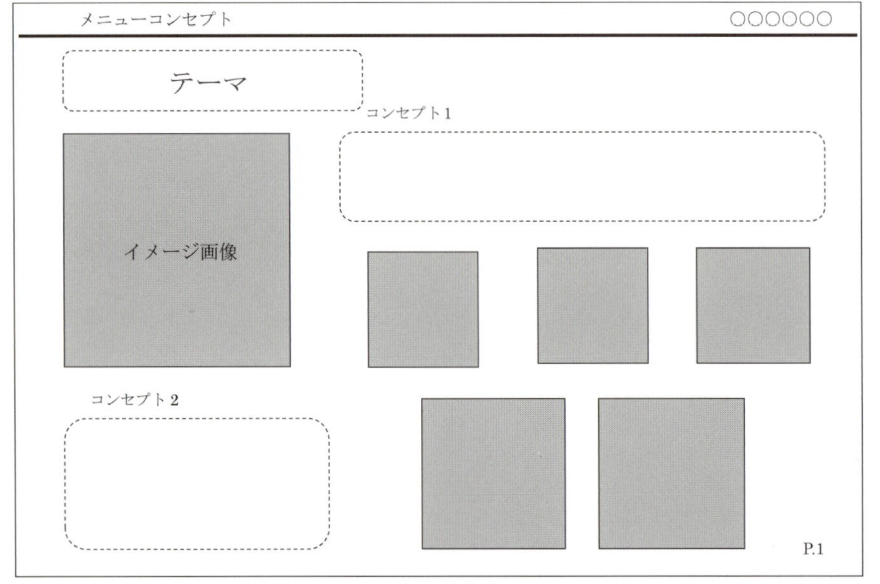

ジは中央に約100ミリ角で画像を貼り付けるあるいは左上に配置(表3-26)することが理想的であることを理解しておくことである。

特にメニュー内容をイメージコラージュで表現することは、あくまでも表現方法の一例であり、全てこのパターンの作成方法をしなければならないということではなく、大切なことは、クライアントにメニュー内容や企画がわかりやすく説明できることに視点をおき、まとめることが大切であろう。

さらに特にメニュー画像データを使用する場合には、より精度の高い画像データを使用することが必須条件であり、シズル感や美味しさが明確に表現できる画質素材を選択し使用することを理解する。

表3-26の事例は、イメージ画像データを左上に配置したものであり、訴求画像の大きさとサイドメニューのデータ画像の大きさ寸法はバランスをとり配置することが大切であることを忘れてはならない。

また表3-27の事例は、中央に訴求する画像を配置しその周辺にサイドメニュー画像を配置したものである。企画業態のメニューイメージをクライアントにビジュアルで説明するための資料であることを理解しておくことである。

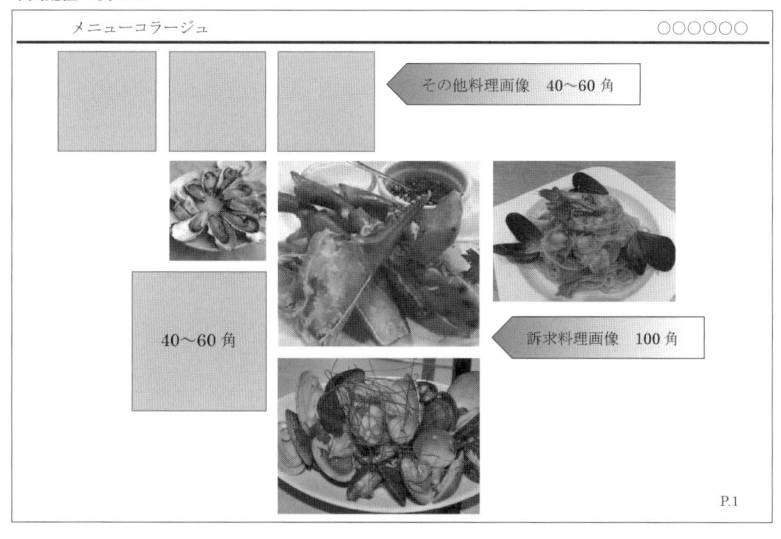

イメージ画像を使用する際に注意しておきたいことは、メニューデータを多く使用しすぎると、何を訴求したいのかその視点がぼやけてしまいわからなくならないようにしておくことを忘れてはならない。

左上に配置　表3-26

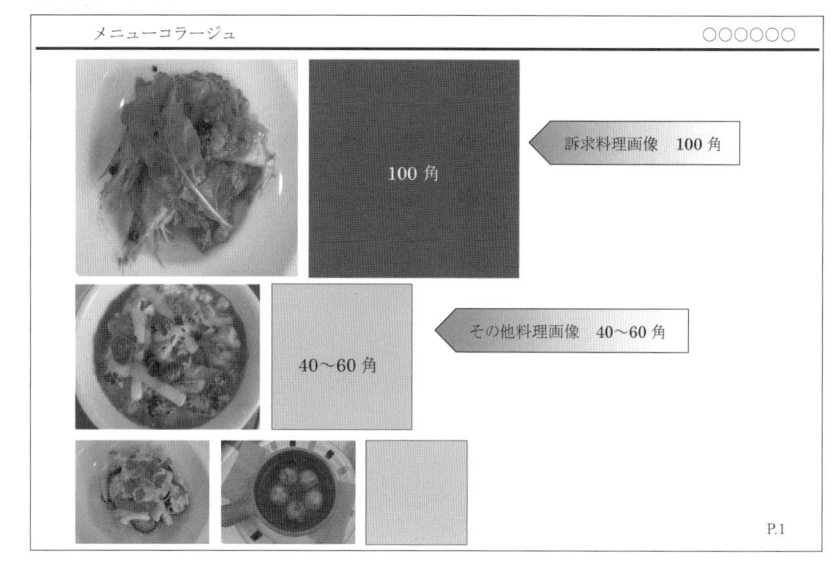

中央配置　表3-27

3)メニューコラージュは2枚以内に納める

商品コンセプトのイメージを具体的に表現する方法例としては(メニューコラージュ方法にこだわる必要はなく)、あくまでも想定メニューのイメージ画像を紙面に貼りつけること(表3-28)であり、あまりにも多くの画像をコラージュ化してもメニュー内容がわかりにくく、あ

まり意味を持たないことを理解しておくことであろう。

勿論商品コンセプトのまとめ方には、コラージュをまとめる事例だけではなく種々の表現方法はあるものの、イメージコラージュの基本的な役割は、いかにクライアントが商品をイメージ化しやすく且つわかりやすいことが大切であり、コラージュとして表現する内容はA3約2枚以内に絞っておくことが理想的である。

またあまりにも多くのメニューコラージュ画像を紙面に貼り付けても、全体的なメニューイメージは訴求できるものの、主軸メニュー内容がぼやけてしまっては、画像を多く使用することはむしろ逆効果になることを理解しておかなければならない。

さらにコラージュ手法については、主軸メニューとサイドメニューの数点の画像と文章で説明構成する手法もあり、あくまで企画しているメニューイメージを明確化することに目的があることを忘れてはならない。

つまりメニュー画像データは、実際に企画しているメニューの画像を撮影し、資料としてまとめることが理想的であるものの、まだ企画段階ではメニュー内容の方向性や内容が曖昧なことが多く、企画メニューを画像資料として撮影できない場合には、著作権のないメニュー画像を使用することが大切である(コンピュータなどのデータ資料は出所を明確化しておくこと)。

表3-28

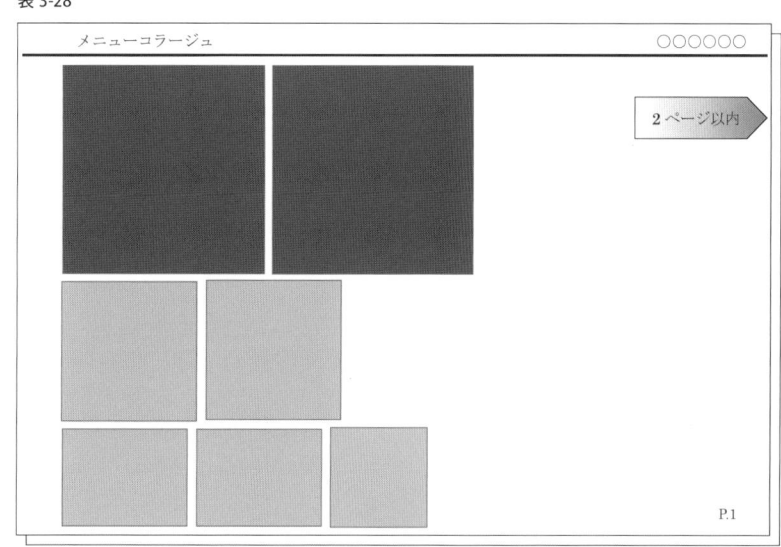

11 商品メニューリスト作成 / 商品メニューリストイメージをリスト化する
前菜・主軸メニュー、サイドメニューの種類別にリスト化することが大切

一般的にメニューリスト (表 3-29) とは、あくまでも商品コンセプトを具体的にメニューリスト化し表現したイメージであり、具体的にメニューとして提供するメニュー提案ではないことを理解しておくことであろう。

特に主軸メニュー内容は、クライアントに興味を持たせるポイントであり、商品名としてリストにすることによって、あくまでもクライアントの料理に対する要望や意見などを引き出すための資料データであることを忘れてはならない。

また全体的に想定するメニュー数や料理内容は、キッチン計画を想定する基本になる資料であり、決定したメニューリストではないことを説明しておくことである。

さらにメニューリストの作成方法についても全てのメニューを表記するのではなく、主軸メニュー、サイドメニュー、デザート、ドリンク類の一部をリスト化したものでもよいだろうし、全てのメニュー内容をリスト化して提示することが必須であることではないことを認識しておくことである。

またグランドメニューとしては、全体で何品にするのか、あるいは何品が適切であるのかなど、その内容を配慮しメニューリスト作成をすることが、メニューの全体構成や内容を理解しやすくなることを忘れてはならない。

さらに表 3-29 の事例は、メニュー内容をリスト表にした事例であり、前菜、メイン、一品料理、コース料理、デザートに至るまでイメージとして表にしたものである。

つまり各メニュー項目に品数を明記することで、全体のメニュー数を想定することができるため、クライアント側にとってはメニュー内容の企画を具体的に理解しやすい資料となっている。

参考資料 表 3-29

【シーフードレストラン fisherman's crab】 メニュー例 一覧

前菜／サラダ	カニ	ごはん・麺	コース料理	デザート
シーフードサラダ	チリクラブ	チキンライス	【コース1】	シンガポールパフェ
揚げ豆腐サラダ	ブラックペッパークラブ	ミーゴレン	・エビの冷製 マンゴーソース	クエ・ラピス
グリーンサラダ	カレークラブ	海鮮チャーハン	・スープ	マンゴーサゴ
クラゲのマリネ	ソルトペッパークラブ	フカヒレロウ飯	・真鱈のオーブン焼き プラナンカンソース	揚げバナナ アイス添え
ココナッツシュリンプトースト	ベイクドクラブ	ペスカトーレ	・チリクラブ＆揚げバンズ	アジアンプリン
蒸し鶏の冷製	ガーリックハーブクラブ	クリームリゾット	・屋台風チャオクワティ	アイスカチャン
シンガポールピクルス	スチームクラブ	チーズリゾット	・デザート	ココナッツパンケーキ
シーフードコンビネーション	ジンジャークラブ	ペペロンチーノ	【コース2】	林檎のフリット ジェラート添え
8品	ポットクラブ	カニのトマトクリームパスタ	・前菜盛り合わせ	8品
	9品	9品	・スープ	
	蒸しパン		・殻付きホタテのガーリック蒸し	ドリンク
一品物	揚げパン	スープ	・牛フィレのタマリンドソース	生ビール
季節の野菜炒め	2品	ハマグリのガーリックスープ	・チリクラブ＆揚げバンズ	ワイン 各種
温野菜		エビのライムクリームスープ	・海南鶏飯	カクテル 各種
チリカンコン	エビ	フカヒレと蟹肉のスープ	・デザート	サワー 各種
熟成サーロイングリル	シリアルバタープラウン	鶏肉とフカヒレのクラシックスープ	【ランチコース1】	ソフトドリンク 各種
揚げ春巻き	ソルト＆ペッパープラウン	ポークリブスープ	・エビとオクラのサンバルソース	ジャスミン茶
生春巻き	フライドガーリックプラウン	クラムチャウダー	・旬の中国野菜の炒め	プーアール茶
トルティーヤロール	カレープラウン	6品	・真鱈のオーブン焼き プラナンカンソース	ブレンドティー
バーニャカウダ	エビのマヨネーズソース		・鶏手羽元のカレー＆ジャスミンライス	
8品	エビのアヒージョ	ランチ	・デザート	・通常メニュー 56品 (ランチ除く)
	エビグラタン	チリクラブトースト	【ランチコース2】	・コース料理 3種
カキ	7品	チリクラブセット	・エビとオクラのサンバルソース	・デザート 8品
生牡蠣		海南チキンライスセット	・旬の中国野菜の炒め	
カキフライ		チャウクワティセット	・真牡蠣のブラックビーンズソース	
生牡蠣のバターソテー		ビーフホーファン	・チリクラブ＆揚げバンズ	
グリルオイスター盛り合わせ		ココナッツカレー	・シーフードフライドライス	
牡蠣の素焼き		ポークリブスープ＆ジャスミンライス	・デザート	
牡蠣グラタン		サンバルオイスター		
オイスターケーキ		キッズランチ		
7品		9品＋通常メニュー		

12 店舗コンセプト / 内装イメージコラージュの作成方法

1) 店舗コンセプトは業態に合わせたイメージ展開をする

店舗コンセプトとは、企画する業態に合わせて飲食店のファサード (外装)、内装イメージをまとめて提案し、デザインの方向性について の意見や要望を聞き出すための資料をまとめたものである。

またその内容を具体化するためには、店舗イメージのテーマや内装イメージ画像をコラージュとして作成することも大切であり、事例の一つであることを理解しておくことであろう。

一般的に店舗コンセプトの方向性を表現する方法としては、店舗のテーマ (キーワード) を具体的な文章にすることであり、その内容を具体化することの方法がコンセプトとして表現することであると理解しておくことである。さらに基本的にコラージュの作成方法やまとめ方は、メニューコラージュ同様 (表 3-28) の進め方をひとつの参考事例として把握しておく

ことである。

さらに具体的な店舗コンセプトの作成方法(表3-30)としては、イメージ画像の使用は内装・外装部分の詳細イメージ画像と文章を合わせてデータ画像を貼り付け全体構成することがわかりやすく、そのポイントとしては、テーマ、コンセプト、内装イメージ画像、各施設内容別イメージ画像などを組み合わせて配置計画をすることが理想的である。

この表3-30の事例は、左側上に店舗内容のテーマを設定し、中央にコンセプトを具体化した文章をわかりやすく簡条書きにした構成であり、イメージ画像データはそれぞれの下に画像データを貼り付ける配置にまとめたものである。

また店舗コンセプトとして複数のコンセプトがあれば、二か所にコンセプトを書くスペースを確保して、イメージ画像データと合わせて資料をまとめることが大切であることを忘れてはならない。

さらに内装イメージのコラージュの作成方法(表3-31、32)としても、あくまでも表現方法の一例であり、内装イメージ画像を使用する場合には、アピールするイメージ画像の大きさは100角、その他の画像は40角から60角でイメージ画像を配置構成することが大切であろう。

また紙面構成としては、あくまで訴求したい画像を左上あるいは中央に配置することがコラージュ手法の精度を上げるためのポイントであることを忘れてはならない。

しかし内装イメージコラージュの表現方法は、企画書の内装デザインをまとめる手法であり、全てこの手法にこだわることではなく、主軸になる内装デザインのキーコンセプトをデータとして表現し、文章のキーコンセプトと合わせて展開する手法もあるため、それぞれの企画内容に合わせて選択することを理解しておくことである。

つまり企画する業態の内装イメージを表現できることが中心であり、デザインイメージをどのように表現するかは様々な手法があることを忘れてはならない。

2) 内装イメージコラージュページ(表3-33)数は2P以内にまとめる

内装イメージカット画像はオリジナルが理想であるものの、インターネットからダウンロードした画像選定については画像著作権に注意しておかなければならない。

特に内装デザインの場合には、あまり著名な飲食店の内装デザインをコラージュで使用すると、殊の外どこの店であるのか分かってしまうことも多く、内装の一部のカットイメージを伝える方法としてはイメージとして表現しやすいものの、使用方法については注意を要するポイントであることを理解しておくことである。

また基本的には、内装デザインとはその店づくりに合わせ創出したオリジナルデザインを提案することが大切であり、コラージュはあくまでもイメージを表現するための手法でしかないことを自覚しておくことである。

さらにクライアント側の心理としては、ただ単に有名店の内装デザインの模倣ではなく、企画に合わせた独創的な内装デザインの創造を期待していることが多く、有名デザインの焼き直しでは、その提案内容の価値を疑われることを理解しておかなければならない。

つまりプレゼン方法としては、内装デザインコラージュ構成資料ではなく、部分的に内装イメージ画像と文章を組み合わせてコラージュをまとめる方法もあるだろうし、基本的には、デザインの内容やイメージをクライアント側に表現できる資料であれば、コラージュ手法にこだわる必要はないものの、企画側のデザインの意向やイメージを具体的に説明するための資料でなければならないことを忘れてはならない。

店舗コンセプト　表 3-30

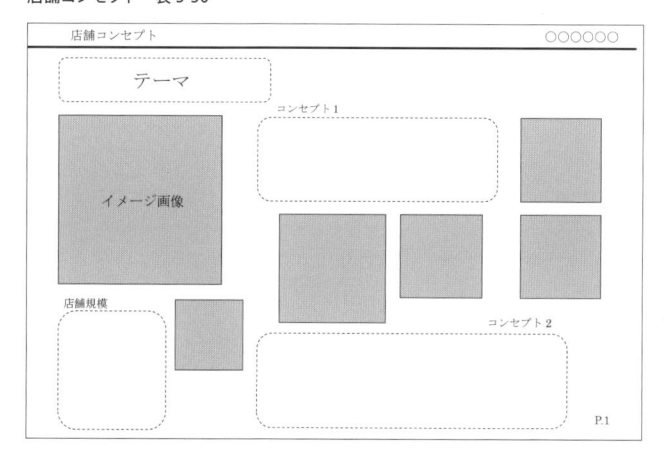

内装イメージコラージュ　表 3-32

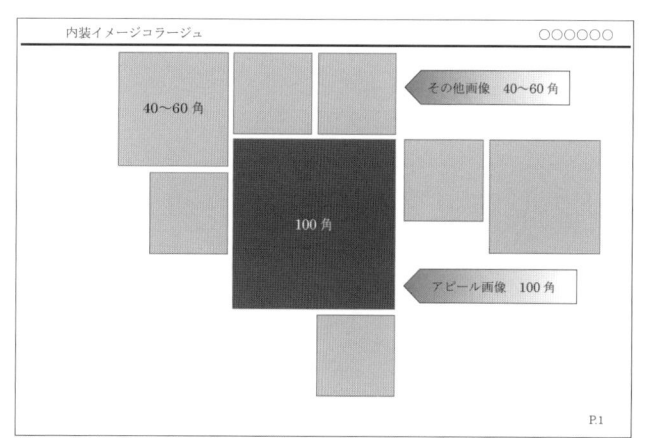

内装イメージコラージュ　表 3-31

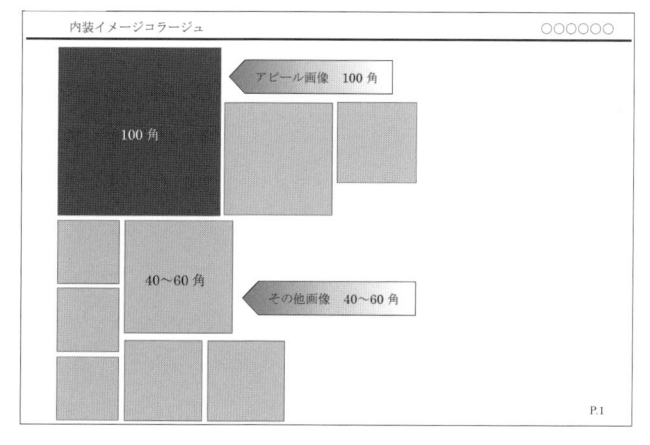

表 3-33

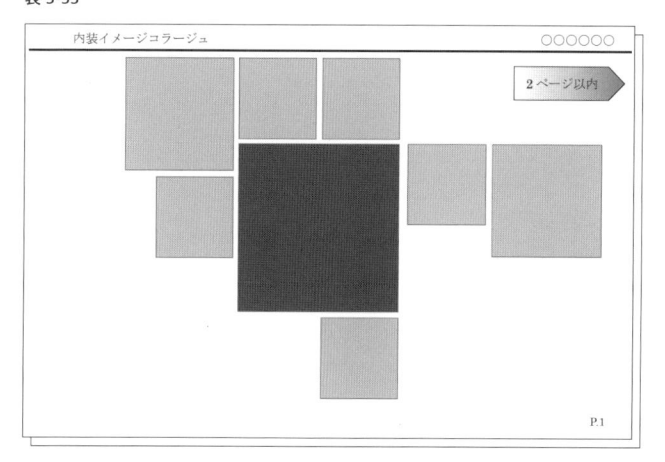

143

13 平面計画の作成 / 全体平面図には飲食店のストーリーがある

全体平面図資料作成の注意ポイントとは、企画書の紙面の大きさA3サイズに合わせて全体平面図が納まるように、平面計画図面(図3-1)の縮尺(1/50、1/60など物件の大きさによって異なる)を紙面に合わせて貼り付けることである。

また基本的に全体平面図は、レジ配置・客席間隔・形態・厨房・オフィス・バックヤードすべての内容を分かりやすく図面化したものであり、図面を見ることによって飲食店のストーリー(ゲストが来店してから会計見送りまでの過ごし方を演出すること)を説明できる資料内容になっていることが大切である。

さらに平面図を見て具体的に内容を説明する手順としては、入口位置とレジとの関係、客席内のコーナー別客席形態とパントリーとキッチンの配置関係など、具体的なゲストの来店時から客席への案内、サービス方法やオペレーションの流れ、また注文を受けてから料理がキッチンでどのように調理されて客席へ提供されるかまでの全体的なオペレーションやスタッフの動きなど実践的な計画を説明することが重要である。

つまり平面計画は、繁忙時のオペレーションの煩雑さの回避や実践且つ効率的な配慮(全体のサービス動線とゲスト動線を交錯させないこと)した内容になっていることや、具体的に理解できる図面内容になっているかを確認しておかなければならない。

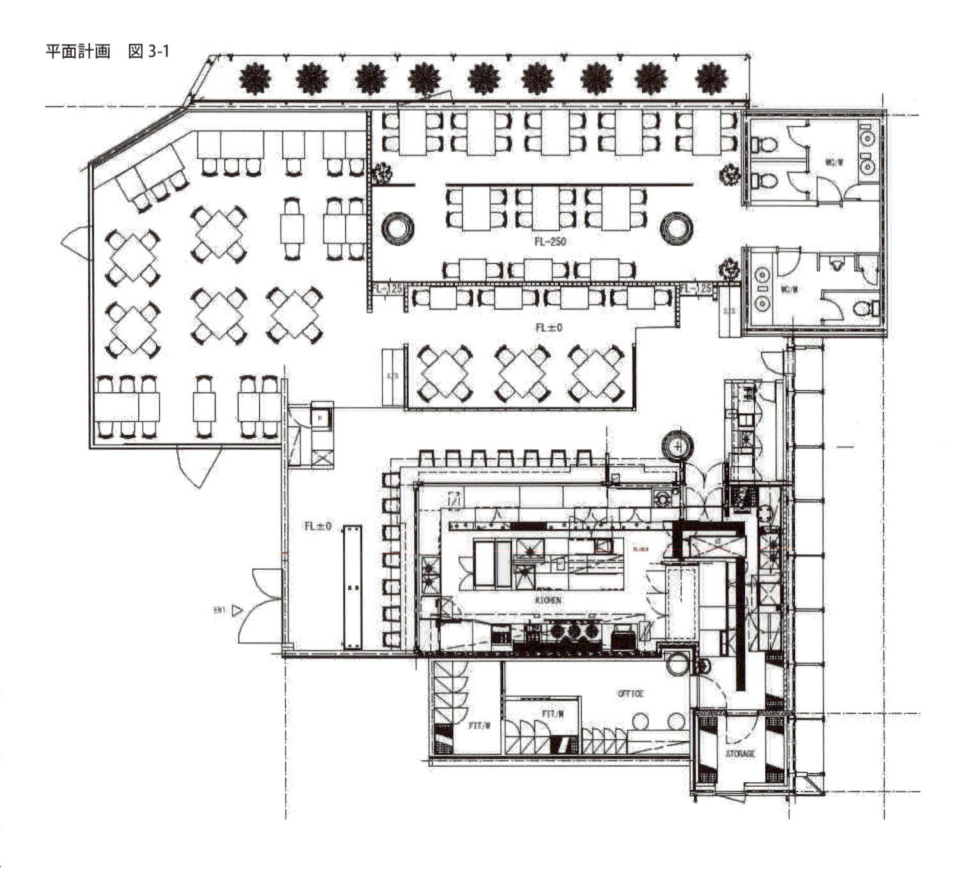

平面計画 図3-1

14 厨房計画・厨房機器リスト / 厨房計画はメニュー調理工程と適合していること

厨房計画・厨房機器リストを企画書にまとめる方法は、平面計画(図3-1)同様に、A3紙面に合わせて縮尺を調整することである。特に厨房図面(図3-2)の場合には、直接にメジャー(三角スケール)を使用し図面寸法を具体的に測ることが多く、縮尺は1/30、1/50で表現しておくことが見やすくわかりやすいポイントである。

また厨房図面の説明ポイントは、企画する業態のメニューリストの内容が厨房機能や調理機器、機器リスト(図3-3)と適合していることが大切であり、厨房図面説明に際しては、全体のオペレーションを配慮し注文のオーダーシステム、調理工程や提供方法、サービス、下膳までのスムーズ且つ効率的な図面になっていることを説明できる資料にしておかなければならない。

特にメニュー内容と厨房機能との関係性や調理工程、効率性については、クライアントが注目する点であり、いかに効率的且つ機能的に計画が成されているかを表現した図面になっていることが大切であろう。

つまり図面説明に際しては、図面内容に合わせて図面を見ながら、具体的に厨房内のポジションごとにメニューと調理機器や内容を具体的に解説できることが大切であることを忘れてはならない。

厨房平面 図 3-2

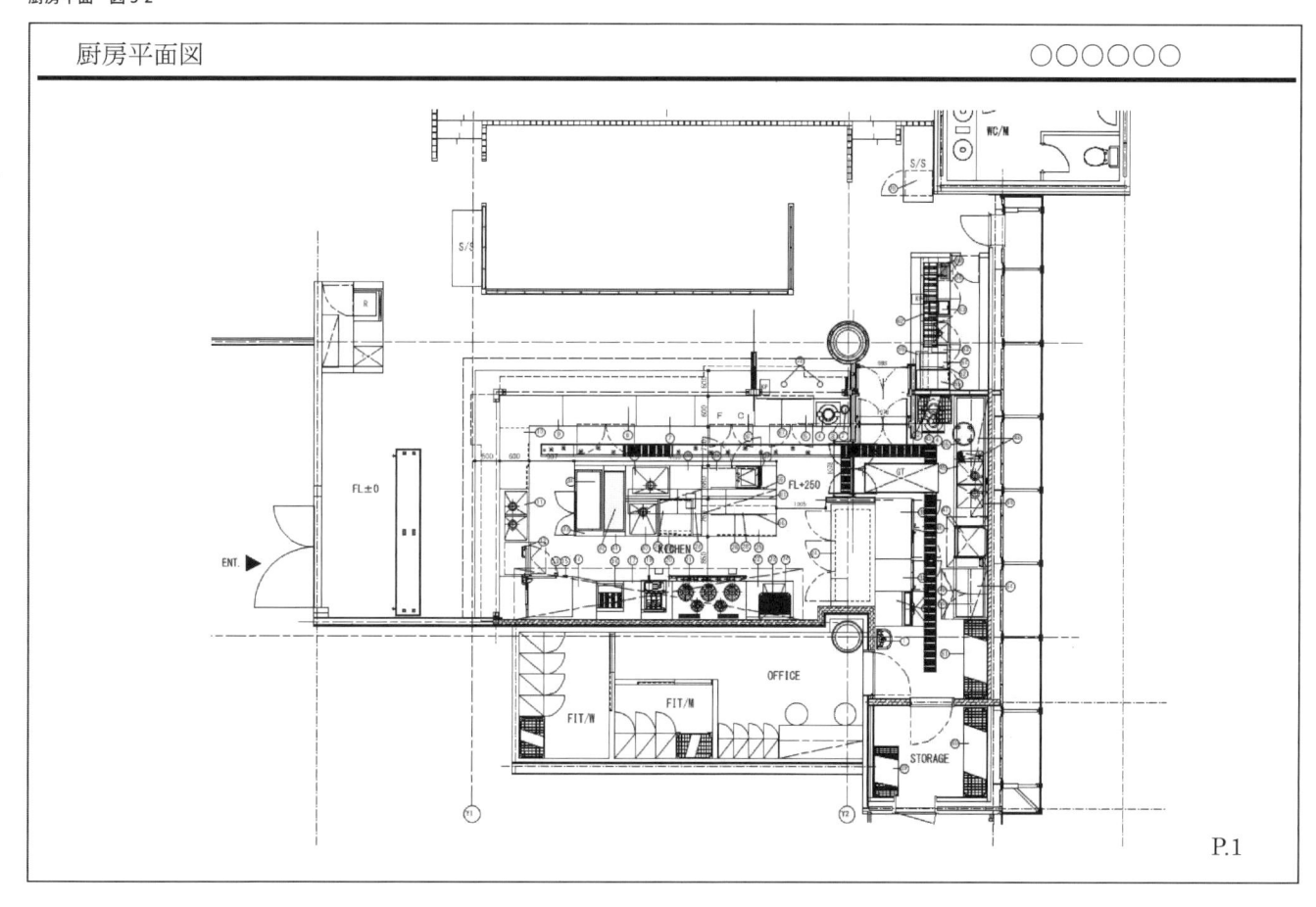

厨房平面図

P.1

厨房機器リスト図 3-3

厨房機器リスト

P.1

145

15 内装デザインパース作成方法の進め方とポイント

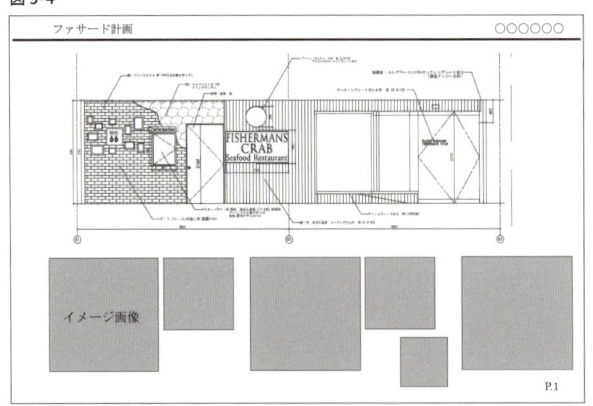

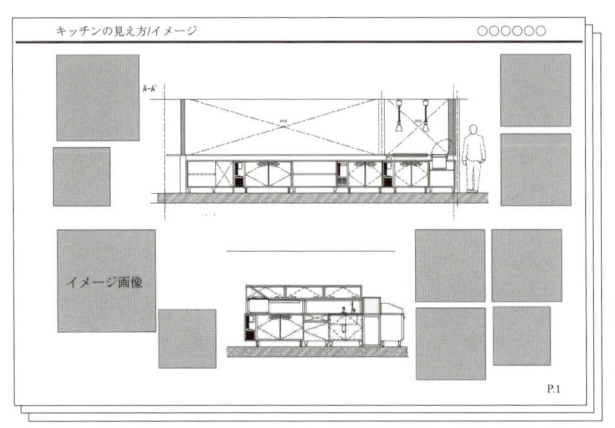

一般的にデザインパース作成はインテリアデザイナーがパース作成の専門家(パースデザイナー)に依頼することが多く、内装イメージ(全体イメージ図3-1から図3-10)を説明するための資料となる。

また基本的には、全体イメージ、パースの見せ方や色彩計画まで具体的に図面でパース作成の打ち合わせや調整をすることが理想的であるが、自社にパースを描けるスタッフがいれば、わざわざパースデザイナーにサポートしてもらうよりも、より具体的なイメージ資料を作成できるだろう。

しかし最近の傾向としては、内装イメージのプレゼンテーションを3D映像で作成しクライアントが興味を示すカットごとに内装イメージや詳細を説明する手法があるが(クライアントによりわかりやすく説明する手段としては高いレベルにあり説得力もある)、さらに一般的な内装イメージのプレゼンテーションとしては、まだまだパースデザインによるプレゼンテーションが主流であることを理解しておくことであろう。また業務を進める上でデザインパースの精度を上げることが理想的であるものの、精度を高めれば高めるほど時間と費用を要することを忘れてはならない。以下に各資料づくりのポイントを説明しておこう。

1) 外観内装デザインコンセプトの資料作りは、入口デザインコンセプトの明確化を図ることであろう。特に入口イメージ、看板、ファサード計画など具体的に使用素材や品番、色彩を明記しておくことであり、実際に使用予定の素材やイメージ画像があれば、展開図の下にその資料を配置しておくことが理解しやすくスムーズに打ち合わせができること

2) 客席の部分詳細デザインとイメージ計画は、展開図とイメージ画像を準備し具体的な内容を説明することであり、展開図とイメージ画像、素材など合わせて資料を作成しておくことが大切であること

3) キッチンの見え方とイメージの資料は、厨房展開図と厨房のイメージ画像を準備し具体的に説明することであり、厨房イメージのカットをどのようにパース表現するのか、どのように厨房内を見せたいのかなど、空間イメージや色、素材などキッチンパースを作成するための資料をまとめておくことが大切であること

4) 天井伏図(天井図のこと)とは、天井を下から見上げた図面であり、資料作成には想定される天井伏図と天井デザインのイメージ画像を準備し、説明できるようにしておくことであり、天井伏図に合わせて具体的なデザインイメージ画像や素材、内容を具体化しておくことが大切であること

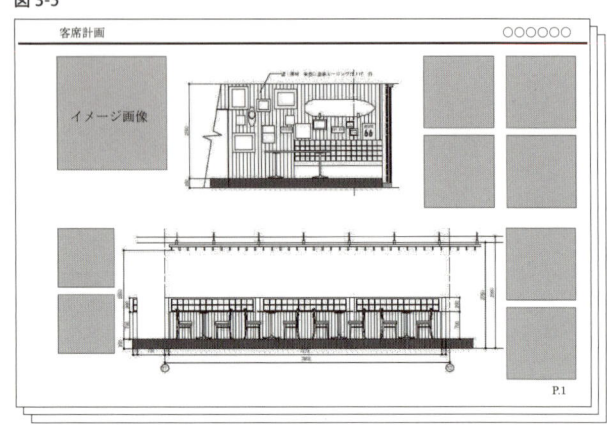

5) テーブル・椅子家具のイメージ計画は、計画時点で想定している家具メーカーの品番や色、素材内容など具体的に資料を作成し説明できるようにしておくこと

6) 全体の内装デザイン、看板、その他色彩計画を説明する資料づくりは、色見本(日塗工、DICなど)を資料の細部に貼り付けて具体的にデザイン内容を説明することであり、色の選定が曖昧になると表現したいパースイメージと異なることが多く、全体のデザインのイメージを再現するための全体資料をまとめておくことが大切である。特に内装デザインの各エリアの壁、床、天井、素材、色など全て計画段階で決定しておくことが必要であること

7) 一般的に店舗内装デザインパース作成は正面入り口1カット、内装2カットをまとめることであり、パースカットは3カットから4カットが多く、クライアントに内装デザインを説明する際にどこのイメージをアピールしたいのかなど、その内容を明確化しパースデザインをまとめるカットの方向を決定しておくことが大切

図 3-7

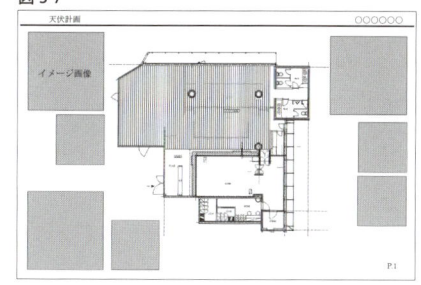

図 3-8

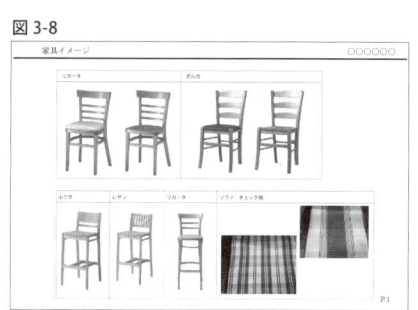

であること
つまりパースデザインをパースデザイナーに依頼する場合には、デザイナー側のデザイン意図や内容を具体的に表現することが重要であるものの、パースデザインは一回の打ち合わせでパースが完成するものではなく、パースデザイナーはデザイナーのパースカットの指示に従ってパースの下絵を描くことからスタートすることである。
またそのパースの下絵が完成した段階で、再びパースのカットの方向や見え方など修正しな

図 3-9

ければならない部分を検討し、再度パースデザイナーとの打ち合わせのやりとりをすることが常である。
さらに基本的にパースデザインの打ち合わせについては、直接打ち合わせする場合とパース下絵をデータで送信し、電話でそのパース内容について打ち合わせをすることもあり、パース作成日程としては(3、4カットであれば)約7日あるいは10日を想定しておくことであろう。勿論、パース作成の時間制約がある場合には、時間に間に合わせてくれる場合もあるが費用や経費が高くなることもあるため注意しておかなければならない。
また基本的に、パースデザインを作成する場合には、全体の設計スケジュール工程に合わせてどの段階でパースデザイナーに内装デザインのパースを依頼しなければ、全体の内装デザイン設計を完成することができないかなど、全体の設計スケジュールに沿って業務を進めることが大切であることを忘れてはならない。

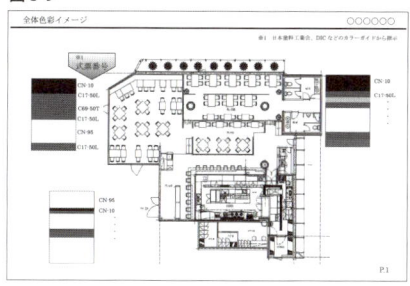

図 3-10

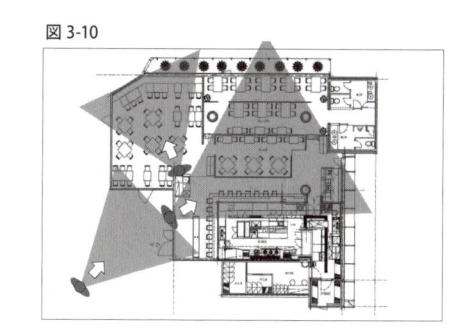

さらに完成したパーススケッチは、パネルに貼り付けて仕上げるのか、あるいはパースをデータとして完成でよいのかなど、パース資料の最終体裁も併せて打ち合わせしておくことが必要であろう。
また一般的には、パーススケッチはA3、A2のパネルに貼り付けてクライアント側に内装デザインの具体的なイメージ説明をすることが多く、そのパーススケッチはあくまでも最終ではなく、そのパースデザインやイメージ色、形状などその説明次第では、そのデザイン変更や内容の変更が発生することもあることを忘れてはならない。
つまりその変更内容は再度パースデザインを変更して描くことは少なく、実施設計の段階で修正をすることが通常であることを理解しておかなければならない(勿論、パース資料としてパース修正をしてほしいという要望については、パース修正をデザイナーに依頼し、作成しなければならない)。

16 ユニフォームは歩く広告塔であること / ユニフォームの選定方法

一般的にユニフォームの選定は、クライアント側で計画する場合もあるが、内装デザインとユニフォームが適合していないと、飲食店の店づくりとしては不完全なものになりかねない。基本的には内装デザインに合わせたユニフォームのイメージはデザイナー側から提案することが理想的であろう(しかしインテリアデザイナーの仕事としてユニフォームのプレゼンまで仕事の依頼を受けない場合も多く、その場合には、店づくりに合わせたイメージのアドバイスをしておけばよいだろう)。

表 3-34

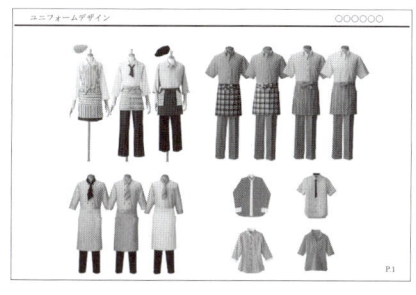

特に飲食店にとっては、スタッフがユニフォームを着用して店内を動く様はまさに店のイメージを訴求するための広告塔の役割であり、店の雰囲気やイメージを高めるための一つの要素になることを忘れてはならない。以下にユニフォーム選定の注意点を記しておこう。

1) 業務用ユニフォーム業者に店の内装デザインイメージに合わせたユニフォームのプレゼン資料作成の準備をすること
飲食店にとってスタッフのユニフォームは、いわば店のイメージを纏わせた歩く広告塔であり、ユニフォーム業者にコンセプトを説明し、資料を作成させる方法と、メーカーカタログよりユニフォームデータを紙面に貼り付けてユニフォームイメージをプレゼンする資料作成(表3-34)をする場合の二つの手法がある。
またユニフォームは規格品ではなく、店のイメージに合わせて新しくユニフォームを作成する場合があるため、その場合には、ユニフォームカタログでユニフォームのイメージの方向性を確認し、ユニフォーム業者にイメージスケッ

チを作成してもらいクライアント側のデザインの承認を受けることが常であろう。

2) 男女別に2案、3案のユニフォームイメージスケッチ画像を準備すること
スタッフのユニフォームは、男女別にイメージ画像を作成する必要があり、業態や内装イメージなどに融合するデザインや色彩など、種類としては2、3種類のユニフォームを提案できるようにしておく。

3) ユニフォームを選定する場合には、クライアント側からいろいろな意見が出るものであり、一回のプレゼンでは決定しないこともしばしばである
スムーズに業務を進めるためには、内装デザインの打ち合わせ段階でユニフォームのデザインの方向性やイメージなど、事前に要望を聞いておくことが、クライアント側の意見がバラバラにならないようにするための段取りであることを忘れてはならない。

17 店舗ロゴデザイン / 店名は店の顔である

1) 店名イメージの候補リストを作成する/候補リストから店名決定をしてもらう

店名とは「店の顔である」というイメージがあるように業態と内装イメージ、店名のバランスがとれていないと、何の店であるのか利用者が理解できないことになるため、慎重に店名のイメージ候補をリスト(表3-35)として提案することが大切である。

また店名を決定する要素としては、一般的に企画する飲食店の業態コンセプトやメニューに合わせて店名のイメージを創出することが多く、店名もなかなか決定しない業務の一つであろう。

さらに一般的には、飲食店の業態コンセプトやメニュー内容から抽出できるイメージを店名として表現することが多く、店名のアイデアをリストとして挙げておくことが常であることを理解しておくことである。

つまりクライアントには、その店名リストから店名候補を決定してもらうことが理想的であり、飲食店の業態コンセプトと内装イメージなどを引き立てる店名であることが理想的であることを忘れてはならない。

2) ロゴデザインは2案、3案を提案する/わかりやすい目印

店名ロゴは、業態のイメージを大きくまとめた目印であり、いわばマークの役割をするため、店名同様に「店の顔」である。

また店名ロゴはあくまでも業態・店名と適合していることが大切であり、ロゴデザインは2、3案の候補と店名イメージ画像をまとめてプレゼン(表3-36)することが理想的である。さらに店名ロゴについても店名を引き立てるデザインを施すことが理想的であり、複数のロゴ候補とロゴイメージを作成することが大切であろう。

さらに一般的には、ロゴイメージは2から3案内で計画を提案することが多く、あくまでも飲食店のイメージと店名、ロゴデザインに至るまで総合的にイメージがまとまっていることが店づくりの基本であることを理解しておかなければならない。

勿論、店名同様にロゴデザインを決定するためには、すぐに決定する場合となかなかクライアント側が納得しない場合も多いものの、最終的には、飲食店のイメージと適合していなければ、飲食店としてのまとまりに欠けるものになってしまうことを忘れてはならない。

また一般的に飲食店の店名は5文字から6文字が読みやすく覚えやすいといわれているように、ロゴマークデザインも見てすぐに理解できる、すぐに認知できることが理想的であり、いわばロゴデザインのイメージで飲食店を認知できることが大切である。

つまりロゴデザインのプレゼンテーションとしては、ロゴのアイデアの数をただ単に多くすればよいというものではなく、デザイナーとして納得できるデザインイメージを訴求することが重要であることを理解しておくことである。

表3-35
■店名　ネーミング候補リスト
①Crab&Oyster house [クラブ&オイスターハウス]
Crab&Oyster house
Crab&Oyster house
②Crab&Oyster market [クラブ&オイスターマーケット]
Crab&Oyster market
Crab&Oyster market
③Fishermans crab bistro [フィッシャーマンズクラブ　ビストロ]
Fishermans crab bistro
Fishermans crab bistro
④Fishermans crab market [フィッシャーマンズクラブ　マーケット]
Fishermans crab market
Fishermans crab market
⑤Fishermans crab seafoodrestaurant [フィッシャーマンズクラブ　シーフードレストラン]
Fishermans crab seafoodrestaurant
Fishermans crab seafoodrestaurant
⑥Fresh crab bistro [フレッシュクラブ　ビストロ]
Fresh crab bistro
Fresh crab bistro
⑦Fresh crab house [フレッシュクラブ　ハウス]
Fresh crab house
Fresh crab house
⑧Fresh crab market [フレッシュクラブ　マーケット]
Fresh crab market
Fresh crab market
⑨Oceans crab kitchen [オーシャンズクラブ　キッチン]
Oceans crab kitchen
Oceans crab kitchen
⑩Oceans crab market [オーシャンズクラブ　マーケット]
Oceans crab market
Oceans crab market

表3-36

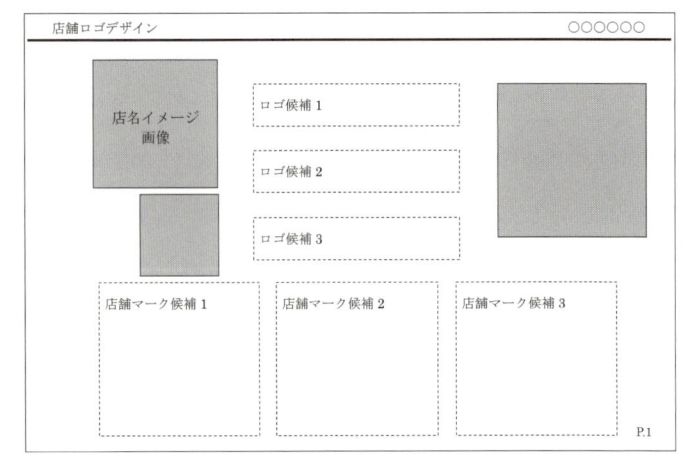

18 販売促進計画と内容を明確化する

販売促進とは、新しく開店する飲食店を認知してもらうためのアピールであるとともに、あらゆる情報網を活用し、顧客導入、固定客をつくるためのひとつの手段である。

近年の場合の販売促進方法としては、インターネットの利用率の増加などネット活用した販売促進とこれまでのようにモニター会、プレス発表、レセプション、チラシ配布資料(表3-37、38)などと組み合わせて計画することが常であろう。

また企画書の資料のまとめ方としては、販売促進計画の内容を具体的に説明できる資料を作成することであり、販売促進方法の手法やアイデアなど具体的に資料として理解できるようにまとめておく。

さらに飲食店の内容によっては、メニュー計画の段階でサンプルモニター会を開催しメニュー内容に対する意見や情報を聞き取ることもあれば、あくまでも内部スタッフのみの試食会の開催のみで終わる場合など、クライアント側の意見や要望を整理するための資料をまとめておくことが大切である。

また飲食店の知名度を上げるためのマスコミや飲食関係雑誌社などのプレス会は最低限開催すべきであるし、各資料内容に合わせて期間や開店前の準備をしなければならない。これらを念頭に置き資料作成をしておくことを忘れてはならない。

一般的に飲食店のグランドオープン前に2日、3日トレーニングを兼ねたレセプションを開催することが多く、レセプションの営業時間を区切って、昼あるいは夜の時間帯に合わせたテストオペレーションをすることが必要になる。またSNSの活用手法としては、どのように活用するのかなども合わせて計画できるように資料づくりをしておくことを忘れてはならない。

さらにメニューブックや開店チラシ、内容についての打ち合わせができる概要の資料づくりをしておくことであり、メニューリストやメニューブックは、実際は印刷会社に依頼し作成することも多く、その内容やイメージを提案できる資料をまとめておくことが大切である。特にチラシについては、A5、A4配布チラシ計画と、店頭あるいは告知ポスターの場合には、A1の用紙を使用するなど、その他配布場所によってはチラシや広告の大きさを変えることが多く、具体的な実施計画として事前に打ち合わせができるイメージ内容を提案書としてまとめておくことが必要であることを忘れてはならない。

販売促進計画　表3-37

販売促進計画　表3-38

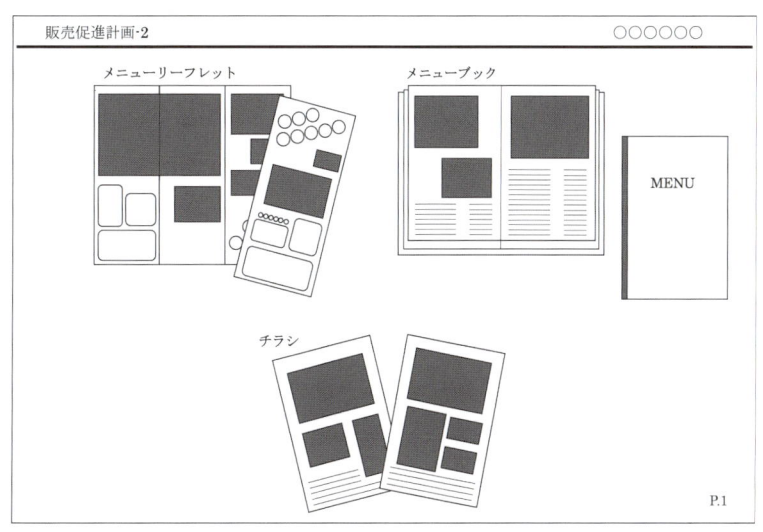

19 事業計画 / 投資資金内訳・月間売上予測・年間収支計画・返済計画

一般的に事業計画書については、企画書としてまとめる場合には、企画書の中に事業計画書としてその内容と資料を挟むことが多く、以下の(表3-39、40、41、42)投資内訳、事業計画/月間売上予測・年間収支計画、売上・人件費試算、借入返済計画など資料としてまとめておくことが大切である。

またクライアントに対する事業計画の内容説明は、資料内容を見てその事業計画内容を具体的に説明することが多く、各資料に合わせて事業内容や数字を説明できる資料をまとめておくことを忘れてはならない。

一般的に飲食店の事業計画の作成業務については、飲食店の店づくりなど総合的に依頼を受ける専門家(フードビジネスコンサルタント、フードコーディネーター、レストランプロデューサーなどの場合)が資料作成をすることが多く、インテリアデザイナーの業務ではないことは周知の通りであろう。

つまり今後の飲食店の店づくりに携わる専門家としては、店づくりに関わる業務の幅広い知識を集積しておくことが理想的であろうし、飲食店が成立するための事業計画内容についても理解できるように、自己研鑽と努力を積み重ねていくことが大切であることを忘れてはならない。

事業計画 / 月間売上予測・年間収支計画 表3-40

投資内訳一覧 表3-39

売上・人件費試算 表3-41

借入返済計画　表 3-42

※投資額に借り入れ金が含まれる場合を想定。

借入投資金額	66,740,000 円
金利	2 %
返済期間	5 年
年返済額	13,348,000 円
月返済額	1,112,333 円

	1年度	2年度	3年度	4年度	5年度
期首残高	66,740,000	53,392,000	40,044,000	26,696,000	13,348,000
返済額	14,682,800	14,415,840	14,148,880	13,881,920	13,614,960
期末残高	53,392,000	40,044,000	26,696,000	13,348,000	0
年金利額	1,334,800	1,067,840	800,880	533,920	266,960
月間金利額	111,233	88,987	66,740	44,493	22,247

支払金利額合計	¥4,004,400

20 開店スケジュール計画と表現方法

一般的に飲食店の業態コンセプトや企画書をまとめるには、どのくらいの時間を要するか、あるいは十分に時間をかけて工事着工前に種々なシミュレーションをする場合では大きく(全体的に3ケ月、4ケ月で飲食店を開店するという目標がはっきりしている場合の二通りのステップがある)スケジュール期間や工程が変わってくることを理解しておかなければならない。

また具体的なスケジュール表の作成方法(表3-43)とは、左側縦列に項目内容、横列に月の5日刻みの縦線を引き、各項目内容はいつ頃(月日程)から開始し業務終了するかという横列に期間範囲を棒線、太線で記していくことが常である。

さらに各項目内容の作業の必要日数が異なるために、作業内容が重複することがあるものの、全体日程はあまり無理のないスケジュール計画をすることが大切である。

つまり基本的には、スケジュール内容は飲食店の企画段階から店づくりを経て開業に至るまですべての項目をそれぞれの期間ごとに表にまとめたものであり、企画書としては、事前に業務内容を検討した内容をスケジュール表としてまとめることが理想的である。

表 3-43

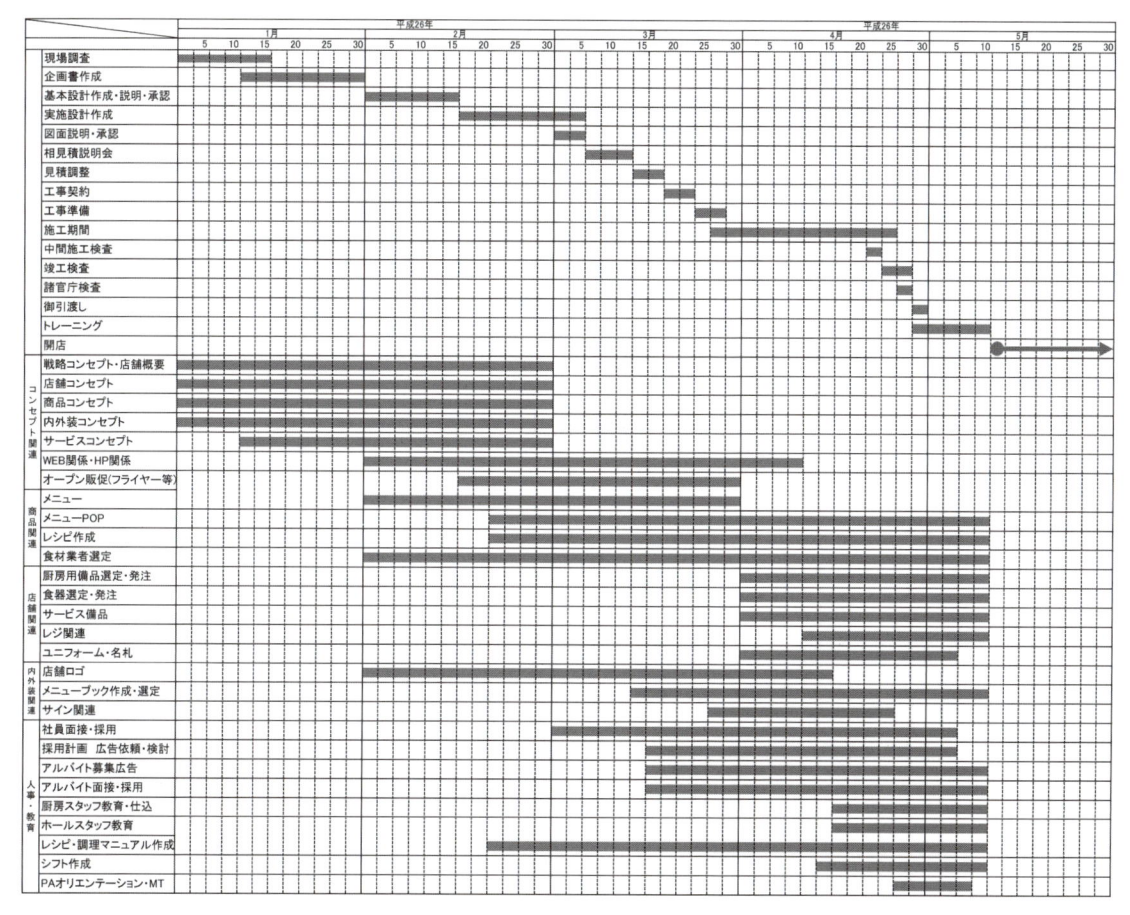

第3章-2　企画書の実例を見る

株式会社〇〇〇〇〇　御中

Fishermans crab Seafood Restaurant 企画書

株式会社〇〇〇〇〇

目次　　　　　　　　　　　　　　　　　　　　　　　　　　　　fishermans crab

1. 出店計画の目的／概要 …… P.2	11. 平面計画図 …… P.16
2. プランニング全体図／チャート …… P.3	12. 厨房平面図／機器リスト …… P.17
3. 外食市場分析／市場動向 …… P.4	■ 12-1 厨房平面図
	■ 12-2 厨房機器リスト 1
	■ 12-3 厨房機器リスト 2
4. 消費者動向 …… P.5	13. 内装デザインパース …… P.20
5. 業態分析 …… P.6	■ 13-1 パース 1
	■ 13-2 パース 2
	■ 13-3 パース 3
6. 立地調査分析 …… P.7	14. ユニフォームデザイン …… P.23
7. 業態基本コンセプト …… P.8	15. 店舗ロゴデザイン …… P.24
■ 7-1 キーコンセプト	
■ 7-2 業態特性	
8. 商品コンセプト／メニューコラージュ …… P.10	16. 販売促進計画 …… P.25
■ 8-1 商品コンセプト	■ 16-1 販売促進計画 1
■ 8-2 メニューコラージュ 1	■ 16-2 販売促進計画 2
■ 8-3 メニューコラージュ 2	
9. 商品メニューリスト …… P.13	17. 事業計画 …… P.27
	■ 17-1 事業計画書
	■ 17-2 出店総投資一覧表
	■ 17-3 売上・人件費試算表
	■ 17-4 借入返済計画
10. 店舗コンセプト／内装イメージコラージュ …… P.14	18. 開店スケジュール …… P.31
■ 10-1 店舗コンセプト	
■ 10-2 内装デザインコラージュ	

1 出店計画の目的／概要

fishermans crab

≪目的≫

・本社主業務は海鮮卸問屋であることの利点を大きく活用できること

・新規事業として将来的に多店化できる飲食店の開発を行うこと

・本社の海鮮卸問屋の活性化につなげることができる業態開発をすること

≪概要≫

・東京都内を中心に2015年夏に1号店を出店し、その後3年以内に関東圏へ10店のドミナント戦略で
　直営店を展開していくこと

・将来的にはメニューを絞り込んだ専門業態を開発し、フランチャイズ本部としてFC展開できる規模まで
　展開していくこと

・選定立地としては繁忙時とアイドル時の落差があまり生じないエリアへの展開を計画すること

2 プランニング全体図／チャート

fishermans crab

出店計画概要
- 市場動向
- 消費者動向
- 業態分析
- 立地現状調査
- 立地選定

→ 基本コンセプト・業態
- 店舗コンセプト
- 商品コンセプト
- 運営コンセプト
- 厨房コンセプト

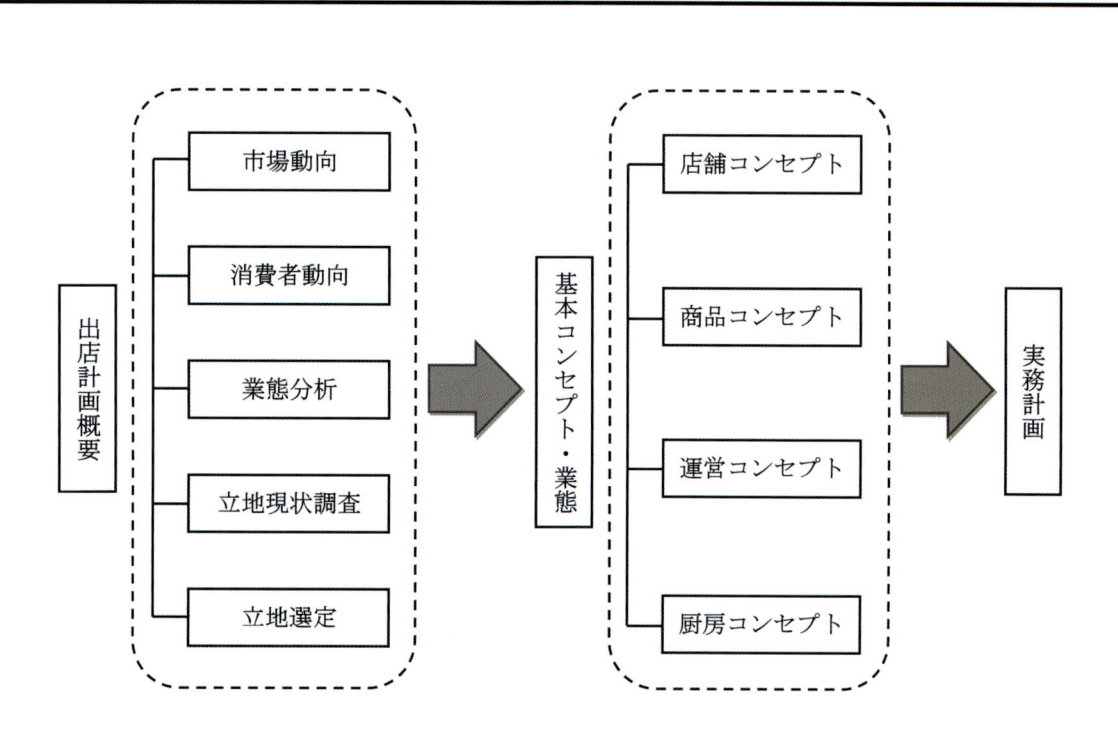

→ 実務計画

第3章 -2　企画書の実例を見る

3.外食市場分析／市場動向　　　　　　　　　　　　　　　　　　　　　　　　fishermans crab

≪市場分析≫

外食業界は 1997 年の約 30 兆円を頂点とし年々売上が降下していること。
推測では 2014 年の売上は約 23 兆円といわれているように売上推移は鈍化傾向にあるなど、まずは外食市場や売上推移の現状を理解しておかなければならない。しかし売上規模は縮小傾向にあるものの、業種・業態すべての飲食店が不振ではなく、中食、海鮮居酒屋、回転すし、カフェなど人気ある業態も存在していることを理解しておくことである。

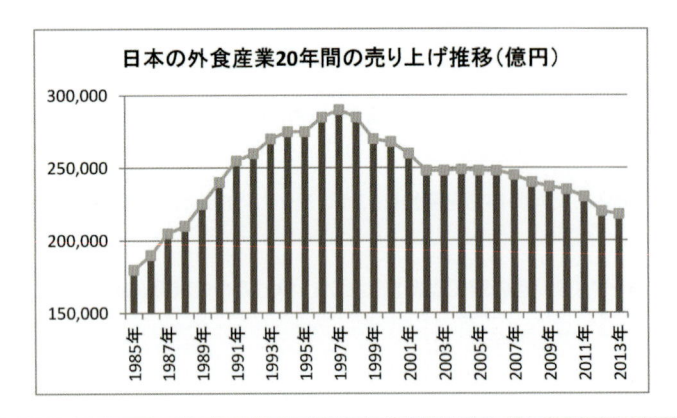

日本の外食産業20年間の売り上げ推移（億円）

4.消費者動向　　　　　　　　　　　　　　　　　　　　　　　　　　　　　fishermans crab

外食（昼食）の頻度
- 週4回以上 16%
- 週1～3回 22%
- 月1～3回 36%
- 半年に4～5回 6%
- 半年に1～3回 10%
- ほとんどしない 10%

晩御飯の外食に掛ける1人当たりの予算

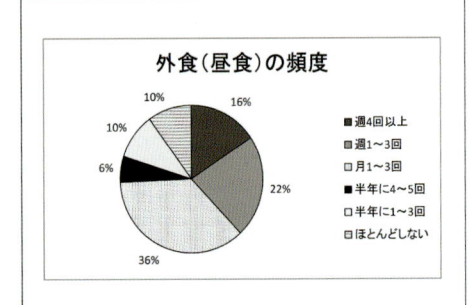

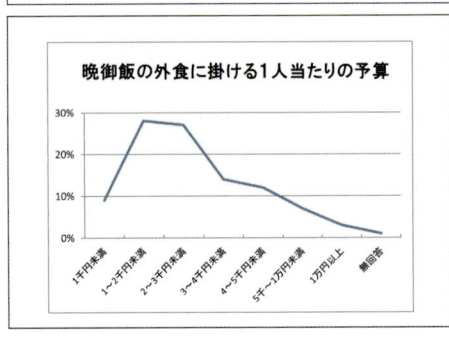

外食市場は、生活者の価値観や趣味嗜好の多様化を満たすための商品が溢れているものの、時代による生活者のライフスタイルの変化によって企画段階で期待した商品が売れるようなモノ創りが難しい時代になってきていることも現実であること

昼食に対する生活者の利用頻度は上位 36%月 1-3 回、2 位 22%が週 1-3 回など以下利用率は少なくなっていること

最近では、自宅から弁当を持参し少しでも食費比率を下げる生活者が多く特に女性客の昼食に対する支出や利用頻度は低下傾向にあること

しかしディナーを利用する頻度と外食費支出は昼よりも高く、高齢化するほど外食に掛ける支出は高くなる傾向にあるものの、1000 円-2000 円未満と 2000 円-3000 円未満の 20 代-70 代の男女年齢層が多いことが理解できることだ

5. 業態分析

fishermans crab

国内魚介類の消費量を見ても、魚介類は和食同様に人気を集めている料理であり、幅広い年齢層のニーズを捉えていることである

近年の傾向としては、海外のカニを取り寄せてそのカニの美味しさを前面に打ち出したシーフードレストランが増加傾向にある。1人当たりの食用魚介類需要も日本は高い数値にあること

シーフードを好む客層としては、女性客を中心にファミリー層に至るまで幅広い年齢層に支持される業態であり、今後もその需要は増加傾向にあること

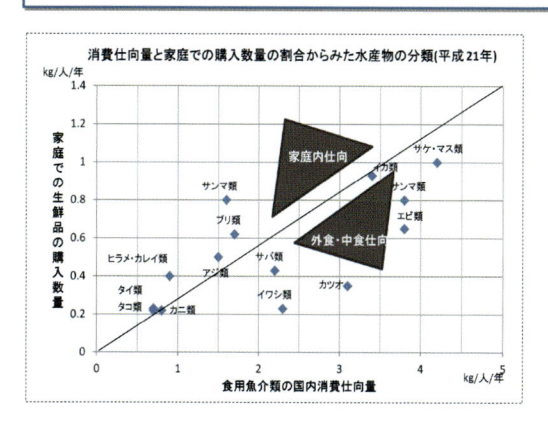

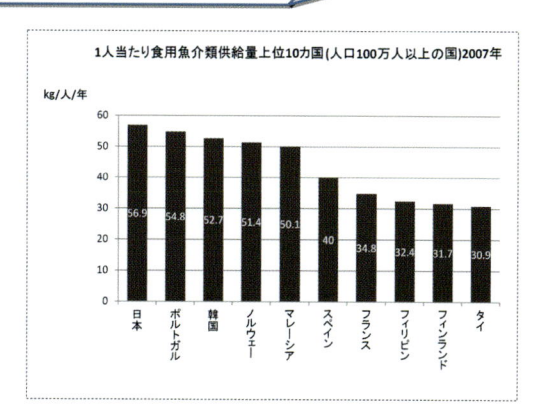

消費仕向量と家庭での購入数量の割合からみた水産物の分類(平成21年)

1人当たり食用魚介類供給量上位10カ国(人口100万人以上の国)2007年

国	kg/人/年
日本	56.9
ポルトガル	54.8
韓国	52.7
ノルウェー	51.4
マレーシア	50.1
スペイン	40
フランス	34.8
フィリピン	32.4
フィンランド	31.7
タイ	30.9

6 立地調査分析

fishermans crab

対象範囲：半径 0.5 km圏内

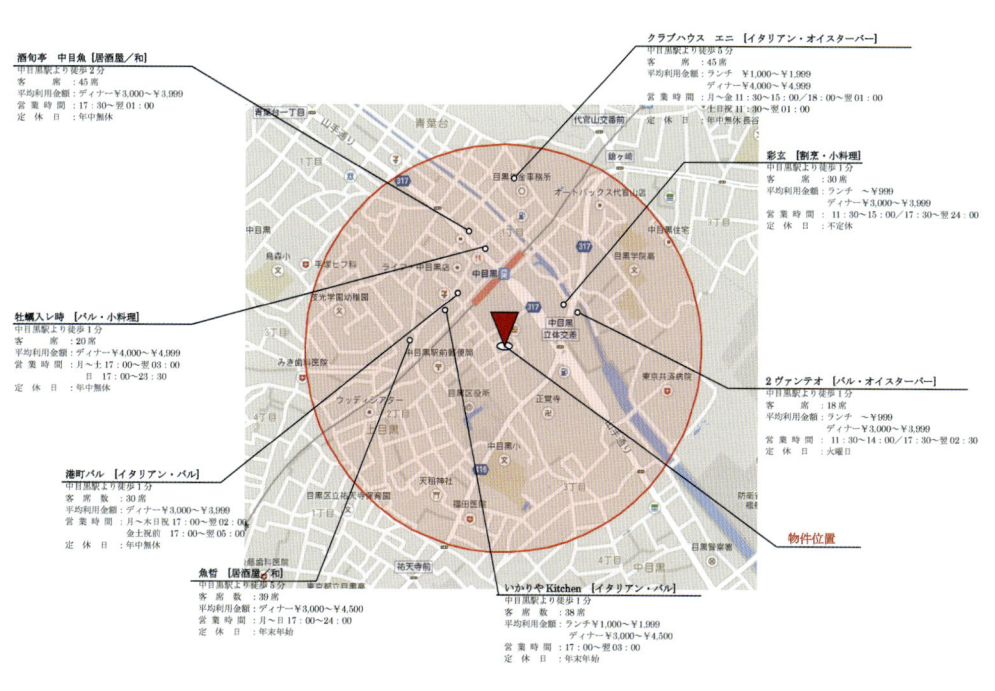

酒旬亭 中目魚 [居酒屋／和]
中目黒駅より徒歩2分
客 席：45席
平均利用金額：ディナー ¥3,000～¥3,999
営業時間：17:30～翌01:00
定休日：年中無休

クラブハウス エニ [イタリアン・オイスターバー]
中目黒駅より徒歩5分
客 席：45席
平均利用金額：ランチ ¥1,000～¥1,999
ディナー ¥4,000～¥4,999
営業時間：月～金 11:30～15:00／18:00～翌01:00
土日祝 11:30～翌01:00
定休日：年中無休長谷

彩玄 [割烹・小料理]
中目黒駅より徒歩1分
客 席：30席
平均利用金額：ランチ ～¥999
ディナー ¥3,000～¥3,999
営業時間：11:30～15:00／17:30～翌24:00
定休日：不定休

牡蠣入レ時 [バル・小料理]
中目黒駅より徒歩1分
客 席：20席
平均利用金額：ディナー ¥4,000～¥4,999
営業時間：月～土 17:00～翌01:00
日 17:00～23:30
定休日：年中無休

2ヴァンテオ [バル・オイスターバー]
中目黒駅より徒歩1分
客 席：18席
平均利用金額：ランチ ～¥999
ディナー ¥3,000～¥3,999
営業時間：11:30～14:00／17:30～翌02:30
定休日：火曜日

港町バル [イタリアン・バル]
中目黒駅より徒歩1分
客 席：30席
平均利用金額：ディナー ¥3,000～¥3,999
営業時間：月～木日祝 17:00～翌02:00
金土祝前 17:00～翌05:00
定休日：年中無休

物件位置

魚哲 [居酒屋／和]
中目黒駅より徒歩5分
客席数：39席
平均利用金額：ディナー ¥3,000～¥4,500
営業時間：月～日 17:00～24:00
定休日：年末年始

いかりやKitchen [イタリアン・バル]
中目黒駅より徒歩1分
客席数：38席
平均利用金額：ランチ ¥1,000～¥1,999
ディナー ¥3,000～¥4,500
営業時間：17:00～翌03:00
定休日：年末年始

155

第3章-2　企画書の実例を見る

7-1　業態基本コンセプト　■キーコンセプト　　　　　　　　　　　　　　　　　　　　　fishermans crab

◆基本コンセプト
フィッシャーマンズクラブのカニは、南アフリカのケープタウン沖深海で獲れる「ディープシーレッドクラブ」のことで、外敵のいない環境で丸々と太っており身がぎっしりしていて、みずみずしいのが特徴です。
また「ディープシーレッドクラブ」の特徴としては、肉の身が厚くスパッと取れる身に驚き、実際に食べてみるととても美味しいカニという点です。
ケープタウンのビクトリア＆アルフレッド（V&A）ウォーターフロント・ショッピングモールは、有名な国際的ブランドから、地元限定のブティックまで様々な店が集結しています。そんな港街市場マーケットの雰囲気とシーフードレストランを融合したコンセプト。魚介類が好きな人々のランドマークになるようにという願いがこの店に込められています。

◆私たちの信念
主軸メニューのディープシーレッドクラブ、国産カキ、産地直送の魚介類などシーフードをさまざまな調理法で美味しく食べていただくための店。
私たちの信念は「本物の美味しいカニ（ディープシークラブ）の味を提供する」ことです。
様々なカニの種類がある中で、私どもは特に厳選された美味しいカニをお客様に食べていただくことにこだわりました。
カニ仕入れ関係者の協力も得た結果、複数産地からの調達ルートを確保し、ついに安定供給の実現にこぎつけました。

メニュー内容は、クラブ料理8種類、アペタイザー12品〜15品、セレクション15品、デザート8品
ドリンク類10〜15品など、フィッシャーマンズコースとしては、3800円・4800円のおすすめコースを選べるなど
満足のいくシーフード料理をお楽しみいただけます。

◆食材へのこだわり
活きのよさを保つため、水槽から魚介を選びお好みの調理法あるいは店のオリジナルの調理法でオーダーできることが醍醐味。
自慢の独自スタイルでもよし、ディープシークラブをシンプルに調理した茹でカニ、種々なスパイスで調理したカニなどいろいろな楽しみ方で
是非、フィッシャーマンズクラブ独自の味を存分にご堪能ください。
また魚介類は、蒸し・焼き・炒めるなど素材の美味しさを活かしたニンニク、ハーブ、スパイスなどを合わせた調理法で
素材の味を楽しんでいただけるように考えています。

7-2　業態基本コンセプト　■業態特性　　　　　　　　　　　　　　　　　　　　　　　　fishermans crab

《立地候補・選定》
・商業ビル2F
・集客動線としてエレベーター、外階段の利用
・中目黒、渋谷、恵比寿

《業態説明／キーワード》
・ディープシークラブなど海外のカニを提供する独自性
・カニ・シーフードのアレンジ料理

《ターゲット・客単価》
・男性、女性30〜50歳後半
・（昼）客層……ヤングアダルト主婦層、熟年主婦層
　　　　客単価…ランチ／1000円〜1500円
　　　　　　　　ランチコース／1980円
・（夜）客層……ヤングアダルト、ファミリー、
　　　　客単価…4000円〜6800円まで

《営業時間》
・（昼）11：30〜14：30
・（夜）17：00〜24：00

Fishermans crab Seafood restaurant
・本物のおいしいカニの味を提供
・複数産地からの調達
・ケープタウンとシーフードレストランの融合

《オペレーション計画・サービス》
・きめ細やかな目配り、気配り、心配り
・真心あるカジュアルサービス
・スタッフの商品知識の徹底化

《メニューコンセプト》
・主軸はディープシークラブ
・新鮮なシーフード料理
・季節の生カキ、焼きカキ、ロブスター料理など

《メニュー数》
・カニ類　　8種
・前菜　　　8種
・アラカルト　15種
・魚介類　　5種
・デザート　5種

《内装・厨房デザインコンセプト》
・全体イメージは白に染色した樺材へのエージング加工によるビンテージ感
・開放的なオープンキッチン
・カジュアルシーフードレストラン
・テーブル席96席、ベンチシート18席、カウンター14席
　合計128席

《収支事業計画》
・初年度売上高 224,041千円（年）
・原価率 40％
・人件費 21％
・営業利益 45,062千円（年）
・経常利益 43,710千円（年）

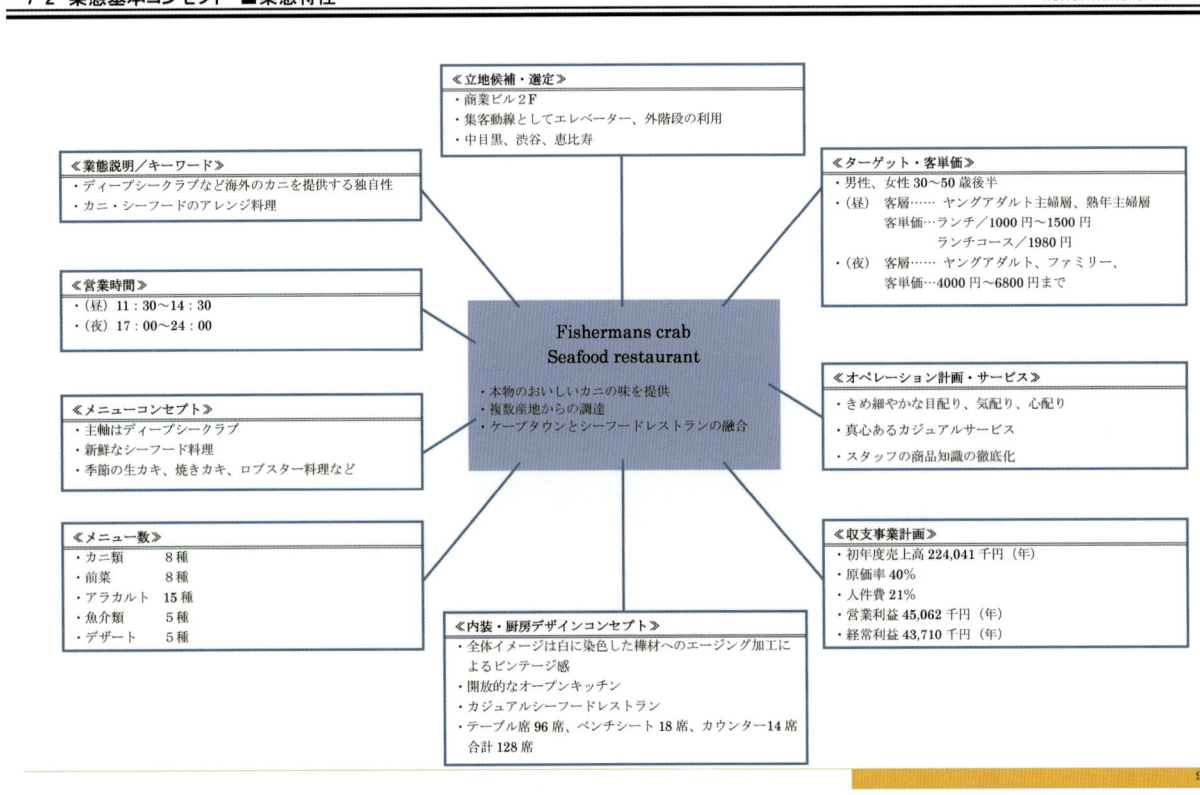

8-1 商品コンセプト　　　　　　　　　　　　　　　　　　　　　　　　　　　fishermans crab

- シーフードメニューの魅力を最大限に訴求
- 素材のうまみを生かした調理法で提供

コンセプト1
- 新鮮な魚介類を楽しく食べる、わいわいと楽しむ、雰囲気は好奇心を掻きたてる味付けである
- 魚介類の盛り付けは、新鮮さ、美味しさを表現するキーワード

コンセプト2
海外、日本各地から取り寄せたマッドクラブ、ディープシークラブ、ロブスター、生ガキなどシーフードレストランの新鮮な魚介類メニューの美味しさを楽しめる

8-2 メニューコラージュ 1　　　　　　　　　　　　　　　　　　　　　　　fishermans crab

第3章-2　企画書の実例を見る

8-3　メニューコラージュ 2　　　　　　　　　　　　　　　　　　　fishermans crab

9　商品メニューリスト　　　　　　　　　　　　　　　　　　　　　fishermans crab

前菜／サラダ
- シーフードサラダ
- 揚げ豆腐サラダ
- グリーンサラダ
- クラゲのマリネ
- ココナッツシュリンプトースト
- 蒸し鶏の冷製
- ピクルス
- シーフードコンビネーション

　　　　　　　　8品

一品物
- 季節の野菜炒め
- 温野菜
- チリコンカン
- 熟成サーロイングリル
- 生春巻き
- トルティーヤロール
- 有機野菜のバーニャカウダ

　　　　　　　　7品

カニ
- チリクラブ
- ブラックペッパークラブ
- カレークラブ
- ソルトペッパークラブ
- ベイクドクラブ
- ガーリックハーブクラブ
- スチームクラブ
- ジンジャークラブ
- ポットクラブ

　　　　　　　　9品

- 蒸しパン
- 揚げパン

　　　　　　　　2品

エビ
- シリアルバタープラウン
- ソルト＆ペッパープラウン
- フライドガーリックプラウン
- カレープラウン
- エビのマヨネーズソース
- エビのアヒージョ
- エビグラタン

　　　　　　　　7品

カキ
- 生牡蠣
- カキフライ
- 生牡蠣のバターソテー
- グリルオイスター盛り合わせ
- 牡蠣の素焼き
- 牡蠣グラタン
- オイスターケーキ

　　　　　　　　7品

ごはん・麺
- チキンライス
- 海鮮チャーハン
- フカヒレロウ飯
- ペスカトーレ
- クリームリゾット
- チーズリゾット
- ペペロンチーノ
- カニのトマトクリームパスタ

　　　　　　　　8品

スープ
- ハマグリのガーリックスープ
- エビのライムクリームスープ
- フカヒレと蟹肉のスープ
- 鶏肉とフカヒレのクラシックスープ
- ポークリブスープ
- クラムチャウダー

　　　　　　　　6品

ランチ
- チリクラブトースト
- チリクラブセット
- 海南チキンライスセット
- ココナッツカレー
- ポークリブスープ＆ライス
- オイスター炒め＆ライス
- パスタランチセット
- キッズランチ

　　　　9品＋通常メニュー

コース料理
【コース1】
- エビの冷製　マンゴーソース
- スープ
- 真鱈のオーブン焼き　ブラナンカンソース
- チリクラブ＆揚げパンズ
- デザート

【コース2】
- 前菜盛り合わせ
- スープ
- 殻付きホタテのガーリック蒸し
- 牛フィレのタマリンドソース
- チリクラブ＆揚げパンズ
- 海南鶏飯
- デザート

【ランチコース1】
- エビとオクラのサンバルソース
- 旬の中国野菜の炒め
- 真鱈のオーブン焼き
- 鶏手羽元のカレー＆ジャスミンライス

【ランチコース2】
- エビとオクラのサンバルソース
- 旬の野菜炒め
- 真牡蠣のブラックビーンズソース
- チリクラブ＆揚げパンズ
- シーフードフライドライス
- デザート

デザート
- パフェ
- フォンダンショコラ
- 揚げバナナ　アイス添え
- プリン
- ココナッツパンケーキ
- 林檎のフリット　ジェラート添え
- アイス
- デザート盛り合わせ

　　　　　　　　8品

ドリンク
- 生ビール
- ワイン　　　各種
- カクテル　　各種
- サワー　　　各種
- ソフトドリンク　各種
- ジャスミン茶
- プーアール茶
- ブレンドティー

・通常メニュー　54品（ランチ除く）

・コース料理　3種

・デザート　8品

10-1 店舗コンセプト　　　　　　　　　　　　　　　　　　　　　　　　fishermans crab

内装イメージはシーサイドレストランを彷彿とさせる白、マリンブルー、ウッディの素材はマリンサイドで食事する雰囲気を醸し出すステージである

・シーフードレストランの新鮮な魚介類メニューの美味しさを楽しめる食空間を提供すること
・わいわい食を楽しむこと
・オープンキッチンは、食へのライブ感を訴求する演出材であること

■店舗情報
・約86坪
・テーブル席　114席
・カウンター　14席

客席形態は幅広い客層の来店を想定し、オープンキッチンに隣接したカウンター席、4人席、2人席、ベンチシート席など多種多様な客層ニーズに適合できる環境づくり

10-2 内装デザインコラージュ　　　　　　　　　　　　　　　　　　　fishermans crab

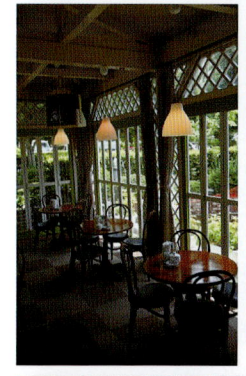

第3章-2　企画書の実例を見る

11　平面計画図　　　　　　　　　　　　　　　　　　　fishermans crab

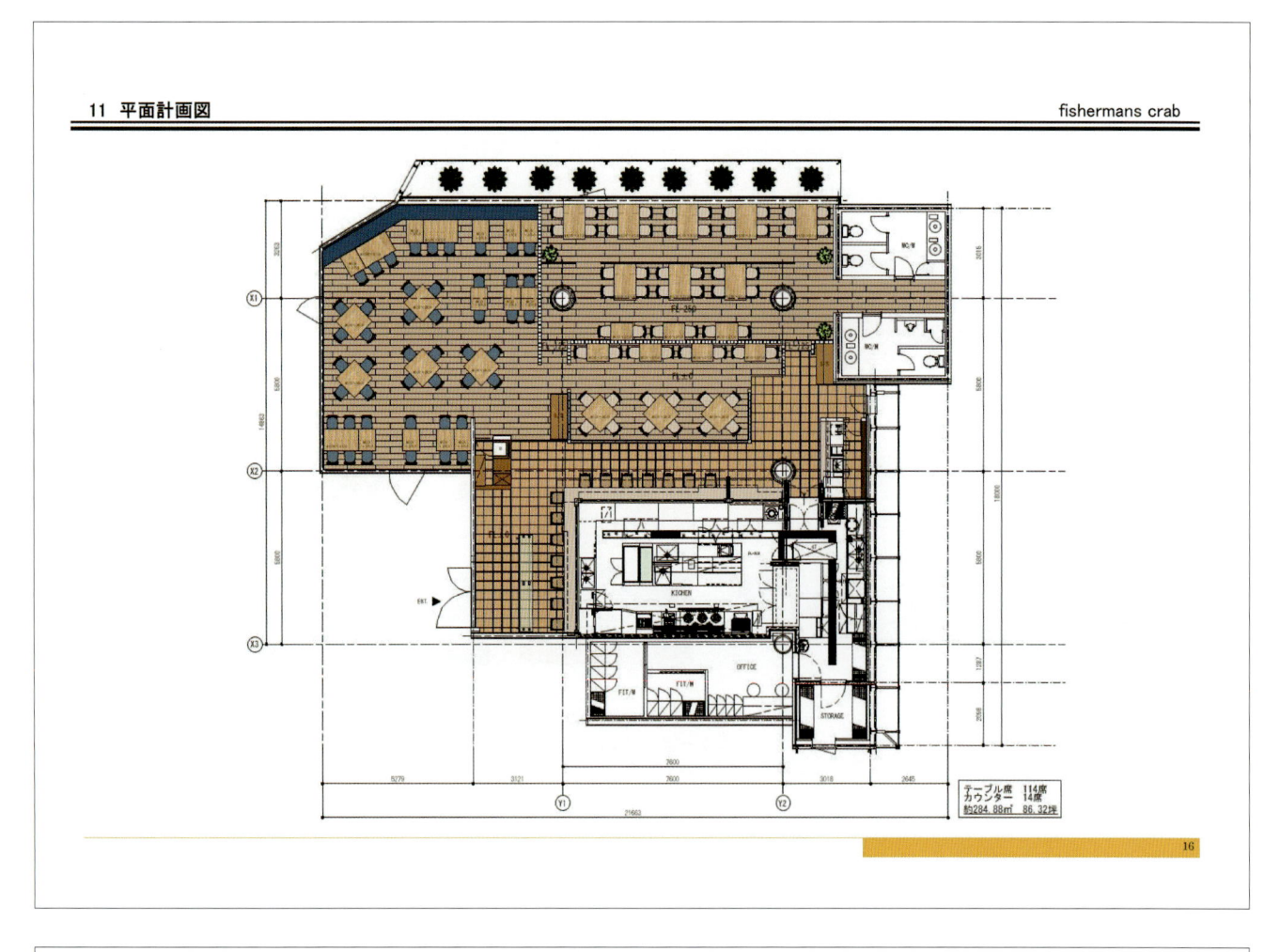

12-1　厨房平面図　　　　　　　　　　　　　　　　　　fishermans crab

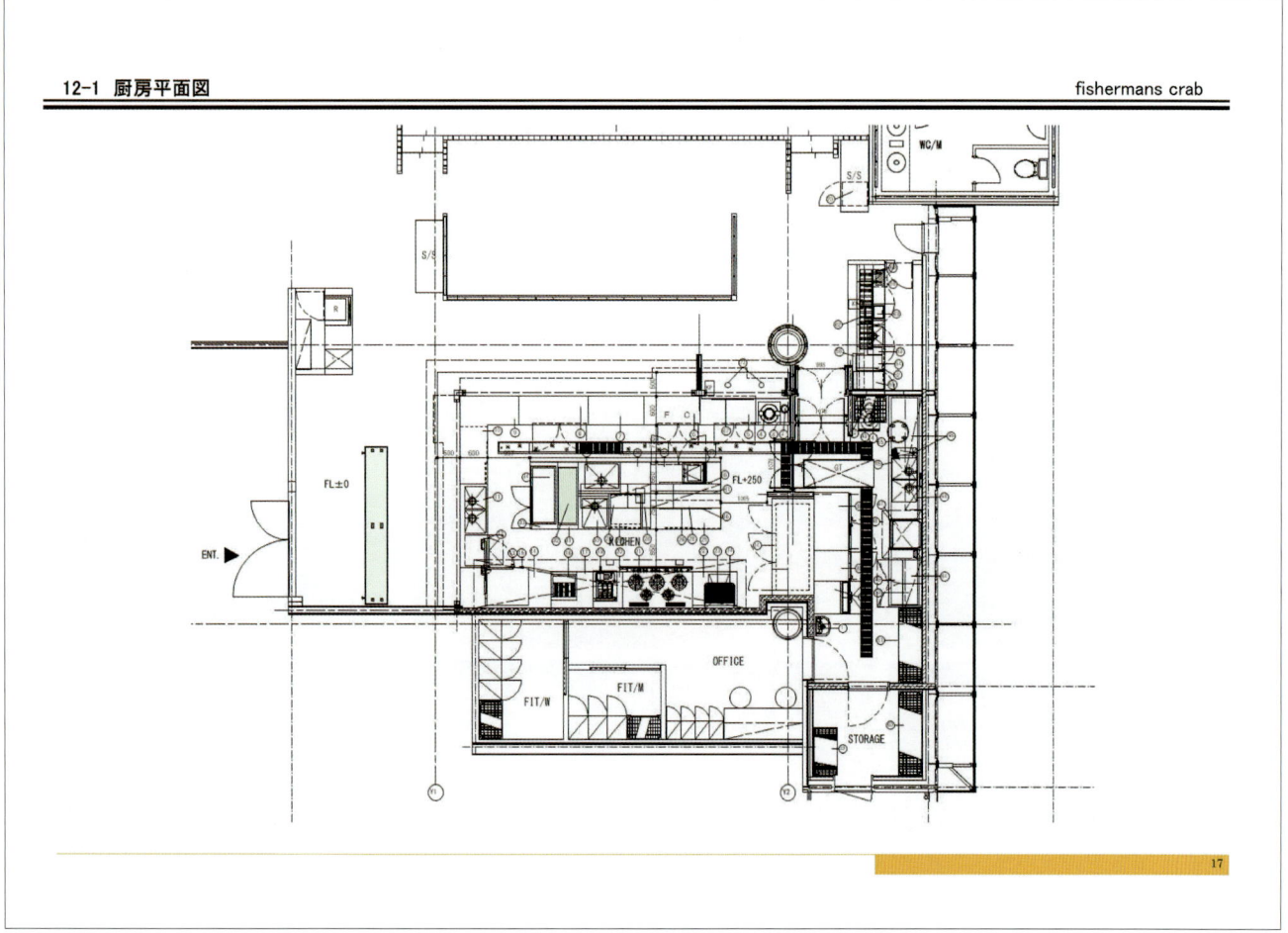

12-2 厨房機器リスト 1

fishermans crab

■...既存機器

No	品名	型式	台数	寸法(mm) W	D	H	配管接続口径(A) 給水	給湯	排水	ガス 口径	kW	蒸気 kg/h IN	OUT	冷却水 IN	OUT L/min	電気容量(kW) 単相100V	単相200V	三相200V	Hz HD	CMH	排気	フ	備考
1	手洗器	L.30	1	400	320	810	15		40														[別途設備工事]
2	ディッシャウェル		1	180	180		15		40														
3	炊飯台		1	748	600	850																	
4	IH炊飯ジャー	NH-GD54	3	430	500	390												4.57×3					3升(5.4ℓ)
5	冷蔵コールドテーブル	RT-120SNC-ML	1	1200	600	850			40								0.228						242リットル
6	冷凍冷蔵コールドテーブル	RFT-120PNE1	1	1200	600	850			40								0.27						冷蔵104ℓ、冷凍102ℓ
7	ワークテーブル		1	1200	600	850																	
8	冷蔵コールドテーブル	RT-150SNF	1	1500	600	850			40								0.18						329ℓ
9	ワークテーブル		1	[1259]	600	850																	台下ゴミペール収納
10	冷蔵コールドテーブル	RT-120SNE-RS	1	1200	600	850			40								0.174						240ℓ
11	二槽シンク		1	[1750]	600	850	15×3	15×2	50×2														浄水器×1(TK805#54R)、シンクフタ×1、K876V×2
12	アイスメーカー	IM-65M	1	630	525	850	15G.V		40								0.38						浄水器、No11と天板一体
13	排気フード		1	[5850]	[1000]																		設備工事、フードライト×3
14	ワークテーブル		2	1975	850	850																	ホテルパン収納付
15	スチームコンベクションオーブン	OGB-6.10(A)	1	980	805	845	15G.V×2		65耐熱管	20	13.9						0.36						G 1/1GN 65mm 6枚、浄軟水器
16	フライヤー	NB-TQFL-C55	1	550	600	850				15	10.7												G 油量23ℓ
17	ワークテーブル		1	900	750	850																	
18	パイプシェルフ		2	1000	300																		1段
19	パスタボイラー	TG-SBR-1	1	500	650	850	15G.V		40耐熱管	15	9.3												G ゆでカゴ×3
20	脇台		1	630	750	850																	
21	ガスレンジ	S-TQR-150A	1	1500	750	850				32	75.6												G φ180×3、φ125×2、オーブン×2
22	一槽シンク		1	950	750	850	15	15	50														K876V
23	サラマンダー	TMS-ESM-65	1	650	450	550													4.2				G
24	プレハブフリーザー		1	2000	1000				40								0.5					[1.1]	扉デザイン[月星アート]
25	冷蔵コールドテーブル	RT-150SNC-S	1	1500	600	850			40								0.214						330リットル、天板D=750
26	台		2	1500	500	350																[1.5]	
27	真空包装器	ME600B	1	420	505	425																	
28	扉付き棚		3	1000	500	350																	
29	電機ディッシュウォーマー	TEDW-N90A	1	900	750	850			25										1.1				天板+W900
30	一槽シンク		1	650	750	850	15×2	15	50														K876V、浄水器(TK805#54R)
31	台		1	[1400]	450	800																	
32	水槽		1	1200	450	450	15		40								0.2						
33	冷蔵コールドテーブル	RT-120SNF	1	1400	600	850			40								0.18						240リットル、天板延ばし
34	アイスベッド		1	1200	500				50														
35	扉付き一槽シンク		1	900	650	850	15×2	15	50														K876V、浄水器(TK805#54R)
36	ワークテーブル		1	650	650	850																	台下ゴミペール収納
37	冷蔵コールドテーブル	RT-150SNC-ML	1	1500	600	850			40								0.23						332リットル
38	冷蔵庫	HR-120Z	1	1200	800	1890			40								0.3						1080ℓ
39	冷蔵庫	HR-63Z	1	625	800	1890			40								0.3						502ℓ
40	アイスメーカー	IM-230AM-SA	1	700	790	1850	15G.V×2		40×2耐管										1.3				浄水器
41	シェルフ		1	600	350	2100																	
42	シェルフ		1	705	550	2100																	
43	ラスシェルフ		1	450	450	95																	
44	オーバーシェルフ		1	500	350																		二段
45	ダストシンク付きソイルドテーブル		1	[2590]	700	850	15×2	15×2	50×3														浄水器(TK805#54R)、K876V×2、
46	オーバーシェルフ		1	1600	350																		二段
47	排気フード		1	1150	900	550																	設備工事、既存移設
48	食器洗浄機	A500-E10	1	600	600	1400		15G.V	40×2耐熱管										11.0			○	濯ぎ槽貯湯タンク改造
49	クリーンテーブル		1	1200	700	850																	
50	ラックシェルフ		1	1000	350																		一段
51	シェルフ		1	1515	500																		
52	冷蔵ショーケース	RTS-90STB2	1	900	450	850			40								0.18						150ℓ
53	エスプレッソ専用ミル	MOD-2	1	215	405	625												0.45					別途支給品
54	エスプレッソマシン	M23-DT/1(TS)	1	400	563	516	15G.V		40耐熱管									2.5					別途支給品
55	欠番																						

12-3 厨房機器リスト 2

fishermans crab

No	品名	型式	台数	寸法(mm) W	D	H	配管接続口径(A) 給水	給湯	排水	ガス 口径	kW	蒸気 kg/h IN	OUT	冷却水 IN	OUT L/min	電気容量(kW) 単相100V	単相200V	三相200V	Hz HD	CMH	排気	フ	備考
56	フサギ板		1	750	250	40																	
57	ドリンクテーブル		1	1700	600	850	15×2	15	50、40														K876V、浄水器(TK805#54R)
58	台下形生ビールディスペンサー	DBF-U80WA	1	355	468	750			40								0.4						80ℓ、別途支給品
59	シェルフ		1	1000	500	2100																	
60	シェルフ		1	1750	500	2100																	
61	フサギ板		1	1500	50																		
62	ワイングラスホルダー	PST-D4	6	325	255	43																	
63	アイスビン		1	345	255	280			40														
64	オーバーキャビネット		1	1000	400	500																	
65	ギャベジ缶&ドーリー		1	φ460		175																	80リットル用
66	オーダーバー		3	1100	20	85																	
67	オーダーバー		2	900	20	85																	
68	プレリンスユニット	0113-B					15G.V	15G.V															
69	ビールドラフト	B-1	2	55	201	395																	別途支給品
70	ビールクーラー	FJC-85G	1	500	545	850												0.082					最大収納本数26本、右開きのみ
71	タオルウォーマー		2															[0.4×2]					別途
72	ヒートランプ	500-RT	2	φ159		247												0.25×2					※設置位置検討中
73	プレハブ用シェルフ		1	1750	460	1800																	棚四段
74	サラマンダー架台		1	620	470	一段																	
	パスボックス		4																				
	オーガナイザー																						
	ヨビ電源		6															1.0×6					
	KP用電源		3															1.0×3					
																							※水栓カランは全て設置工事、カラン指示有り
																							※給排水その他衛生工事設備のつなぎこみまで設備工事
	合計										109.5							15.978	16.66	18.7			

161

第3章-2　企画書の実例を見る

13-1　内装デザインパース　■パース 1

fishermans crab

ファサード

13-2　内装デザインパース　■パース 2

fishermans crab

店内イメージ

13-3 内装デザインパース ■パース 3　　　　　　　　　　　　　　　　　　　　fishermans crab

店内イメージ

14 ユニフォームデザイン　　　　　　　　　　　　　　　　　　　　　　　　　　fishermans crab

第3章-2　企画書の実例を見る

15　店舗ロゴデザイン　　　　　　　　　　　　　　　　　　　　　　　fishermans crab

A-1　Seafood Restaurant FISHERMANS CRAB

A-2　Seafood Restaurant FISHERMANS CRAB

A-3　Seafood Restaurant FISHERMANS CRAB

B-1　B-2　B-3　B-4

16-1　販売促進計画 1　　　　　　　　　　　　　　　　　　　　　　　fishermans crab

［モニター会］
- オープン約2〜3週間前にターゲットとなりうる客層（20〜30名）を招待しメニューを数品ご試食いただき、ご意見ご感想を求める。
- 味付け、量、価格、盛り付けの方向性の確認と調整を行う。

［プレス会］
- オープン約5〜7日前に実施。
- マスコミ各社、主要企業様へプレスリリースを送付し、招待する。
- 当日は主カメニューを提供し、店舗コンセプト及び目的、料理に説明を行う。

［レセプション］
- オープン3日前に実施。
- 関係各社、知人ご家族などを招待し、実践スタイルでの営業。
（昼・夜実施）

［販促企画］
- オープン約2週間前に店舗のパンフレット、割引券、挨拶状を送付する。
- 店舗周辺へのオープン告知を行う。
- チラシの路上配布、ポスティング。

［広告・宣伝］
- 口コミサイトへの掲載、ホームページ作成。

16-2 販売促進計画 2　　　　　　　　　　　　　　　　　　　　　　　　　　fishermans crab

リーフレット

メニューブック

チラシ

事業計画書

第3章-2　企画書の実例を見る

17-1　事業計画　■事業計画書

fishermans crab

事業計画書

（単位：千円）

<物件概要>

所在地	東京
坪数	86.3 坪
建物間口	18.0 m
奥行間口	17.2 m
保証金	10,790 千円
賃料	2,158 千円
共益費	15 千円
契約年数	5 年
償却	10 %

<初期投資費用>

物件取得費	10,790 千円
企画料	6,400 千円
内装設備工事	64,000 千円
什器関連工事	20,226 千円
投資額計	101,416 千円

※工事金額は概算となります。

<開店費用>

保険・申請	16 千円
電話・BGM	150 千円
販促費	500 千円
募集広告	500 千円
食器・備品	2,500 千円
その他備品	600 千円
運転資金	12,158 千円
合計	16,424 千円

<必要資金額計>

合計	117,840 千円

<資金調達方法>

自己資金	50,000 千円
借入	66,740 千円
リース	1,100 千円
合計	117,840 千円

項目内容	%	初年度 月額	初年度 年額	2年度 月額	2年度 年額	3年度 月額	3年度 年額	4年度 月額	4年度 年額	5年度 月額	5年度 年額
売上高	100%	18,670	224,041	19,043	228,522	19,043	228,522	19,043	228,522	19,043	228,522
原価	42%	7,841	94,097	7,998	95,979	7,998	95,979	7,998	95,979	7,998	95,979
粗利益	58.0%	10,829	129,944	11,045	132,543	11,045	132,543	11,045	132,543	11,045	132,543
人件費（AP）	12.7%	2,370	28,440	2,419	29,022	2,419	29,022	2,419	29,022	2,419	29,022
人件費	8.4%	1,562	18,740	1,600	19,196	1,600	19,196	1,600	19,196	1,600	19,196
交通費	1.5%	280	3,361	286	3,428	286	3,428	286	3,428	286	3,428
通信費	1.0%	187	2,240	190	2,285	190	2,285	190	2,285	190	2,285
開店損金	0.0%	0	0	0	0	0	0	0	0	0	0
広告販促費	2.7%	504	6,049	514	6,170	514	6,170	514	6,170	514	6,170
販売費	5.2%	971	11,650	990	11,883	990	11,883	990	11,883	990	11,883
水道光熱費	5.0%	934	11,202	952	11,426	952	11,426	952	11,426	952	11,426
共益費	0.1%	15	180	15	180	15	180	15	180	15	180
消耗品	1.6%	299	3,585	305	3,656	305	3,656	305	3,656	305	3,656
補修修繕	1.0%	187	2,240	190	2,285	190	2,285	190	2,285	190	2,285
清掃衛生費	1.0%	187	2,240	190	2,285	190	2,285	190	2,285	190	2,285
雑費	2.0%	373	4,481	381	4,570	381	4,570	381	4,570	381	4,570
営業費	10.7%	1,994	23,928	2,034	24,403	2,034	24,403	2,034	24,403	2,034	24,403
減価償却費	4.0%	755	9,063	755	9,063	755	9,063	755	9,063	755	9,063
固定資産税	0.0%										
家賃地代	11.6%	2,158	25,896	2,158	25,896	2,158	25,896	2,158	25,896	2,158	25,896
その他施設費	0.0%		0		0		0		0		0
施設費	15.6%	2,913	34,959	2,913	34,959	2,913	34,959	2,913	34,959	2,913	34,959
経費合計	52.5%	9,810	117,717	9,955	119,463	9,955	119,463	9,955	119,463	9,955	119,463
営業利益	5.5%	1,019	12,227	1,090	13,079	1,090	13,079	1,090	13,079	1,090	13,079
リース料	0.1%	17	210	17	210	17	210	17	210	17	210
借入利息	0.6%	111	1,335	111	1,335	111	1,335	111	1,335	111	1,335
経常利益	4.8%	890	10,682	961	11,535	961	11,535	961	11,535	961	11,535
借入返済		1,112	13,348	1,112	13,348	1,112	13,348	1,112	13,348	1,112	13,348
営業利益率			6%		6%		6%		6%		6%
投下資本回収率			13%		28%		42%		57%		71%
キャッシュフロー		533	6,397	604	7,249	604	7,249	604	7,249	604	7,249

BEP（損益分岐点売上高）　15,874 千円/月

注1）減価償却費、法人税は、考慮していません。
注2）要回収投下資本は、内装 設備工事費、本部商品代 開店費用の合計額です。
注3）投下資本回収率は、営業利益を回収金額に していきます。
注4）借入は金利2%で計算していま 返済期間：5年

17-2　事業計画　■出店総投資一覧表

fishermans crab

出店総投資一覧表

<投資・調達内訳>　（単位：円 消費税別途）

投資内訳		調達内訳	
物件取得費	10,790,000	自己資金	50,000,000
企画設計料	6,400,000		
内装設備工事	64,000,000	借入 金融機関	66,740,000
什器関連工事	20,226,000	リース	1,100,000
保険・申請	16,000		
電話・BGM	150,000		
開店費用関係	16,258,000		
TOTAL	117,840,000	TOTAL	117,840,000

<物件概要>

所在地	東京
坪数	86.3 坪
建物間口	18.0 m
奥行間口	17.2 m
保証金	10,790 千円
賃料	2,158 千円
共益費	15 千円
契約年数	5 年
償却	10 %

<費用発生内容と項目>　（単位：円 消費税別途）

項目	内容	事業計画予算	初回見積金額	最終見積金額	支払日	方法
物件取得費	敷金・保証金	10,790,000				現金
	仲介手数料					
	礼金					
	小計	10,790,000	0	0		
企画設計料	企画指導料	800,000				現金
	内装設計料	3,800,000				現金
	厨房設計料	1,800,000				現金
	小計	6,400,000	0	0		
内装設備工事	内装工事	30,000,000				現金
	設備工事	33,000,000				現金
	看板工事	1,000,000				現金
	小計	64,000,000	0	0		
什器関連工事	厨房機器	15,000,000				現金
	家具工事	2,500,000				現金
	冷蔵機器	1,726,000				現金
	レジ	1,000,000				リース
	小計	20,226,000	0	0		
保険・申請	店舗保険					
	保健所申請	16,000				
	小計	16,000	0	0		
電話・BGM	回線工事・回線費	50,000				現金
	TEL機・FAX機	100,000				リース
	有線加入料					
	音響機器					
	小計	150,000	0	0		
開店費用	販促費	500,000				現金
	募集広告	500,000				現金
	食器・備品	2,500,000				現金
	グラフィック	300,000				現金
	花・植木	200,000				現金
	サンプル					
	金庫・その他什器	100,000				現金
	小計	4,100,000	0	0		
運転資金	前家賃	2,158,000				現金
	商品在庫					
	生活費/予備経費	10,000,000				
	小計	12,158,000	0	0		
TOTAL		117,840,000	0	0		

166

17-3　事業計画　■売上・人件費試算表

売上・人件費試算表

＜従業員給与＞

■社員

氏名	年俸	勤務時間／時間数			日給
A	¥6,000,000	10 ～ 25	15		¥16,438
B	¥5,000,000	10 ～ 25	15		¥13,699
C	¥4,000,000	10 ～ 25	15		¥10,959
D	¥4,000,000	10 ～ 25	15		¥10,959
		－	0		¥0
		－	0		¥0
		－	0		¥0
		－	0		¥0
TOTAL					¥52,055

■アルバイト

氏名	時給	勤務時間／時間数			日給
1	¥1,000	11 ～ 14	3		¥3,000
2	¥1,000	11 ～ 14	3		¥3,000
3	¥1,000	12 ～ 15	3		¥3,000
4	¥1,000	11 ～ 14	3		¥3,000
5	¥1,000	12 ～ 15	3		¥3,000
6	¥1,000	12 ～ 17	5		¥5,000
7	¥1,000	12 ～ 17	5		¥5,000
8	¥1,000	12 ～ 17	5		¥5,000
9	¥1,000	－	0		¥0
1	¥1,000	17 ～ 22	5		¥5,000
2	¥1,000	17 ～ 25	8		¥8,000
3	¥1,000	17 ～ 22	5		¥5,000
4	¥1,000	20 ～ 25	5		¥5,000
5	¥1,000	19 ～ 24	5		¥5,000
6	¥1,000	19 ～ 24	5		¥5,000
7	¥1,000	18 ～ 23	5		¥5,000
8	¥1,000	18 ～ 23	5		¥5,000
9	¥1,000	19 ～ 25	6		¥6,000
TOTAL					¥79,000

■人件費／日

社員	¥52,055
アルバイト	¥79,000
TOTAL	¥131,055

＜売り上げ試算／日＞　客席数：128 席

	客単価	回転数	売上額
昼(11:30～14:30)3H	¥1,200	0.8	¥104,448
夜(19:00～21:00)3H	¥3,800	1.2	¥496,128
アイドルタイム 6.5H	¥1,000	0.2	¥21,760
TOTAL			¥622,336

＜スケジュールシュミレーション＞

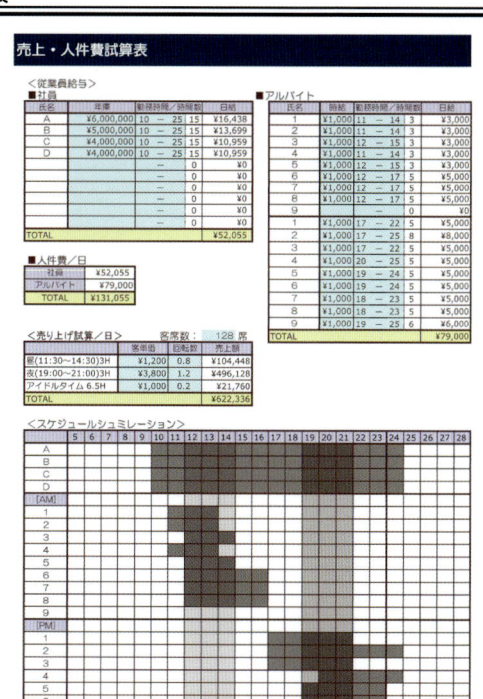

17-4　事業計画　■借入返済計画

借入返済計画

※投資額に借り入れ金が含まれる場合を想定。

借入投資金額	66,740,000 円
金利	2 ％
返済期間	5 年
年返済額	13,348,000 円
月返済額	1,112,333 円

	1年度	2年度	3年度	4年度	5年度
期首残高	66,740,000	53,392,000	40,044,000	26,696,000	13,348,000
返済額	14,682,800	14,415,840	14,148,880	13,881,920	13,614,960
期末残高	53,392,000	40,044,000	26,696,000	13,348,000	0
年金利額	1,334,800	1,067,840	800,880	533,920	266,960
月間金利額	111,233	88,987	66,740	44,493	22,247

支払金利額合計	¥4,004,400

第3章-2　企画書の実例を見る

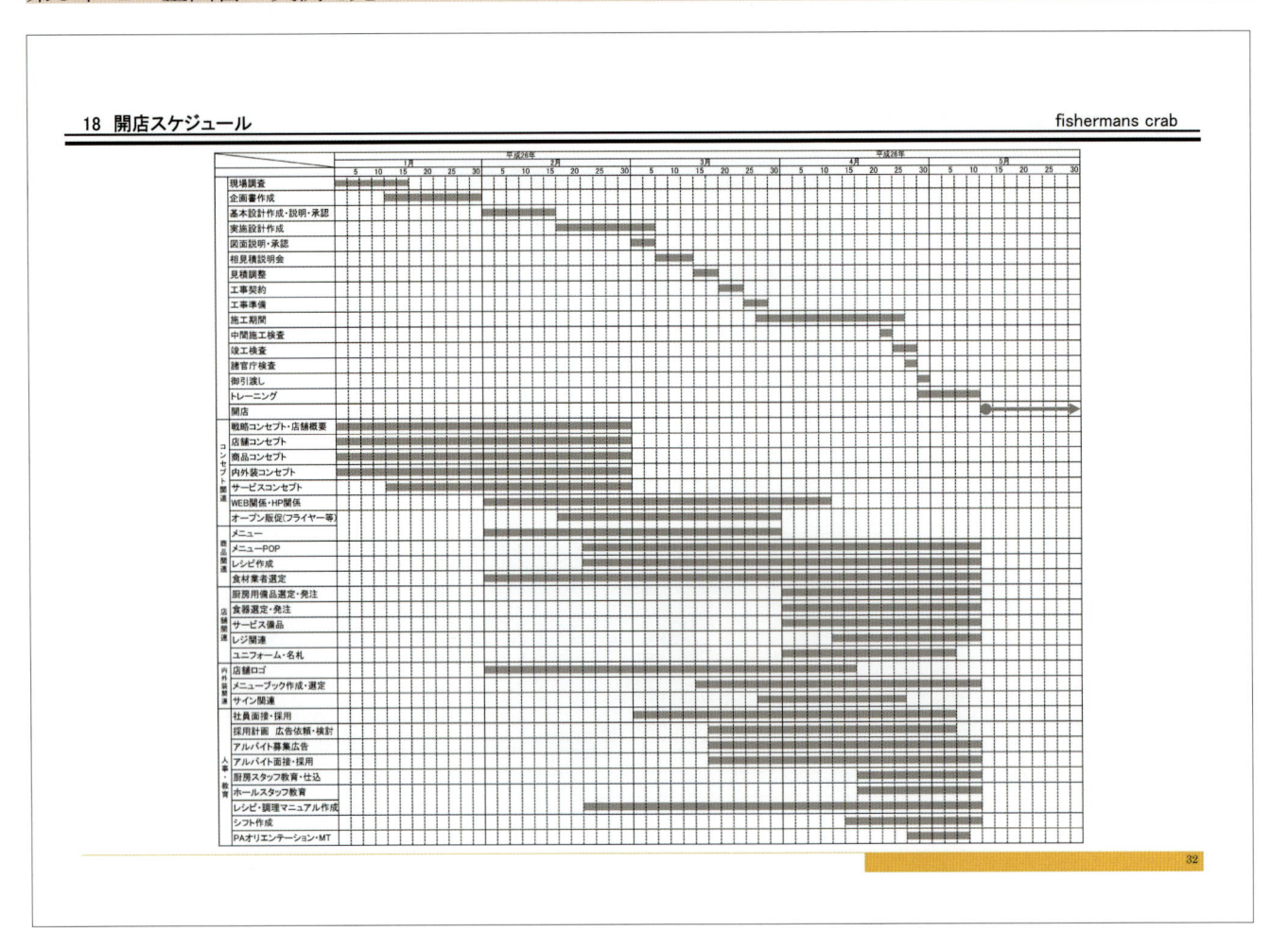

18　開店スケジュール

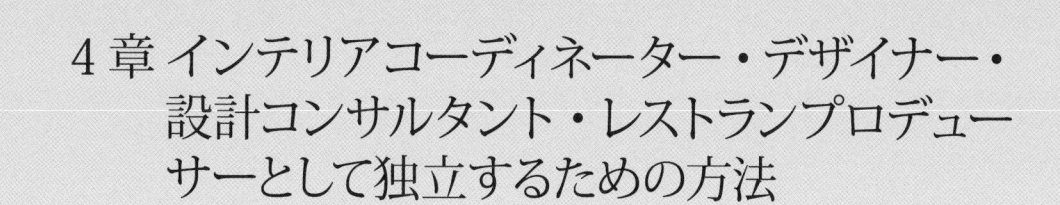

4章 インテリアコーディネーター・デザイナー・設計コンサルタント・レストランプロデューサーとして独立するための方法

一般的にインテリアデザイナー、インテリアコーディネーター、レストランプロデューサー、グラフィックデザイナー、キッチンデザイナーなど専門家の仕事とは、飲食店、住宅、ブティック、店名ロゴ、その他の様々なデザインや設計業務を受注し、そのデザイン企画から竣工・開店に至るまでに関わる業務を統括していく業務である。いわばクライアントの代弁者あるいはアドバイザーとして内装デザインや全体的な仕事をまとめるあるいは一翼を担うことが主軸になることを理解しておくことである。

またそれぞれに仕事内容や役割は、微妙に異なってくるもののクライアントをサポートすることの役割は変わるものではないことを忘れてはならない。しかしそれぞれの仕事でプロとして独立し、継続的に生計を立てていくことはさほど簡単なことではなく、各仕事内容に合わせた専門的知識の集約の努力と自己啓蒙を積み重ねていかなければその夢(独立開業)を実現することは難しいと思っておくことだろう。

特にインテリアデザイナーを志す人のほとんどが、一度は(個人の経験や実績の上に働く人が多い職業であるというイメージが強く)、フリーランスとして憧れを持つ仕事の一つであり、インテリアデザインの仕事で独立をしたいという夢を持っている人は殊の外多いことである。

しかし現実的には、誰もがすぐにインテリアデザイナーの仕事で独立することは難しいことであり、どのようなプロセスや経験を積み上げ独立すればよいのかを個人的に独立までの将来計画を立てていくことが大切になる。

例えば、インテリアデザイナーで独立を考える人は、インテリアデザイナーの資格を取得したからといっても、現実的には実務経験も少なく現場知識もさほどなく内容を熟知していないというものでは、独立して事務所を開設することはさほど難しいことではないにしろ、事務所を継続的に維持していくことは大変に難しいということを理解しておかなければならない。

むしろ各専門家の資格を取得した後、自分のデザイナーとしての将来の道を切り開く(実務的仕事内容を習得するための)手法としては、例えば、その世界で著名なデザイン事務所、設計事務所などで実務経験を習得するための自己研鑽の場を決定していくことがデザイナーとして独立するための一歩に繋がるスタートラインであろう。

つまり店づくりに関わる実務的仕事の経験や実践を積み重ね、種々の人脈ができてから独立できるようになるのが理想的であることを肝に銘じておくことを忘れてはならない。

いわば、現実的には、まずデザイナー、専門家としてのキャリアや実力を伴わなければ、仕事そのものの獲得が困難であるばかりか、仮に独立することができたとしても、自分一人でどのように営業をかけたらよいのか、何を頼りにどこに行けばよいのか、基本的な営業手法すらわからないというものでは、先が思いやられることになる。

もしクライアント側に営業をかけるチャンスができたとしても、そもそもあなた自身にデザイナーや専門家としての過去の実績がなければ、誰にも相手にしてもらえないだろうし、勿論仕事にならない厳しい業界であるということも理解しておくことだろう。

まずはともかくデザイナーとしての実績を作るための努力と下積み時代に自分の得意分野を築くことが、デザイナー、専門家として独立し仕事を開拓していくための第一歩であることを忘れてはならない。

では、現実的にインテリアデザイナー・コーディネーター／レストランプロデューサー、キッチンデザイナーなど店づくりに携わる専門家として独立するまでの経緯としていくつかのパターンがあり、その実践パターンのいくつかを紹介し、あなたの独立するための参考にしていただくことにしよう。

パターン1　インテリアデザイナー・コーディネーターの場合／デザイン事務所で実践業務を取得する。経験を積み上げ独立するケース

ともかく苦労してもなるべく早く独立し自分の夢を実現したいという人もいるだろう。その一つの方法としては、自分の得意分野のデザイン(インテリア、グラフィック、ロゴなど)の専門的仕事目標を明確化し、自分の仕事のスキルを上げるためにデザイン会社を渡り歩き、じっくりと実力と経験を養うことが、もっとも早く独立するひとつの方法であろう。

またデザイナーとして何でもできますという得意分野や専門性がなく曖昧な経験では独立することは難しい。勿論、その事務所で経験を積み重ねて将来独立する際に、事務所の所長の了解や応援してくれるスタンスがなければ達成できないプロセスでもあることを理解しておくことである。

さらにそんな回り道をしていたらいったい何歳になってしまうのだろうか、という転職組にとっては、パターン1のやり方は現実的ではないという人もいるだろうが、ともかくこのデザイン業界はデザイン実務や経験、実績がなければ仕事にならない世界であることを十分に理解しておくことだろう(かように世の中は甘くない、むしろ辛酸を舐めるぐらいの思いをしてこそ成功する人になる)。

表4-1

デザイン事務所に所属 ⇒ デザイン事務所に所属経験 ⇒ デザインコンテスト入賞 ⇒ インテリアデザイン資格取得 ⇒ インテリアデザイナー独立

ともかく早く独立したいという人の場合には、デザインの企画、設計、クライアントとの折衝、設計管理、見積査定など全ての業務を任せてくれるデザイン事務所や設計事務所で修行をして、仕事全体の流れや進め方を実践的に学び業務内容を全て理解することが独立するための早道であろう。

また特例としてインテリアデザイン、コーディネーターの資格を取得、デザインコンテストで優勝するあるいは個人のデザインが業界に注目を浴びるなどスター的独立方法もあろうが、そのチャンスはよほどの個人の才能や実力がなければ実現できない独立プロセスであることを自覚しておかなければならない。

だからといって決して焦ることはない。将来的にも自分の実力と自己研鑽がなければ、はやく独立してもビジネスとして成立しないことは言うまでもない。実務経験や独自のデザインセンスを磨きながらチャンスを待つことも独立するための重要なポイントであることを忘れてはならない。

パターン2　住宅メーカーで経験を積み上げデザイナーとして独立するケース

一般的に中堅、大手の住宅メーカー会社の仕事内容は、「ここまではインテリアコーディネーターの仕事。ここからは現場監理部門の仕事。見積作成は見積・積算部門の仕事」などと分業化が進んでいるケースが多く、住宅メーカーや事務所の選択には注意を要するところだろう。つまりいろいろな業務をなるべく早く理解し業務内容を習得するには、むしろ規模の小さいデザイン事務所を選択することがよいことになる。

また小規模設計事務所の場合には、一人で全ての業務に責任を持たされることが一般的であり、否が応でも実践としてデザイン業務から管理、全ての業務を一人で行うことができるように教育を受けるという実務経験を取得する大きなチャンスがある。

特にリフォームであれば、現調（現場調査。初めて顧客のご自宅などに伺って、リフォームしたい現場を見せてもらう。室内の構造を調べたり、寸法を測ったり写真を撮らせてもらうなど、プランニングのための現場調査をしなければならないこと）からクライアントとの契約、着工、業者選定、設計管理、引き渡しに至るまでの仕事を全て一人で担当するという覚悟が必要になる。

勿論仕事としてデザイン事務所は(料理の職人と同様徒弟制度のように)、技術や仕事を先輩から教えてもらうため残業も必然的に多くなってしまうなど、ベテラン、修行中問わず、それはハードな仕事であることを覚悟しておかなければならない。

しかもデザイン業界も徒弟制度の風潮があるため仕事が大変な割に給料が極端に低い場合が多いことが現実であり、途中で目標を失い挫折する人も多数いる。

むしろここではお金よりも経験を得ていると思うべきであり、修行の場であると自分自身を納得させるべきであろう。ともかく修行中は食べていける最低限の生活ができればよいと思うことが大切であろう。

表 4-2

インテリアコーディネーター資格取得 ⇒ 住宅メーカーで仕事の修業をする ⇒ 実務経験を学び積み重ね習得する ⇒ 住宅メーカーで仕事の修業をする ⇒ インテリアコーディネーター独立

しかし下積み生活を何年も経験し働くことは経済的且つ精神的、体力的にも厳しいものがあるという覚悟は必要であることを理解しなければならない。勿論その苦労が5年10年というような長期になるものではなく、その仕事内容によっては3年5年以内でも実力と人脈を広げられれば十分に独立のチャンスはある。独自のデザインスキルを習得し具体的な目標を計画し、且つその目標に向かって突き進まなければ、途中挫折する可能性があることを十分に理解しておかなければならない。

パターン3　種々いろいろな専門分野を経験し時間をかけてデザイナーとして独立するケース

ともかく早く一人前のデザイナーになるために専門分野の知識や経験を十分に習得するために「照明メーカー → 建材メーカー → カーテンメーカー → 住宅メーカー → 独立」というように転職し専門知識と仕事のスキルを上げていく方法もひとつであろう。つまりインテリア業界内で転職を繰り返し、何年もかけて総合的な知識や経験を積み重ね力をつけて独立するタイプもあるということだ。

またインテリアデザイナー・コーディネーターが、業界内で転職を繰り返すことは、どちらかというと良い意味で捉えられることが多く、建材、住宅の仕事しか知らないよりも、照明メーカーのことなど専門的に従事してきた上でさらに住宅メーカーに転職、というほうがデザイナーとしては提案力や経験の積み重ねができるため専門的な仕事を実践できることは将来的の独立には有利に働くだろう。

例えば、住宅一棟建てる際には多くの仕事や打ち合わせをしなければ、仕事が前に進まないため、さまざまな事柄を自己解決していかなければならない。いわばインテリアデザイナーが、それらを顧客の要望に合わせて調整し、内容を具体化していかなければならないことが、将来的には大きな経験と自信に繋がることになる。

さらにこのように複合的にインテリアの実務知識や経験を持っていることが将来的にも評価され自分の仕事の自信につながる一歩であることを理解しておくことである。

勿論飲食店の内装デザインに特化したいという人には、むしろ遠回りになるプロセスであり、飲食店、住宅問わずインテリアコーディネーターやデザイナーとしての仕事で独立したいあるいは将来的な仕事の間口は広げておきたいという人に勧める方法の一つであろう。

つまりこのプロセスの経験や実践を積み重ね

表 4-3

インテリアデザイン事務所所属 ⇒ 照明メーカー・建材メーカー ⇒ 住宅メーカーで実務を学ぶ ⇒ 住宅メーカーで経験を積み上げる ⇒ コーディネーターとして独立

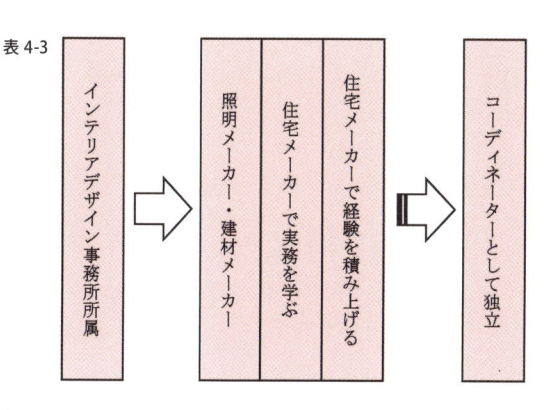

ていく方法はあくまでも一つのケースであり、すべてこのプロセスを経験しなければ、インテリアコーディネーターになることができないという意味ではなく、むしろインテリアコーディネートに特化した専門家になることを希望する場合には、インテリアコーディネーターとしてのスキルを上げることに視点を絞って自己研鑽に励むことが理想的であることを忘れてはならない。

パターン4　設計コンサルタント事務所で修行して設計コンサルタントとして独立するケース

設計コンサルタントという仕事は、まだまだ一般的に業界では定着していない仕事であるかもしれない。特に飲食店の店づくりに関わる仕事が多い場合には、クライアントの代弁者、相談役、飲食店の開業に至るまでの様々な仕事をトータル的に支援する仕事と理解しておけばよいだろう（インテリアデザイナーと異なることはデザイン以外のクライアントの店づくりに関わる全てをサポートすること）。

またデザイナーとしての知識や飲食店の企画、業界知識、具体的なオペレーション内容に至るまで様々な角度からクライアントを支援できる経験と知識が求められる仕事であり、現実的には飲食店のデザイナーに求められることは、まさに設計コンサルティングそのものであることを自覚しておかなければならない。

勿論飲食店の店づくりに対する設計知識や総合的に専門家をコーディネートできる力が求められるため、設計デザイナーの力量を持ち且つコンサルタントの経験や知識を持つ人が設計コンサルタントとして独立するパターンが多いことを理解しておきたいところだろう。

しかし飲食店の企画開発、設計デザイン、オペレーション企画、数値管理、人事管理などに至るまで、飲食店の開店までの仕事に広く精通していることは理想的条件であるものの、すべての専門化の知識を補うことはなかなか難しいことであり、仕事の役割には限界があることを忘れてはならない。

さらに設計コンサルタント事務所で勉強することは設計デザインの仕事よりもむしろコンサルタントとしての実務や経験を積み重ねることでデザイナーとコンサルタントという二つの専門的知識や実践経験を習得することが大切である。

表4-4

インテリアデザイン事務所所属 ⇒ インテリアデザイン事務所で学ぶ ⇒ 設計コンサルタント会社で学ぶ ⇒ 飲食店総合コンサルタントで学ぶ ⇒ 設計コンサルタントとして独立

つまりコンサルタントの仕事は、具体的な業務の進め方や自己経験や知識を積み重ねることで仕事のスキルを得ることができるため、クライアントとの会話や交渉の実践を習得できるだけでなく、飲食店の店づくりにおいて、クライアントの相談役としての役割を十分に担えることが大切であり、自己研鑽と自己目標を見失うことがなければ独立のチャンスは大いにあることを理解しておくことである。

パターン5　フードビジネスコンサルタント事務所で修行しレストランプロデューサーとして独立するケース

フードビジネスコンサルタント（レストランプロデューサー）とは、いわば飲食店を総合的にプロデュースする仕事であり、飲食店の企画から店づくり事業計画、開業に至るまで様々な仕事の経験や知識など実務として精通していることが最低条件であることは言うまでもない。

またフードビジネスコンサルタントとして独立を目指す場合は、設計デザイン、企画開発、その他業務の仕事は専門家に匹敵する知識や経験を持っていることが多く、飲食店の総合的コンサルティング手法をコンサルタント事務所で学び仕事のスキルアップをし独立するというケースが多い。

さらにフードビジネスコンサルタント事務所に所属すれば、実務として即新しいクライアント担当として業務を実践していなかければならないだろうし、まずは総合的にコンサルティング手法の実践を通して業務内容を具体的に細部まで学んでいくことが必要になる。

勿論、あなたの日々の自己研鑽や新しい飲食情報、建築知識の習得など、コンサルタントとしての責任は大きく、その役割はクライアントのサポート役であるとともに、仕事の方向性を示唆するという、いわばあなた自身のコンサルティング能力（総合的裁量）が仕事の良し悪しの評価にかかってくることを理解しておくことだろう。

何故にコンサルタント事務所に所属し独立を目指すかというと、すぐに独立してもコンサルタントとしての名声や特筆する技術を持っていなければ、仕事を受注することができるチャンスに巡り合うことが難しいということが常であり、コンサルタント事務所で種々なクライアント会社を担当し仕事を積み重ねていくことで、将来的に仕事に繋がる営業の間口を広げておくことが大切になる。

またコンサルタント事務所のクライアントを自分の会社の顧客とし独立するということは、所属コンサルタント事務所に対しては道義上許されないことであり、将来的に独立を喜んで支援してもらえるぐらいの信用と実力をつけることが最も大切であることを忘れてはならない。

さらによくコンサルタント事務所に所属したスタッフが独立をすると、そのコンサルタントが担当していたクライアントは、そのまま移行す

表4-5

飲食店の実践・マネージメントを学ぶ ⇒ 飲食店づくりの知識と実践を学ぶ ⇒ インテリアデザイン・厨房計画を学ぶ ⇒ レストランプロデュース会社で学ぶ ⇒ レストランプロデューサー独立

るということが多く、すべてクライアントの信頼関係や信用が大きく働くことを理解しておくことである。

つまり独立に際しては、所属事務所の後押しをもらい喜んで独立を祝ってくれる事務所との関係も大切であることを忘れてはならない。

いわば、レストランプロデューサーとして独立を目指す場合には、店づくりに対する総合的知識や経験を積み重ねていかなければ、仕事の依頼を受けることができない業務であり、店づくりに関わる内容を広く深く理解していることが最低限の必要条件であることを忘れてはならない。

パターン6　キッチンデザインコンサルタント事務所で修行しキッチンデザイナーとして独立するケース

キッチンデザイナーの仕事とは、いわゆる厨房設計計画から業者選定、見積査定、設計管理、竣工検査に至るまでクライアントの立場を代行して業務を進める役割であり、ほとんどの場合は、キッチンデザイン事務所あるいは厨房会社の設計部門の業務を経験し、独立するケースが多いことを理解しておくことであろう。

しかしキッチンデザイナーの仕事とは、なかなかキッチンデザイン業務だけで事務所を継続していけるかは疑問であり（事務所所長の知名度や経験知識など飲食業界での知名度がなければ継続経営ができないのが現実であり）、独自の固定クライアントや新規顧客開発の努力を怠っていては事務所の経営が難しいことを忘れてはならない。

またその大きな理由（日本の場合）は、厨房会社が直接厨房設計を無料で描くという慣習があり、キッチンデザイナーに依頼すれば、設計料として予算が発生するものの、厨房会社に依頼すれば、厨房予算に含まれてくるため、設計料としては前面に数値として露出しないところが、キッチンデザイナーで独立するのが難しい大きな要因になっている。また後継者が育つ土壌にないことも特筆すべき点である。

勿論、厨房会社に厨房設計を依頼するよりもキッチンデザイナーに依頼することが、厨房設計そのものの精度が高く、理にかなった効率的な厨房計画をしてくれるため、大手ホテル、大型飲食施設、大手飲食企業などキッチンデザイナーを利用するニーズや機会も少なくないことは事実であり、いかに独自のクライアントを多く顧客として持っているかが、仕事として成立するか否かの分岐点になることを理解しておかなければならない。

ともかくキッチンデザイナーとして独立することを目標にするのであれば、キッチンデザイン事務所で修行し、キッチンデザインの基礎知識から実践に至るまでの業務をしっかりと学び理解し、また自己研鑽と知識と経験を積み上げる努力を継続的にすることが独立の一歩に繋がる。

さらに日本全国には、過去に大手厨房会社の設計部門に所属し、キッチンデザイナーとして独立し、細々と個人キッチンデザイン事務所を経営している人も多くいる現実もあるが、せっかく独立を目指すならば、飲食業界に自分の存在や功績を残すぐらいの意気込みで日々の自己研鑽と努力を積み重ねていくことをお勧めする。

またそのためには、飲食業界紙や厨房関係の雑誌に独自の理論や考え方の意見を投稿することや新しい厨房設計本の出版を企画するなど、積極的に自己表現の場や文献を業界に残す活動や行動を継続していく努力が求められることを忘れてはならない。

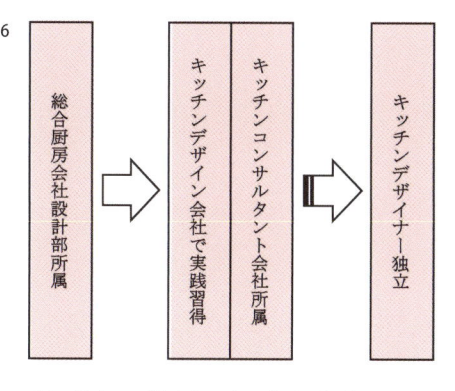

つまりその強い思い込みがあれば、夢の独立に少しでも近づくことができるだろうし、基本的には、人と同じことをしていても業界で優位に立つことはできないことを自覚しておくことである。いわば、継続的努力と自己研鑽をしているものだけに与えられるものが独立という「チャンス」であることを肝に銘じておかなければならない。

表 4-6

総合厨房会社設計部所属 → キッチンデザイン会社で実践習得 → キッチンコンサルタント会社所属 → キッチンデザイナー独立

パターン7　インテリアデザイナー、レストランプロデューサーとして独立を目指す人のための心得

一般的にインテリアデザイナー、レストランプロデューサーとして独立を目指すには、まず事前に緻密な計画を立ててから経験や実践知識を積み上げて独立開業を目指すことが大切である。

またただ単にその時の思いや憧れ、夢が曖昧なままに独立だけを最終目標にしてはならないことであり、真剣に独立を目指すならば、常に自己研鑽と勉強の積み重ねであり決して平凡な日々を過ごしてはならないということを肝に銘じておくことだろう。

さらに独立する前にどれだけの実践経験や仕事内容を熟知することが勝負であり、ゴールの見えない世界で戦うメンタリティーを維持し尚且つその強い思いを持続させていかなければならない、またこれまで数々の仕事や経験の積み重ねの上に目標とする独立というゴールがあることを理解しておくことである。

また現実的に専門家として独立することは、並大抵の努力では達成できない目標であり、あなたにプロとしての実務経験や知識だけでなく、経営者としての資質もなければ、継続的に仕事をすることができない業界であると理解しておかなければならない。常に自己研鑽を忘れず、仕事内容に磨きをかることであり初心を忘れないことであろう。

折角夢の実現のために日々努力してきたものの、独立という目標を達成しないままに現実逃避してしまい途中で挫折してしまう人、あるいは自分の夢への熱い思いが冷めてしまう人や徐々に自分の思いが意気消沈してしまう人が多いことである。

さらに強い夢の実現の思いが中途半端で進むべき方向性に迷いが生じると、何のためにこれまで努力してきたのか分からなくなってしまう人もいる。

また夢の扉を開ける強いメンタリティーを維持することはとても大切なことであることを忘れてはならない。

例えば、インテリアデザイナー、コーディネーター、レストランプロデューサーなどを目指す人にとっては、デザイナーという仕事は、「かっ

表 4-7

強い信念と実行力を持つ → 豊富な実務経験を持つ ⇔ 自己研磨と日々の努力 → 強いメンタリティーを持つ → インテリア・プロデューサーの独立

こいい華やかな仕事」に見えるであろうが、現実的には泥臭く埃っぽい工事現場で調整を行うなど綺麗なオフィスで図面に向かって空想に耽っている仕事だけではなく、夢ある空間アイデアを創出する仕事と現場の調整業務など現実の仕事としては、決して生半可な気持ちでできる仕事ではないことを十分に理解しておくことだろう。

さらにデザイナーの仕事とは、色々なデザインを創出するというアイデアを引き出す楽しい仕事だけではなく、種々に絡み合う業務を総合的にまとめていくことの方が難しいと理解しておくことを忘れてはならない。むしろ現場調整や店づくりに関わる業者との打ち合わせや統括する仕事は、実践知識や現場経験がなければ適切な指示ができないことを自覚しておかなければならない。

またどんな仕事にも理想と現実は一致しないことも多く、うまく仕事が進まないことも多々あるだろうし、全てが自分の意見を押し通すことはできない仕事であり、種々な調整業務が必要になる仕事であると理解しておくことである。

つまり独立とは、あなたの日々の努力と種々な経験と知識集積の技術が備わってこそ、夢の独立に繋がることを肝に銘じておくことだろう。いわば、独立開業を成功させるキーワードとは、「自己研鑽」「豊富な実務経験を持つ」「強い信念と実行力」「決してあきらめない」「強いメンタリティーを維持する」など、いわばあなたの夢の扉を開ける鍵はあなた自身が持っていることを忘れてはならない。

■独立するための10の心得と具体的手法と姿勢

1 あなたが独立するための10の心得

1)独立する目的は何か(表4-8)

独立する目的とは、個人でいろいろな理由や目的があることが当然なことであるものの、独立するということは具体的にどのようなことなのかをしっかりとあなた自身十分に自覚しておかなければならない。ともかく「人に雇用されるのではなく、自分の城を築きあげたい」「より質の高い仕事をしたい」「もっと高い収入を得たい」「仕事より家族と過ごす時間を多くしたい」など様々な思いがあることだろう。

しかし独立という言葉の意味は、すごく憧れと多くの夢が詰まった目標であるにしても、独立してもすぐに自分の理想に近づく成果や結果が得られるか否かはむしろあなた自身の努力と資質にあることも自覚しておかなければならない。

いわば独立とは現在の自分の自己逃避の場所ではなく、もっと仕事のスキルや精度を高くし自分自身の理想郷を育むことが最終目標であるはずが、現実には以前より収入が減少するなど、自分の思っていたイメージの仕事に巡りあえないなど、厳しい現実も多々あることを忘れてはならない。

勿論独立には年齢は関係がないものの、タイミングと時期(独立するための資金調達、資力など)ということは避けられないことだろう。特にすでに結婚していて子供がいるとなると、配偶者（妻、夫）の賛同や協力なくして仕事をやっていくことは、難しいことを理解しておくことである。

ましてや何の計画もなく無理やりに夢に向かって強引に独立した結果、独立後の仕事もうまくいかず家族関係も崩壊してしまっては、何のために独立したのかわからなくなってしまうことになる。

結婚している場合は配偶者の後押しをもらわなくては実現できないことであり、事前に十分な仕事計画や事務所経営の具体的内容を理解しておくことだろう。

つまり独立する目的や目標をしっかりと事前に計画しておかなければ、それは単なる「絵にかいた餅」になるばかりか、あくまでもあなたの夢は実現しない夢で終わってしまうということを忘れてはならない。

2)実践コンサルティングこそが本業

インテリアデザイナー・設計コンサルタント、レストランプロデューサー・フードビジネスコンサルタントなどの仕事をしている人は、常に実務的知識や現場対応として即時に決断しなければならない機会は多々ある。

またこの種の職種は名刺の肩書きで仕事を得るというイメージもあるだろうが、現実的には、種々の業務の知識や経験に精通していることが理想的であろうし、むしろ実践業務や能力にたけていることが最大の武器であることを忘れてはならない。

特にこの業界は、実務的打ち合わせや会話を

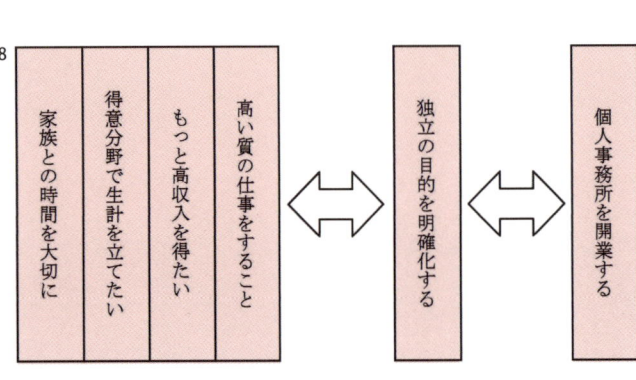

表4-8

| 家族との時間を大切に | 得意分野で生計を立てたい | もっと高収入を得たい | 高い質の仕事をすること | ⇔ | 独立の目的を明確化する | ⇔ | 個人事務所を開業する |

すれば、あなたにどのぐらいの知識と経験があるか相手にすぐに見抜かれてしまう業界であり、種々の業務経験や知識を維持していくことが必須条件のひとつであろう。

さらに現実的に、もしあなた自身の知識不足の部分があると認める場合には、すぐにその内容を調べ知識の補足集積をしなければならないだろうし、新しい情報や実務的知識が欠落しているときは、常に自らその知識を補うという習慣をつけておかなければならない。

またその内容をあまり理解していないことに対してあたかも十分知っているかのように物事を話す人がいるが、コンサルタントの場合には、曖昧な情報や知識については、あえて多くを語らないことであり、その場で「分からないこと」を否定することもなく、後でその知識や情報を補っておけばよいだろう。

さらに意識過剰や根拠なき自己主張は信頼を失うことにもなりかねないことであり、常に実務経験の積み重ねであることが大切であることを忘れてはならない。聞きかじりの知識や不確定の情報など人前で多く語ることは避けるべきである。

つまりあなたが独立すれば、当然のことながらあなたが会社のトップであり、あなたが率先し仕事を受注できる営業を進め且つその仕事を実務として進めていかなければ事務所経営は継続しないことを忘れてはならない。

いわば、あなた自身のこれまでの知識や実務的コンサルティングの経験こそ、最大の武器であり本業になると理解しておかなければならない。

3)人前で話すことは話術を磨くこと

これまでは、ある事務所の設計やコンサルタントのスタッフの立場であったものの、独立し全ての業務や打ち合わせをあなた自身が行わなければならない。あなたにクライアントや関係スタッフとの打ち合わせに対して、相手を説得するだけの話術や話法を習得しておかなければならない。

また、一般的に単なる個別の打ち合わせであればまだしも、少人数や多数の人前で話すという機会や経験がないことがほとんどであり、独立することを決めたからには、日々の自己研鑽、知識集積のように、独立する前に人前で話すという具体的な実践や経験を積み重ねておくことをお勧めしよう。

なぜならば、人は誰でも多くの人前で話すという経験を積み重ねていない限り、知らない人の前で話すと、気持ち的に舞い上がってしまい普段の実力を100%表現できないという人が多く、その話し方によっては、仕事が成約できないこともしばしばであり、いわば話術とは業務を推進していく上で大きな武器のひとつになることを忘れてはならない。

さらに人前で何かを話すという習慣がない場合には、ともかく実践的に人前で話すという機会を持つように努力をすることであり、独立する前に経験を積むものであれば、理想的である。

もしその機会がなければ、独自セミナーを開催し、少人数の前でデザインや設計の事についての話をセミナー方式で話術経験を実践することにより、人前で話すことに慣れるという実践的訓練をすることが大切である。

また話すことの機会の積み重ねこそがあなたの会話力や話術のレベルを上げることになるだろうし、あなたの実力の100%を発揮できるように多くの話の場を持つことを理解しておかなければならない。

特に内装・厨房デザインの計画をクライアントに説明、説得する場合の必須条件は、あなたの会話力や説得力の良し悪しで全ての仕事の方向性が決定していくことが多く、あなたがいくらよいデザインや企画、計画をしたとしても、その内容をクライアント側に納得してもらえなければその仕事が前に進まないだろうし、デザイン企画のやり直しをしなければならないことも多々ある。

つまり特に内装デザイン、企画書のプレゼンテーションで必要なことは、クライアントに対して説得力ある話術と納得してもらえるような説得力ある説明ができるかであり、あなたの話術で業務が決まるといっても過言ではないことを忘れてはならない。

4)常に新しい幅広い情報に興味を持つ/情報や知識は信頼を得る力(表4-9)

一般的にデザイナー、設計コンサルタント、レストランプロデューサーなど飲食に関わる仕事の依頼を受ける姿勢とは、常に新しい業界情報を気にしておく習慣を持つことであり、あなたのアンテナは常に幅広い情報範囲を網羅できる環境にしておくことが大切である。

またその情報範囲は、社会経済から飲食業界情報、建築施工、デザイン、厨房業界の新調理機器など飲食店の知識のみに集中することなく、ともかくできる限りの幅広い情報を知識として知っているという現実が必要になることを忘れてはならない。

さらに常に幅広い情報を収集する具体的方法としては、例えば、業界雑誌や経済情報などいまやコンピューターを駆使し活用すれば、日々の習慣として常に新しい情報(社会一般、飲食グルメ、スポーツ、事件、その他)を知識としてあなたの頭にインプットできるような環境づくりができるようにしておくことが大切である。

勿論職種としてあなたの実力やデザイン力に優れていること、さすが専門家というイメージはクライアント側には当然にあるものの、但し仕事を進めていく上では、社会情勢や飲食業界情報などは実務的業務と直結しているところが多く、常に新しい業界情報や動向は、クライアントとの会話の中に常に登場する話題であろう。

また基本的には、一般的情報は全て内容を理解し知識集積し且つその内容に対するあなたの意見や持論を持っていることが、もっとクライアント側の信頼を得ることができるようになることを忘れてはならない。

さらに情報知識集積方法としては、簡単なメモ書きでもよいだろうし、きちんと情報内容に合わせて整理しておくこともよいだろう。

よくデザイナーの仕事とは、ここまでの仕事であると勝手に自分の仕事の範囲を決めつけている人がいるが(受注している仕事の範囲は見積もり通りということは問題ないものの)、これからの時代に求められる仕事の姿勢としては、全て業務範囲で割り切れないことが多く、仕事に関わる内容については、アドバイスや指導をせざる得ないことを理解しておくことである。

つまりこれからの時代のデザイナーの仕事、コーディネーターの仕事という「型にはまった職種」にこだわることなく、むしろあなたの職種を取り巻く情報には全て常に気を付けて興味を持つとともに、その内容を知識として理解するようにすることこそ、仕事に求められるスキルやあなた自身のモチベーションに繋がることを忘れてはならない。

いわば、幅広い情報に精通していることは信頼を得る武器になる。

5)専門分野の第一人者になる努力をすること(表4-10)

食に関わる職種の仕事には、多種多様な内容があることは前述している通りであるが、この業界にはただ単に通り一遍の仕事ができるという個人や企業は数多くいることであり、いかに高い目標に向かってあなたの仕事のスキルや自己研鑽を続けていくことが、専門分野を確

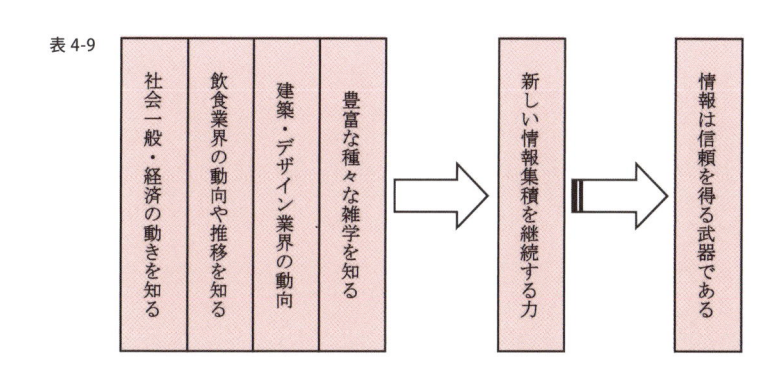

表4-9

社会一般・経済の動きを知る | 飲食業界の動向や推移を知る | 建築・デザイン業界の動向 | 豊富な種々な雑学を知る ⇒ 新しい情報集積を継続する力 ⇒ 情報は信頼を得る武器である

立するための一歩に繋がることになることを忘れてはならない。

またあなたの仕事手法は専門家として業界の第一人者であるというぐらいの力量や知名度を持つことが、仕事の幅を広げることやより強いマーケティングに繋がることにはなるだろう。

勿論、初めからその職種、専門分野の第一人者になることなど、最初から無理である、諦めてしまうという短絡的な思いでは、あなたが独立しても大きな仕事を受注することはないだろうし、これから独立を目指すという夢を持っているならこそ、人と同様なことを考えるのではなく、もっと大きな夢と独自の目標や意思を強く持つことが大切であることを忘れてはならない。

さらに言い換えれば、専門分野の第一人者になるというぐらいの強い意志と目標を持たなければ、あなたが独立し事務所経営を継続していく力量が備わらないということであり、真剣に専門分野を確立しその第一人者になる努力や研鑽を積み重ねることでその目標を実現化することは夢ではなくなるということを自覚しておくことである。

しかし飲食店の店づくりに関わる専門分野で独自の理論や思想を展開することは、並大抵の努力で築き上げられるものではないだろうし、その分野の知識や情報を集約するより高いレベルの持論を持たなければ、専門家としての分野で名声を上げることは難しいことであろう。

また一例としては、専門分野の仕事を専門雑誌に投稿し、持論を文章にする、セミナーを開催しあなたの名声や知名度を上げる努力を積み重ねる必要もある。ともかく飲食店の店づくりに携われる仕事の専門分野の持論や情報を整理し自分の意見を業界紙の場を利用し活動広報することが大切である。

つまりあなたの独立という目標を達成するための仕事の姿勢としては、自分の仕事の知識や技術に常に磨きをかけるということは永久のテーマでなければならないだろうし、常に仕事に対する問題意識や理想的持論を持つ努力を忘れてはならない。

いわば、独立事務所を設立するということは、事務所の仕事内容や姿勢はあなたそのものであるというイメージで物事を考えることであり、目標は常に高く自己研鑽を継続的に続けていくことこそ、あなたの専門家としての仕事の色、「人生ストーリー」をつくることができることを理解しておくことであろう。

6)努力した者こそ報われる

飲食店の店づくりに関わるいかなる分野の仕事においても一人前の専門家になるためには、種々な努力や経験を積み重ねなければ人生の目標を達成することは並大抵の努力で成し遂げることはできない。

ましてや飲食店のインテリアデザイナー、プロデューサー、ビジネスコンサルタントなどの仕事で独立することは、そう簡単なことではない

表4-10

| キッチンデザイナー | ビジネスコンサルタント | フードコーディネーター | グラフィックデザイナー | インテリアデザイナー | → | 専門分野の知識と名声を高める | → | 専門分野の一人者になる努力 |

ことを理解しておかなければならないだろう。

一般的に種々な独立の方法はあろうとも、実務経験や基礎知識を積み重ねておかなければ、将来的に苦労するのはあなた自身であり、独立ともなれば、事務所経営という経験したことのない覚悟、経営知識、事務所開設資金も必要になってくる。

また独立という目標はあくまでも当初の目標であっても、その夢を実現するためには、一歩ずつその目標を達成するための努力を日々積み重ねていくことが大切である。

そのための努力は、惜しまず、「辛いことも」「よいことも」全て自分の経験と知識となり、その努力はあなたが成長するためのステップであるという考え方を持っておかなければならない。

さらにいかなる分野の専門家になろうとも、独立を目標にあなたの人生計画を進めることを決定したのであれば、決して自分の目標を見失わず、自分の意思にブレや迷いはあってはならないことを理解しておくことである。

しかし人間は弱いものであり、途中で目標を見失い挫折や落ち込むこともしばしばであることは致し方ないことであるものの、自分の思いに迷いが生じた際には常に自問自答し、メンタル的に修正し立ち直るスキルやモチベーションを養う努力をすることも将来的には大きな自信に繋がってくることを忘れてはならない。

また筆者の場合には、25歳の時に将来的には飲食店づくりに関わる仕事をするコンサルタントになりたいという目標があったものの、それまで種々な努力や経験をやみくもに知識や体験として吸収し、その結果36歳で独立開業のスタートとなった。

さらにその動機や目標の起点は早く自分の将来目標を設定できたことにあるだろうし、その実現まで約10年種々な努力や数々の辛酸を舐めてきたことは言うまでもない。

いま思えば、常に人と同じ仕事をしていても決して目標を達成することはできないという自問自答を常に繰り返し、迷った時には原点の思いを見失わないようにメンタル的な自己精神トレーニングをしてきた。

また過去の仕事の経験や知識の積み重ねは、決して無駄にはならないという持論を持ち続けることであり、いわば、人生は常に自己研鑽を忘れず、努力を積み重ねていくことによりその努力はいずれ自分に徳となり必ず戻ってくるものであるという信念を持ち続けることが大切である。

つまりこの業界はある分野で著名になればなるほど仕事も増加してくるだろうし、常に自己研鑽を忘れず努力を惜しまないことが大切であり、まさに「努力した者こそ報われる」ことを理解しておかなければならない。

7)有名になっても奢ってはならない

よく自分自身が著名になると、これまでの苦労やこれまで支援してくれた周りの人々の支援もどこ吹く風のごとく、急に態度が変わったように先生風をふかせる人も多数いる。その専門分野で一人者になることは非常に大変なことであり、「我ここにあり」という存在感を出すことを否定はしないものの、自らが自分は著名で偉いという風では決して人徳ある人にはならないことを自覚しておかなければならない。

いくらその分野で著名になり、人徳や利他(他人の福利を願うこと)を持ちすごく偉い人であっても、自分は偉いということを自負するものではない。人間としての姿勢やスタンスを変えなければならないことである(能ある鷹は爪隠す如く)。

勿論自分の意見ははっきり言うことであり、自己主張は常に持つことが大切であるものの、常に人間として尊敬できる人徳を得ることができる姿勢で仕事や人に接する態度は、決して変わるものではなく、その原点は常に謙虚さを持ち仕事に向き合う姿勢は何も変わってはならないことを忘れてはならない。

また自分が苦労してきたことやその苦労をその道を選び、努力している人に対して傲慢且つ偉い態度で接することは、むしろ自らの人徳を欠落させるものであり、人間としての生き方や姿勢は決して尊敬できるものではないことを理解しておかなければならない。

さらに人生の先輩として上に立つものは、部下を敬い知らないものにはその内容をよく理解できる表現で説明するなど常に冷静且つ沈着でなければ、人間的な人徳を得ることができないことを理解しておくことである。

むしろ自分のことを優先するのではなく、部下

や他人の事に配慮を持つことであり、人のために何ができるかという利他(人のために何かできることは率先してよいことを行う)の心を常に心がけていなければならない。

また自分に対する評価や認知が高いものであろうとも、決して奢ってはならないことであり、人徳ある人間性を持つことが大切であろうし、むしろ自らが人徳や人間性の啓蒙を成すことで自己精神を磨くことを忘れてはならない。

つまり、社会的に名声を残した経営者達は、常に「徳」に対する姿勢とは、他人のために何ができるかという姿勢をもつことに他ならない。またその行き着くところは「人間とは何か」宗教的境地に達するといわれていることも、一例として自覚しておかなければならない。

8) 常に初心を忘れないこと/感謝の心を持つ

人は誰しも仕事や環境に慣れれば慣れるほど、一般的にその環境は普通のことであるという認識をしがちであり、これまでの努力や研鑽をついつい忘れてしまうことが多い。

しかしいかなる仕事においても、初めて覚えるあるいは習得する際には、緊張や不安でいっぱいであったものの、まさに慣れというものは怖いものであり、いつの間にか初心を忘れてしまうことが常である。

また何故に人間は何かを成す上でその目標を達成してしまうことや環境に馴染んでしまうと、どうしてもその環境にいつの間にか同化してしまうことは致し方ないことでもあるが、しかし諺にもあるように、「常に初心を忘れず」という自分に対する戒めの言葉を常に心の中に持たなければならない。

さらに人間とは実に身勝手な動物であり、これまでの苦労もお世話になった人に感謝することもいつの間にか忘れてしまうことは決してあってはならない。

むしろ人間の生き方としては、自分が著名になり成功者になろうとも、これまでの努力や苦労、お世話になった人たちに対する感謝を忘れてはならないことであり、またその目標を持った志のスタート時点、いわゆる初心の気持ちを大切にしなければならない。

また何事にも始まりがあるように、あなた自身その仕事に対しての初心があったはずであり、色々な人にお世話になり今あなたの存在があることを自覚しておくことである。

さらにこれからも人間として一人では生きていけないものであり、これからも色々な人に世話になったりもするだろうし、いくつになっても人生の先輩からの助言や支援をありがたく受けて常に学ぶという姿勢を持っていなければならない。

しかしともすると、先生という著名人になればなるほど、傲慢になる人やよかった性格が悪く変わってしまう人も少なくない。それは愚かな人間という生き物の本性なのかもしれないが、決して自分を見失ってはならないということで

あろう。

つまり人間として忘れてはならないことは、常に初心の気持ちと「人に感謝する心を持ち続けること」が人生の生き方であることを忘れてはならない。

9) プロフェッショナルへの道とは何か

インテリアデザイナー、グラフィックデザイナー、フードコーディネーター、キッチンデザイナーなど飲食店の店づくりに関わる種々な専門家の仕事があるものの、本当の自他ともにプロになるためには、様々な知識や実践経験を積み重ねて実績を残していかなければそう簡単に誰でもその分野の専門家になれるものではないことを理解しておくことである。

またプロフェッショナルとは、その専門分野に特化した技術や知識を持ち実務家として適切な仕事を成し遂げることができる人のことをいう。自称プロという人は世の中に多くいるものであろうが、クライアントやその分野に携わる人々に認められなければ、真のプロにはなれないことを忘れてはならない。

さらになんといっても飲食店に関わる分野の仕事でプロになるためには、常に日々の自己研鑽と仕事への探究心や新しい情報収集や知識を増やす努力を重ねていくことである。

勿論その分野の知識や実践力は、常に高いレベルを維持するとともに、自分の自己主張や自己理論を文献として残すほどの努力をする姿勢がなければ、本当のプロとは言えないことを忘れてはならない。

さらにデザイナーや専門家の業界では、デザイナーという名刺を出せば(仕事の経験が浅くデザイナーに成りたてであっても)、すぐに先生と呼ばれる不可思議な世界であり、その立場を勘違いする人も多々いることが常である。またインテリアデザイナー、インテリアコーディネーター、グラフィックデザイナーなど店づくりに関わる業者へ何かを教えるなど仕事の受注関係にある人は、全て「先生」と呼ばれることが常であることを忘れてはならない。

しかし先生と呼ばれる人のすべてが決して本当のプロではなく、この業界の立場的呼び方になっていることを理解(決して先生と呼ばれても本当に偉いのではないことを自覚しなければならない)しておくことであろう。

つまりこの分野で本当の専門家・プロになるためには、仕事に対する姿勢や知識、実践的実務経験も多く(自己論文や文献を残すまでの)、自己主張や自分の意見をしっかりと持っている人のことを呼び、ただ単に業界的仕事上の上下関係を表すものではないことを理解しておくことである。

いわば、本当のプロを目指すのであれば、やはりその分野で一人者になるレベルの自己研鑽や知識を持つことが大切になるだろうし、何事に対しても探究心や新しい物事への知識集積の努力を怠らないという姿勢を持っていること

が必須条件であることを自覚しておかなければならない。

10) コンサルタントの日常生活の心得/独立するための覚悟

一般的に飲食店に関わる仕事をしている人をコンサルタントという職業の括りで表現することが常であろう。特に飲食店に関わる分野(デザイナー、フードコーディネーター、インテリアデザイナー、フードビジネスコンサルタント)に携わる人は、いわゆる先生、コンサルタントと呼ばれることが多く(その呼び方は様々)、プロとしての意識を持って日常生活を送ることを忘れてはならない。

また飲食店の店づくりに携わる仕事を職業にするプロとして人生を歩んでいくことを決断したのであれば、やはり本当にプロとしての生活をしていく姿勢や覚悟を持つことが大切であろう。

よくコンサルタントの日常生活は「常に勉強である」という教訓もあるが、大きく2つのタイプがあり、例えば、実務以外には一切仕事に接することをきっぱりと生活から切り離す人、またその逆に常に生活そのものがプロの意識を忘れず、日常生活を過ごすことは全て知識集積や勉強に役立てるという姿勢を持っている人である。

決していずれの生活の良し悪しは問うものではないものの、常にプロとしての姿勢を持つということは、生涯の仕事として自己研鑽や知識習得の努力を怠らない姿勢は持っておくことが大切であろう。

勿論いずれが正しいという正解はないものの、プロとしての自覚があればその手段や方法を是非するものではなく、しかし基本的には「知らない」という言葉は多用できない立場であることを自覚しておかなければならない。

さらに仕事以外のことについても社会的一般常識や飲食業界情報、デザイン傾向に至るまで幅広い分野の様々な情報を収集し、まして世間的話題や仕事に関わる情報にアンテナを常にはっておくことが重要である。

例えば(具体的に言えば)、幾つかの新聞、雑誌を隅々まで読むことや、飲食業界の動向には常に厳しい視線を持っていなければならないことは周知の通りであろう。またコンサルタントとして独立を目標とするならば、生涯この仕事で生計を立てていくという覚悟と努力を怠ってはならないことを肝に銘じておくことである。

またどこの事務所にも所属せず、フリーで独立するということは、人間的に徳がなければ仕事に結びつくことも難しいだろうし、まずは専門分野に特化した技術や技能を持っていなければ独立したとしても、事務所経営そのものが成り立たないことを理解しておかなければならない。

またまずは自宅を事務所として利用し仕事の将来性を持つことができれば、小さくても自分の理想的な城(事務所)を持つことが、むしろ自分

表4-11

| 独自の特殊技術・技能をもつ | ＝ | 専門分野をもっと細分化する | 他人には真似のできない独自性 | → | キッチンデザイナー | フードコーディネーター | グラフィックデザイナー | インテリアデザイナー |

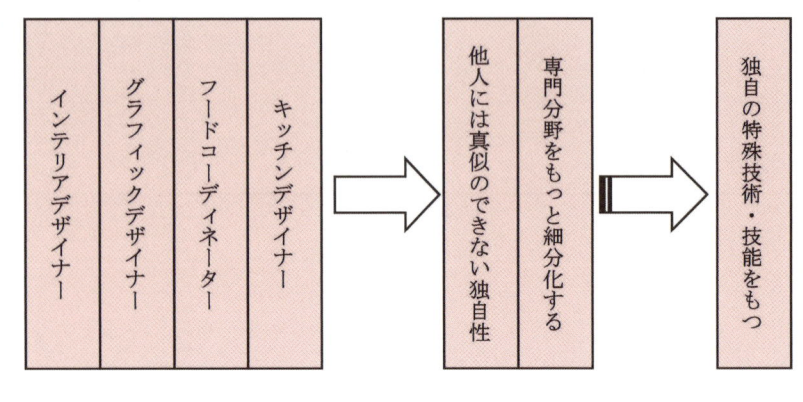

の叱咤激励に繋がるものであり、スタッフを雇用するぐらいの仕事を受注できるのであれば、徐々にスタッフを雇用すればよいだろう。

さらに独立開業で大切になることは、全ての仕事内容や決断の責任はあなた自身に(よくても悪くても)戻ってくるということであり、よほどの覚悟がなければ独立の目的を達成させることができないことを理解しておくことである。

つまりコンサルタントの仕事を生涯の生活にするあるいはコンサルタントとして将来的に独立を目指したいという人の姿勢は、常に生活そのものが勉強であり、情報はありとあらゆるところに転がっていることを理解できなければならない。

いわば、その情報や日々の生活を通してどれだけ貪欲に自分自身が自己研鑽や情報収集ができるかが、成功するための一歩であることを自覚しておくことであり、信じるものは、自分自身と己の技量にあることを肝に銘じておくことを忘れてはならない。

2　独立するための具体的手法と姿勢

1) あなたにしかできない特化した専門分野を持つこと(表4-11)

飲食店の店づくりに携わるデザイナー、コンサルタントなどの数は個人、企業を問わず非常に多いことを認識しておかなければならない。その競争が厳しい業界で独立開業することは、あなたの仕事へ対する強いこだわりと専門家としてのスキルや技術が求められることを忘れてはならない。

ただ単に企業には帰属することのないフリーとしての独立が最終目標であれば、少しの努力とあなたを支持してくれるクライアントを持っていれば、さほど苦労せずして独立することは可能である。

しかし一生の仕事として継続的経営をしなければならないということと、独立するという意味は大きく異なることを理解しておくことである。

また飲食店の店づくりに携わる専門家にも業界的に著名な人もいれば、その専門分野では第一人者であるという人もいるように(専門家としてのスキルや仕事を持つ)、あなたにぜひ仕事を依頼したいと思わせる、他の人にはない専門的技術や手法を持っていることが大切であろう。

さらにデザイナーとはただ単に白い空間スペースに装飾を施すことが仕事であることだけではないように、飲食店の店づくりの基本を理解し内装デザインを進めていく実践的知識や姿勢を持っていることは、ひとつの専門的技術力になるということを理解しておくことである。

勿論、デザイナーとしてデザインコンテストで高い評価をもらうことや新しいデザイン手法を業界に発表することも一つの技術力やスキルをアップする手法ではあるものの、誰もが同じようにデザイン業界で名声を高めることはできないことが常であろう。

いまやSNSを活用すれば、自分の意見やデザイン思想や姿勢をホームページ、ツイッターなど様々なネット媒体を利用し、広く自己主張ができるような時代になっている。また飲食店づくりのこの分野では、他人にはない専門知識や技術力は負けないという分野を持つことがあなた自身や仕事をアピールしやすくなることを理解しておくことである。

つまりあくまでもデザイン事務所の経験を経て独立開業するということは一つの目標を達成するための具体的手法であり、あなた自身の専門家としての技術力や独自思想を構築し、真の専門家になる努力を怠らないことこそ、独立開業し継続的な事務所経営に繋がることを忘れてはならない。

2) スペシャリストとしての名声を高める/セミナー、勉強会、ホームページで知名度を上げる(表4-12)

一般的に飲食店に携わる仕事で独立開業することは、これまでも数多くの先輩たちがその道を経過してきたように、同様な経験と目標を達成するあなた自身の意思と姿勢に委ねられていることは言うまでもない。

また独立開業ということを短絡的に考えると、さほど独立することは難しいことではないことであり、事務所の会社登記をして開設し、名刺にあなたの思いが入った会社名とロゴをデザインすれば、すぐにでも開業することができる。

ただし事務所経営となると、あなたの仕事の技量や知識だけでは新しい仕事の依頼や受注をすることができないことを理解しておかなければならない。

よくやみくもに自分の思い込みや仕事への自信だけで独立開業をしてしまう人も少なくないものの、その結果はいうまでもなく、生計を立てることができないという結果に終始することが常であることを理解しておくことである。

さらにいくら自分の仕事に自信があっても、事務所に所属していたあなたと自分の会社を持ったあなたではその立場も信用も異なるものであり、所属事務所を退職し自分の会社を設立しても、その仕事が継続するという確実性は保証されたものではないことを忘れてはならない。勿論、所属事務所の後押しやクライアントの絶大な信頼を得た独立の場合と曖昧な思い込みでのスタートでは、結果に大きなズレを生じることは少なくないことである。

表4-12

| 自分の名声を高める | ＝ | ホームページでブログを書く | 検索サイトのトップページを確保 | ⇔ | 期間限定の勉強会を開催する | 定期的セミナーを開催する |

勿論独立開業に当たって所属事務所やクライアントの後押しがあれば、すんなりとあなたの独立の夢を達成できるだろうし、苦労を惜しまなければ、生計を立てる計画は少なからずとも実現することはできるだろう。

むしろまず独立開業し、はじめにやらなければならないことは、自社のホームページ作成や自分自身を知ってもらうためのセミナーや勉強会をすることで知名度を上げる努力をすることである(人前で話をするのは苦手であるとか、何を話せばよいのかなどそんな度胸がない姿勢では独立をしてもうまくいかない)。

またセミナーや勉強会の聴講者を集めるための手法としては、ホームページ、ツイッター、知人の紹介など様々な手法を駆使し、ともかくデザインの仕事と並行し、自力で広報活動することが大切であることを忘れてはならない(何をするにおいてもスタートは不安が付きまとうものであり、経験を積み重ねることによってかたちになるものである)。

つまり対象としては、これまでお世話になった

クライアントや個人的な知人など、飲食業を展開する企業の施設部や新しく飲食店を開業したいという人など、飲食店の店づくりに関わるタイトルで聴講者を集めることが、より知名度をアップさせるための一歩に繋がることを忘れてはならない。

3) 自分自身や仕事内容を広報する/継続は力になる

自分の仕事へ対する意見や思想、姿勢などホームページのブログやツイッター、SNS媒体を活用し、独立開業したからには、発信し続けていくことは継続的に行う自己の広報活動と理解しておかなければならない。

また特にSNSの場合には、露出が多ければ多いほど検索されやすくなるだろうし、ブログのキーワードや内容を業務に関連した内容にしておくことが大切であろう。

勿論、あなたのブログに共感や興味を持つ人は、あなたのファンになってくれるだろうし、ともすると仕事に繋がることも少なくないことであり、ブログやホームページの検索順位は1ページから5ページ以内にランキングされることが、広報力を発揮してくれる目安である。

さらに独立開業するということは、自分自身の存在や会社名、業務内容を業界に広報しなければ、仕事を受注するためのチャンスを生み出すことはできないことを理解しておかなければならない。

またただ単に広報せずにいくら電話の前で仕事の依頼を待っていても、あなたの会社やあなたの仕事を知らなければ、仕事の依頼は舞い込んではこない。つまり誰を対象に広報活動をするのかなどその仕事のターゲット層や見込みクライアントへの広報方法を具体的に検討しておくことが大切である。

さらに独立開業時の段階で下請けの仕事で自立していけるのであれば、ホームページがなくても、仕事の依頼が発生するという独立のスタイルもあるものの、やはり将来的なことを考えれば、下請けではなく完全独立した事務所として仕事を受注できる力を持つことが大切であり、下請けという他力本願の仕事では先行きの仕事の目安が不明確であり、少なくとも独立開業には、独自のホームページを持つことは必須条件であると理解しておくことである。

勿論、いくらホームページでブログ展開していても、大きな営業広報には繋がらないことがしばしばあるものの、しかしそのブログや広報活動が仕事の依頼に繋がらないからと言って何もやらないのでは、独立開業したというスタート点から一歩も前進することもできないし、決してあなたの会社を広くアピールすることもできないことを忘れてはならない。

つまり独立開業とは、あなた自身が広告塔であり、事務所所長でありデザイナー、コンサルタントといういくつもの業務を兼務していかなければ継続的経営に繋げることはできないことを理解しておかなければならない。

4) 雑誌媒体に自分を売り込むコツ

また自分のブログや仕事の独自理論や思想を雑誌やクライアント側が読む雑誌媒体に執筆することや自分の本を出版することは、営業ツールの中で一番大きなポイントである。いわば、不特定多数に名刺を配るよりも、仕事に繋がる確率は断然高くなることを理解しておくことであろう。

ではどのように飲食関連雑誌やデザイン雑誌に執筆ができるかは、あなたの強い思い入れと、しっかりとした持論や知識がなければ、執筆者の一人として扱ってはくれないだろうし、一度も執筆経験をしたことがないというものでは話にならない(ホームページのブログ発信は原稿を書くというトレーニングの場であると理解しておくこと)。

さらにその執筆のハードルは決して簡単なものではなく、雑誌媒体への紹介者や知り合いがいればチャンスは広がるものの、そのルートがなければ自分自身でその道を切り開いていかなければ、雑誌社や出版社へアピールすることはできないし、ただ単に雑誌や出版社に電話をかけてもその場で門前払いに遭うことが常であろう。

しかしそれで諦めるようでは、自分の意見や存在をアピールするチャンスを得ることはなかなかできないことであり、あなたの独立開業の夢とは、そんなに脆く崩れやすいものでは、いつ事務所がつぶれてもおかしくないことである(努力と根気がなければ目標は達成されない)。

また執筆のチャンスは、雑誌媒体への投稿や持ち込み原稿をする覚悟がなければ、雑誌社は相手にしてくれないだろうし、ともかく雑誌社の担当者に会ってもらい自分自身を売り込む努力を継続する根性と強い信念がなければ心が折れてしまうだろう。

むしろあなたは、ただ単に独立事務所の無名な人であると考えれば、何も怖いものはないはずであり、恥をかくことや叱咤されることは、人生の勉強であるという姿勢で対峙することを忘れてはならない。

さらに執筆者として扱ってもらうための一歩は、まずはあなたの思想や経験を原稿にすることであり、原稿を読んでもらうチャンスを得ることが大切である。雑誌媒体の編集思想や扱っている内容の要望に合う原稿を書き続けることが執筆のチャンスを広げる登竜門であろう。

勿論、雑誌媒体は複数社あるだろうし、自分を相手にしてくれる雑誌社を足で訪問し、担当者と話をすることも、将来的な勉強に繋がることと理解しておくことである。

また原稿を書くという行為の経験がなく、最初から自分に文章能力はないという諦めが先に来るようでは、何をやってもすぐに諦めてしまうという癖になってしまうこともある。

つまり原稿の執筆経験がなくても、チャレンジするという努力をしない限り、最初からスラスラと原稿を書ける人など、そう簡単にはいない。原稿を書く努力をし、日頃の努力を積み重ねた末の成果に繋がることを忘れてはならない。

5) 雑誌や本への執筆は自身の棚卸である(表4-13)

本を出版するということは、並大抵の努力では実現できないことかもしれない。ただし何事も全ては未知数というごく少ない可能性からスタートするものであり、その可能性に向けて始動しなければ何もはじまることはないことを自覚しておくことである。

またあなた自身自分の本を出版することなど「できるものではない」と今この本を読んで文章を流し読みしているに違いない。それは、まだあなたが本当に独立開業し、この仕事で生計を立てて人生を生き抜いていこうというしっかりとした覚悟や思い込みが弱いからに他ならない。

勿論すべてが自分の思い通りに物事が進んでいくほど人生は甘いものではなく(宝くじに当選する確率より低いのかもしれない)、現実性に欠けていると思う人がほとんどであろう。

しかし自己実現とは、自分自身の精神面から全てを変えていかなければ、決してあなたの夢は現実のものにはならないように、限りなくその通りに夢を叶えることはできなくなってしまうだろう。そこで諦めてしまってはあなたの負けである。

むしろ何事にも前向きの姿勢で立ち向かっていくという目標を高く掲げて、その目標を達成するための地道な努力を積み重ねていくことが、夢を現実なものへと引き寄せるチャンスになることを忘れてはならない。

またこれまで仕事の上で知らないことや経験したことのないことは、書物で勉強し理解を深める、先輩に聞く、ともかく実践で経験を積み重ねるなど常に知識集積は怠らない努力をしてきただろう。

さらにそのあなたの仕事についての思想や考え方を文章にすることが大切であり、あなたの仕事の成果をまとめた「棚卸」であることを理解しておくことである。その成果として表現する方法が本という書物にまとめたもの(原稿とはそのメモやスケッチなど)であることを忘れてはならない。また本として原稿をまとめることは、決して簡単なことではないものの、仕事を進める上で理想論と現実は反することが多く、その問題提起を題材として原稿を文章として仕上げることが、本という書物になることを忘れてはならない。

では具体的に本を出版するためには、どのような努力と行動をしなければならないか。まずや

179

表4-13

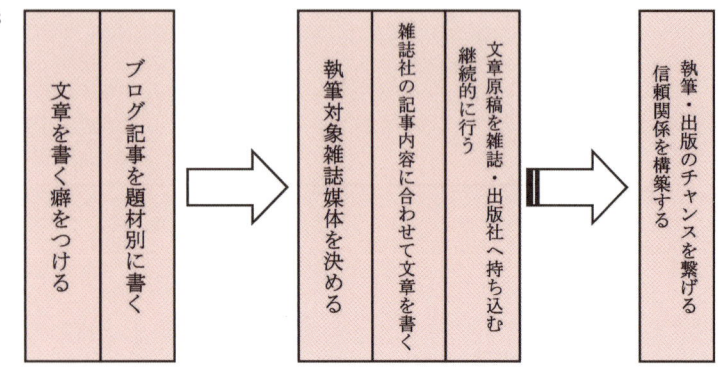

文章を書く癖をつける → ブログ記事を題材別に書く → 執筆対象雑誌媒体を決める → 雑誌社の記事内容に合わせて文章を書く／文章原稿を雑誌・出版社へ持ち込む／継続的に行う → 執筆・出版のチャンスを繋げる信頼関係を構築する

みくもに文章を書くことでもよいだろうし、自分の意見をしっかりと文章にして読み手に伝える内容になっているのかを確認する一歩に繋がるだろう。

またそれは、企画書をまとめることと同様に、その内容には起承転結がなければ、何を言っているのか理解できないことが常であり、本の企画書や原稿そのものを持って出版社を訪問する地道な努力をすることが大切である。

勿論、その原稿は採用されないボツ原稿(採用されない原稿)になることは覚悟し、あくまで自分の知識や思想を出版社に伝える意思表示であり、原稿を受け取ってもらいあなたの原稿を読んでもらう機会を得ることが出版のスタートであると理解しておくことである。

一般的に出版社の姿勢としては(出版している本や雑誌内容によって異なる)、仕事への問題提起やデザイナー側の視点で原稿をまとめることが、対象とする読者に対する提言や参考となり、読者に興味や新しい知識集積の勉強になる本(参考書)でなければ原稿に興味を示さないだろうし本は売れない。ましてや近年では本が売れない時代であり出版社として採算が合わない原稿の本を出版はしないことが常である。

つまりそこには、原稿の書き手と読者が求める情報や興味、知識欲など読者との駆け引きがあることを理解し本の原稿をまとめることができるようになれば、本の出版も現実のものになることを理解しておくことであり、本を出版するまでその活動を止めないという根性がなければ達成できない夢であることを忘れてはならない。

夢は見るものではなく実現するための目標である。

6) 常に新しい情報を修得する習慣を持つ／情報は信頼を得るための武器である

飲食業界の情報に限らず、社会的出来事(日本、世界的)や飲食業界、デザイン業界など種々の情報には、常に興味や自分の意見を持つという習慣を身に着けることが大切であろう。一般的に人間とは、ある年齢に達すると、自分の習慣やこだわりでお決まりの生活を繰り返すことが多く、よほどの意思を持たない限り新しい習慣を持つことが難しいといわれている。

また習慣とは、後天的(生まれてからその後身に付くさま)な行動様式であり反復して行われることで固定化されてくるものであるものの、身体的な行動や考え方など精神的、心理的なものは変化してくるものである。

さらに子供の頃は、親の躾に従い物事の分別や社会的常識を学んで習慣化するものであり、仕事に対する習慣や情報を得る習慣は、社会的人生経験を得て変化できるものであることを理解しておかなければならない。

ましてや仕事で独立開業を目指すあなた自身が自分の間違った固定概念から脱却できないものでは、決して仕事の肥やしにはならないことであり、特に飲食店に携わる仕事で独立を計画しているならば、最低限の業界情報や社会的情報を常に身に着ける習慣を持つ努力をすることが大切であろう。

また具体的には、経済紙やTVニュースは毎日欠かさず隅々まで読み理解するとか、飲食業界誌は複数の雑誌や流通新聞を読む、また社会的事件や出来事は全て理解するなど日々の情報を全体的に集積するという習慣を持つことが、今後は特に大切になる習慣であり、その情報に対する考え方や心理的主観など情報として熟知していることが仕事の武器になることを自覚しておくことである。

よく仕事以外のことについては、興味も持たず、我が道を突き進むという人もいるだろうが、独立開業しいろいろな人々の支援を受けて成長や仕事の依頼を受けるということを配慮すれば、ただ単に仕事だけの知識があれば、その他の物事や社会的事件については興味も内容もわからないというものでは、人間的な信頼や尊敬も得ることはできないことを忘れてはならない。

特に独立開業するということは、種々の人の支援や紹介で仕事の依頼を受けることも多く、仕事の成果を上げることは当然のこととして、大切なことはあなた自身の人間的魅力や考え方に共感や尊敬されることが、継続的にクライアントの支持を得るための重要な武器であることを理解しておくことであろう。

つまりいまや情報とは金を支払ってでも買うものであり、情報内容の質によっては即仕事に結びつくことも可能な時代であり、「情報は信頼を得るための武器である」ことを忘れてはならない。

7) 現場の理論と実践を熟知していなければ本物ではない

一般的に飲食店の店づくりに携わる仕事をする専門家としては、クライアントを納得させる話術や説得力がない限り、仕事を進める上では信頼も得ることもできないだろうし、仕事そのものがやりにくいものになってしまうことが常であろう。

また仕事の依頼を受けるということは、プロとしてクライアントを説得や納得させるだけの知識や実践的理論を持っていることが不可欠であることを忘れてはならない。

さらに専門家である以上、現場の仕事に対する指摘や指導内容は具体的であり、且つ実践的に正しくなければデザイナー、コンサルタントなどの立場としての役割を全うすることはできないと理解しておくことである。

実践の具体的な指導ができないものの、コンサルタントという肩書で仕事を受注している人も少なくなく、ろくに具体的な知識や理論も持たずして、ただ単に仕事を下請けに依頼してしまう専門家もいる。

また飲食店の店づくりに携わる専門家にも種々の仕事のカタチがあるように、総合的に仕事を受注し、各専門家をプロジェクトとしてアソシエイト(仲間としてプロジェクトに参加)する手法はあるものの、総合的に統括する人が現場の理論や知識がないというものでは、本当の専門家としてはあまりにも不甲斐ないことであろう。

むしろ仕事の内容の如何にかかわらず、専門家である以上現場の仕事内容や具体的な詳細に至るまで内容を理解していることが不可欠であるし、ただ単に仕事をプロジェクトの専門家にすべてを任せるというものでは、現実的には説得力のない専門家になってしまうことを理解しておくことである。

つまり飲食店の店づくりに携わる仕事には(種々の仕事があるように)、それぞれの分野では専門家としての仕事の役割を全うすることがプロの仕事であり、その具体的な仕事の進め方やクライアントの説得や承認を得ることは当然のことであり、仕事の具体的内容を理解し実践的に仕事を進める手法がなければ、仕事をうまく進めることはできないことを忘れてはならない。

8) いかにクライアントの相談役になれるか／精神的な信頼こそ継続に繋がる

一般的に仕事に対する専門家の役割とは、ただ単に依頼された仕事を進めることではなく、依頼された仕事の内容を具体的にクライアントに説明し納得してもらって業務を進めることが常であろう。

しかし業務を進める上では、常にクライアントの質問や疑問に適切な指導や回答を助言しな

けなければならないという、いわば相談役の役割も担っていることを理解しておかなければならない。

またこれまでは、ある分野に特化した専門家はその分野の仕事の責任を持ち担ってくれればいいとされていたものの、近年では飲食店の店づくりに携わる専門家の役割は仕事の分野にかかわらず、クライアントのアドバイザーの役割として種々な分野の知識を求められるような時代へと変化していることである。

勿論、クライアントにも飲食店の知識を豊富に持っている人、あるいはほとんどない人など様々なクライアントがいるように、そのプロジェクトに関わる仕事だけではなく、あなたの分野ではない情報や知識も、当然のごとく相談を受けるケースが増加していることを忘れてはならない。

さらに飲食店の店づくりという視点では、種々な仕事の相関関係はあるが、一般的にはその専門分野を越えた専門的知識や具体的な内容を理解していないことが常であろう。

しかし専門家としては、クライアントから質問された内容には適切なアドバイスや指導をしてこそ、専門家としての知識の深さや情報力に優れているという評価に繋がるものであり、よほど分からない相談以外は、より適切なアドバイスができることが理想的であろう。

むしろ種々な相談を受けようとも、その質問に対してその場で「知らない」「わからない」という言葉は避けるべきであり、わかる範囲の助言をできるように店づくりに関わる種々な分野の知識集積や自己研鑽を怠ってはならないことを忘れてはならない。

勿論、知らないことは当たり前のことであり、知ったかぶりをする必要もないだろうし、曖昧な無責任な助言は逆に信頼を失う可能性もあるため、その内容によっては、微妙な対応が求められるところだろう。

また飲食店の店づくりに携わる専門家の仕事とは、その店が開店するまでの仕事ではなく、継続的に仕事が継続する場合も多々あることであり、そこにはクライアントとの信頼関係がなければ、再び仕事を依頼してくることはないことが常である。

つまりクライアントにとってあなたが信頼できる専門家としてのパートナーであると認識してもらえば、クライアントの精神的なアドバイザーの役割に繋がるだろうし、その信頼こそ、継続的な仕事になることを理解しておかなければならない。

「精神的信頼こそ、仕事の継続に繋がる」

9) コンサルタントに必要なスキルとは何か

一般的に飲食店の店づくりに携わる専門家は、ある意味ではコンサルタントという括りで呼ばれることも多く、専門的な技術能力を持った人が何かを教えることは全てコンサルティングという業務の範囲であると理解しておくことであろう。

またその専門分野がデザイナー、フードコーディネーター、ビジネスコンサルタントなどの仕事であろうとも、その分野の仕事については、常に新しい知識集積や技能アップの努力をしていかなければならないことは言うまでもない。

さらにコンサルタントという仕事は、専門分野の仕事や実務的な成果物が伴うものと、アドバイスやクライアントの精神的な助言者であるという曖昧な存在でもあるなど、ともするとコンサルタントの力量によって存在意義の良し悪しは大きく左右される仕事であるともいわれていることだ。

しかし飲食店の店づくりに携わるコンサルタントとはある意味では分野を問わず、万能且つ様々な業務に専門家として精通していることが必要であるし、常に自己研鑽を忘れてはならない立場である。

勿論、実務的知識や具体的な指導方法や内容を熟知していなければ、仕事の依頼を受けることもできないだろうし、店づくりに関わる仕事には、専門家としての技能や力量が不可欠であることを忘れてはならない。

特に時代の変化に左右される飲食経営の浮き沈みは、社会的変化によって常に継続的に経営が成立するという確実性がないことであり、コンサルタントとしての役割は大きくなってきていることが現実であろう。

またコンサルタントは、クライアントの仕事の相談役であり実務として業務を進める力量がなければその役割を果たすことができない。しかし現実的には様々なタイプがありコンサルタントという役割を果たせない名前だけのコンサルタントが数多く存在することは社会的問題でもある。

つまりコンサルタントとは、クライアントの相談を解決し、仕事を実務として進めていく、またある時は業務改善、業務改革などこれまで培った種々な経験や技能を駆使して仕事を推進していくことができる技能や実務的知識を持っていることが不可欠であり、それを実践できることこそ、コンサルタントの役割でなければならないことを肝に銘じておかなければならない。

10) 筆者の独立経験とコンサルタントとしての姿勢

1. 独立への道を切り開く / 強い信念を貫き通す意思を持つ

飲食店の店づくりに携わる仕事をして約25年になるだろうか。筆者は36歳の時にサラリーマンからコンサルタントの道へ独立開業したカタチになるだろう。筆者の場合には、飲食店の種々な現場経験を経て店づくりに携わる道へと舵を切っていった、といっても過言ではない。

そのきっかけは、25歳の時に飲食店のコンサルタントとの出会いや関わりを持ったことにその端を発していることであり、その仕事の役割や店づくりへの仕事とは楽しいと思ったことで将来的に飲食店の店づくりに関わる仕事を生涯の仕事として目指していこうという夢を持ったことである。

勿論、その独立開業までの道のりは山あり谷ありであり、多くの辛酸を舐めてきたことは言うまでもないだろう。今その当時を振り返ると、その夢に向かっていた「強い思い」と、その夢を現実のものにしようとする「憧れ」が、自分を奮い立たせ、夢の実現に対する布石を打つための努力とあらゆる試練を乗り越えていく自己研鑽があったような気がする。

また飲食店の本部の施設部に所属していた時には、飲食店の雑誌へ投稿するチャンスも得ることができたし、独立開業する前に雑誌社との交流もあったことは今思えば環境として恵まれていたのかもしれない。はじめての連載原稿はダメ出しを何度ももらい夜遅くまで雑誌社のデスクで原稿の手直しをさせられたことが強く記憶に刻まれている(つまり原稿の精度が悪く何を言いたいのかわからないということであった)。

さらに筆者の独立開業を推し進めた転機は、飲食店の本部を退職しコンサルタント会社へ入社しコンサルタントとしての実務経験や交渉術や具体的実務経験を学び、その知識を積み重ねたことが、独立開業の道へと努力する勇気と自信に繋がったことであろう。

またここに至るまでに29歳の時にコンサルタント会社を友人と設立するものの、クライアントにどのように仕事の告知広告をすればよいのか(SNSの技術は発展していない時代である)、どのように仕事を受注すればよいのかなど、その実績的な失敗という経験を体感したことは後々その失敗経験は独立に大きく役に立っている。

さらにその失敗の教訓で得たものは、やはり自分自身の名前を広く業界に売り込む方法としては「本を出版すること」であるという強い信念を持ったことが大きく(一度会社経営を失敗したからこその思いである)、自分の本を出版したいという夢の実現に向けて努力を積み重ねる「強い執念と意志」を持ったことであり、その出版を機に独立を目指したことに他ならない。

勿論、はじめて出版原稿を書き始めて採用に至るまでボツ原稿は2年間続いたものであり、寝る間を惜しんで夜中にワープロに向かって原稿を打っていたことはいまもしっかりと記憶の中に刻まれている。

また現に筆者の仕事は、フードビジネスコンサルタント(専門家)として内装デザイン、キッチンデザイン、レストランプロデュースなど飲食店の店づくりに関わる仕事の分野は問わないまでになっているが、振り返れば、この道のりは一過性ではなく、数々の辛酸を舐めてきていることも事実であることを述べておこう。

しかし私の人生は自分で決定しているように、人それぞれの人生ストーリーは(デザインに様々な人生色を付けるように)種々のスタイルやカタチがあってもよいと思っている(あくまでもひとつの独立の事例にしか過ぎない)。

さらに私は現在の専門家の仕事を確立するまで長い年月と種々な経験を積み重ねてきた結果であり、現在の自分の専門家として独自の理論や数々の書籍を多く出版できるようになったことである。

しかしいま思えば何故にその精神力を維持できたかはあまり覚えていないが、ともかく本を出版しなければ独立開業はできないという思い込みだけが、その精神力を維持できたものと理解している。その結果、ようやく3年目の原稿で出版社の採用報告をもらった時の喜びは、これまでの自己研鑽と修行の賜物であったという結論を見出していた。まさに「努力するものにこそ、与えられる夢の実現」ではないだろうか。

つまり筆者は出版社へ持ち込み原稿を何度も何度も繰り返し実践したということであり、いまでは出版社には、本のレジメや企画書の提案をすることで出版を決定するまでに信頼を得ることができたことも、これまでの出版社や編集担当者の支援の賜物と感謝している。

2. コンサルタントとしての姿勢／生涯実践コンサルタントである

筆者の名刺にはエーエフディーコンサルタンツ株式会社「ビジネスコンサルタント」という肩書がついているが、これまでの出版内容が厨房設計に関する文献が多くなってしまったことで、専門分野は厨房設計・キッチンデザイナーであるという認識を持っている人が多いことである。

しかしそのような肩書は、私自身はどうでもよいと思っている。コンサルタントという仕事は、飲食店の店づくりに携わる仕事を実務的に支援サポートすることであり、少しでも飲食店のビジネスの成功を手助けする仕事だと思っている。よりよいクライアントから仕事の依頼を受けることができれば、無理して自分の波長と合わない仕事を受けることもないだろうし、専門家としてのスキルを十分に発揮できる仕事を推進していけることがコンサルタントとしての役割であると自覚している。

またこれまで500社以上の種々な仕事(厨房設計、内装デザイン、業態企画開発、社員教育、既存店活性化、セミナーなど)のお手伝いをすることができたことも、筆者自身のこれまでの現場経験と店づくりの実務経験があればこそ、様々な仕事のお手伝いができると自負している。

特にコンサルタントの仕事として意識していることは、ただ単にクライアントの意見に迎合するのではなく、あくまでもクライアントの意思は尊重しつつ、理想的なカタチへと仕事を導くことがコンサルタントの仕事と姿勢であると理解している。

さらにコンサルタントとは、決して「知らない」「わからない」という言葉を発してはならないことであり(だからと言って調子を合わせて話しを進めることもしないことである)、その場では「その内容を勉強しておきます」と答えればよいことだ。後で知らない情報は調べておき、その内容の理解を深めておくという姿勢がなければ幅広い情報収集や知識集積はできないことを忘れてはならない。

コンサルタントという名刺を持てば、その日からコンサルタントになれる仕事であり、世の中には自称コンサルタントの数は多く、実績や経験が伴っていない人も数多く存在していることであろう。

しかし実践コンサルタントは、知識や経験がなければ、実践的に実務指導や教育を武器にすることはできないだろうし、常に実務に精通していることが大切であると理解している。

つまりコンサルタントの仕事を続けていく以上、自己研鑽には終りはなく常に情報取集や知識集積を怠らないことが大切であると自覚していなければならない。

勿論、コンサルタントであるからと言ってもすべての細部に具体的に精通している人はさほど多くはないであろうし、常に実践のコンサルティングを積み重ねて幅広い分野に精通するためには、コンサルタントとしての自己研鑽とスキルアップは不可欠であろう。永遠の使命であると自分自身は理解している。

それが生涯実践コンサルタントになる道であると信じている。

プロフィール

著者 竹谷 稔宏（たけや　としひろ）
フードビジネスコンサルタント

連絡先／エーエフディーコンサルタンツ株式会社
東京都世田谷区池尻2-35-9　マンション池尻1007
TEL：03-5431-3234　FAX：03-5431-1230
E-mail：1991takeya@afd.co.jp
http://www.afd.co.jp/

◆特定非営利活動法人 日本フードコーディネーター協会 理事
◆一般社団法人 日本フードビジネスコンサルタント協会 理事

大学卒業後、大手レストランチェーン本部のスタッフとして運営、企画開発、キッチンシステム開発に従事。1989年ツカモトアンドアソーシエイツ株式会社で、フードビジネスの業種・業態のキッチンデザイン、経営コンサルティングに従事し、1991年　エーエフディーコンサルタンツ株式会社を設立し、多彩なフードビジネスのプロジェクトに参画。以来。主にフードビジネスの企画開発(内装設計・厨房設計)、業態再生、飲食店の活性化、総合コンサルティング業務で手腕を発揮している。コンサルタント実績500社以上。

■主な業務実績
手作り料理とお酒「えん」　組織活性化コンサルティング
株式会社大戸屋
ワタミフードサービス(株)　和民
イクスピアリ直営店舗　飲食企画開発コンサルティング
キリンビール・北陸工場／ゲストホール
キリンビール・本社／社員食堂(1995年)
富士電機・川崎工場／社員食堂(1995年)
ドトールコーヒー／オリーブの木
大日本印刷／社員食堂
ホテル　ホップ・イン・アミング
株式会社モスフードサービス　マザーリーフティースタイル
スカイツリームーミンハウスカフェ
成田空港第2ターミナル N'sコート
ガンダムカフェ
幕張新都心イオンモール／カンドゥーレストラン
京楽エンタテイメント・リテイルズ株式会社

コンパクト＆コンフォート ホテル設計論

進化する「宿泊特化型」と「ビジネス系」のデザイン戦略

永宮和美 著

好評発売中！
定価：(本体2,667円＋税)

体裁：A4判正寸　平綴じ
2色刷り（一部カラー）
128頁

巻頭座談会
設計者が語る"これからは、こんな客室をつくってみたい!!"

中根昌樹氏（メディアフォースペース）
深津泰彦氏（Yaz Design International）
西尾敏靖氏（240 design studio）

誌上プレゼンテーション
デザイナーは今、こんな宿泊特化型ホテルを提案している

日本設計／日建スペースデザイン／乃村工藝社／
UDS／メックデザインインターナショナル

インタビュー
なぜ今、デザインプロデュースが必要なのか

中川誠一氏（ネクスト・エム）

いま、ビジネスホテルや宿泊特化型ホテルのデザイン進化が著しい。
デザイン性が高くてシンプルで機能的で低価格。宴会場は持たず、宿泊機能を追求する。
ときにはバスタブも排してシャワーブースのみ。そんな高コストパフォーマンスのホテルが「コンパクト＆コンフォートホテル」です。
図面、写真、インタビューを通してコンパクト＆コンフォートホテルのデザイン戦略に迫ります。
ホテルデザイナーが誌上でプレゼンテーションします。そして、ベッド＆家具メーカー各社の
人気製品とイチ押し技術もリサーチしました。デザイナーやホテル経営者の方々をはじめ、ホテル計画にかかわるすべての人へ。

購入方法

〈商店建築社WEBサイトからご注文〉
http://www.shotenkenchiku.com

〈FAXによるご注文〉
商店建築社 販売部……………03-3363-5792
右の注文欄にご記入のうえ、このページをFAXにて送信して下さい。代金のほかに代引きの配送手数料が掛かります。

〈書店にてご注文〉
右の注文欄にご記入のうえ、お近くの書店にお渡し下さい。

ご注文書タイトル　コンパクト＆コンフォートホテル設計論	ご注文数　　冊
会社名	取り扱い書店・番線印
お名前	
ご住所　〒	
電話番号	

※いずれの場合にも、ご注文のキャンセルや返品はできません。また離島の一部は発送ができませんので予めご了承下さい。　問い合わせ／商店建築社 販売部　TEL 03-3363-5770

店舗設計基礎講座

スケッチから学ぶ
新しい飲食店づくり

30業種のコンセプトと
120枚のスケッチ&プラン

竹谷 稔宏・畑 治 著

01 Oden Tavern
02 Public Chinese restaurant
03 The store of tapioca & crep
04 Shanghai Chinese restaurant
05 Kushi-yaki Tavern
06 Platter dish tavern
07 Robata-yaki tavern
08 (restaurant)
09 Roast meat Viking restaurant
10 Deri daily dish store
11 Gourmet sandwiches cafe
12 Soup cafe specialty store

好評発売中

A4判変形 144ページ 2色刷り
定価：3,714円+税

購入方法　Purchase

〈商店建築社WEBサイトからご注文〉
http://www.shotenkenchiku.com

〈FAXによるご注文〉
商店建築社 販売部……………03-3363-5792
右の注文欄にご記入のうえ、このページをFAXにて送信して下さい。代金のほかに代引きの配送手数料が掛かります。

〈書店にてご注文〉
右の注文欄にご記入のうえ、お近くの書店にお渡し下さい。

ご注文書タイトル　スケッチから学ぶ飲食店づくり		ご注文数　冊
会社名		取り扱い書店・番線印
お名前		
ご住所　〒		
電話番号		

※いずれの場合にも、ご注文のキャンセルや返品はできません。また離島の一部は発送ができませんので予めご了承下さい。　問い合わせ／商店建築社 販売部　TEL 03-3363-5770